ツール早見表

	ページ	理解	観察	視点の定義	アイデア発想	プロトタイプ	テスト	振り返り	一般的なデザインサイクル（1日〜14週）に適用するツールの例				各ワークショップ/プロジェクトで利用するツール				
									1日	2〜3日	4〜7日	14週	日	日	日	日	日
問題提起文	49	○	◐	○					✓	✓	✓	✓					
デザイン原則	53	○	◐	○	◐	◐	◐	◐			✓	✓					
共感のためのインタビュー	57	○	◐				◐		✓	✓	✓	✓					
探求のインタビュー	63	○	◐				◐			✓	✓	✓					
5つのWHY	67	○	◐				◐			✓	✓	✓					
5W1Hの質問	71	○	◐				◐			✓	✓	✓					
Jobs-to-be-done（JTBD）	75	○	◐		◐		◐			✓	✓	✓					
エクストリームユーザー/リードユーザー	79	○	◐				◐				✓	✓					
ステークホルダーマップ	83	○	◐				◐				✓	✓					
感情的反応カード	87	○	◐				◐					✓					
共感マップ	93	○	●	○			◐		✓	✓	✓	✓					
ペルソナ/ユーザープロフィール	97	○	●	○			◐			✓	✓	✓					
カスタマージャーニーマップ	103	○	●	○		◐	◐				✓	✓					
AEIOU	107	○	●		◐						✓	✓					
分析質問ビルダー	111	○	●									✓					
同僚の観察	115	○	●									✓					
トレンド分析	119	○	●		◐							✓					
「どうすれば…」質問	125			○	◐				✓	✓	✓	✓					
ストーリーテリング	129			○		◐	◐			✓	✓	✓					
コンテキストマッピング	133	○		○	◐			◐		✓	✓	✓					
成功の定義	137	○	◐	○	◐	◐	◐	◐			✓	✓					
ビジョンコーン「過去-現在-未来」	141	○	◐	○				◐				✓					
重要項目図	145			○		◐	◐	◐			✓	✓					
ブレインストーミング	151				●	◐	◐	◐	✓	✓	✓	✓					
2x2マトリクス	155	○	◐	○	●	◐	◐	◐	✓	✓	✓	✓					
ドット投票（丸シールによる投票）	159				●	◐	◐	◐		✓	✓	✓					
6-3-5メソッド	163				●	◐				✓	✓	✓					
特別ブレインストーミング	167				●	◐					✓	✓					
インスピレーションとしてのアナロジー/ベンチマーキング	171		◐		●	◐					✓	✓					
NABC（ニーズ、アプローチ、ベネフィット、競合）	177		◐	○	●	◐	◐				✓	✓					
ブルーオーシャン・ツールとバイヤーユーティリティマップ	181				●	◐	◐					✓					
探求マップ	195					●	◐				✓	✓					
テスト用プロトタイプ	199					●	◐		✓	✓	✓	✓					
サービスブループリント	203					●	◐				✓	✓					
MVP（実用最小限の商品）	207					●	◐					✓					
テストシート	213						●			✓	✓	✓					
フィードバック・キャプチャー・グリッド	217	○	◐	○	◐	◐	●	◐	✓	✓	✓	✓					
エクスペリエンステスト用のパワフルな質問	221	○	◐				●			✓	✓	✓					
ソリューションインタビュー	225	○	◐				●				✓	✓					
構造化ユーザビリティテスト	229	○	◐				●					✓					
A/Bテスト	233						●					✓					
私が気に入ったのは/私が望むのは/私が質問したいのは	239	○	◐	○	◐	◐	◐	●	✓	✓	✓	✓					
レトロスペクティブ・セイルボート	243						◐	●		✓	✓	✓					
「ピッチ」の作成	247			○			◐	●		✓	✓	✓					
リーンキャンバス	251			○				●			✓	✓					
教訓	255							●				✓					
実行のロードマップ	259							●				✓					
問題提起から成長と拡張イノベーションファネル	263							●				✓					

THE DESIGN THINKING TOOLBOX

デザインシンキング・ツールボックス

最強のイノベーションメソッド 48

マイケル・リューリック
パトリック・リンク
ラリー・ライファー

イラスト：
アキム・シュミット

「マイケル、ラリー、パトリックの書き上げた本書は、企業における新しいマインドセットの育成や組織変革を目指すための実践的でインスピレーションに満ちたハンドブックです。デザインシンキングに特化したこのクリエイティブなツールボックスの魅力をぜひ感じてください」

—イヴ・ピニュール氏、ローザンヌ大学教授
『ビジネスモデル・ジェネレーション ビジネスモデル設計書』共著者

「最もパワフルなデザインシンキングのメソッドとツールの入門編として、『ツールボックス』はとても分かりやすく優れた一冊です」

—パトリック・ファン・デル・ピール氏、Business Models Inc. CEO
『デザイン・ア・ベター・ビジネス ビジネスイノベーション実践のためのツール、スキル、マインドセット』著者

「『デザインシンキング・ツールボックス』にはデザインシンキングを活用した取り組みを成功へ導くための卓越した実践的アドバイスがあふれています」

—マックス・ダースタウィッツ氏、エアバス社イノベーションメソッド＆ツール部長

「かつてないインスピレーションに満ちた『デザインシンキング･ツールボックス』は、従来のツールと新たなツールを組み合わせて革新的なアプローチと手法を導き出すことができます」

—ミルコ・ボッカラッテ氏、フェラーリF1チームCOO

デザインシンキングでは、デザインシンキング・サイクル全体を通して適切なタイミングで効果的なツールを使うことが重要です

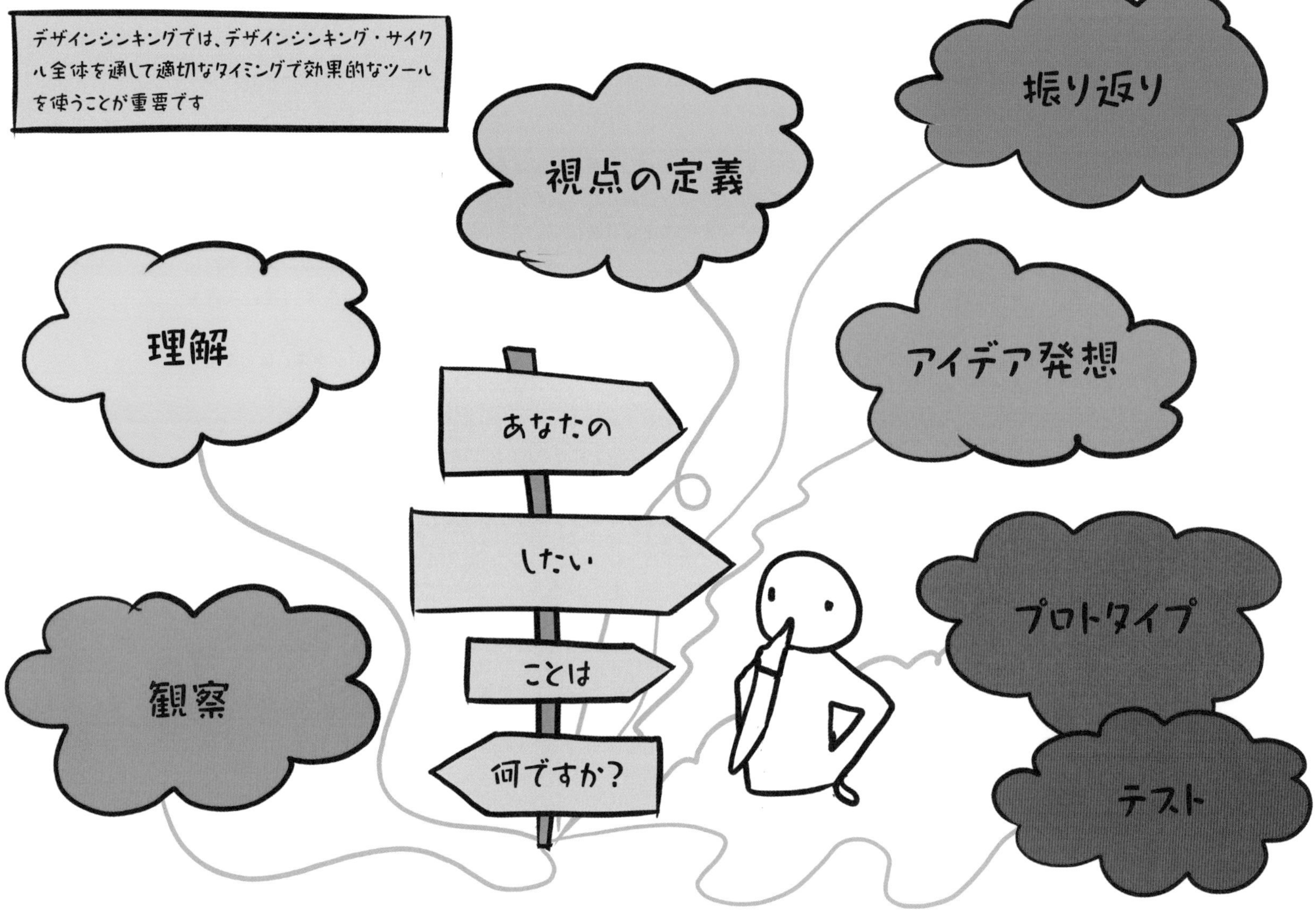

序文

ウルリッヒ・ワインバーグ教授
HPIデザインシンキング学部

初めてデザインシンキングに触れた人の多くは、実践するための手がかりが欲しいと思っています。長年の間にクリエイティブな問題解決方法を忘れてしまった私たちには、その場しのぎで集められたチームで、明確な目標も定義されずに新しいマインドセットで取り組むことなんて荷が重すぎるというものです。
マイケル、パトリック、ラリーの共著による世界的ベストセラー『デザインシンキング・プレイブック』は多くのイノベーターに影響を与えました。このプレイブックは実践的な使い方を示すため、幅広い読者がデザインシンキングのマインドセットを活用するためのフレームワークを紹介しています。
本書はこのプレイブックの最適な副読本であり、プレイブックと同様に読者のニーズに的確に応えています。3人の共著者はビジネスや学術の分野でデザインシンキングを活用している2,500名を超えるユーザーに、よく使うツールやメソッド、中でも最も有効なものについても尋ねています。その回答から、デザインシンキングのツールとメソッドの独自のコレクションが編み出されたのです。

HPIの研究成果から、デザインシンキングのサイクル全体を通じて適切なツールの選択が成功に大きく寄与することが分かっています。選択の基準は状況、チーム、可能性、それぞれの目標によって異なります。
デザインシンキングは凝り固まった概念ではありません。もっと楽しく柔軟な使い方をすべきものであり、その順序も状況に合わせて変えていくことが必要です。
本書は、特に初心者とデザインシンキングの知識を深めたい方にとって、必携の一冊になるよう次の5つの主な要素が取り上げられています。

・デザインサイクルへの最重要ツールの割り当て
・ツールの使用法の簡潔な説明
・代替ツールの提案
・コミュニティから得たエキスパートのヒント
・分かりやすい適用例

国際的なデザインシンキング・コミュニティから100名を超えるエキスパートが協力し、このマインドセットがいかに広く普及しているか、そして今日も世界でその知識の共有と意見交換がされていることを紹介しています。
皆さんもぜひこのデザインシンキングのツールとメソッドを楽しくご活用ください。

ユーリ

デザインシンキング・ツールボックスのマインドセット

好奇心で動く

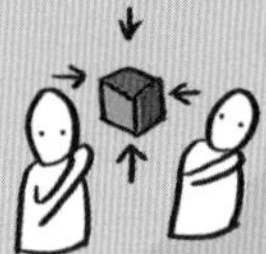

好奇心を持ち、オープンな心で、常に「5W1Hの質問」をし続け、視点を変えながらあらゆる角度から物事を見てみましょう。

人に注目する

人にフォーカスすることで共感を築き、ニーズを深掘りすることに注力します。

複雑さを受け入れる

複雑な仕組みを解く鍵となるものを探し、不確かなことを受け入れ、複雑な問題には複雑なソリューションが必要だという事実を受け止めます。

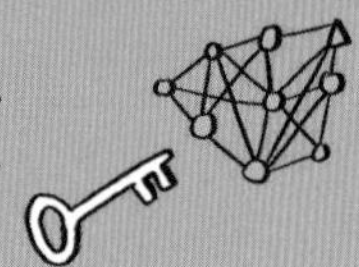

可視化して見せる

ストーリー、可視化、シンプルな言葉を使って知見をチームと共有したり、ユーザーに対して明確な価値提案を創出したりします。

実験と反復

プロトタイプを作り、テストを繰り返すことで、ユーザーの置かれた状況で問題を理解し、学習し、解決します。

共創、成長、拡張

デジタルの世界でもエコシステムにおいても、さらなる市場機会を創出するために、自らの能力を伸ばし続けます。

さまざまな視点とフレームワークを組み合わせる

状況に応じてデザインシンキングに異なるアプローチ（データ分析、システムシンキング、リーンスタートアップ）を組み合わせます。

プロセスへの意識を高める

デザインシンキングのプロセスで自分が今どの段階にいるのかを知り、「グロウン・ゾーン（産みの苦しみの時期）」にさしかかったら、明確な目標のもとにチームを率いることで、マインドセットを変革します。

NEW MINDSET
NEW PARADIGM
BETTER SOLUTIONS

新たな考え方、新たな枠組み、より良い解決策

www.design-thinking-toolbook.com

ネットワークでの連携

部署や会社の垣根を越えた「T型人材」と「U型チーム」による、臨機応変で機動性の高いネットワーク型連携を実現します。

行動を振り返る

自分の考え方、行動、姿勢を振り返ります。これによって、自分がどんな先入観を持っていて、今後何をすべきかを確認できます。

目　次

まず、世界的調査の結果の紹介から始めます。次にデザインシンキングのプロセスを解説し、簡単なチェックリストを示します。さらに、ムードを和らげ、それぞれの状況に合わせたウォームアップについても紹介します。それぞれ、デザインシンキングのマイクロプロセスのロジックに従って各ツールを説明します。ツールボックスの最後では、さまざまな取り組みを紹介することでデザインシンキングの導入がいかに企業における風土改革の先駆けとして大きな役割を果たしているかを紹介します。

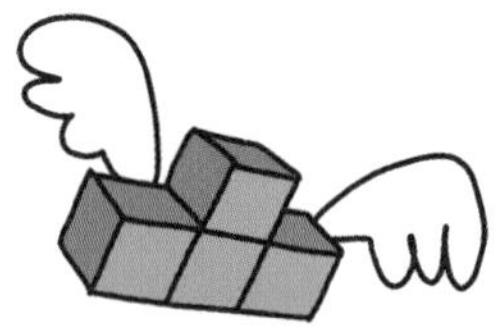

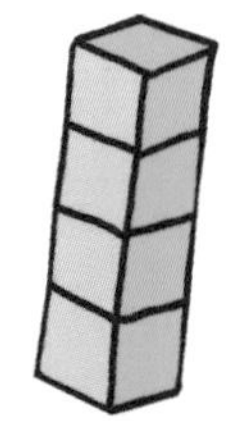

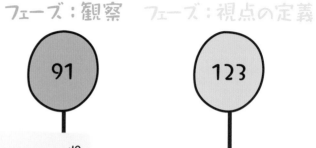

ツールボックスの概要

ツールボックスの最も効率的な使用法を簡単に説明します。

デザインシンキングでは、デザイナーが一般に用いている手法を応用しています。問題提起文から問題解決に至るまで、デザインシンキングでは反復する手順をよく用いるのはそのためです。その目的は、さまざまな創造力のテクニックを利用してできるだけ多くの（「ワイルド」なアイデアも含む）アイデアを生み出すことです。クリエイティブな仕事のメソッドでは、右脳と左脳の両方を刺激することを目指します。ソリューションへの「ジャーニー」では、最終的にユーザーのニーズ（有用性）を満たすソリューションを獲得するには、アイデアの反復、切り替え、組み合わせが求められます。ソリューションは経済的実現性と技術的実現性も必要です（20ページ参照）。ソリューションに到達するまでの過程では、特に初期段階において、エラー許容度の高さも重要です。本書で示すツールとメソッドは目的を達成するための手段であり、ツールは常に状況に合わせてカスタマイズします。デザインシンキングを利用すれば、異なる分野の連携チームでも仕事の遂行がしやすいという点も大きな利点の1つです。メンバーそれぞれが専門分野に造詣が深いだけでなく、一般知識も広く備えている「T型」チームに十分な人数が割り当てられている場合は、その効果が最も高くなります。多様性のあるチーム編成（分野、文化、年齢、ジェンダー）はプロセスにとって有益であり、サイロ（縦割り）型思考を打破することにもつながります。デザインシンキングのマインドセットの中心は他の人のアイデアの上に積み重ねることにあり、独占欲や競争心に意識を集中させません。デザインシンキングのプロセスとデザインシンキングのマインドセットの詳細については後ほど詳述します。

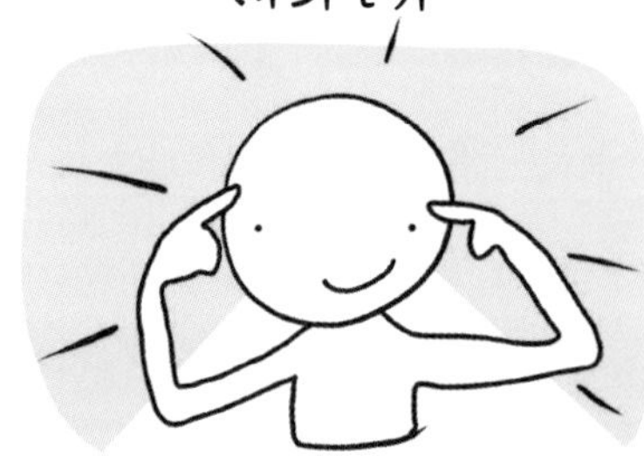

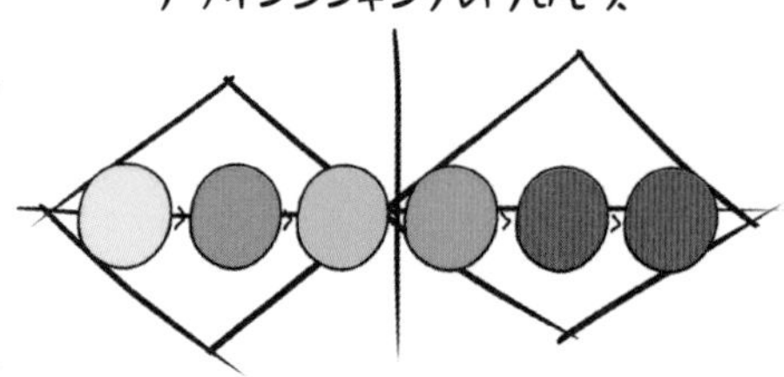

ツールボックスのツール

本書は、デザインシンキングの最も重要なメソッドとツールを簡潔に紹介することを目指しています。そのため、2,500名を超えるデザインシンキング実践者にインタビューをして、最も大きなメリットを生み出し、デザインシンキング・コミュニティで最も人気の高いツールを探りました。合計で150のツールがこの調査の対象となり、デザインシンキングのサイクルの個別ステップに割り当てられています。この場を借りて、この調査にご協力いただいた国際的なデザインシンキング・コミュニティに厚く御礼申し上げます。五大陸すべてからデザインシンキング実践者に参加いただいたことは特に大きな喜びです。この調査によって、デザインシンキングのコミュニティから見てデザインシンキングのマインドセットを実践する上で価値あるツールをすべて本書内で網羅することができました。
企業や大学との提携を通じて気づいたことは、特にデザインシンキングの最初のステップに踏み出したばかりのタイミングでは、ユーザーがクイックリファレンスブックを求めていることです。そのため、100名以上のエキスパートが選んだ50ほどのツールに絞っています。

ツールボックスの構成

最初にツールボックスで取り上げるのは、デザインシンキングのマインドセットとデザインシンキングのプロセスです。プロセスは各ツールとメソッドを分類するリファレンスとして使用します。さらに、本書の最初に早見表を掲載しています。ナビゲーションとして、またワークショップをまとめる際に役立ちます。巻末には「ツール早見表」と「アジェンダキャンバス」ワークショップがありますので、ワークショップの準備やワークショップの企画を早い段階でポジティブな体験としてイメージすることができます。

ツールボックスが目指していないもの

いわゆる「マニュアル本」を出版するつもりはありません。本書は、各ツールの用途を説明し、どのフェーズにそれぞれのツールが最も大きなメリットをもたらすかを示すことを重視しています。これを可視化したものが、早見表の各プロセスステップの欄と、本文中の各ツールの説明の冒頭に示された色付き/半色付き円です。

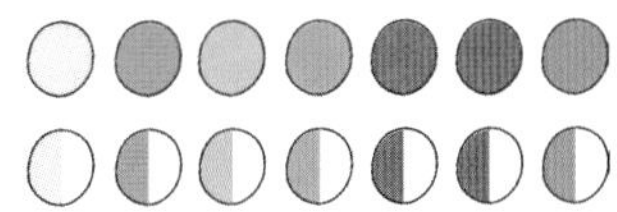

デザインシンキングのワークショップのファシリテーターは各自のセンスで個々のメソッドとツールをいつどのように使うかを組み立て、各デザインシンキングのワークショップの個別の状況や各自のデザイン課題に合わせて適応させる必要があります。

ツールボックスが提供する付加価値

役立つツールは、皆さんご存知のキャンバスモデル、リスト、共感マップの形式で、オンラインでご利用いただけます(www.dt-toolbook.com参照)。ウォームアップはデザインシンキング・ワークショップをポジティブに始めるために効果的であることが実証されているため、雰囲気づくりに役立つ6つのツールがツールボックスに含まれています。

気に入るか、変えるか、捨てるか！

前述のように、本書はデザインシンキングの使い方マニュアルではありません。ここが重要なポイントです。個々のツールとメソッドの説明は単なるガイドに過ぎません。そのため、本書では他のデザインシンキング実践者がどのようにツールを使い、どのような知見を得たのかも紹介しています。ツールとメソッドはワークショップの状況、問題提起文、そして参加者に合ったものにしなければならないのが大前提だからです。

筆者自身も、数多くの失敗をしてきました。融通のきかない細かすぎるアジェンダや、間違ったメソッドを間違ったタイミングで使用することで、ワークショップが参加者にとって実りのない時間になります。また、実行可能なソリューションが何も生まれず、実際の課題に対処できないこともありました。そのような体験をしてしまうと、チームで行うデザインシンキングは1回限りで終わってしまい、デザインシンキングに対して懐疑的になってしまいます。

つまり、デザインシンキングにはツールとメソッドが必要ですが、的を絞って状況に合わせて適用する経験とセンスのほうがはるかに重要だということです。いくつかのメソッドとテンプレートは適応させることができますし、させなければなりません。

気に入るか、変えるか、捨てるか！

多くのデザインシンキングのワークショップに参加することは、他の人から学んだり、自分自身を振り返ったりする上で、非常に有益なことです。デザインシンキングのファシリテーターとユーザーは常に学び続けるものです！

デザインシンキングのワークショップは料理のレシピのように手順通りには進みません

国際調査

調査の結果

調査の参加者

デザインシンキング・ツールの適用可能性と普及度を把握するため、「デザインシンキングのツールとメソッド」に関する初の国際調査を2018年の春に実施しました。調査の目的は実務や大学においてどのメソッドとテクニックが使用されているかを特定することです。調査項目は主にソーシャルメディアを通じて世界中に配布され、デザインシンキングの知識レベルがさまざまな2,500名を超える対象者からオンラインアンケートでの回答を得ました。

アンケート参加者のほとんどはマインドセットの経験者でした。86%は2年以上のデザインシンキングの経験があり、経験が7年を超える回答者も23%に達しました。

デザインシンキングの経験年数

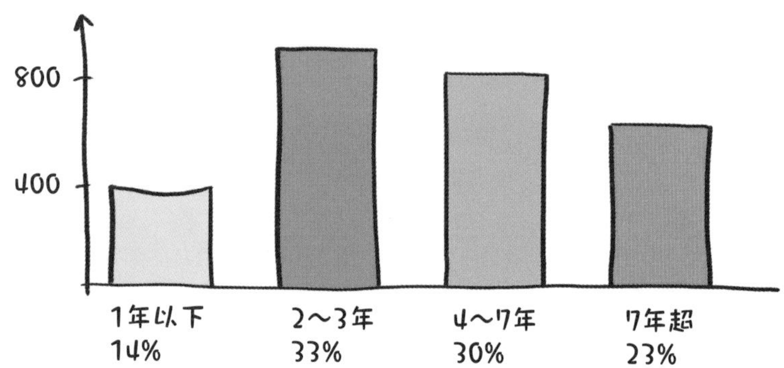

参加者の就業分野は?

回答者の属している業界や分野について、最も多かった（30%）のはコンサルティング業でした。次いでデジタルソリューションに携わる者かIT業界の就業者（18%）、教育分野（12%）、銀行、保険会社、サービスプロバイダー（10%）、製造業、サプライチェーン・マネジメント（SCM）、ロジスティクス（7%）となっています。その他の業界が回答者の23%を占め、内訳は製薬およびバイオテクノロジーが4%、NGOが2%などでした。

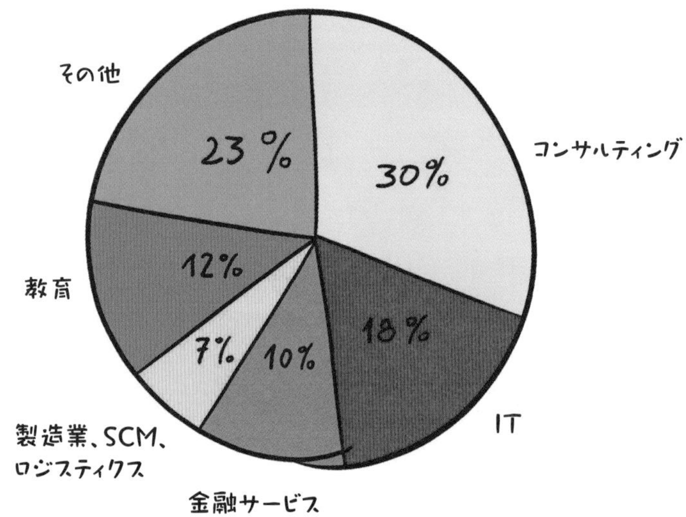

回答者の地理的分布は？

調査には世界44カ国から参加がありました。過半数がヨーロッパ（65%）、次いで北米（16%）、南米（7%）、アジア（7%）、オーストラリア（3%）、アフリカ（2%）の順です。

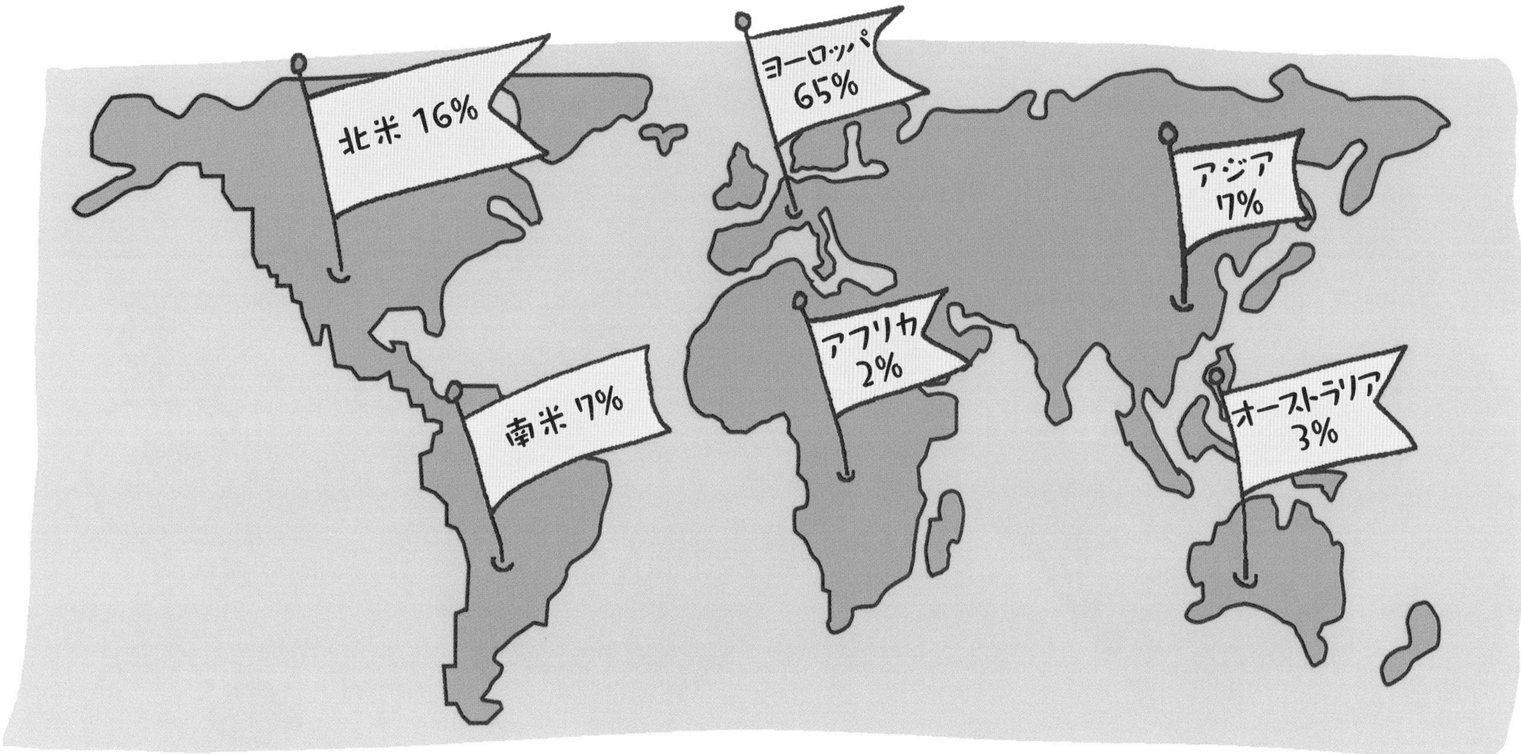

最も認知度の高いツール

国際調査では、参加者に各ツールを知っているか、また知っている場合はその評価を尋ねました。認知度[%]はそのツールを知っている人の割合を示します。人気度[%]はそのツールを「とても役立つ」または「お気に入りツール」と評価した人の割合を示します。人気度評価の基準は、当該ツールに精通している参加者の基本人数です。

認知度の高いツールは人気も高いという当然の結果が人気度/認知度分布表にも表れています。**全般的に言えることは、ツールがシンプルで使いやすいほど、採用される頻度も高いということです。**

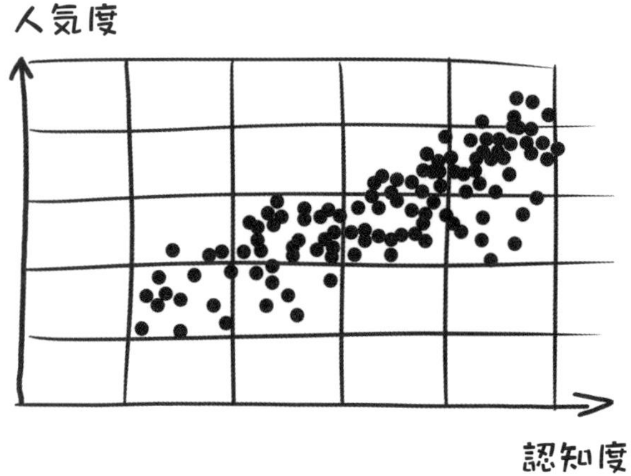

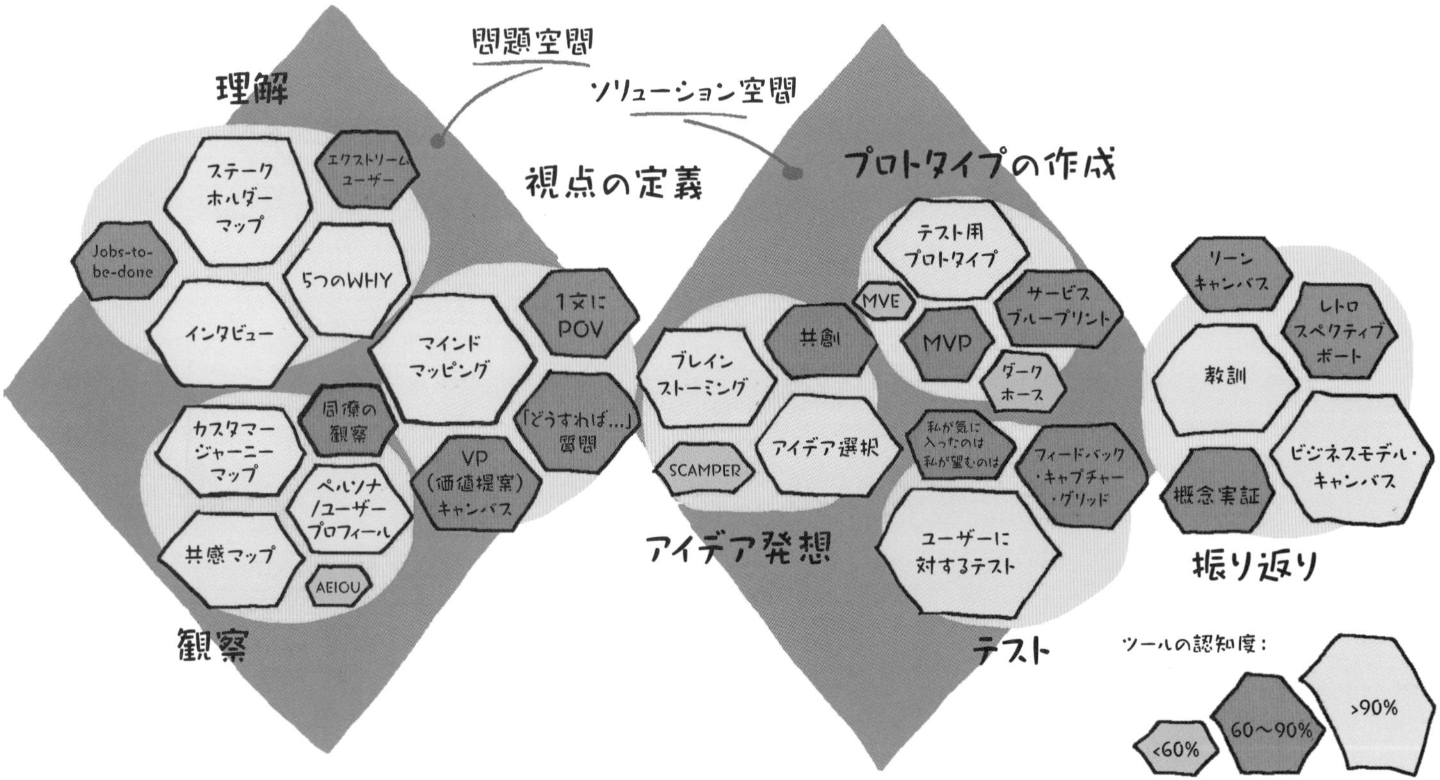

デザインシンキングとは

デザインシンキング？

「ビギナーズマインド（初心に返る）」

デザインシンキングに触れたことのない人に、できるだけイメージしやすいような簡単なたとえはないかと尋ねられることがあります。
そんなときは、子供のころを思い出してタイムトリップをしてみるのがお勧めです。特に4歳くらいの子供はみな「なぜなに」（5W1H）の質問をすることで自分の身の回りについて学び、理解しようとします。
また、子供は間違いを恐れません。やってみて、学んで、もう一度挑戦することが何よりも先に立つのです。こうして子供たちは歩き方、絵の描き方などを学んでいきます。
年齢を重ねるにつれ多くの人はこの探求する能力や体験学習方式を忘れてしまい、学校や大学の教育も何もかも教え込む方式が当たり前になり、疑問を持って事実を調べ、状況を大局的に捉えることをしなくなってしまいます。
「初心に返る」をモットーに、自分でもその答えは分からないというつもりで、あらゆることに疑問を持ってみましょう。地球に初めて足を踏み入れた宇宙人にでもなったつもりで、なぜ地球人は海にプラスチックを捨てるのか、なぜ昼間に働いて夜に寝るのか、なぜネクタイをするのか、さらにイースターには卵を探すといった他の文化圏の人から見ると奇妙な慣習があるのはなぜかということまで、自問してみましょう。

「先入観から解放されると、すべてのことに心を開くことができます。初心に帰るとそこには多くの可能性がありますが、熟練者の心になるとわずかな可能性しか見えません」
ー鈴木俊龍

「ビギナーズマインド」は基本の心構え：

- 物事がどうなるかについて先入観を持たない
- これから何が起こるのかを想定しない
- 物事をより深く理解するため、あふれる好奇心を持つ
- この「ジャーニー」の始まる時点では何が可能で何が不可能なのか分からないので、無数の可能性に対して心を開く
- 早い段階で何度も失敗し、素早く学ぶ

どんな仕組みか知っている！
どんな仕組みなんだろう？

デザインシンキングをうまく適用するための姿勢：

- 「物事がどうなるか」について先入観と決別する
- 「これから何が起こるのか」について想定を脇に置く
- 好奇心を鍛え、事実や問題を深く理解する
- 新たな可能性に心を開く
- 単純な疑問を抱く
- 試してみて、そこから学ぶ

デザインシンキングの成功要因

デザインシンキングのコミュニティでは、重要な原点である「ビギナーズマインド」に加え、いくつかの核となる提案や成功要因が確立されています。それらを簡単に紹介します。

1. 人から始める

ニーズ、可能性、経験、知識のある人々がすべての考察の出発点となります。人は喜び（ゲイン）と不満（ペイン）を知っており、遂行すべきタスク（Jobs to be done）があります（75ページ）。

2. 問題に対する意識を持つ

デザインシンキングでは、取り組んでいるのは何か、大局的な目標は何かを理解することがきわめて重要です。ソリューションを見つけるため、チームが問題を私事として捉え、深く理解する必要があります。

3. 異分野連携チーム

チームにおける連携、「チームの中のチーム」の連携は問題提起文に対して、総合的に検討する上で欠かせません。さまざまなスキルと専門知識を持つチームメンバー（T型）はクリエイティブなプロセスやアイデアの振り返りを支えます。

4. 実験とプロトタイプ

ある機能やソリューションが持続するかどうかは現実の世界に置いてみないと分かりません。単純な物理的プロトタイプを作ることで、潜在的ユーザーからフィードバックを得ることができます。

5. プロセスを意識する

チームでの取り組みでは、チームがデザインサイクルのどの段階にいるのか、現在はどの目標を達成しようとしているのか、どのツールを使用するのかをメンバー全員が把握していることが重要です。

6. アイデアを可視化して見せる

アイデアの価値提案とビジョンは必要に応じて伝達しなければなりません。その中で、ユーザーのニーズに対応し、記憶に残るストーリーを語り、ストーリーテリングにおいて図を使用することが必要です。

7. 行動に対するバイアス

デザインシンキングは、密室で1人黙々と検討するものではありません。むしろプロトタイプの作成や潜在的ユーザーとの対話といった行動が伴うものです。

8. 複雑さを受け入れる

問題提起文にはかなり複雑なものもあります。さまざまなシステムを統合し、目的に即して迅速に対応したいという意欲の表れです。系統立った思考（システムシンキング）は、特にデジタルソリューションを考える上では、ますます必要不可欠なスキルとなっています。

9. 共創、成長、拡張とさまざまな思考法を組み合わせる

デザインシンキングは問題解決に役立ちます。ただし市場での成功には、ビジネスエコシステム、ビジネスモデル、そして組織もデザインしなければなりません。そのため、状況に応じてデータ分析、システムシンキング、リーンスタートアップなどの異なるアプローチとデザインシンキングを組み合わせていきます。

マインドセットと成功要因は、それぞれが私たちを行動可能にし、正しい問いにたどり着くために非常に重要です。マインドセットを少し変えるだけで、これまでとは違った方法で質問を投げかけ、別の視点から問題を捉えることができるようになるのです。

ユーザーの視点から

ソリューションの潜在的なユーザーである「人」に焦点をあてることも、デザインシンキングの重要な要素です。さらに経済的実現性と技術的実現性についても考慮しなければなりません。このバランスを取るという課題は最終プロトタイプまで、さらにその先までも付いて回ることが往々にしてあります。
そのため、成功するイノベーションとは顧客/ユーザーのニーズ（有用性）、収益のあがるソリューション（経済的実現性）、技術面での実行可能性（技術的実現性）から生まれます。

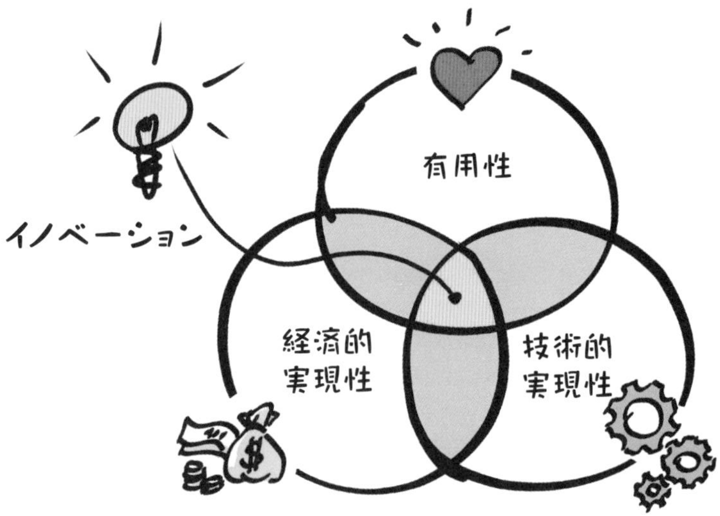

なぜ3つの要素が重要なのか

- 新しいソリューションの立ち上げにまつわるリスクを軽減
- チーム、組織、企業の迅速な学習を促進
- 漸進なだけではない革新的なソリューションに導く

一般にデザインシンキングによって目指すのは複雑な問題を解決することであり、その複雑さは企業によって、あるいは技術によって大きく異なるということを考慮に入れましょう。ユーザー/顧客は、特に技術に疎い人ほどシンプルで洗練されたソリューションを求めるものです。
そのために、たとえば人間とテクノロジーのインタラクション（相互作用）を簡素化するためのメソッドとツールが長年かけて多数開発されてきました。
デザインチームはそのようなソリューションをデザインするためのガイドとしてデザインシンキングのプロセスを使います。このプロセスについては22ページで解説します。

「デザインシンキングはイノベーションに対する人間中心のアプローチであり、デザイナーのツールキットから引き出され、人々のニーズ、テクノロジーの可能性、ビジネスの成功要件を統合するものです」
—ティム・ブラウン、IDEO社長兼CEO

動的なパズルのようなもの

本書では、有用性、技術的実現性、経済的実現性のバランスを達成できるようツールを柔軟に使用することができます。テトリスのレベルが上がっていくように、配置、スピード、順序がデザイン課題ごとに変化します。それぞれのツールを与えられた状況にうまくはめなければなりません。テトリスでは、タイルを90度回転させることもできます。同じように、それぞれのツールにもさまざまなパターンがあり、最終的に最適な結果を導き出すことができるようになります。ワークショップでメソッドやツールを俊敏に適応させることができないなら、そのプロジェクトはすぐに「ゲームオーバー」になります。下の図には、常に起きていること、つまり各マイクロサイクルという新しい状況に適応する様子が描かれています。初期の問題定義や視点の形成から最終プロトタイプまで、さまざまなツールとメソッドが使用されています。

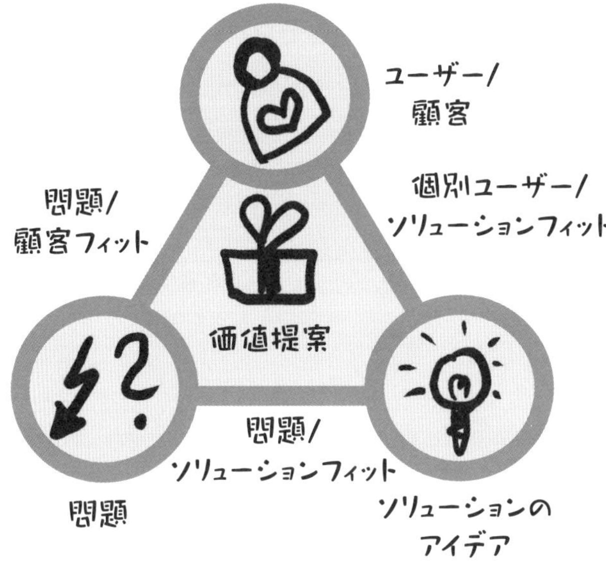

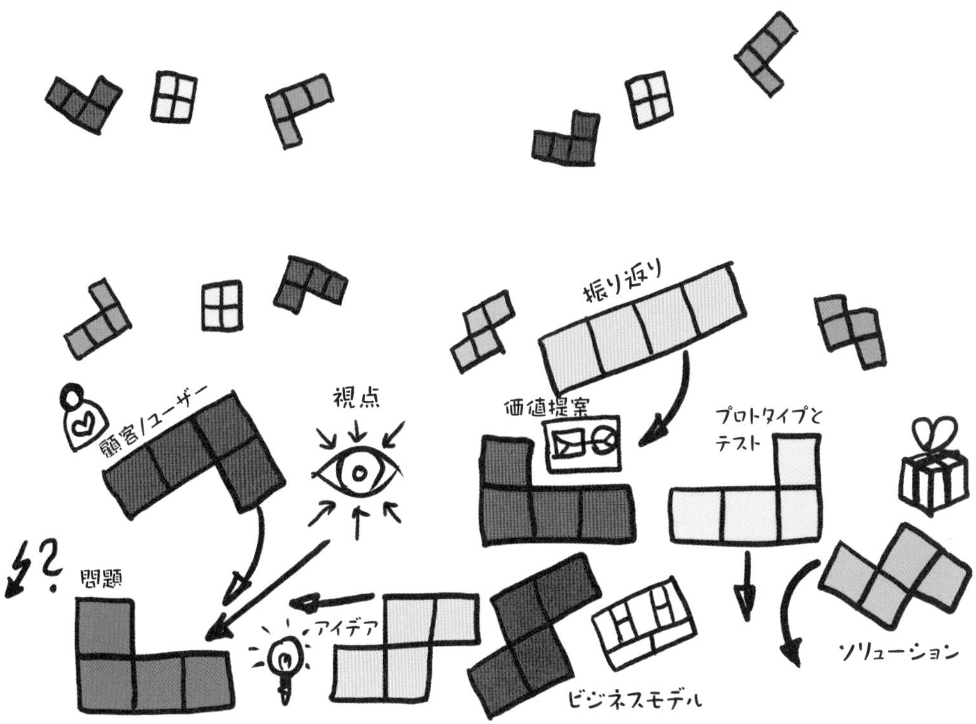

結局のところ私たちが実現したいのは、**問題と顧客（問題/顧客フィット）および問題とソリューション（問題/ソリューションフィット）のフィットです。**今日ではさらに、人工知能やビッグデータ解析によって、顧客一人ひとりに合わせたエクスペリエンスやオファーを提供することも可能なため、**個別ユーザー/ソリューションフィット**の実現も含まれます。生み出された価値提案は、問題、ユーザー/顧客、ソリューションのアイデアという3つの要素の最適な調和を生むものになります。デジタル化世界では再び複雑さが増しているため、ステップの繰り返しによって問題を解決することがさらに重要になっています。

一般的に、最初のアイデアや仮説がソリューションになることは望ましくありません。デザインシンキングでは顧客の希望を叶え、真の問題を解決し、顧客に価値を提案するソリューションを実現することが可能になります。

デザインシンキングのプロセス

本書はデザインシンキングのマイクロサイクルの6つのフェーズに沿って進みます（理解、観察、視点の定義、アイデア発想、プロトタイプ、テスト）。最後に振り返りのフェーズを追加することもできます。これは行動から学ぶためには重要なフェーズです。このセクションでは、マイクロサイクルの各フェーズを簡単に説明します。ブリティッシュ・デザイン・カウンシルのダブルダイヤモンド・モデルでは、前半3つのフェーズが問題空間、後半の3つがソリューション空間です。

理解

マイクロサイクルの最初のフェーズでは、潜在的ユーザーとそのニーズ、完了しなければならないタスクについて理解します。同時に、クリエイティブなフレームワークをさらに明確に定義し、それに対してソリューションをデザインします。デザインの課題の定義については、たとえば「WHY（なぜ）」と「HOW（どのように）」という質問を使って範囲を広げたり狭めたりします。このフェーズをサポートするツールには、共感のためのインタビュー（57ページ）、エクストリームユーザー（79ページ）、5W1Hの質問（71ページ）などがあります。後続のフェーズとツールは、潜在的ユーザーについてさらに深く知るために活用します。

観察

たとえばペルソナ（97ページ）として示した仮説が確定されるかどうかは現実になってみないと分かりません。だからこそ、潜在的ユーザーがいる場所に実際に行ってみなければならないのです。

AEIOU（107ページ）のようなツールは、実際の環境や対象となる問題の状況に置かれたユーザーの観察に役立ちます。トレンド分析（119ページ）も技術および社会のトレンドに光を当て、展開を認識する手助けになります。観察フェーズの知見は、後続のフェーズでペルソナや視点を発展させたり改善したりする際に役立ちます。たとえば、潜在的ユーザーのニーズを知るためにユーザーと話をする際には、質問の状況に取り組むため、できるだけオープンな質問をします。構造化されたインタビューガイドも有益です。ただ、自分の仮説を確かめるだけで終わることも少なくありません。

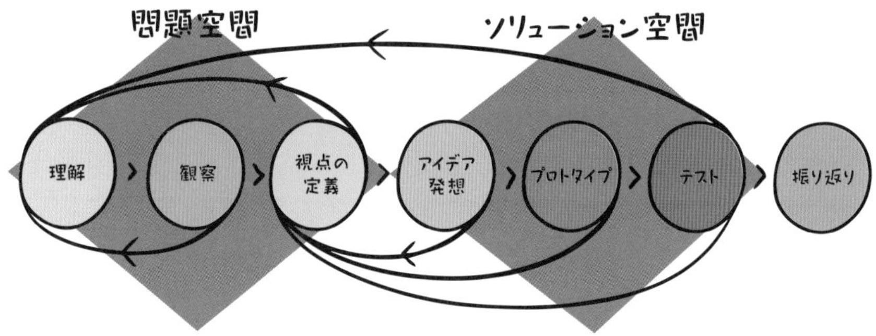

視点の定義

このフェーズでは、収集した知見の評価、解釈、重み付けに重点を置きます。結果はやがて結果統合（視点）へと収束します。知見の提示方法には、コンテキストマッピング（133ページ）、ストーリーテリング（129ページ）、ビジョンコーン（141ページ）などが使用されます。視点は通常、1文にまとめられます（125ページの「どうすれば…」質問を参照）。たとえば、下記の形式に従って知見に基づく定義文を作成します。

ユーザー／ペルソナの名前：（誰が）＿＿＿＿＿＿＿＿

ニーズ：（何が必要か）＿＿＿＿＿＿＿＿

目的：（ユーザーのニーズ）＿＿＿＿＿＿＿＿

理由：（洞察／知見）＿＿＿＿＿＿＿＿

アイデア発想

視点を定義したら、アイデア発想フェーズの始まりです。アイデア発想は問題のソリューションを見つけ出すためのステップです。ここでよく適用されるのは、さまざまな形式のブレインストーミング（151ページ）と具体的なクリエイティビティテクニックであるアナロジー（類推）（171ページ）などです。ドット投票や同様のツール（159ページ）はアイデアを選んでクラスタ化する際に便利です。

プロトタイプ

プロトタイプを作ることで、アイデアやソリューションを迅速にリスクなく潜在的ユーザーに対してテストすることができます。特にデジタルソリューションは、シンプルなペーパーモデルやモックアップで試作することができます。材料は手近にあるものです。工作材料、紙、アルミホイル、糸、のり、接着テープがあればアイデアを具現化するのに十分です。さまざまな種類のプロトタイプが「ツールボックス」の「フェーズ：プロトタイプ」で紹介されています（187ページ以降を参照）。プロトタイプは重要エクスペリエンスプロトタイプから最終プロトタイプまでさまざまです。アイデア発想、プロトタイプ、テストはそれぞれ一連の手順の一環と見なします。これらはいわゆる「ソリューション空間」に当たります。

テスト

テストはプロトタイプを作成するたびに実施します。個々の機能、エクスペリエンス、または形式が開発された場合でも同様です。テストにおいて最も重要なことは、潜在的ユーザーとのインタラクション（相互交流）が生まれ、その結果を記録するという点です。すぐに使えるテストシート（213ページ）もあります。従来のテストの他に、テストにデジタルソリューションを使用することもできます。たとえば、A/Bテストのオンラインツール（233ページ）などです。この方法はプロトタイプや個々の機能を迅速に多数のユーザーに対してテストすることができます。テストがもたらすフィードバックはプロトタイプの改善に役立ちます。こうしたアイデアを吸収し、さらに発展させて、最終的にはユーザーにアイデアを完全に納得してもらうことが重要です。それができなければ、捨てるか変更するかする必要があります。

振り返り

デザインシンキングでは常に振り返りが行われます。人はそこから学ぶからです。レトロスペクティブ・セイルボート（243ページ）などのツールや、「私が気に入ったのは/私が望むのは/私が質問したいのは」に基づくフィードバックルール（239ページ）がマインドセットをサポートします。

デザインシンキングのマクロサイクル

デザインシンキングではマイクロサイクルを数回行います。その目的は、発散フェーズにおいてできるだけ多くのワイルドなアイデアやプロトタイプを作ってビジョンを磨くことにあります。収束フェーズでは、プロトタイプはより具体的になり、解像度も高くなります。たとえば機能（システム）プロトタイプは、最終プロトタイプへと成熟させる前に各要素の問題/ソリューションフィットを見直すために役立ちます。このフェーズには通常、実行と市場投入が続きます。最近は、商品では実用最小限の商品（MVP）、サービスでは実用最小限のエコシステム（MVE）を基礎にしてデザインされ、よく練られたビジネスエコシステムも必要になっています。『デザインシンキング・プレイブック』はこのような場合にも最適に活用いただけます。さらに一歩先に進んで、システムシンキングとデザインシンキングを組み合わせて、この混合マインドセットをビジネスエコシステムのデザインに適用する方法も紹介しています。

本書では、「初期アイデア」から仕上げのプロトタイプ（「Xは仕上げ」）までの開発段階を「フェーズ：プロトタイプ」で詳細に説明します（187ページ以降を参照）。さらに、さまざまなプロトタイプを「探求マップ」ツール（195ページ）などに配置しています。

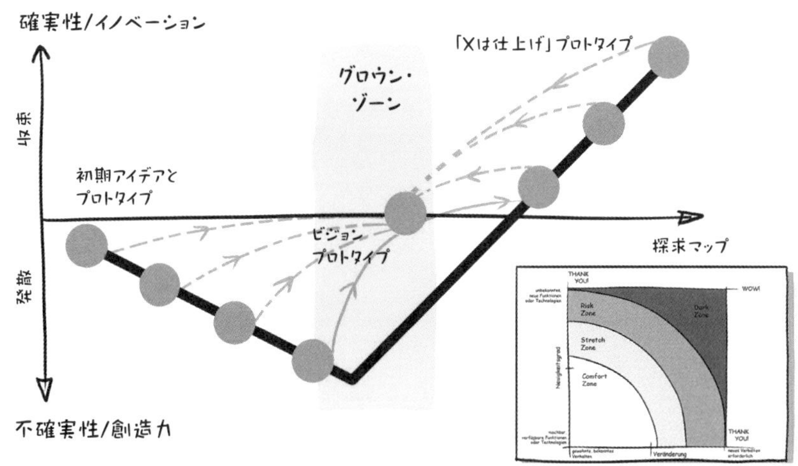

デザインシンキングの適用方法

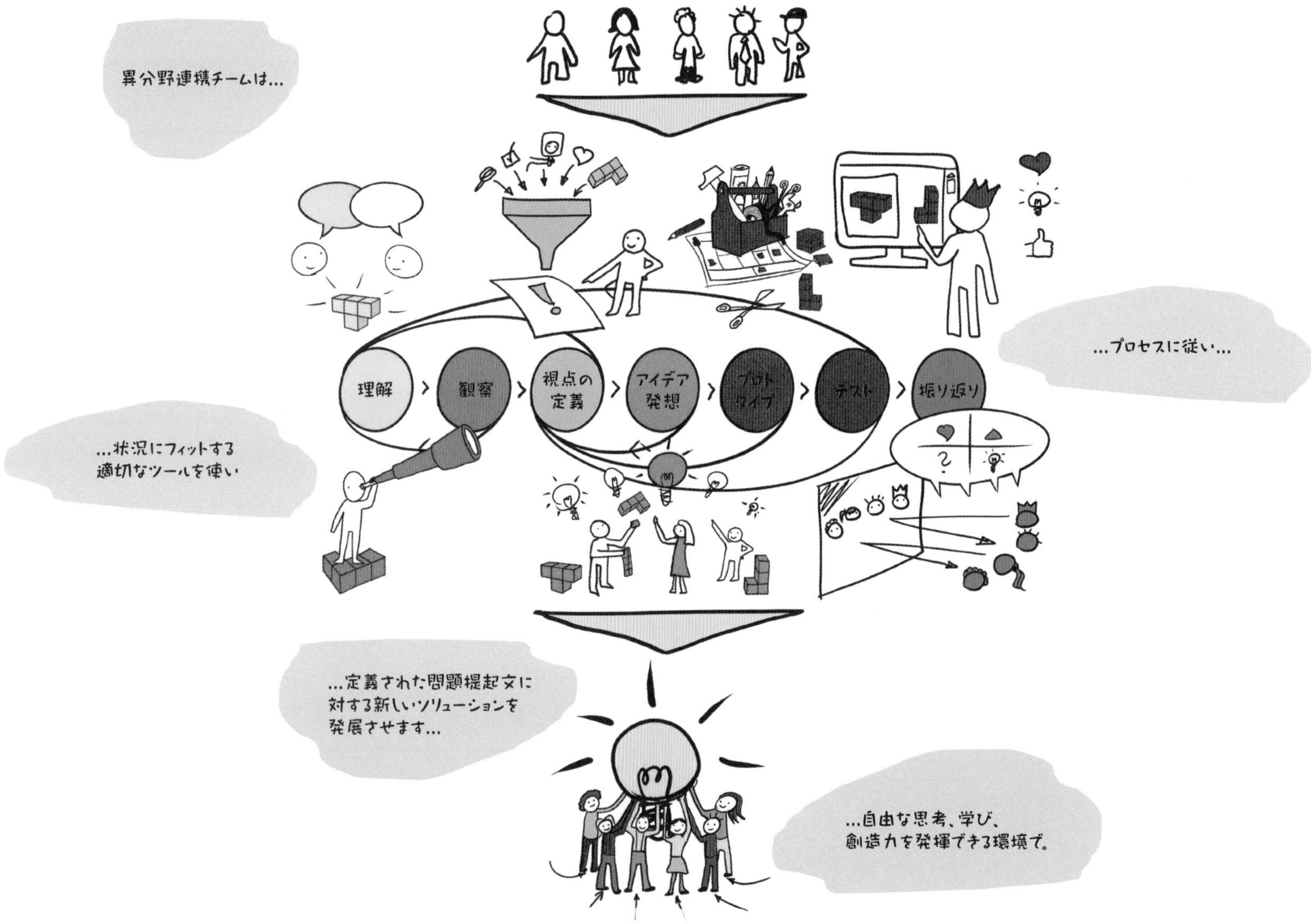
異分野連携チームは…
…プロセスに従い…
理解
観察
視点の定義
アイデア発想
プロトタイプ
テスト
振り返り
…状況にフィットする適切なツールを使い
…定義された問題提起文に対する新しいソリューションを発展させます…
…自由な思考、学び、創造力を発揮できる環境で。

リリーの人物像は？

冒頭で説明したように、本書ではツールとメソッドを説明するだけでなく、実際にどのように活用するかを紹介しています。その実例として、リリーのシンプルな問題提起文を紹介します。リリーはシンガポールでデジタルトランスフォーメーションのためのコンサルティング会社を設立しようと計画しています。

読者の中にはすでにリリーをご存知の方もいらっしゃるでしょう。『デザインシンキング・プレイブック』ではピーター、マーク、リリーという3人のペルソナが登場して、さまざまなメソッドやツールを紹介してくれました。リリーに初めて出会う方は、簡単な人物像をご覧ください。

28歳のリリーは、現在シンガポール工科デザイン大学（SUTD）でデザインシンキングとスタートアップのコーチを務めています。この大学はアジアにおいてIT企業向けデザインシンキングとアントレプレナーシップの分野ではパイオニアとして知られています。リリーはデザインシンキングとリーンスタートアップを組み合わせたワークショップやコースを主催しています。講義だけでなく、学生チームにプロジェクトのコーチングも行っています。これと並行して、リリーは、マサチューセッツ工科大学の協力を得てシステムデザインマネジメントの分野で「デジタル化世界における強力なビジネスエコシステムのデザイン」というテーマで博士号の取得を目指しています。

デザインシンキングのコースで参加者をグループに分ける際に、リリーはHBDI（ハーマン脳優勢度調査）モデルを使います。こうして編成された生産性の高い4～5人のグループは、問題を端的に示した1つの問題提起文にそれぞれ取り組みます。リリーは、各グループにHBDIのホールブレインモデルで示される4つの思考スタイルすべてを集めることがきわめて重要であることに気づきました。リリー自身が好む思考スタイルは明らかに右脳半球にあり、実験的、クリエイティブ、他者に囲まれることを好むという特徴があります。

リリーは浙江大学の大学院で企業経営を学びました。パリの国立土木学校（d.school）で1年学び、修士号も取得しています。ME310プログラムの一環としてスタンフォード大学と共同で、リリーは防御・電子機器のThales（タレス）を企業パートナーとするプロジェクトに携わり、ここでデザインシンキングに出会いました。その間にスタンフォードを3回訪れています。ME310プロジェクトがとても気に入ったので、SUTDに通うことに決めました。

さまざまな企業との提携プロジェクトを通じて、リリーはデザインシンキングとデジタルトランスフォーメーションのためのコンサルティング会社に将来性があることを発見し、友人のジョニーと共同で設立したいと思っています。

リリーが解決したい問題とは

前述のように、リリーはデザインシンキングを活用して企業のデジタルトランスフォーメーションを支援するコンサルティング会社を設立したいと考えています。既存のコンサルティング会社と比較して、より差別化できるものを模索しています。その裏付けとなっているのは、デザインシンキングを適用した企業はデザインシンキングのスキルを持たない企業に比べ、売上の伸びが5年間で32%も上回ったというマッキンゼーによる調査結果です。これは業種を問わず当てはまるため、リリーとジョニーは今のところ対象を特定の業種に絞っていません。2人にとってさらに重要なことは、文化的背景やニーズを取り入れたコンサルティングのアプローチを定義することです。リリーはヨーロッパ流やアメリカ流のデザインシンキングのマインドセットがアジアの国々では失敗する例を山ほど見てきました。リリーは、人類学者のように各国の特殊性を特定し、デザインシンキングのアプローチに取り入れたいと考えています。

「どうすれば、大企業向けに現地文化のニーズを考慮に入れたアジア地域におけるデジタルトランスフォーメーションのためのコンサルティングサービスを定義できるでしょうか?」

ステークホルダーは?
ターゲットグループは?
ビジネスモデルは?
拡張性は?
カスタマーエクスペリエンスチェーンは?
価値提案は?

リリーのデザインチームの顔ぶれは?

リリーのチームは、この課題に協力を申し出てくれたリリーの元生徒たちで構成されています。これから14週間でソリューションを開発することがチームの目標です。メンバーはメソッドやツールをフル活用したいと思っています。リリーはチームのムードを盛り上げるためのウォームアップが大好きなので、さまざまなワークショップで最も人気の高いウォームアップを必要に応じて使うつもりです。49ページから始まる各ツールの最終ページには、リリーとデザインチームの4コマ漫画風の写真が登場します。

ニーハオ!
私がリリーです。
学生チームのサポートに
期待しています。

クイックスタート

- [ ] プロジェクトのスポンサーが何を期待しているか分かっている。
- [ ] デザインの課題と問題は文章にまとめられている。
- [ ] デザインシンキングはソリューションを見つけ出すには適したアプローチだ。
- [ ] 作業を何度も繰り返し、オープンな心で偏りのない方法で進めるため、全員がマインドセットを理解している。
- [ ] チームは異分野連携型である。
- [ ] チームメンバーのT型プロフィールを把握している。
- [ ] 適切なワークショップ用のスペースがあり、必要なものも揃っている。
- [ ] ユーザー、顧客、ステークホルダーと会うことができる。
- [ ] デザインの課題に必要な時間の見積りができる。
- [ ] 第１回デザインシンキング・ワークショップの大まかなアジェンダがある。
- [ ] 適任の経験豊富なワークショップファシリテーターがいる。

問題はどこにある？

誰かにいいアイデアはないかと問うと、ニーズや問題を知っていることを前提にした解決策が数多く提案されます。デザインシンキングでは、一歩戻って、まず問題を探っていきます。

問題に対する意識を持つには、問題提起文を作成しましょう。この文は後にデザイン概要に組み込まれます。デザイン概要（問題提起文を含む）は同時にデザインシンキング実践者にとってはクリエイティブなプロセスの出発点にもなります。この部分はデザイン課題に取り組む過程で非常に重要になります。問題をしっかり把握していないと、労力を間違った方向へ注いでしまいかねません。そのためチームに対して、この開始段階では問題そのものに集中し、ソリューションは探さないということを明確に示す必要があります。

問題の探求は通常、デザインシンキング・プロセスの初期段階である理解フェーズと観察フェーズで行われます。原因の核心に迫るには、共感のためのインタビュー（57ページ）などのツールが役立ちます。実際のところ、どのフェーズにおいても既知の問題に対して新たな知見を得ることができるため、そこから全く新しい問題が生まれることも珍しくありません。

偉大な発明か、駐車の問題か？

優れた問題提起文のポイント

優れた問題提起文とは、何よりもまずチームメンバー全員が理解できる内容であること、そして人とそのニーズに重点を置いていることが重要です。機能や売上、利益、特定のテクノロジーなど別の基準を前面に押し出してしまいがちです。こうした特性は補足情報としてはとても大切ですが、これを問題提起文の中心に据えるべきではありません。典型的な例はデジタルソリューションのデザインです。人工知能を使って特定の問題が解決できるという情報を提供することは、後にソリューションを見つける際に重要になるかもしれないので理に適っていると言えます。デメリットは、その情報によってこれから生まれるアイデアの数が制限されてしまい、1つのテクノロジーにこだわりすぎて市場機会を逸するかもしれないという点です。

問題提起文については、常に心に留めておくべき2つのルールがあります。

1）問題提起文は、創造力を自由に**羽ばたかせることのできる余地**を設けておくこと
2）問題提起文は既存のリソース（チームの人数、時間、予算）で**解決できる程度に範囲**を狭めておくこと

意義があり行動に移すことができる問題提起文をまとめる方法について、詳細は「フェーズ：理解」と「フェーズ：視点の定義」を参照してください。人とそのニーズを含む典型的な問題提起文は、次の形式を使って作成できます。

どうすれば［ユーザー、顧客］が［特定の制限／原則］を適用して
［特定の目標またはニーズ］を達成できるよう
手助けすることができるか？

デザイン概要の内容

前述のように、デザインの課題の説明は、問題を含むタスクの全体像を余すところなく描写するには重要な要素です。問題提起文の作成は最小限の要件だと思ってください。デザイン概要はさらに詳細を示すことでソリューションの発見をスピードアップします。ここでの難点は、限定的すぎるデザイン概要には創造力を発揮する余地がないことです。

つまり、デザイン概要は問題をタスクに落とし込んだものと言えます。

デザイン概要には下記の要素が含まれ、コアな質問に対して情報を提供できます。

▶ **デザインの対象となる場と範囲の定義：**
- 既存のものとは何か、その要素が今回のソリューションにどのように役立つか？
- 既存のソリューションには何が欠けているか？

▶ **デザイン原則の定義：**
- チームにとって重要なヒントとは何か（より一層創造力が求められているのはどこか、潜在的ユーザーが特定の機能を実際に試すべきなのはいつか）？
- 限界はあるのか、どの中核機能が必須なのか？
- 誰を、デザインプロセスのどの時点で関与させたいのか？

▶ **ソリューションに関連するシナリオの定義：**
- 望ましい将来とビジョンはどのようなものか？
- どのシナリオが妥当で実現性があるか？

▶ **次のステップとマイルストーンの定義：**
- ソリューションはいつまでに決定すべきか？
- 貴重なフィードバックを得られる運営委員会の会合はあるか？

▶ **実行の障害になりそうな課題に関する情報：**
- 初期段階では誰が関与する必要があるのか？
- 突飛なソリューション案についてどう対応する傾向があるか、またリスクを取ろうという意志はどの程度のものか？
- 予算や時間枠に条件はあるのか？制限はあるか？

デザイン概要を作成したクライアントがデザインシンキングについてほとんど専門知識を持たない場合、この作成過程自体をちょっとしたデザインシンキングのプロジェクトにしてしまうのが合理的です。この場合、問題提起文をクライアントと一緒に作成します。こうすることで、異分野連携をベースに問題に対してさまざまな意見を取り入れ、表層的な対処法ではなく真の問題に取り組んでいることを確認できます。

有効なデザインシンキング・ワークショップに必要なもの

デザインシンキングにおいて重要なことは、チームでの連携作業です。そのため、チームの参加者を1か所に集めることが必要です。そうすることで、問題提起文、アイデア、そして潜在的なソリューションについて、確実な理解を得られます。さらに、各チームメンバーのスキルと能力（31ページの「滴るT型」モデル）を適材適所で活かせるようになり、取り組みに向けてチームの効果的なインタラクションを引き出すことができます。

心配な気持ちはいったん脇に置いても大丈夫

経験から言えば、ほとんどのワークショップでは何かしらの実りが生まれますが、そうでない場合はおおむね進行管理に不手際があります。デザインシンキングのファシリテーターがグループに狙い通りの指示を出せていなかったり、ファシリテーターに方法論についての専門知識が不足していたりするのです。ファシリテーターは通常、メソッドとツールを決め、制限時間も定める責任者でもあるため、非常に重要な役割を果たします。さらに計画立案の責任者でもあります。同時に、グループの要望やニーズに対応できる柔軟性も持ち合わせていなければなりません。さらに、進行上の順序も臨機応変に変更できる対応力も必要です。

優秀なファシリテーターは、それぞれの作業ステップのゴールが分かっていて、それを達成できる時間枠を経験から把握しており、常にクリエイティブな雰囲気を作ります。また、ファシリテーターは調整役として中立でいなければならず、内容に関して積極的に貢献する立場ではありません。

デザインシンキング・ワークショップの準備

ワークショップを開催するには計画を避けて通ることはできません。最初にワークショップの目標と順序を決定し、参加者を招待し、材料や資料を集めます。
目安として、準備はワークショップの実施時間と同じくらいの時間がかかると思ってください。

デザインシンキング・ワークショップの参加者

次の点を検討します。
- 誰が参加するのか？
- 参加者は互いに知り合いか？
- デザインシンキングやトピックについてどの程度精通しているか？
- 何を期待しているか？経歴は？不安は？

チームの人数とスキル

優れたデザインチームは、さまざまな経歴を持つメンバーで構成されています。メンバーが持っている経験と知識は「T型」あるいは「滴るT型」で表せます。横軸は一般的な経験と知識の幅を、縦軸は専門知識、つまり特定分野に関する知識の深さを表します。「T型プロフィール」が「滴るT型」へと拡大していく現象がますます頻繁に見られるようになっています。こうすることで、それぞれのチームメンバーの他の領域、部署、専門分野にも注目が集まります。

「滴るT型」モデル

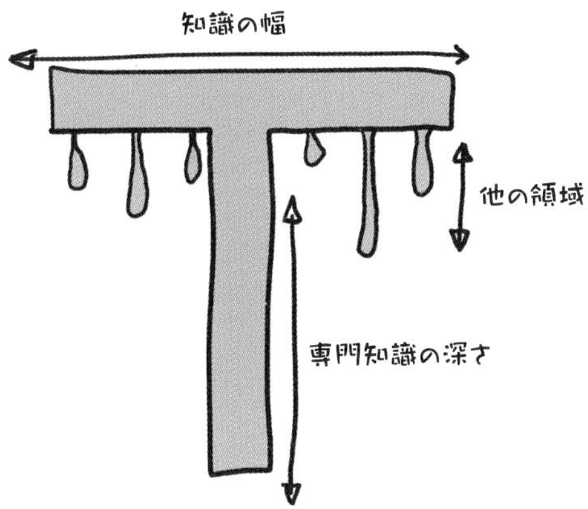

チームの人数はさまざまで、デザインの課題や利用可能なリソースによっても異なります。3〜7人が適当です。筆者の経験から言えば5人が理想的です。チームメンバーが10人を超えると調整がさらに複雑になり、有効性は低下してしまいます。

参加希望者が多い場合は、複数のチームが同時に作業する「チームの中のチーム」テクニックを用います。複合的で複雑な問題（いわゆる「厄介な問題」）に対しては、コアチームには含まれないエキスパートの「拡張チーム」の参加が効果的な場合もあります。

デザインシンキング・ワークショップ向けの部屋の準備

ワークショップ当日は早目に到着して部屋の準備をしましょう。十分なスペースを確保することが重要です。プロジェクターなどの機器を使用する場合は、開始前にテストをしておきましょう。作業用のスペースを十分に取るため、使えるところはすべて利用しましょう。たとえば壁にも大判の紙を貼れば格好の作業スペースになります。タスクやチームの人数によって、グループごとに机で島を作ります。

必要なもの

プロトタイプの作成、そしてワークショップの成功には材料が重要です（プロトタイプの材料は33ページを参照）。

アジェンダと時間管理

参加者には大まかなアジェンダを配布して、ワークショップの会場、開始時間、休憩時間などのスケジュールを把握しておいてもらいましょう。「クリエイティブな作業」がどれほど疲れるものか、甘く考えている人が多いようですが、休憩時間はたっぷり確保することをお勧めします。ファシリテーターとしての経験が浅い人は、オリエンテーションの計画をより詳細に立てましょう。開始時、昼休みの後、そして必要に応じてウォームアップを設けるとチームのムードが盛り上がります。たとえば、多くのファシリテーターはブレインストーミングやプロトタイプの作成中にBGMとして絞った音量で音楽を流しています。

ワークショップのフィードバック

私たちは、これまでに起きたことを定期的に振り返ってこそ、学ぶことができます。チームとして学び、発展するには、たとえば「私が気に入ったのは/私が望むのは/私が質問したいのは」(239ページ) または「ムードフラッシャー」(たとえば、「今私の頭の中には何が浮かんでいるでしょうか？」という質問) を使ったフィードバックがお勧めです。この振り返りは、1つはファシリテーションとチームダイナミクス、もう1つは内容、目標、問題解決という2つのレベルで行われます。

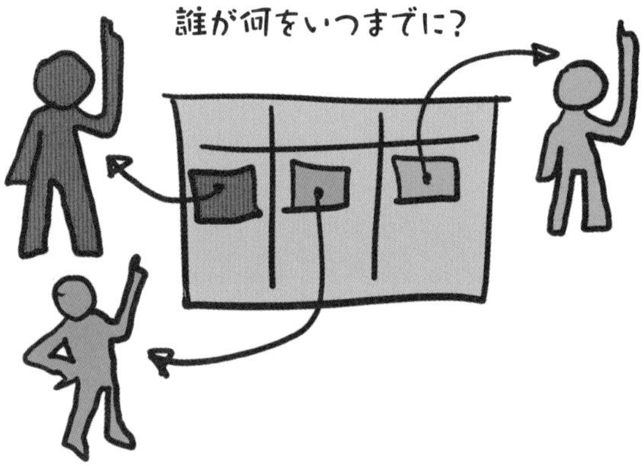

まとめ/結論

ワークショップの終了は開始と同じくらい影響力を持ちます。最後の印象は参加者の胸に残りやすいからです。まとまりなく唐突に終了すると不満が残るため、参加者がポジティブなムードでそれぞれの持ち場に帰ることを目標にします。

最後には明確な次のステップとタスクを定義して割り振るようにします。

結論は最初の切り口であるエントリーポイントと同じくらい綿密に細部まで計画する必要があります。

ほとんどのプロジェクトは、フォローアップで数え切れないほどのミーティングを行うことになるので、参加者が次回を心待ちにし、プロトタイプ作成の継続やプロジェクトの実行の開始を待ち遠しく思うことができれば最高です。

記録と日誌

結果を最も手早く記録する方法は、フリップチャート、ペルソナ、付箋紙を貼った壁、フィードバック・キャプチャー・グリッド（217ページ)、完成したプロトタイプの写真を撮ることです。デザイン課題について詳細な日誌が必要である、あるいは求められている場合は、結果を提示する構成や順序（アクションアイテムや優先順位を付けたアイデアなど）をワークショップの開始前に考えておくとよいでしょう。さらに、結果を示した日誌をタイムリーに、できれば当日中に送信することもお勧めします。

後片付け

ワークショップが終わっても、まだ面倒な作業が残っています。部屋の掃除と片付けです。このための十分な時間をスケジュールに組み込んでおきましょう。その際のアドバイスは、「みんなで協力したほうが早く終わる」ということです。作業に使った材料や成果物は各グループで片付けるように促します。また、良くできたモックアップや珍しいプロトタイプはトロフィー代わりに持って帰っても構いません。

ファシリテーター向けヒント：

- インタラクションなどのダイナミクスや予想外の状況にも対応できるようにする
- 参加者のムードには細心の注意を払う
- 笑顔や笑い声（特にファシリテーター自身の）は重要
- 「アイデアの駐車場」を提供するためにディスカッションの舵取りは積極的に
- 参加者には明確な指示と時間設定を
- タスクの実施には手を貸す姿勢を
- 参加者に現在の目標を追求するように動機付ける
  たとえば、実質的なアイデアや知見をより深掘りさせるなど

必要なもの

「手を動かして考える」と「百聞は一見にしかず」はデザインシンキングの2大要素です。両方とも、アイデアを物理的なプロトタイプにすることで達成できます。このため、単純な工作がすぐにできるような材料が必要です。さらに、リーンキャンバスなどのテンプレートをA4用紙に印刷して作業台として使うこともできます。

プロトタイプの材料

いくつかの材料を手元に用意しておくことが重要です。質の高いものである必要はありません。アルミホイル、モール、接着テープ、段ボール、ひも、発泡スチロールなどシンプルな材料があれば十分です。

グループとモデレーション用の材料

また、十分な枚数のフリップチャート用紙、書きやすいペン、紙（A4とA3)、付箋紙（さまざまな色やサイズ）も用意することをお勧めします。
各グループに小さなワークショップ用ボックスを用意して、スティックのり、ハサミ、シール、接着テープ、付箋紙、ペンが行き渡るようにします。

電子機器

正常に機能するプロジェクター、スピーカー、カメラの他に、スペースを自由自在に活用するため、マルチタップ、延長コード、アダプターを用意しておくことを強くお勧めします。もちろん、参加者の昼食として飲料水、軽食、コーヒー、お茶、お菓子などの用意も忘れずに。

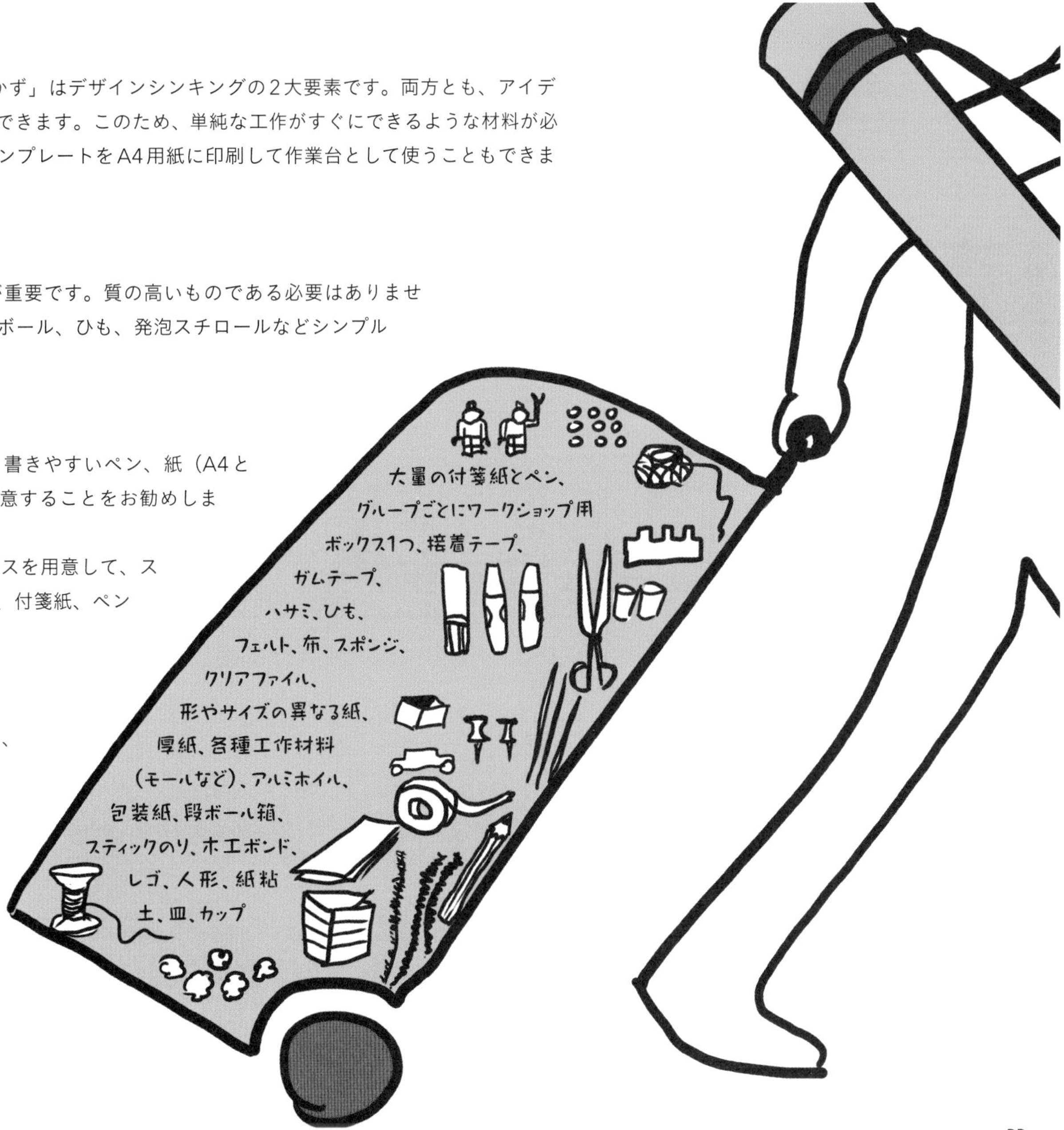

大量の付箋紙とペン、
グループごとにワークショップ用
ボックス1つ、接着テープ、
ガムテープ、
ハサミ、ひも、
フェルト、布、スポンジ、
クリアファイル、
形やサイズの異なる紙、
厚紙、各種工作材料
（モールなど）、アルミホイル、
包装紙、段ボール箱、
スティックのり、木工ボンド、
レゴ、人形、紙粘
土、皿、カップ

デザインシンキング・ワークショップ用のワークショップキャンバスとアジェンダのサンプル

準備としてお勧めするのはワークショップキャンバスを使う方法です。たとえば3日間のワークショップでも、最も重要な要素に焦点を当てて計画を立てることができます。

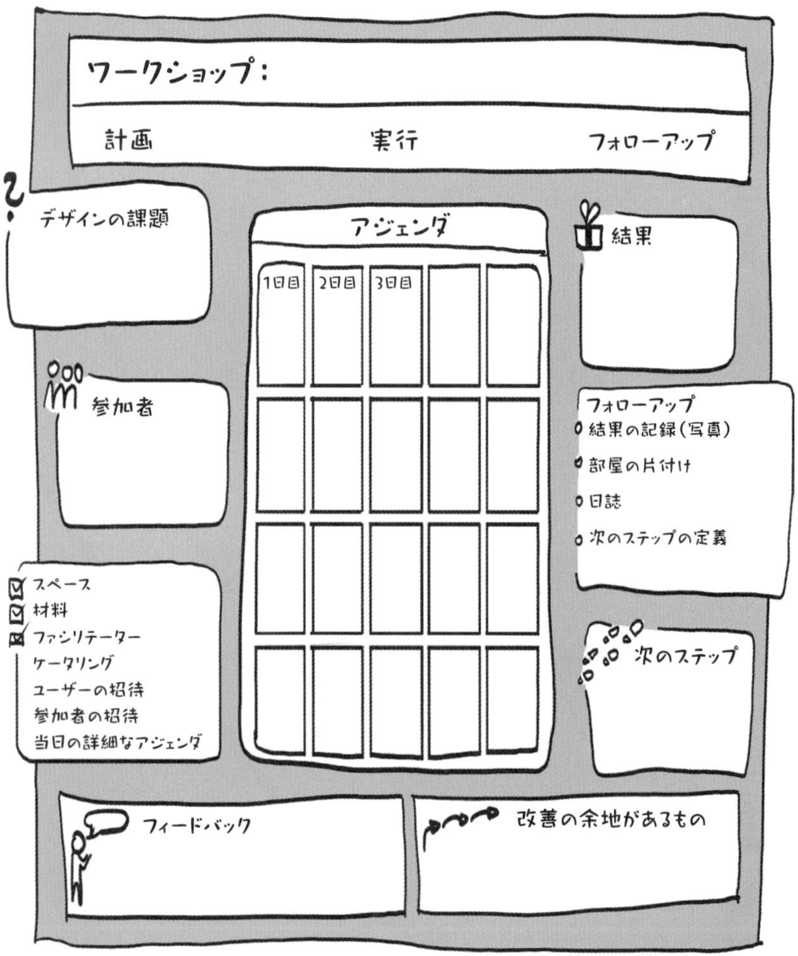

1日目：

キックオフとウォームアップ

- チームの紹介とT型プロフィールに基づくスキルの紹介
- デザインシンキング・マインドセットの説明

スコーピング

- デザイン課題の提示
- 問題提起文の定義

ブレインダンプ（知識をはきだす）

- ブレインストーミング

研究

- 既存ソリューションの探求：ユーザーの観察と理解

シンセシス（洞察の統合）

- 観察結果の意見交換とストーリーテリング
- 視点

2日目：

ペルソナ

- 観察と視点（POV）に基づくペルソナの作成
- アイデア発想
- 各種ブレインストーミング
- アイデアをクラスタ化してつなげる
- アイデアの優先順位付け

プロトタイプの作成とテスト

- 重要なエクスペリエンスのプロトタイプの作成とテスト
- さまざまなプロトタイプの作成
- プロトタイプのテスト
- プロトタイプの改善

3日目：

プロトタイプの作成とテスト

- 最終プロトタイプの作成

検証

- プロトタイプのテスト、リーンキャンバス、ストーリー

発表

- ソリューションの発表

まとめ

- 次のステップ
- 振り返り/フィードバック
- 片付けと締めの言葉

ダウンロード可能ツール

www.dt-toolbook.com/agenda-en

クリエイティブな空間が提供するもの

創造力を発揮できる空間は、チームダイナミクス、成果、そして作業する楽しさに影響します。筆者はこれまでデザインシンキング・ワークショップをさまざまな場所で開催してきましたが、デザインシンキングは、誰もが居心地がいいと感じる場所で最も威力を発揮するという結論に至りました。

良い空間とは、意欲を刺激し、創造力を高め、振り返りに適していて、共同作業を促進し、何よりも目的に適った場です。デザインシンキングの作業や実践のため、ものの配置を変更するだけの柔軟性が保てる空間であれば、室内の家具や設備はあまり関係ありません。良い空間とは、座ったり立ったりさまざまな姿勢で作業ができる場所です。

理想としては立ったまま作業を行います。そうすると参加者が積極的に関与して、情報を吸収するだけに留まらないからです。座っていると、どうしても「会議」モードに突入してしまいます。ゆったりとコーヒーを飲みながらPowerPointのスライドを延々と見るような雰囲気になります。リラックスするのは良いことですが、次の大きな市場機会を形成しようという場にはふさわしくありません。

あるいは場所を変えて、日常業務を忘れられる部屋で実施することでもクリエイティブな作業が促進されます。それができない場合は、同じ部屋でもいつもとは違った雰囲気になるよう工夫します。

一般的にフレキシブルな家具はグループや個々の作業の状況に合わせて簡単に調整できるため、どのような部屋でも便利に使用できます。交流ができる程度の広さは欲しいので、4人のグループなら少なくとも15平方メートルは必要です。

高さのあるテーブルは不要です。4脚の椅子にテーブルを載せて代用できます。使用する前に安定性は確かめる必要がありますが、たいていは問題なく活用できます。そのうえ、「いつもとは違う」という印象を与えるため効果的です。

作業の進捗を把握して結果を可視化するため、ホワイトボードやフリップチャートはぜひ用意しましょう。同じく経験的にお勧めするのは、壁の広い範囲に紙を貼って、参加者がポスターや写真、フリップチャートを書いたり貼ったりできるようにすることです。そして言うまでもないことですが、創造力をかき立てるスペースではプロトタイプ作成の材料（ペン、付箋紙、工作材料など）を常に手に届く場所に準備します。

最後に、先にも触れましたが、水、コーヒー、ジュースをはじめフルーツ、チョコレート、クッキーなども用意して合間にちょっとしたリフレッシュができるようにしておきます。有益なワークショップは胃袋も満たしますし、なにしろクリエイティブな作業はお腹が減るものです。

ツールボックス

本書は、エキスパートによるツールやメソッドの紹介より前にまず、ウォームアップから始まります。分かりやすいよう、ツールはデザインシンキング・プロセスにおいて最もよく使用されるフェーズの順に紹介します。問題の理解と潜在的ユーザーの把握に役立つテクニックから始まるのはそのためです。これは理解フェーズと観察フェーズで行われ、こうした知見に基づいてシンセシス（洞察の統合）が生まれます。次に、視点の形成に役立つ戦略を紹介します。ソリューション空間では、アイデアを生み出し、最初のプロトタイプを作成してテストします。デザインシンキングのこのフェーズを円滑に実行するために役立つさまざまなリソースがあります。最後に、振り返りのメソッドをツールボックスで紹介します。

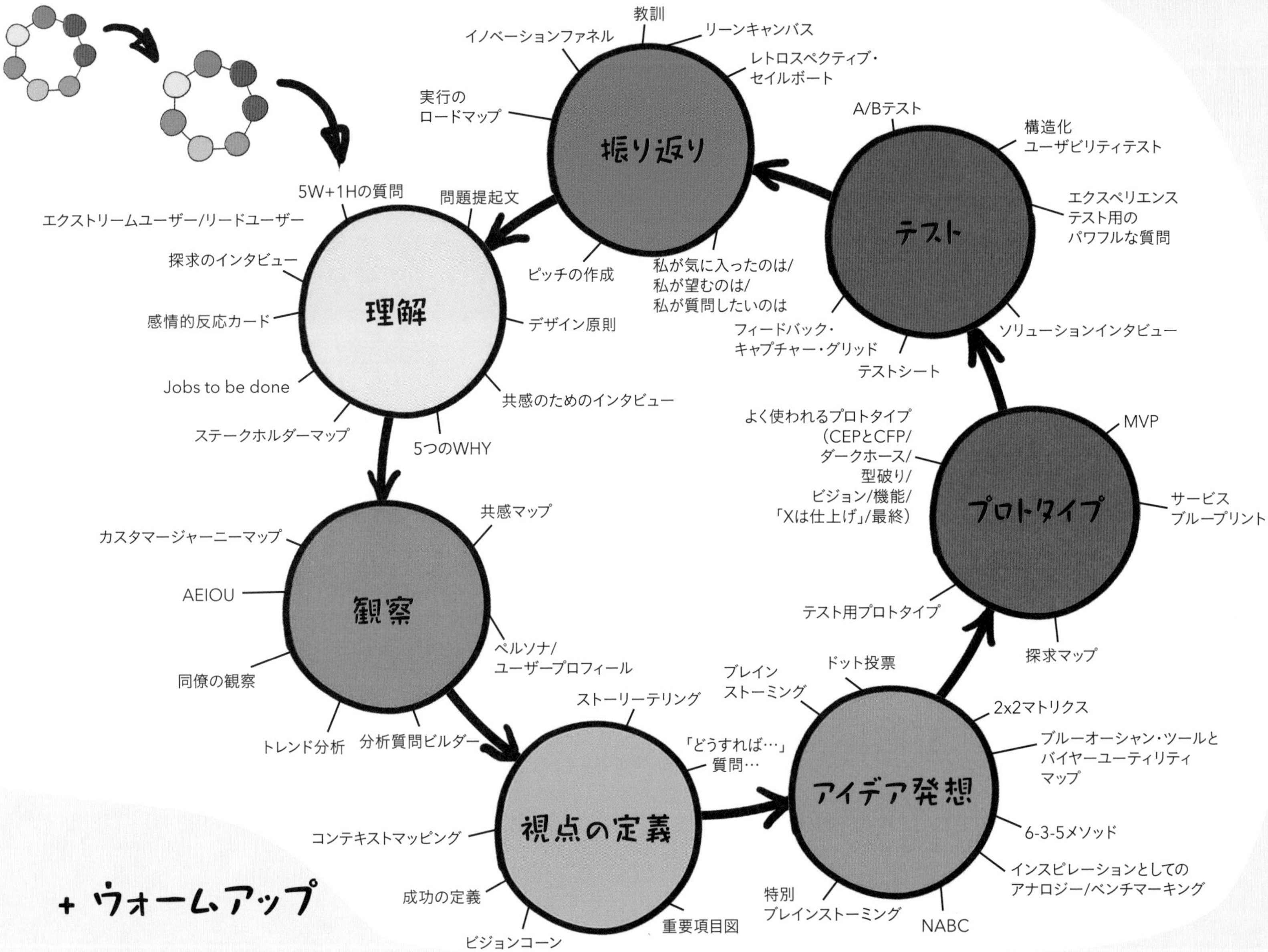
振り返り
教訓
リーンキャンバス
イノベーションファネル
レトロスペクティブ・
セイルボート
実行の
ロードマップ
ピッチの作成
私が気に入ったのは/
私が望むのは/
私が質問したいのは
テスト
A/Bテスト
構造化
ユーザビリティテスト
エクスペリエンス
テスト用の
パワフルな質問
ソリューションインタビュー
フィードバック・
キャプチャー・グリッド
テストシート
理解
5W+1Hの質問
問題提起文
エクストリームユーザー/リードユーザー
探求のインタビュー
感情的反応カード
デザイン原則
Jobs to be done
共感のためのインタビュー
ステークホルダーマップ
5つのWHY
プロトタイプ
よく使われるプロトタイプ
（CEPとCFP/
ダークホース/
型破り/
ビジョン/機能/
「Xは仕上げ」/最終）
MVP
サービス
ブループリント
テスト用プロトタイプ
探求マップ
観察
共感マップ
カスタマージャーニーマップ
AEIOU
ペルソナ/
ユーザープロフィール
同僚の観察
トレンド分析
分析質問ビルダー
視点の定義
ストーリーテリング
「どうすれば…」
質問…
コンテキストマッピング
成功の定義
ビジョンコーン
重要項目図
アイデア発想
ブレイン
ストーミング
ドット投票
2x2マトリクス
ブルーオーシャン・ツールと
バイヤーユーティリティ
マップ
6-3-5メソッド
インスピレーションとしての
アナロジー/ベンチマーキング
NABC
特別
ブレインストーミング
+ ウォームアップ

状況に応じた
ウォームアップ！

一般的なウォームアップ

スポーツの世界では、筋肉のパフォーマンスを高めるためにウォームアップを行います。ミュージシャンにとっては、歌うために声を調整することです。モーターレースでは、メカニックによる細部の微調整を指します。デザインシンキングでは、ウォームアップをワークショップの冒頭だけでなく休憩後やグループの作業効率が落ちてきたと感じたときにも行います。これは連携作業のどのフェーズでも行うことができ、目的もさまざまです。ウォームアップは創造力を刺激し、グループダイナミクスを高め、リラックス効果があり、メンバー同士が打ち解けるきっかけにもなります。

ウォームアップは連携を強化し、前向きな姿勢を醸成するのに役立ちます。適切なウォームアップはデザインシンキングのプロセスをサポートし、活気を与え、問題解決力を向上させます。ただし、逆効果になる場合もあります。状況にふさわしくなかったり組織の文化が考慮されていなかったりすると、エクササイズは緊張やストレスを助長する結果になりかねません。そのため、ウォームアップを行うなら、ぜひ慎重に選択するようにしてください。

次のページから、ウォームアップ案を紹介します。

ウォームアップ選択チャート

ワークショップに適したウォームアップを見つけよう

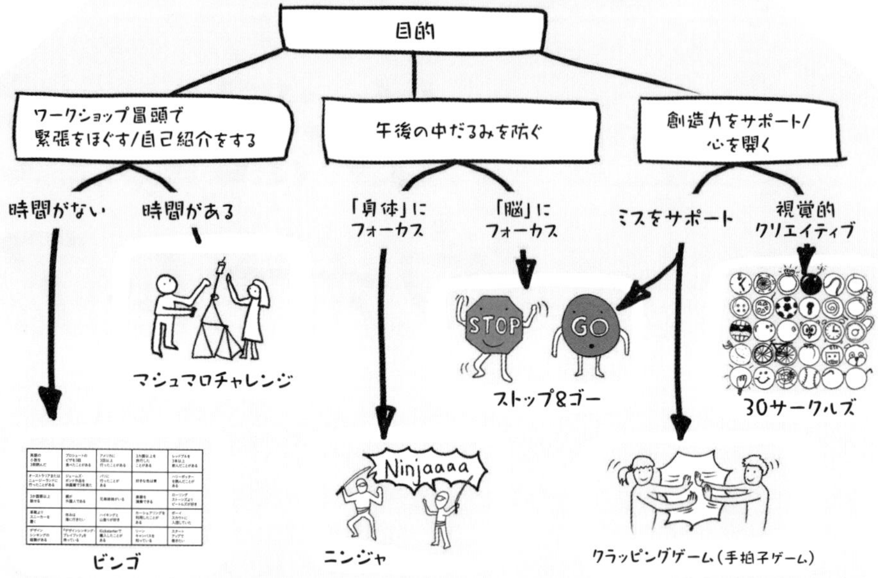

なぜウォームアップをするのか

- グループにポジティブな雰囲気を作る
- ワークショップ参加者にお互いを知る機会を与える
- 社会的バリアを取り除く
- 成功しなければというプレッシャーを軽減する
- 活気づけてポジティブなエネルギーを放つ
- 気分転換をして集中力を高める
- チームに特定のマインドセットや作業方法の準備をさせる
- 楽しんで笑い合う

ヒント:

ウォームアップは慎重に選びましょう。
内容を参加者に合わせましょう。

クラッピングゲーム（手拍子ゲーム）

目的

ポジティブなムードを生み出したい。

テーマ：

ミスの対処法

1

参加者はそれぞれパートナーを選びます。

2

一緒に「3」まで数え、スピードを上げながら、だんだん速く繰り返しましょう。

いち、に、さん！

3

もう少し複雑にするには、「2」の代わりに手を叩きます。
これでリズムゲームの要素が加わります。

いち、パン、さん！

4

次のステップでは、「1」の代わりに指を鳴らします。
リズムゲームに指鳴らしも加わって、参加者から笑い声が起こるでしょう。

パチン、パン、さん！

グループの人数

2人以上

平均所要時間

5分

必要なもの

- 材料は不要

バリエーション：

ミスを受け入れるという点を強調するには、自分のミスと相手のミスを振り返る時間を取り入れます。手拍手や指鳴らし、カウントを間違えたら励ましの声をかけるなどすると、より一層盛り上がります。

ビンゴ

目的

手早く楽しい方法で、参加者同士の親睦を深めたい。

1
はじめに、ペンと用意したビンゴカードを参加者に配ります。

2
始めの合図で、カテゴリに該当する参加者（答えが「はい」になる人）を探し始めます。

3
ルールは2つだけです。

1) できるだけ多くの人が会話に参加できるよう、ビンゴで指名できるのは1人1回までにします。

2) まずマスの項目が提示されてから、ディスカッションを始められます。

英語の小説を3冊読んだ	プロシュートのピザを3回食べたことがある	アメリカに3回以上行ったことがある	3カ国以上を旅行したことがある	レッドブルを3本以上飲んだことがある
オーストラリアまたはニュージーランドに行ったことがある	ジェームズ・ボンド作品を映画館で3本見た	パリに行ったことがある	好きな色は青	ハリーポッターを読んだことがある
3カ国語以上話せる	親が外国人である	兄弟姉妹がいる	楽器を演奏できる	ローリングストーンズよりビートルズが好き
革靴よりスニーカーを履く	休みは海に行きたい	ハイキングと山登りが好き	カーシェアリングを利用したことがある	ボーイスカウトに入団していた
デザインシンキングの経験がある	『デザインシンキング・プレイブック』を持っている	Kickstarterで購入したことがある	リーンキャンバスを知っている	スタートアップで働きたい

4
各項目に一番早く名前を書いた参加者が「ビンゴ！」と叫んだら、ゲームは終了です。
誰もカードを完全に埋められなかった場合は、指定時間にゲームを終了し、最も多くのマスを埋めた参加者が勝ちとなります。

5
最後に振り返りをしてウォームアップを締めくくります。

グループの人数

16人以上

平均所要時間

7〜15分

必要なもの

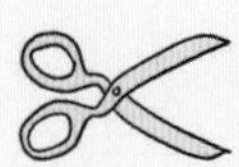

- ペン
- 参加者1人にビンゴカード1枚

バリエーション：

ワークショップの傾向によっては、カードを特定のトピックと特定の質問に絞ることもできます。たとえば、オフィスにホワイトボードがある、デザインシンキングに取り組んだことがある、などです。ヴィーガンである、定期的にスカイダイビングをしている、といった特に珍しい質問を使うこともできます。グループの人数と時間枠によって、ゲームのゴールも変わります。目標は1列（横、縦、ななめ）を埋めて「ビンゴ！」と言うことです。

ストップ＆ゴー

目的

社会的障害を克服し、集中力を高め、楽しむ。

テーマ：

ミスの対処法

進め方

- 全員が室内を自由に動き回ります。
- 「止まれ」または「進め」の掛け声で、モデレーターは止まるか歩き続けるかの指示を出します。
- 集中力を高めるため、掛け声の意味を入れ替えます。「止まれ」で歩き続け、「進め」で止まります。
- 次のステップでは「名前」（自分の名前を言う）と「拍手」（手を叩く）という２つの掛け声を追加します。
- この２つの掛け声も意味を入れ替えます。
- さらに「ジャンプ」と「ダンス」の２つも追加します。
- これもまた言葉の意味を入れ替えます。
- すべてうまくできたら、「名前、名前、名前」の掛け声で、全員で拍手して終わります。

グループの人数

6人以上

平均所要時間

8分

必要なもの

- 材料は不要

バリエーション：

- モデレーターには参加者のメンバーがなっても構いません。グループから指示を出すこともできます。状況に応じて、個々の指示を調整しても構いません。たとえば、ジャンプの代わりにしゃがむ、手を叩く代わりにハイタッチをするなどです。
- 指示の言葉を換えてみるのもよいでしょう。たとえば、コーラ＝右を向く、ファンタ＝左を向く、スプライト＝ジャンプをする、などです。
- 間違えた人がいたら声援と拍手を送ります。

30サークルズ

目的

参加者にクリエイティブな行動を促す。

テーマ：

自分の創造力に自信を持つこと。「白紙で固まる」ことを防ぎ、スケッチのきれいさではなくメッセージ自体にフォーカスします。

進め方

- ペンと30個の円が描かれた紙を配ります。
- 参加者にできるだけ多くの円をよく知っているモノに描き換えるよう指示します。
- 「始め！」の合図でスタートし、参加者は円に色を付け始めます。
- 制限時間の2分後、タイマーを止めます。
- 出来上がりを比べます。円の数（どれだけ多くの円に色を付けたか）だけでなく、出来上がりの個性にも注目しましょう（バレーボール/サッカーボール/バスケットボールは、時計/指輪/目よりも似たもの同士です）。誰か「ルールを破って」2つ以上の円をつなげて1つのモノを描いた人はいましたか？

グループの人数

3人以上

平均所要時間

5〜10分

必要なもの

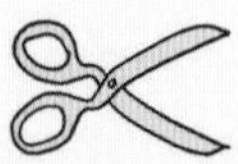

- ペン
- 紙

バリエーション：

たとえば、「鍋のふた」というキーワードを出します。参加者に、そのキーワードの別の使い方をできるだけ多く考えるよう指示します（たとえば、そり、フリスビー、ホイールカバー、ドラムなど）。

ニンジャ

目的

参加者が再度集中できるように、気分転換をしてもらう。

テーマ：

このウォームアップは素早い判断力と身体のコントロールが必要ですが、みんなで楽しめます。

1
参加者を少人数のグループに分け、小さい円を作ってもらいます（手が隣の人の肩に触われるくらい）。

2
1人が「ニンジャー！」と言い（語尾を伸ばすと効果的です）、全員で後ろに跳んで思い思いの忍者ポーズで静止します。

3
先に指名されていたメンバーが、1つの動きと1歩だけで他の人の手を叩きます。叩かれた人はその場で動いてはいけません。攻撃されたときに手を引っ込めることはできます。

4
手を叩かれたら「アウト」になり、ゲームから退場します。

5
動きが完了したら、時計回りで次のプレーヤーが交代して、元の円の順序で進みます。最後の1人になるまでゲームは続きます。

グループの人数

5〜6人

平均所要時間

10分

必要なもの

- 広いスペース

マシュマロチャレンジ

目的

参加者にアイデアを素早く実践に置き換えさせ、チームワークを促進する。

テーマ：

手を動かして考えることを促し、反復とテストが重要であることを認識します。

1
これはグループでできるだけ高い立像を作り、一番上にマシュマロを乗せて完成させることに挑戦するアクティビティです。

2
各グループは決められた範囲の材料が渡されます。スパゲッティなどで立像します。

3
マシュマロが計測点になるため、立像の一番高いところに置きます。

4
立像が触れても良いのは床またはテーブルの面だけです。
天井に固定することはできません。

5
立像は制限時間が経過してからできるだけ長く自立し、少なくとも10秒間は崩れないようにしなければなりません。

6
各グループとも立像を組み立てる時間は15～20分間です。制限時間よりも早く完成したグループは、モデレーターを呼んで高さを計測してもらうことができます。

グループの人数

5人

平均所要時間

20分

必要なもの

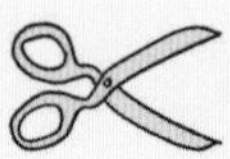

- マシュマロ1個
- スパゲッティ20本
- 接着テープ1m
- ひも1m

ヒント：

終了後の振り返りが大切です。活動への先入観、「失敗は早期に何度も！」、反復の回数、テスト、チームワークについて話し合います。このアクティビティの手順説明とビデオはオンラインでご覧いただけます。

フェーズ：理解

デザインシンキングは、問題の徹底的な理解に始まり、そして徹底的な理解に終わると言っても過言ではありません。理解フェーズでは、問題を熟知することを目標とします。デザインの課題を実証するため、"プロブレムステートメント"とも呼ばれる質問を作成します。これを「問題提起文」と呼びます。さまざまなテクニックとツールを通じて、問題提起文は範囲を広げたり対象を狭めたりすることができます。5W1Hの質問や5つのWHYなどのツールも役立ちます。目的は、潜在的ユーザーのニーズをできるだけ把握することです。こうした知見によって今度は問題提起文が繰り返し研ぎ澄まされ、チーム内で問題に関する共通理解を得られます。

問題提起文

目的

鍵となる問題提起文を理路整然と定義し、シンプルな1文にまとめる。

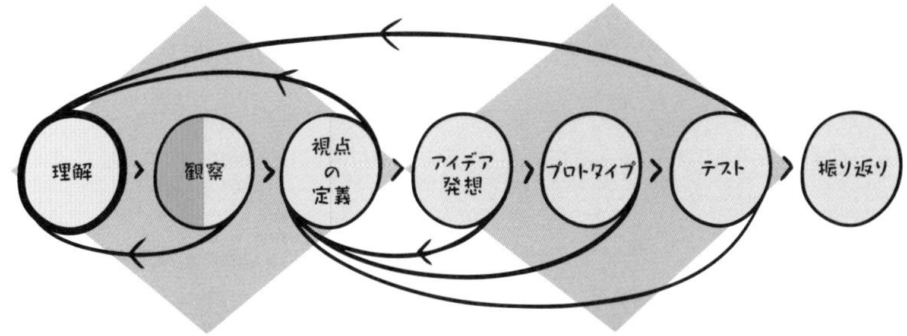

ツールを使ってできること：

- クライアントと、もしくはチーム内で、問題に関する共通理解を形成する。
- 問題分析から集めた知見をデザインの課題としてまとめる。
- 発想したアイデアの方向性とフレームワークの概要を決める。
- ターゲットとなる「どうすれば...」質問（HMW [How might we]質問）の形成の基礎を作る。
- 以降の成功度の測定の基準値を決定する。

ツールに関する詳細

- デザインシンキングでは、ソリューションではなく必ず問題から出発します。
- デザインの課題は問題提起文の理解から始まります。
- 問題の解決に取り掛かる前に、問題そのものを正しく理解しなければなりません。
- 問題提起文は分析結果を集約して把握するための重要なツールです。
- 問題提起文は、関連する問題空間の起点と終点を示し、アイデア発想フェーズへの移行を意味する役割も持っています。

代替として使用できるツールは?

- デザイン概要（29ページ）
- デザイン原則（53ページ）

問題提起文の作成を支えるメソッドは?

- コンテキストマッピングは、収集した情報のコンテキストとパターンを見きわめるのに役立ちます（133ページ参照）。
- 因果関係図は、問題の原因と影響を区別するのに役立ちます。
- 「どうすれば...」質問は、問題定義の結果を設計のチャンスに結び付けるのに役立ちます（125ページ）。
- 5W1Hの質問（71ページ）

必要な時間と材料は？

グループの人数

3〜5人

- 理想はデザインチームから3〜5人
- 1〜2人のステークホルダーやクライアントも可（参加可能な場合）

平均所要時間

30〜40分

- 形成にはある程度の時間と、血と汗と涙が必要。
- 少なくとも30分の短いサイクルが効果的。

必要なもの

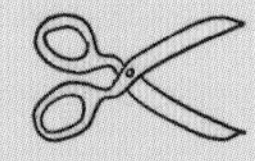

- ペンと付箋紙
- A4用紙（縦）とA3用紙（横）を数枚ずつ。
- 質問文の構成は空欄を埋める形式のテキストで提示することも。

手順：問題提起文

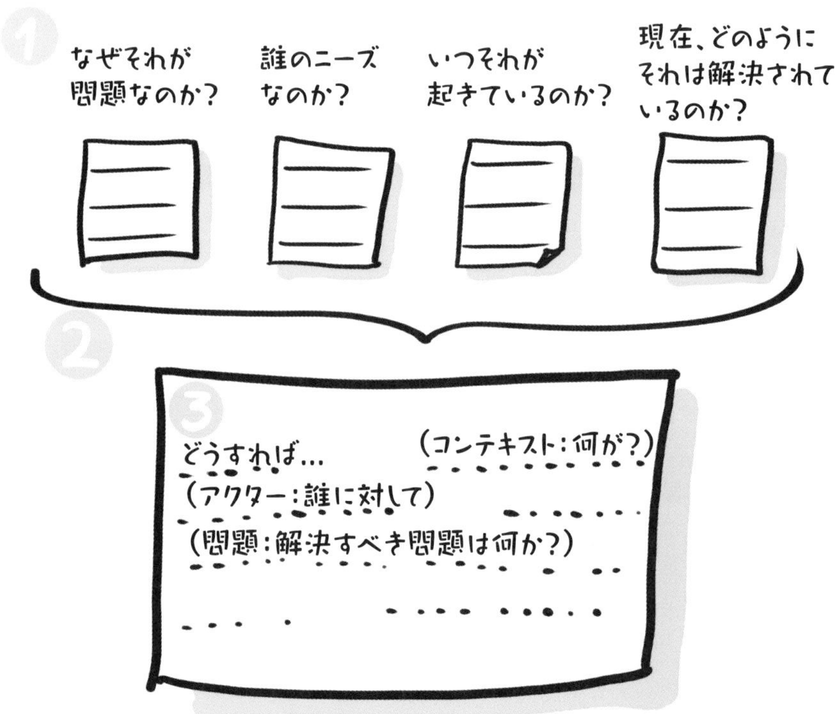

1
なぜそれが問題なのか？
誰のニーズなのか？
いつそれが起きているのか？
現在、どのようにそれは解決されているのか？
2
3
どうすれば…
（コンテキスト：何が？）
（アクター：誰に対して）
（問題：解決すべき問題は何か？）

ツールの適用方法

構成要素を紙にスケッチするか、テンプレートを使用して書き出します。

- **ステップ1**：以下の質問（問題／アクター／コンテキスト）を使って問題提起文をまとめます。
  問題は何か？なぜそれが問題なのか？
  誰にとっての問題なのか？誰のニーズなのか？
  いつそれが起きているのか？
  現在、どのようにそれは解決されているのか？
- 数枚のA4用紙（縦）に質問を書き出し、その下に答えを書く余白を空けておきます。
- 質問と回答には異なる色を使い、読みやすい字でできるだけ大きく書きます。
- そのような問題の定義を10項目以上作成します。
- **ステップ2**：書き込んだ紙を壁に貼り、その下にA3用紙を横向きに貼ります。問題定義をまとめるか、ドット投票などで最適なものを選択します（159ページ）。
- **ステップ3**：個々の問題の定義を、たとえば、「どうすれば[何を？][誰に対して？]再デザインし、[その人のニーズ]に応えることができるか？」という形式を使って系統立てて1つの包括的な問題に移し始めます。

これはステファノ・ヴァンノッティのお気に入りのツールです

役職：

チューリッヒ芸術大学（ZHdK）MAS戦略デザイン学部長

「問題分析から得たすべての知見が統合された瞬間こそ、どのプロジェクトにおいても最も決定的な瞬間です。重要な課題を知らずして、どんな問題も成功裡に解決することはできません」

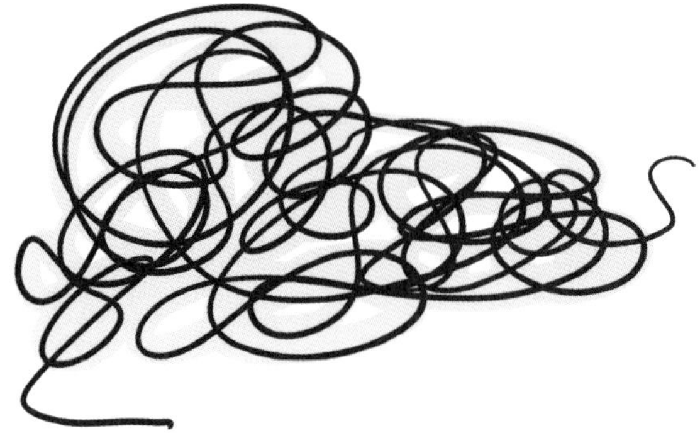

なぜお気に入りのツールなのか？

具体的なデザイン課題を明確かつ分かりやすく説明することは、的を射たアイデアを生み出すための前提条件となります。多くのプロジェクトでは、まず問題の状況を正しく理解することが必要です。

問題提起文のメソッドによって、正しい視点と革新的なソリューションへ発展させるフレームワークを定義することができます。私はここに優れたデザインシンキングの真の強みがあると思います。創造力を大いに発揮するために、考え抜かれた基礎を作成することが成功の秘訣です。

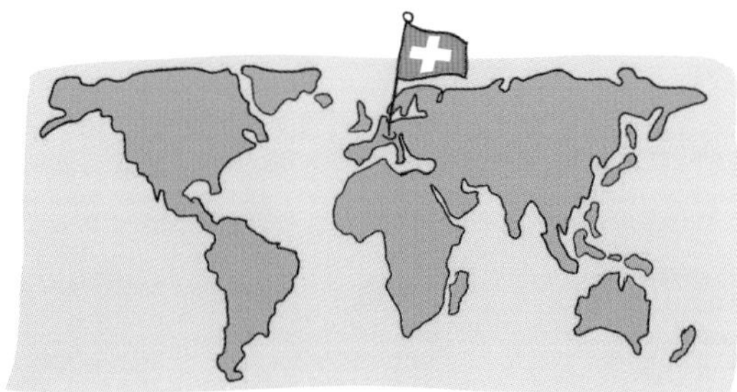

国：

スイス

所属組織：

チューリッヒ芸術大学（ZHdK）

チェック担当：マーティン・スタイナート

会社／役職：ノルウェー科学技術大学（NTNU）
エンジニアリングデザイン・イノベーション学教授

エキスパートのヒント：

問題の再定義

- 言うまでもありませんが、定義をいくら上手にまとめても、それで問題は解決しません。それでも、問題を明確な文章にまとめることは、後のフェーズのための基礎固めになります。再定義のためのリフレーミングは、時にはプロジェクトスポンサーに対して多くの説得を必要とする場合も生じますが、それでも確実に理解促進につながります。多くのプロジェクトが取り組んでいる難度の高い問題提起文は、複数の視点から検討する必要があります。場合によっては、異なるユーザーの視点からいくつかの問題提起文を形成することも意味があります。

正しく把握

- 問題、原因、効果が入り混じってしまうことがよくあります。構造を明確にしましょう。
- 問題の正確な定義には、望ましい結果についての早期のビジョンが密接に結び付いています。そのため、プロジェクトが進むにつれて問題と解決策が相互に影響を及ぼし合い、変化させ合うということを認識することが重要です。
- 問題提起文によって、基本的な課題を正確に、要点を捉えて定義することができます。ただし、プロジェクトのその後の段階では、適切なデザイン機会は「どうすれば…」質問の形式で引き出される必要があります。

ユースケースの説明

- リリーが問題を説明します。初期調査で、チームは問題の補足をします。さまざまな5W1Hの質問をして問題を分析します。
- そうしてさまざまな問題が提示され、特定のアクターと状況が描写されます。その逆の順序で、これらの要素が1つの問題提起文にまとめられます。
- ディスカッションから共通言語が生まれ、ターゲットグループに対する理解が得られます。

ここまでのポイント

- 明確で簡潔な問題定義の作成には、何度もラウンドを重ねる必要がある場合もあります。
- 正確な文章形成と言葉の選択を楽しむことがここでは重要な要素です。
- バリエーションを作ってグループでディスカッションします。

ダウンロード可能ツール

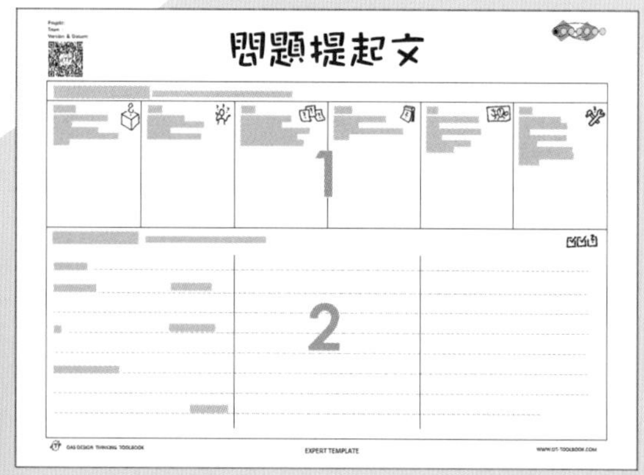

www.dt-toolbook.com/problem-statement-en

デザイン原則

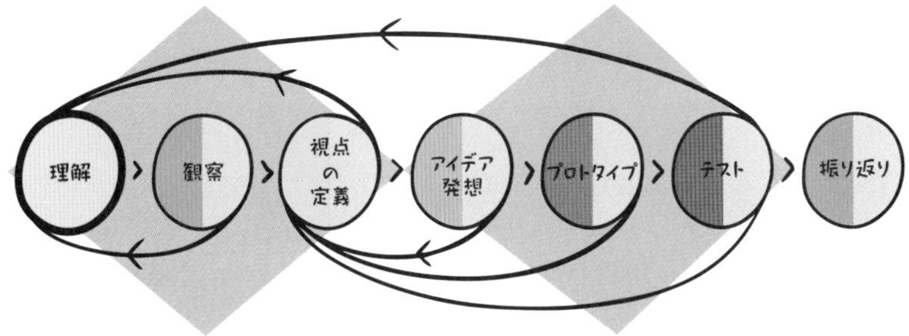

目的

デザインシンキングのプロジェクトにおける、チームのフレームワークを構成するガイドラインを定義する。

ツールを使ってできること：

- プロジェクト初期の段階で、特定のマインドセットや製品/サービスの要件に明確に焦点を当てられる。
- チームのタスクについての理解を統一できるため、全員が同じ目線になる。
- デザインチームの意思決定がさらに迅速にできるようガイダンスを提供する。
- 一般的な特性のうち優先度を高くするべきものを定義する。
- 今後のデザイン課題が同じ包括的原則に基づいて作成されるようにガイドラインを作成する。

ツールに関する詳細

- デザインシンキングのサイクル全体を通して、デザインチームは決断を迫られる場面に直面します。こうした重要なポイントで、デザイン原則がチームの支えとなります。
- デザイン原則には、幅広く包括的なコンセプトからプロジェクト特有の要件まであり、それぞれのケースでデザインの方向性を決定するための支えとなります。
- さらに、商品の最も重要な特長をデザイン原則という手段で他の関係グループにも伝達できます。
- デザイン原則はデザインシンキング・サイクルの枠を超えたところでも重要です。フォローアッププロジェクトでチームがデザインのガイドとなるアイデアの理解を深めることができます。
- さらに、デザイン原則は、商品、サービス、機能に関する体験に基づいているためチームにとって知識のベースとなります。

代替として使用できるツールは？

- 成功の定義（137ページ）

このツールに取り組む際に役立つツールは？

- ステークホルダーマップ（83ページ）
- プロジェクトスポンサーまたはその他の関連ある関係グループのリスト。たとえば、意思決定者や運営委員会
- タスクを割り当てた組織のミッションとビジョン
- ドット投票（159ページ）

必要な時間と材料は？

グループの人数

5〜12人

- デザインの課題に応じて、5〜12人の参加者。デザインチームと選ばれたステークホルダー、クライアント
- 通常はファシリテーターまたはプロジェクトマネージャーが進行

平均所要時間

90〜180分

- デザイン原則がプロジェクトの重要な基盤を構成します。
- 定義にたどり着くまで数時間かかる可能性があります。明確な定義さえあれば、プロジェクトの進行中に不確実なことが生じた場合でも、チームは迅速にサポートを得られます。

必要なもの

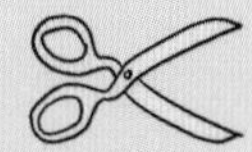

- ホワイトボード、ペン、付箋紙
- ドット投票用の色付き丸シール
- 他のデザイン課題の履歴と記録、およびデザイン原則の経験

手順：デザイン原則

ツールの適用方法

タスクのデザイン原則を定義することを目的として、コアチームと関連するステークホルダーをホワイトボードセッションに招きます。

- **ステップ1**：「かご」とピラミッドをホワイトボードに描きます。参加者全員に、付箋紙にデザイン原則を書いて「かご」に貼り付けてもらいます。チームメンバーは、原則を「かご」に貼り付けるときに、なぜそれがデザイン原則なのかを説明します。
- **ステップ2**：「かご」がいっぱいになったら、デザイン原則を3つのグループに分けるなどしてピラミッドに振り分けます。振り分けは、「ピラミッドの頂点に近いほどプロジェクト固有の原則である」というルールに従って進めます。一般的なデザイン原則はピラミッドの下部に振り分けます。
- **ステップ3**：デザイン原則の振り分けが完了したら、投票を実施します（ドット投票など）。目的は、デザイン原則の数をセクションあたり最大3つにまで絞ることです。つまりピラミッド全体で最大9つにします。
- **ステップ4**：選択され採用されたデザイン原則は、チームの目につくところに掲示して、アクセスしやすいようにしておきましょう。
- デザイン原則のインスピレーションは、次のウェブサイトなどが参考になります。https://www.designprinciplesftw.com/

これはスラヴォ・トゥレハのお気に入りのツールです

役職：

ŠKODA AUTO DigiLab社イノベーションリーダー

「私にとってデザインシンキングは参考になる原則の集大成ですが、最終的には私たちはすべて実績で判断されます。プロジェクトの立ち上げ、獲得顧客数、販売個数、生活に変化をもたらしたかどうか、などです」

なぜお気に入りのツールなのか？

デザインシンキングを適用するとき、自由に創造力を発揮しろと言われてうまくできない人もたくさんいます。白紙を渡されて自由に使っていいと言われても、何をしていいのか分からずにただ座っているチームメンバーもいます。なぜデザイン原則がお気に入りのツールかというと、製品やサービスの開発においてさまざまなフェーズで使用できるからです。私は主に、デザインシンキングの経験がほとんどないチームで使用します。デザイン原則はデザインシンキングサイクル全体にわたるガードレールの役目を果たし、たとえば意思決定を行うときに役立ちます。

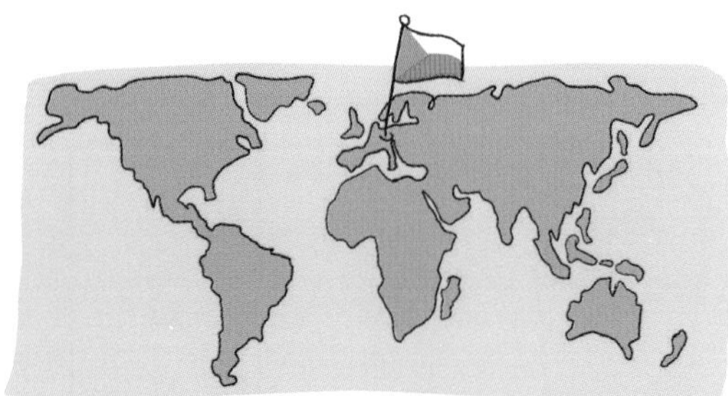

国：

チェコ共和国

所属組織：

ŠKODA AUTO DigiLab

チェック担当： トビアス・リュプケ

会社/役職：Ernst & Young国際税/市場/BD担当ディレクター

エキスパートのヒント：

WHYから始める

- 質問：なぜこのプロジェクトを実施しているのか？なぜ今？なぜこの範囲で？
- 自分自身にインスピレーションを与えましょう。他の人はすでにこの道（あるいは似たような過程）を通ってさまざまな用途向けのデザイン原則を作り上げています。
- このアクティビティはコアチーム全員で行い、プロジェクトの開始時にデザイン原則を定義することの重要性を全員が理解しているかを確認します。これはステークホルダーにも当てはまります。デザイン原則の定義にステークホルダーも関与させ、良好な関係を維持するようにします。

大胆に示す

- たとえばデザイン原則を大きなポスターにしてチームメンバー全員に見える場所に掲示します。
- デザイン原則は、ソリューションの最も重要な特性を伝えるためにも役立ちます。
- さらに、ビジョンの定義の基礎となり、今後のプロジェクトの実施を成功に導くことができます。

言葉ではなく行動で示す

- 一部のステークホルダー（意思決定者など）は、机上の言葉だけではなくデザイン原則が実践されていることを確認したいと思っています。
- さらにデザイン原則は、プロジェクト期間中にチームとして作り上げたソリューションを守るためにも役立ちます。
- ただし、デザイン原則を作成するときは、細部にこだわりすぎないことです。結局は、ただ話し合うよりも実際に行動することのほうが重要だからです。

ユースケースの説明

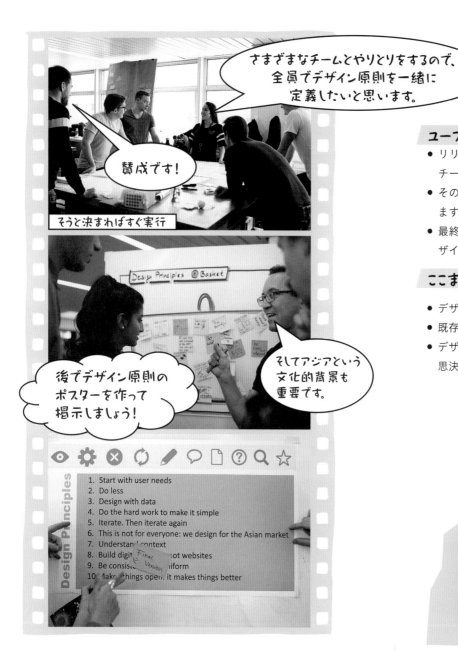

- リリーには合計5チーム（各4～5人）が割り当てられています。それぞれのチームのアイデアは違いが大きいことが分かりました。
- そのため、プロジェクトの主要デザイン原則と価値観を定義しようとしています。
- 最終的に10個のデザイン原則が定義され、これをリストにしたポスターをデザインスタジオの見やすい場所に掲示します。

ここまでのポイント

- デザイン原則はコアチームと一緒に形成します。
- 既存のデザイン原則からインスピレーションを受けましょう。
- デザイン原則は「使用説明書」として活用し、チームの疑問に迅速に回答し、意思決定の際には行動できるようにしておきます。

ダウンロード可能ツール

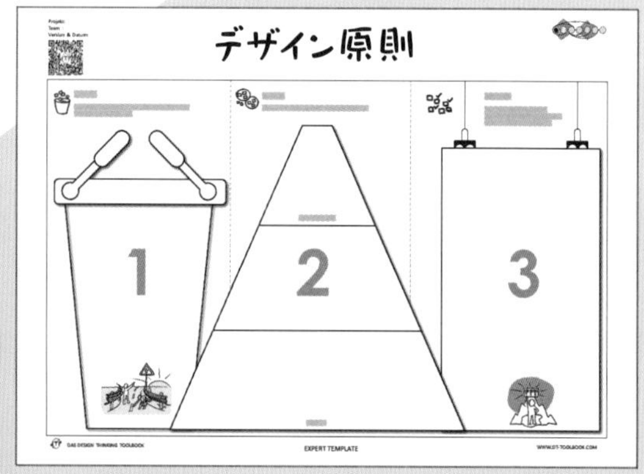

www.dt-toolbook.com/design-principles-en

共感のためのインタビュー

質問マップとジャーニーマップを使用した
詳細なインタビューとしてのバリエーションを含む

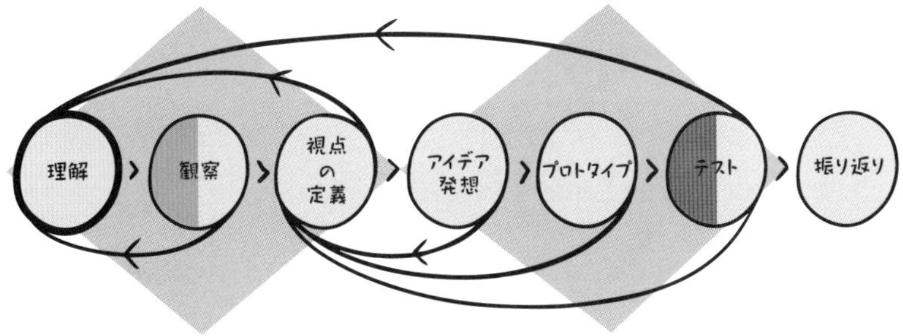

目的

問題をユーザーの視点から検討し、ユーザーへの共感を構築する。

ツールを使ってできること：

- ユーザーのニーズ、感情、モチベーション、考え方などをしっかり理解する。
- 表面的な考察では見えない洞察（ユーザーの不満や深層の動機など）を得る。
- ユーザーが好むタスクフローはどれか、基盤とするメンタルモデルは何かを見つけ出す。
- すでに獲得した情報を検証し、新しい洞察を得る。
- デザインシンキングチームとのディスカッションのための確かな基盤を築く。

ツールに関する詳細

- 共感のためのインタビューは、ユーザーの視点から世界を見ることを目指します。
- 通常、このツールはデザインシンキング・サイクルの初期段階で使用し、ユーザーが行動する状況を把握します。そうすることで初めてソリューションの開発に着手できます。
- ツールは既存の思考パターンを打破するのにも役立ちます。特に、従来は問題解決に対して分析的で人間中心ではないアプローチを採用していた場合に有効です。

代替として使用できるツールは？

- 探求のインタビュー（63ページ）
- 同僚の観察（115ページ）

このツールに取り組む際に役立つツールは？

インタビュー前/インタビュー中：

- 5W1Hの質問（71ページ）または5つのWHY（67ページ）を使って、会話の中で取り上げる曖昧さを明確にします。

インタビュー後：

- フィールドノート、ビデオ、写真の記録、スケッチと共感マップ（93ページ）を使って知見のまとめ、記録、伝達を行います。
- ロールプレイングとシャドーイングで知見を検証します。
- ストーリーテリング（129ページ）で、獲得した共感をデザインチームの残りのメンバーと共有します。

必要な時間と材料は?

グループの人数

1〜2人

- 理想は2人一組
- 2人組が最適:1人がインタビューを行い、もう1人が感情やボディランゲージのメモを取ります。

平均所要時間

30〜60分

- 問題の説明と問題と向き合う時間を含め、インタビューは通常30〜60分。
- 通常、インタビュー対象者は実際の経歴を語り、実際のインタビューが終わるときには重要な洞察を提供します。

必要なもの

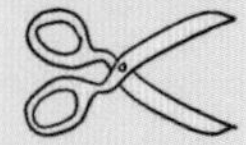

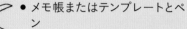

- メモ帳またはテンプレートとペン
- 動画または写真で記録するためのカメラかスマートフォン(事前にインタビュー対象者の撮影許可を得ること)

テンプレート:共感のためのインタビュー

ペルソナと問題に関する既存の前提条件:

インタビュー対象者に、問題にかかわる状況について、安心して個人的な話をしてもらうために、どのように関係を築くことができるか?	ストーリーを探索するための主な質問:	示された感情に関連したキーワードとトピック: ストーリーの概要:

ツールの適用方法

- 自己紹介から始め、次にインタビューを通して解決しようとしている問題について説明します。
- インタビューは解決策を見つけるためではなく、相手のモチベーションが何かを知るためのものであることを強調します。
- 「共感のためのインタビュー」を成功させるには、インタビュー対象者との関係構築が重要です。インタビュー対象者がリラックスして、問題に関する状況において自分の話をデザインチームに語ろうとするようになったときが最も効果的です。
- インタビュー対象者が自分の話をするようになったら、できるだけ話を遮らず、こちらの思い込みや仮説が影響を与えないように細心の注意を払います。
- 真摯に耳を傾け、それでも動機が明らかにならないときは自由回答形式の質問(5W1Hの質問など)を使います。
- 「はい/いいえ」や単純な言葉で答えられる質問は避けましょう。
- 問題に直接関わりのない質問や、混乱させるような提起文を追加してみます。最初はインタビュー対象者を戸惑わせるかもしれませんが、問題を異なる視点から検討できるよう助け舟を出します。
- インタビュー対象者のジェスチャーやボディランゲージに注目し、必要に応じてメモを取り、こうしたシグナルが回答と相反していないかを明確にします。
- テンプレートを使用して仮説を描写し、主な問いを書き留め、最終的にインタビュー対象者のストーリーの概要をまとめます。

必要な時間と材料は?

グループの人数

1〜3人

- 理想は2人組または3人組で、1人または2人がオブザーバー、1人がインタビュアーに。
- インタビュアーはディスカッションの進行役を務めます。一緒に、知見を記録して解釈します。

平均所要時間

30〜120分

- プロジェクトの複雑度に応じて、インタビューは1時間かかることもあります。
- 最大90分間を記録とジャーニー段階への移行のため追加します。

必要なもの

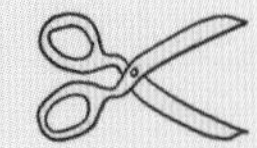

- 質問マップ用紙、ペン
- ジャーニーステージを可視化したものを大きなホワイトボードに掲示
- オプションとして、環境を記録するためのカメラまたはスマートフォン

テンプレート:質問マップとジャーニーマップを使用した詳細なインタビュー

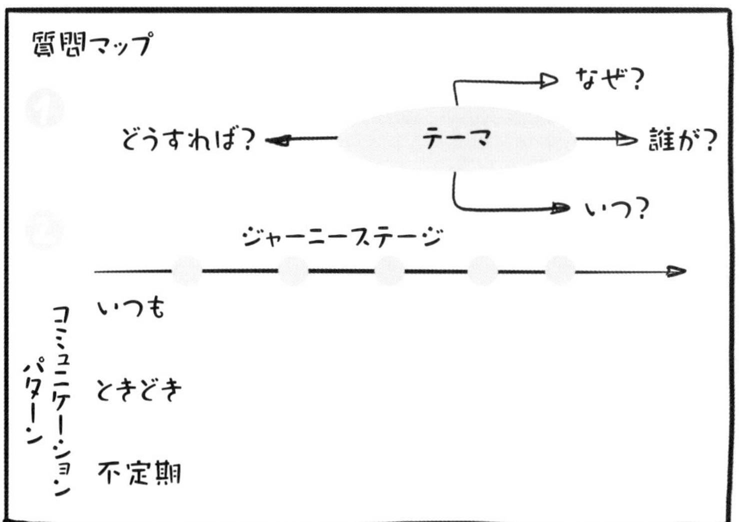

ツールの適用方法

- **ステップ1:**十分に検討された質問マップを作成します。綿密なインタビューにはこれが不可欠です。5W1Hの質問を書いた紙の中央にトピックを書き、そのテーマについてインタビュー対象者とともに探求します。どのような状況においても型にはまったアンケートは使用しないでください。仮説を確認する目的にしか役立ちません。新しい知見をデザインチームとディスカッションします。
- **ステップ2:**質問マップに加え、「ジャーニーステージ」も取り上げます。これは早い段階でパターンを特定するのに役立ちます。
- インタビュー対象者に、スケッチ形式または時系列でトピックを示すか掘り下げてもらいます。これはインタビューにおいてさらに深掘りしたディスカッションに進むきっかけになります。それが取扱いに配慮を要するテーマや、これまで触れられていないテーマの場合もあります。
- 質問マップと「ジャーニーステージ」は、異なる思考プロセスによって呼び起こされる予想外の洞察を集めることが目的です。
- たとえばこの方法を使って、オンラインショッピングウェブサイトのユーザーに質問して以下のことを探ることができます。
  - これまでユーザーが情報収集した場所すべて
  - どの情報が貴重か
  - いつ購入を決断するか、何が決め手になるか
  - 決済がどのくらい簡単か

綿密なインタビューと「ジャーニーステージ」を使用することで、完成度の高いジャーニーマップを作成することができます。ここでの目的は、ユーザーとの共感やインタラクションに加え、ユーザー/顧客が持つタッチポイントの具体的な情報を示し、チーム内で議論することです。

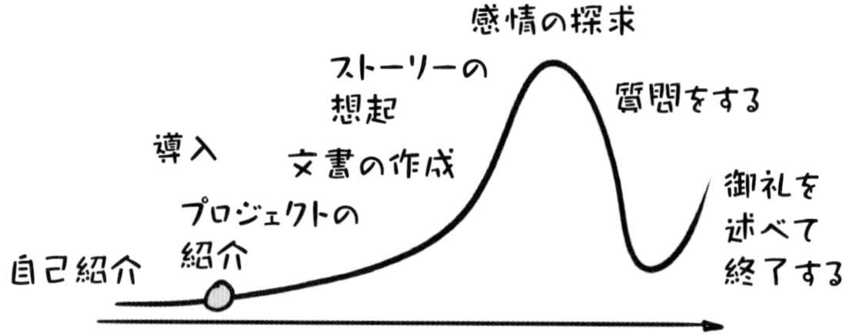

エキスパートのヒント：

インタビューを実施する

- インタビューの対象として適切な人物を探し出します。直接または間接的に問題とつながりのある人物を思い浮かべます。
- インタビューは導入から始め、目標と全体像を明確にしていきます。インタビュー対象者に問題を説明しようとしないでください。
- 親しみやすい態度で、話しすぎないようにしましょう。聞き上手と観察力は、詳細なインタビューにおいて重要なスキルです。

単純な質問をする

- 「今回のインタビューはどのような経緯で受けたのですか？」といった簡単な質問から始めます。そこから自由回答方式の質問へと進みます。例：「あなたなら問題をどう解決するか、説明していただけますか？」
- 通常、自由回答形式の質問は相互関係と依存関係を特定するのに役立ちます。
- どこに矛盾があるのか、なぜ矛盾が存在するのか？
- 非言語情報を観察し、質問を繰り返してインタビュー対象者が何を考えているかを探ります。
- 「はい/いいえ」で答えられる選択式質問は避けます。

期待については最後に探る

- インタビューの最後に、期待とニーズについてまとめます。例：「具体的にどのような体験を期待していますか？」
- 最後の質問で明らかになることもあります。次の例を参考に新たな気づきを与えてくれるようなものが良いでしょう。例：「何か付け加えることはありますか？」

これはアドハルシュ・ダンダパニのお気に入りのツールです

役職：

IBM社内起業家兼ソフトウェアエンジニア

「デザインシンキングを用いると数式いらずで『x』を見つけ出すことができます」

なぜお気に入りのツールなのか？

私たち人間には、脳のミラーニューロンの働きにより、他者に共感する能力が備わっています。「共感のためのインタビュー」は、この生来の能力を活用し、ユーザーの視点から世界を見ることができるようにするためのツールです。新しい視点を得ることで、問題分野での既存の誤った先入観や多くの人に信じられている思い込みを特定し、それを否定する力を与えてくれるのです。これだけでも他社との差別化が図れるかもしれません。

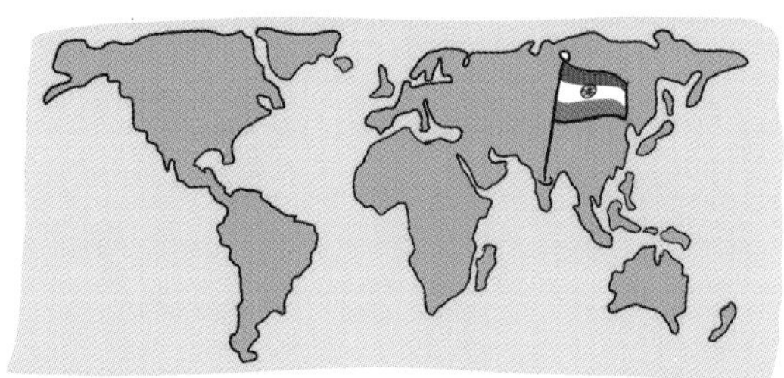

国：

インド

所属組織：

IBM

チェック担当： ジュイ・クルカーニ

会社/役職：IBM iXアプリケーションコンサルタント

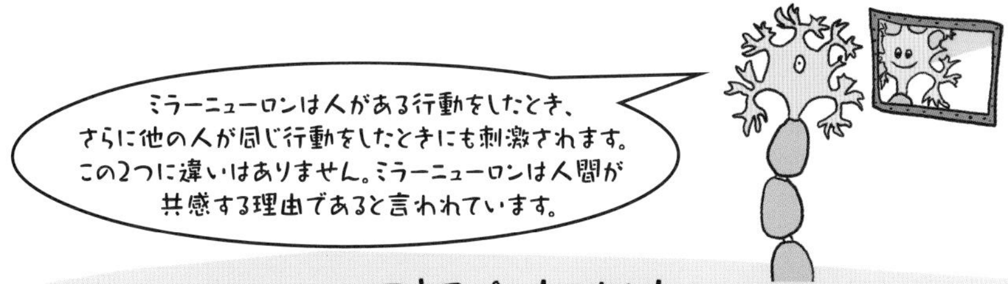

ミラーニューロンは人がある行動をしたとき、さらに他の人が同じ行動をしたときにも刺激されます。この2つに違いはありません。ミラーニューロンは人間が共感する理由であると言われています。

エキスパートのヒント：

インタビューは信頼の構築から始める

- インタビューは、いわゆる「アイスブレーカー（打ち解けるトピック）」から始めることができます。さらに、インタビュー対象者に安心感を持ってもらうことも重要です。そのため、インタビューで使用した個人情報は公開されないことを保証します。必要に応じて、使用するマイクその他の電子機器の使い方についてインタビュー対象者をサポートします。

インタビュー対象者と個人的関係を築く

- インタビュー対象者が個人的な知り合いであれば、安心して自分の話をしてくれやすくなります。
- インタビューは、あなたのようなユーザーのために、より良いソリューションのデザインを目指しているということを強調します。
- たいていの人は、商品を売り付けようとするセールスの人間味のないメールや電話をひどく嫌います。そのため、最初のコンタクトを取るときから、これは調査目的に限定されたインタビューであり、マーケティングやセールスの機会として使用しないことを明確に示します。

五感をできるだけ使う

- ミラーニューロンが働くには、直感的な感覚が必要なので、できるだけ五感に働きかけるインタビューデザインが重要です。たとえば、自然な環境の中で対面することやスマートフォンのレコーダーを使い、後で視覚的に見直しながら意味を理解することは、有効な方法です。

インタビューで得た情報を検証

- インタビュー対象者の発言の信憑性は、ロールプレイングやシャドーイングなどのツールで検証できます。

ストーリーテリングを使ってチームとメッセージを共有する

- ストーリーテリングは、ユーザーに関する洞察をチームの残りのメンバーと共有するためのツールとして、多少難しいですが欠かせないものです。

ユースケースの説明

- 学生チームがインタビューを計画し、チームメンバーはプロトタイプと質問マップを持って学生に人工知能（AI）に対して持っている懸念について尋ねます。
- 学生はAIプロトタイプを実際に触れてみて、チームはフィードバックを記録します。
- その後、デザインシンキングチームがインタビューのジャーニーマップに洞察をまとめます。

ここまでのポイント

- このツールを使用するために専門的な訓練を受けた民族学の学者やデザイナーである必要はありません。
- インタビューでのすべての情報を記憶しておくのは難しいので、2人組で臨み、メモを取り、可能であればインタビューを録画・録音することが望ましい取り組み方です。
- 共感のためのインタビューは、ユーザーと時間を過ごし、話を聞いて、5W1Hの質問で詳細を探るという他にない機会を得られます。

ダウンロード可能ツール

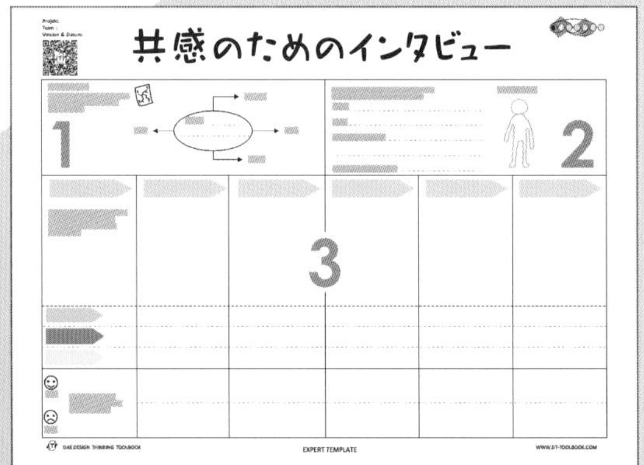

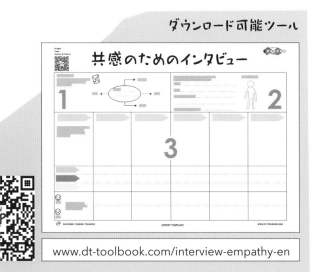

www.dt-toolbook.com/interview-empathy-en

探求のインタビュー

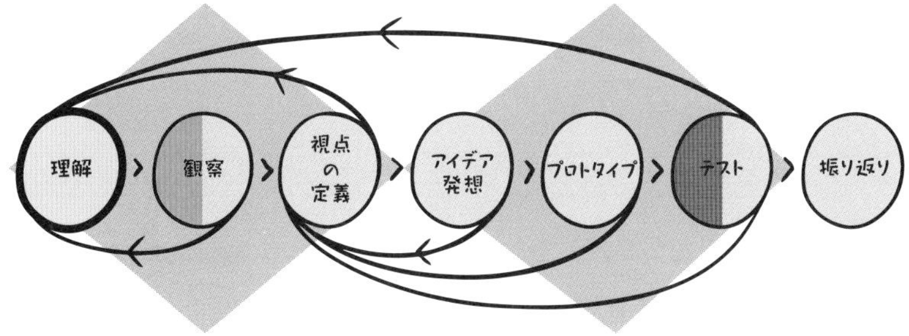

目的

新しい商品またはサービスについて考える前にユーザーについて知る。

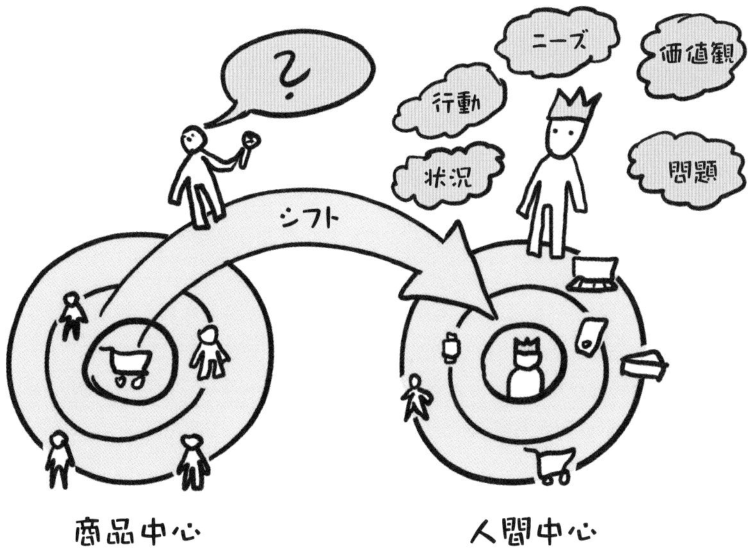

ツールを使ってできること：

- 人々の日常生活を探求する。
- ユーザーを深く理解し、言葉にできないニーズを知る。
- 行動に影響を与える基本的な価値観、信念、モチベーション、願望について知る。
- 商品ではなく、人とそのニーズを前面に押し出すマインドセットを育む。
- ニーズの充足に影響を与える可能性のある文化的・社会的側面を探求する。
- 初期段階でリスクを最小化し、機会を特定し、初期の概念的アイデアをテストする。

ツールに関する詳細

- 探求のインタビューは通常、デザインシンキング・サイクルの初期フェーズで使用されます。
- このタイプのインタビューでは、主な目標は作成しているソリューションの対象となる人々の日常生活について知ることです。
- 探求のインタビューは商品中心の考え方から離れ、ユーザーは他のニーズも抱えていることをチームに示す良い機会です。
- 仮定に疑問を投げかけ、実際に関連する機能や体験に開発を誘導するのに適しています。

代替として使用できるツールは？

- たとえばAEIOUツール（107ページ）またはその他の民俗学のメソッドを使った観察は、人々の生活上の体験を深く理解するためのツールです。

このツールに取り組む際に役立つツールは？

- カスタマージャーニーマップ（103ページ）
- ペルソナ/ユーザープロフィール（97ページ）
- 相関性カード
- 歩きながら話す
- アクティビティの可視化（例：「ある1日」）

必要な時間と材料は？

グループの人数

1〜2人

- インタビュー対象者と深い関係を築くには、インタビュアーは1人にするのが理想的です。
- 代替案として、1人がインタビューを行い、もう1人がメモを取ります。

平均所要時間

60〜120分

- インタビューガイドの作成は通常40分かかります。インタビューの実施時間は60〜120分です。
- 参加者の日常生活を深く理解するために、環境の探求に十分な時間を取ります。

必要なもの

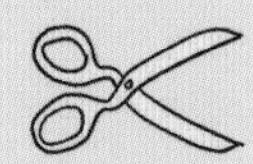

- インタビューガイド
- ペンと紙
- 写真や動画を撮影するためのカメラまたはスマートフォン（インタビュー対象者が許可した場合）

手順：探求のインタビュー

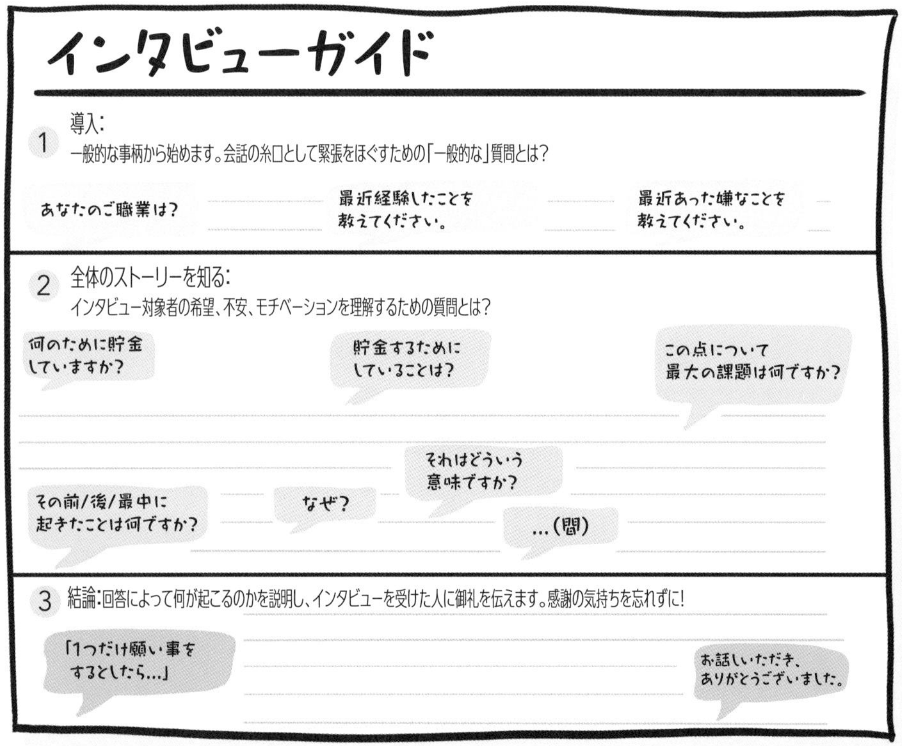

インタビューガイド
1 導入:
一般的な事柄から始めます。会話の糸口として緊張をほぐすための「一般的な」質問とは?
あなたのご職業は?
最近経験したことを教えてください。
最近あった嫌なことを教えてください。
2 全体のストーリーを知る:
インタビュー対象者の希望、不安、モチベーションを理解するための質問とは?
何のために貯金していますか?
貯金するためにしていることは?
この点について最大の課題は何ですか?
それはどういう意味ですか?
その前/後/最中に起きたことは何ですか?
なぜ?
…（間）
3 結論:回答によって何が起こるのかを説明し、インタビューを受けた人に御礼を伝えます。感謝の気持ちを忘れずに!
「1つだけ願い事をするとしたら…」
お話しいただき、ありがとうございました。

ツールの適用方法

- **ステップ1：**はじめにインタビューガイドを作成するため、取り上げるトピックと質問をまとめます。大まかな質問から始め、段階的にトピックを絞り込んでいきます。
- インタビューは、よく利用する場所や、参加者が落ち着く場所で行うようにします。自宅が最も適した場所である場合もあります。
- 重要な質問やトピックが浮かび上がってきたらインタビューガイドから逸脱することも踏まえておきましょう。
- **ステップ2：**「何が」、「なぜ」、「どのように」といった自由回答形式の質問をします。「はい/いいえ」で答えられる質問は避けましょう。
- 参加者が自分の行動や意見を自分自身の視点から説明できるような質問をします。
- 標準的な回答を避けるため具体的な例を尋ね、具体的な出来事について探ります。例：「あなたが最後に〜したのはいつですか？」
- さらに掘り下げるため、「これはあなたにとってどのような意味を持ちますか?」あるいは「なぜあなたは…」と尋ねます。
- 同時に、参加者が普段使っているような言葉で話すように努め、技術的な専門用語は避けます。インタビュー対象者はその人自身の人生のエキスパートであることを忘れずに。
- **ステップ3：**インタビューの締めくくりには「1つ希望があるとすると、どうなるといいですか？」といった質問をします。

これはラスムス・トムセンのお気に入りのツールです

役職：

戦略的イノベーションエージェンシーIS IT A BIRDのデザインディレクター兼パートナー

「私がデザインシンキングを気に入っているのは、あらゆるイノベーションプロセスにおける2つの基本的な問い、『私たちは正しいものをデザインしているのか？』と『私たちは正しくデザインしているのか？』に対する答えを導き出す可能性を持っているからです。私にとって、特に最初の問いかけは、常に最も重要です。人々とその住む世界について真に探求心を持ち、好奇心を持つことで、初期の作業を徹底的に行う必要があるのです」

なぜお気に入りのツールなのか？

商品とサービスは日常生活で使用されます。使用される状況を完全に理解していなければ、意義あるソリューションをデザインできません。つまり、ユーザーにとって付加価値をもたらすような方法でデザインされている必要があります。探求のインタビューは、ターゲットグループに対して正しいものを開発していることを確かめる優れた方法です。

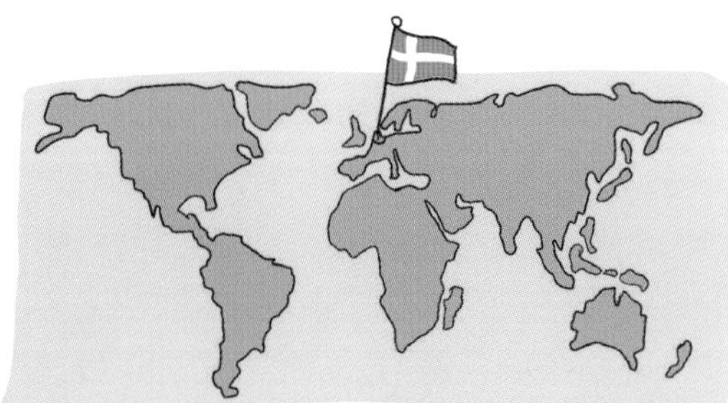

国：

デンマーク

所属組織：

IS IT A BIRD

チェック担当： フィリップ・バックマン

会社/役職：ガリソンズ応用科学大学サービスイノベーションラボ（SIL）所長、戦略およびイノベーション学教授

エキスパートのヒント：

人間の価値観を重視する

- 自分自身の思い込みや仮説に疑問を投げかけます。
- その過程で、一見ありふれた質問をすることや、ほとんどの人が当たり前だと思っていることを疑ってみることも避けて通らないことです。例：5歳の子にラジオとは何かと尋ねたら、大人とはまるで違う答えが返ってくるでしょう。

百聞は一見にしかず

- スケッチや絵を使うと、抽象的なトピックでも探求のインタビューの対象範囲に入り、より具体的な会話ができるようになります。
- 場合によっては、ただ話をするだけでなく、参加者にどのような行動をとっているかを見せてもらうこともあります。
- 参加者の自宅で行っている場合は、個人的な意味のあるものについて質問し、インタビュー対象者の人柄をより深く知ろうとします。

上手な会話には沈黙の間も必要

- 参加者が状況を分析しやすいように、会話の合間に短い小休止をはさみます。
- インタビューの評価中は、インタビュー中に飛び出した新しいトピックや質問について特に注目することが重要です。このようなインタビューでは意外な洞察が得られることもしばしばです。

必要に応じて外部のサポートを得る

- 言葉や服装などに関して対象者と対等な立場で向き合います。
- サポートが必要な場合は、経験を積んだデザインシンキング実践者に、インタビューに同行してもらいましょう。

ユースケースの説明

- 私たちは誰しも、物事の本質を見きわめるよりもソリューションを求めがちです。よくある間違いは、ターゲットグループの人々が本当にそのような提案を必要としているのかを尋ねることなく、提案を行ってしまうということです。
- まず、探求のインタビューを使って問題を理解した上で、解決策を考えることが大切です。
- デザインシンキング・プロジェクトの成功は、適切な問題を解決しているか否かにかかっています。
- リリーはチームの成果に満足しています。フォローアップミーティングまで設定されているのですから。

ここまでのポイント

- オープンでいること：インタビュー対象者は、全く異なる世界観や価値体系を持っているかもしれません。
- 注意を払うこと：デザインシンキング・プロセスの初期の目標は探求と理解です。
- 純朴であること：「素朴な疑問」を問うことをためらわずに。

ダウンロード可能ツール

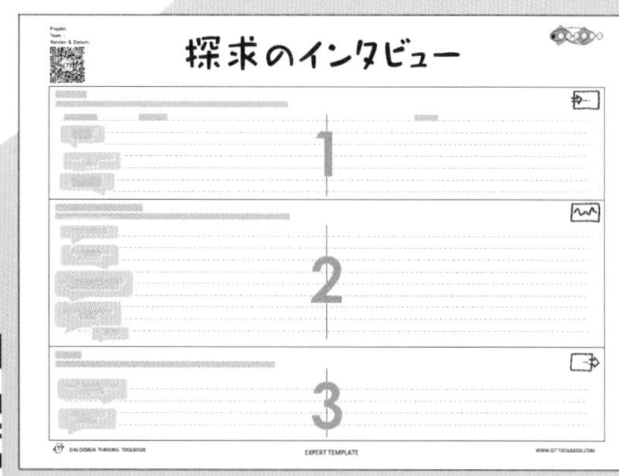

www.dt-toolbook.com/explorative-interview-en

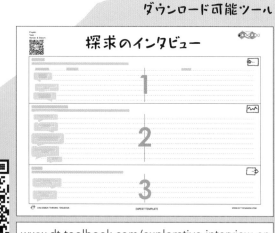

5つのWHY

目的

問題の表面をなぞるのではなく、深く理解する。

ツールを使ってできること：

- 問題の真の原因を発見する。
- 持続可能なソリューションを開発する。
- 目に見える兆候だけを探るのではなく、深く掘り下げて詳しく把握する。
- 新しい驚きの洞察にたどり着くまでさらにもっと深く掘り下げる。

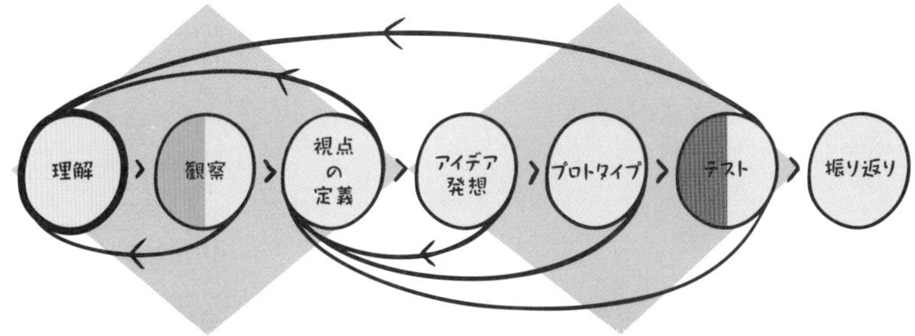

ツールに関する詳細

- 状況を理解し、問題の真の原因を理解するため、5つのWHYを問いかけます。
- この質問テクニックは、ユーザーに質問をしたり観察したりすることで、問題の重要なエクスペリエンスや機能をより深く探りたいときにいつでも使うことができます。
- ツールは主にデザインサイクルの初期に使用し、プロトタイプのテストでも使用します。
- 繰り返し質問することで、ユーザーが一度だけ質問された場合には言及しないような隠れた問題を特定できることもあります。この方法では、異なるレベルの洞察を得ることで、状況の評価をより適切にできるようになります。
- このインタビュー技法をテストフェーズで使用すると、どの機能とエクスペリエンスに成果があるのかをより正確に理解し、調整が必要な機能やエクスペリエンスはどれか、あるいは排除すべきものはどれかを確認できます。

代替として使用できるツールは?

- ユーザーや解決すべき問題をより深く把握するための、テストフェーズでのフィードバック・キャプチャー・グリッド(217ページ)

このツールに取り組む際に役立つツールは?

- 探求のインタビュー(63ページ)
- ペルソナ/ユーザープロフィール(97ページ)
- 5W1Hの質問(71ページ)

必要な時間と材料は？

グループの人数

- 理想は2人組です。
- 1人が会話を行い、もう1人は記録に集中します。

2人

平均所要時間

30〜40分

- 必要な時間はインタビューの所要時間で、通常は30〜40分です。
- 5つのWHYは特定の問題に対して、あるいは会話をより深く導くためのガイドとして使用できます。

必要なもの

- メモ帳とペン
- スマートフォンとカメラ（インタビュー対象者が録音・録画に同意した場合）

テンプレート：5つのWHY

1 問題の詳細な説明。

2

1. なぜそれが問題なのか（問題の描写）？	帰結
	何が問題か？ 症状は何か？
2. なぜ？	直接的影響
	なぜ問題は発生するのか？ どのテクノロジーを使用するか？
3. なぜ？	原因と結果
	問題に他の原因があるとすれば何か？
4. なぜ？	組織としてのハードル
	どうすれば問題を回避できたか？
5. なぜ？	システムのハードル
	系統立てたアプローチは問題の発生を防止できるか？

ツールの適用方法

- テンプレート、もしくは白紙に回答を書きます。
- **ステップ1**：問題をできるだけ詳細に描写し、写真やスケッチを使って可視化します。
- **ステップ2**：「根本原因」の分析から始め、できるだけ頻繁に「なぜ？」と尋ねます。答えが出るたびに、フォローアップとして「なぜ」と問いかけましょう。
- それ以上は合理的意味を成さないと感じたら「なぜ」と尋ねるのを止めます。次に別の問題をこの方法で探求するか、与えられた回答についてインタビュー対象者と掘り下げたディスカッションをします。
- シンプルなプロトタイプとスケッチをソリューションのディスカッションに取り入れて、ユーザーからの最初の反応を得ます。

応用編：

WHY（なぜ？）に加えて、5つのHOW（どのように？）も尋ねます。このインタビューテクニックを使って、問題の「根本原因」に対する持続的なソリューションを見つけます。「なぜ？」の質問によって、デザインシンキングチームは問題のレビューができます。「どのように？」の質問によって、その解決方法を決定できます。

これはフローレンス・マシューのお気に入りのツールです

役職：

Aïna創業者、『Le Design Thinking par la pratique（デザインシンキング実践編）』（Eyrolles）著者

「共感とプロトタイプを使った実験はデザインシンキングの主要要素です。私は高齢者の生活改革に活用しています。高齢者の立場に立ち、彼らの深いニーズを理解することほど、高齢化の課題に取り組み始めるのに最適なツールはありません」

なぜお気に入りのツールなのか？

優れたデザインは、問題を鋭く理解することに基づいています。そのため、革新的なソリューションを開発するには、問題の原点を注意深く分析しなければなりません。5つのWHYによって、表面的な問題だけに留まらず深く掘り下げることができます。5つのWHYは、インタビューで良い結果を達成したいときに使える最もシンプルなツールです。問題の根本原因を理解すれば、結果として優れたソリューションにたどり着けます。

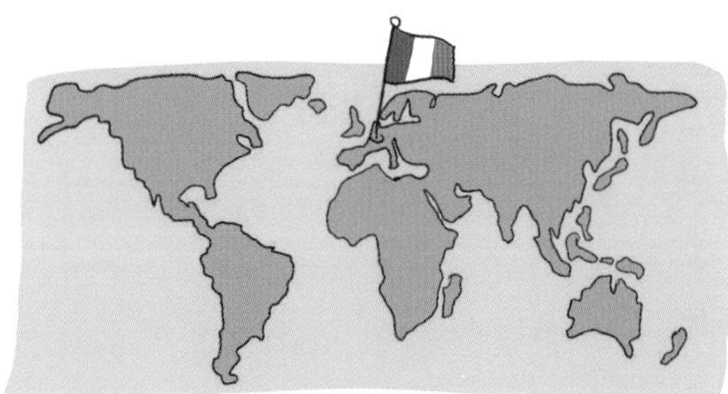

国：

フランス

所属組織：

AÏNA

チェック担当： セバスチャン・ガーン

会社/役職：B&B Markenagentur GmbH クリエイティブディレクター

エキスパートのヒント：

仮説を立てない

- 問題の原因について思い込みで仮説を立てないようにしましょう。
- インタビューの対象者に自分自身の話をしてもらい、注意深く耳を傾け、まだ何か不明瞭な点があればさらに質問します。

質問を止めるのを早まらないこと

- 5つのWHY（なぜ？）を質問すれば物事の本質にたどり着くという保証はありません。
- これ以上質問すると立ち入りすぎると思ったり、本当の原因が明らかになったりするまでは質問を続けます。

反対の質問で結果をチェック

- 問題の根本原因を本当に突き止めたのかを検証するためには、「もし～なら」形式の反対の質問が効果的です。

例：

- なぜ具合が悪くなったのですか？

– 週末に野外で過ごしたからです。

反対の質問：

- もしあなたが週末に野外で過ごしていなかったら、あなたは今具合が悪くなっていなかったでしょうか？
  – 野外にいたことよりもおそらく上着を着ていなかったことのほうが原因です。ですから野外にいたことは原因の一部に過ぎません。さらに「なぜ」の質問を重ねると、問題の根本原因をさらに分解できます。

ユースケースの説明

- インタビュー中にもその後のデザインシンキングチームとのディスカッションでも、矛盾する発言が繰り返し見られました。
- チームはこの辺りをさらに探ってみようとします。次のインタビューに進み、少なくとも5回は「なぜ？」の質問をしようと決意して臨みます。
- 「なぜ？」と何度も聞くうちに、相手が答えられなくなり、かなり哲学的な質問になってしまいます。

ここまでのポイント

- 最初に問題をできるだけ詳細に記述します。
- 問題と原因の分析にエキスパートとユーザーを関与させます。
- 少なくとも5回は「なぜ」と尋ねます。
- 得られた知見を忘れずに記録します。

ダウンロード可能ツール

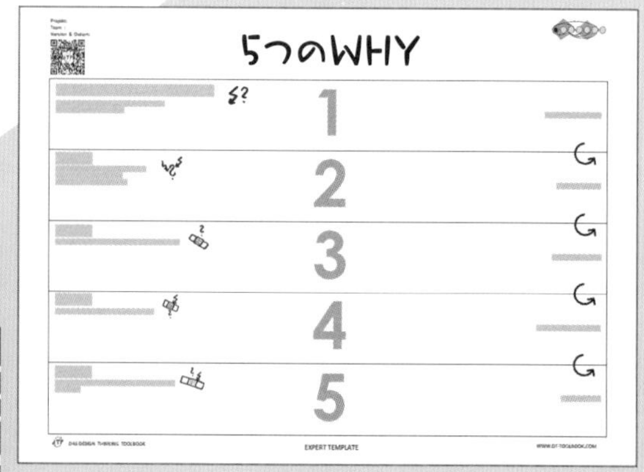

www.dt-toolbook.com/5xwhy-en

5W1Hの質問

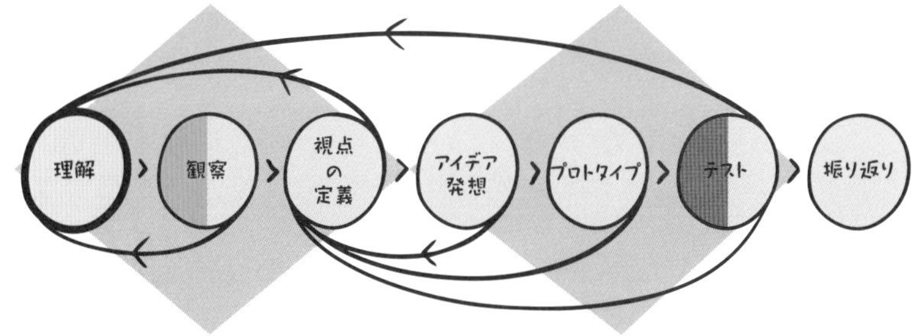

目標

問題や状況を全体的に把握するため、もしくはインタビューに向けて適切な質問を見つけ出すために、深い洞察による新たな発見、情報を得ること。

ツールを使ってできること：

- 5W1Hの質問は、新しい洞察や情報を得るのに役立ち、問題や状況を体系的に把握できる。
- 特定の状況での具体的な観察から、より抽象的で潜在的な感情や動機を推論する。
- 観察フェーズにおいてより詳しく観察し、新しい発見があればより深く掘り下げることができる。

ツールに関する詳細

- 5W1Hの質問とは文字通り、5つのWと1つのHから始まる疑問文です（Who?［誰が］、What?［何が］、When?［いつ］、Where?［どこで］、Why?［なぜ］、How?［どうすれば］）。
- たとえば、調査報道のジャーナリストは5W1Hの質問を調査の基本として使います。5W1Hの質問は幅広い回答が可能な自由回答形式の質問だからです。
- 5W1Hの質問はユーザーや顧客の希望や意見について詳しく知ることができます。
- 5W1Hの質問は単純な構造のため、発散フェーズでは基本的な概要と詳細な洞察を得る際に役立ちます。チームの知見と観察の写真をこのツールで分析し、これまで発見できなかったニーズや知識が発掘されたエリアへと視点を導きやすくなります。
- 観察フェーズでは、5W1Hの質問によって「何が」起きたのか、「どこで」起きたのか、「どうすれば」起きたのかを探求できます。

代替として使用できるツールは？

- 共感のためのインタビュー（57ページ）
- 探求のインタビュー（63ページ）
- AEIOU（107ページ）

このツールに取り組む際に役立つツールは？

- 問題提起文（49ページ）
- デザイン原則（53ページ）
- 5つのWHY（67ページ）

必要な時間と材料は？

グループの人数

3〜5人

- 5W1Hの質問は、チームに適用することも、インタビューの準備として使用することもできます。
- そのためチームの人数はさほど重要ではありません。

平均所要時間

30〜60分

- 所要時間はそれぞれ異なります。5W1Hの質問は話の糸口として形式的に使うことも、多くのディスカッションで集中的に使用することもできます。
- 通常、5W1Hの質問はデザインサイクルの多くのフェーズで有益なツールです。

必要なもの

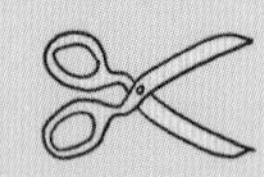

- テンプレートを印刷するか、紙に5W1Hの枠を書きます。
- ペンと付箋紙

テンプレート：5W1Hの質問

誰が？	何が？	いつ？	どこで？	なぜ？	どうすれば？
誰が関与するのか？	問題についてすでに知っていることは何か？	問題はいつ始まったか？	どこで問題は発生するのか？	なぜ問題が重要なのか？	どうすればこの問題が機会になるか？
この状況の影響を受けるのは誰か？	知りたいことは何か？	いつ結果が出ることを期待されているか？	以前解決されたのはどこか？	なぜ発生するのか？	どうすれば解決できるか？
意思決定者は誰か？	検証すべき仮定は何か？		類似の状況が存在するのはどこか？	なぜまだ解決されていないのか？	問題を解決するためにすでに試行されていることは何か？

ツールの適用方法

- 5W1Hの質問はあらゆる状況で使用できます。2つの状況の例を紹介しましょう。

状況1：問題の理解を深めるため

目標：問題の初期概要を得ること、可能性のある仮説と切り口に関する情報を得ること

- すべての的を射た5W1Hの質問をして回答を試みます。
- その状況において5W1Hの質問が妥当ではない場合は省略します。
- 不確実なことが存在する部分、またはさらに質問が浮かび上がる部分を探します。インタビューで尋ねるべき質問は何かを見つけます。

状況2：ニーズについてもっと深く知るため

目標：ユーザーまたはステークホルダーとのインタビューの基礎を提供すること

- サブ質問案のリストを作成します（マインドマップ形式など）。
- 質問のバリエーションを用意して「遊び」を作ります。質問を状況に合わせて調整します。
- これらすべてからインタビューの質問または質問マップを作成します。
- 多くの情報を得るよう努めます。他の5W1Hの質問の状況でも「なぜ」と尋ねます。

これはクリスティン・ビーグマンのお気に入りのツールです

役職：

human-centered design launchlabs GmbH トレーナー/コーチ/ファシリテーター（ベルリン）

「デザインシンキングは、心を開き、思い込みを捨て、実験を行い、不安や失敗を受け入れること、そして何よりプロセスを信頼することが求められます。私にとってデザインシンキングは、人々のためのデザインを通し、素晴らしいことを実現させるための強力なツールです。私はこのために貢献できる毎日に深く感謝しています」

なぜお気に入りのツールなのか？

5W1Hの質問は、デザインシンキング・サイクル全体を通じて、最もよく使用されているツールの1つでしょう。質問を通じて、特に問題提起文やそれに関連する問題領域をより深く理解するために有効です。さらに、5W1Hの質問は、すでに収集した情報の分析と精査にも役立ちます。5W1Hの質問は深く掘り下げるときにとても役立つので気に入って活用しています。

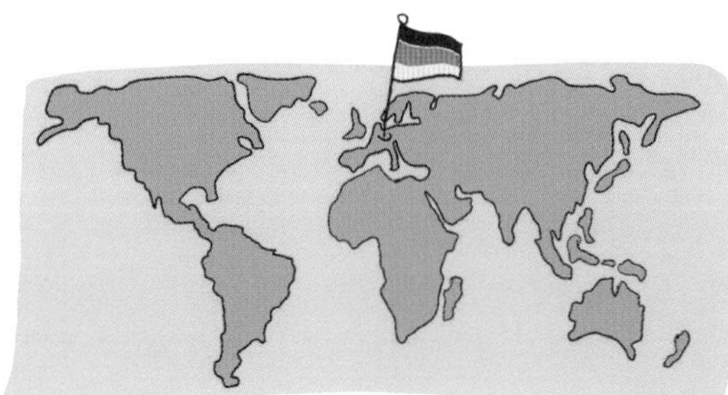

国：

ドイツ

所属組織：

launchlabs

チェック担当： モーリッツ・アヴェナリウス

会社/役職：oose、デザインシンキング・ファシリテーター兼戦略コンサルタント

5WH

エキスパートのヒント：

常に何度も尋ねて答えを得る

- 何度も聞くことで、より深く掘り下げることができます。すでに答えを知っていると思っても、もう一度聞いてみるのです。不思議な感じがするかもしれませんが、初心に返って子供のように「なぜ？」と何度も続けて尋ねます。
- さらに、すべての質問に対して、複数の答えを見つけようとすることです。矛盾する答えは、真のニーズを掘り起こす上で、特に興味深いものです。
- 問題提起文に関して5W1Hの質問が意味を成さない場合は、省略するだけです。
- 5W1Hの質問を使い、さらに他のインタビューテクニック（5つのWHYなど）と組み合わせて、できるだけ情報を集めようとします。たとえば、サブ質問案のリストを作成し、それをまとめてマインドマップにできます。

異なる視線を生み出すために質問を否定文に変える

- 質問を否定文に変えると効果的で、創造力も発揮しやすくなります。例：「なぜ問題が起きなかったのですか？」、「影響を受けなかったのは誰ですか？」
- チームが信じていること、または知っていると思っていることを明らかにするため、ブレインストーミングセッションや初期の「ブレインダンプ（知識をはきだす）」の基礎として、5W1Hの質問を使用すると非常に有効であることも分かっています。

フェイクニュース禁止、常に事実とともに

- さらに、回答は文献調査やデータ分析などによって必ず事実で裏付けを取るようにしましょう。

ユースケースの説明

- シンガポールでの意思決定者との詳細インタビューに向けて準備するため、チーム分けをします。
- 5W1Hの質問によって問題のさらなる理解を目指しています。
- 最終的に、デザインチームは、東南アジアの企業のデジタルトランスフォーメーションについてより深く知ることができる40種類以上の5W1Hの質問を集めました。
- リリーはデザインシンキングチームに、プロセスの中でさらに頻繁に5W1Hの質問を使用するよう拍車をかけています。

ここまでのポイント

- その状況に適した5W1Hの質問を定義します。
- 体系的な概要が生まれるように、チームの質問に答えます。
- 顧客へのインタビューで深く掘り下げ、さらに尋ねます。
- 重要な事実で答えを補完します。

ダウンロード可能ツール

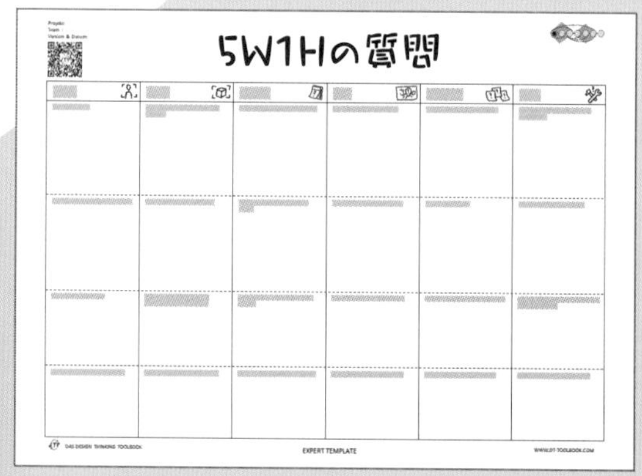

www.dt-toolbook.com/wh-questions-en

Jobs to be done (JTBD)

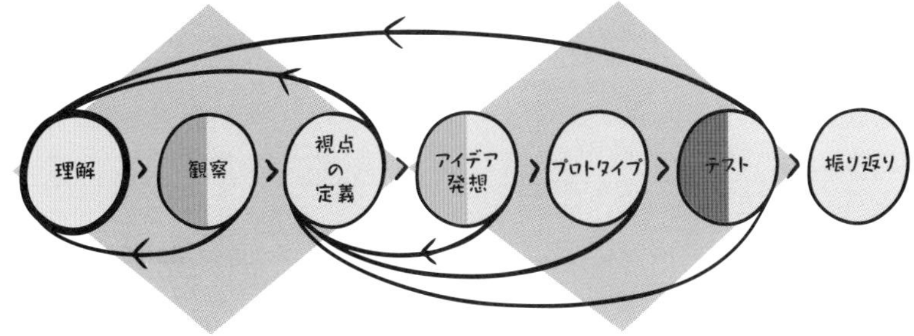

目的

顧客にとっての付加価値があり、タスクの達成に役立つものに問題解決の焦点を当てる。

いつ？
デジタルカメラで写真を撮影したとき

したいこと
プロのカメラマンが撮影したような写真になるよう編集したい

ゴール
完璧な写真を見せる

いつ？
スマートフォンで写真を撮影したとき

したいこと
簡単でシンプルに編集したい

ゴール
すぐに友だちにシェアする

ツールを使ってできること：

- 顧客のタスク（Jobs to be done）を系統立てて把握し、新たな洞察を得る。
- これまで言及されなかった顧客の隠れたタスクを見つけ出し、そこから顧客のニーズを導き出したり、既知のニーズを明確に浮き彫りにしたりする。
- たとえば、サービスに独自の目的を持たせるなどカスタマーエクスペリエンス全体を最適化する。

ツールに関する詳細

- Jobs to be done（JTBD）はクレイトン・クリステンセンが提唱した、顧客/ユーザーに焦点を当て、新しい解決策を見つけるためのアプローチです。
- 顧客が何をしなければならないかを深く理解すれば、成功する可能性がほぼ保証されたと言っても過言ではありません。
- これが、JTBDがデザインシンキングのコミュニティで人気を博している理由です。顧客が実施しなければならない仕事とのアライメント（整合性）はコンパスの役目を果たし、飛躍的なビジネスモデルも実現可能になります。
- JTBDの基本的な考え方は、顧客はタスクを解決しなければならないときに、商品またはサービスを「切実に求めている」というものです。
- 目的は何よりも顧客の深層で求める社会的、感情的、あるいは個人的タスクを満足させることです。

代替として使用できるツールは？

- ペルソナ/ユーザープロフィール（97ページ）

このツールに取り組む際に役立つツールは？

- 5W1Hの質問（71ページ）
- 5つのWHY（67ページ）
- 共感のためのインタビュー（57ページ）
- カスタマージャーニーマップ（103ページ）

必要な時間と材料は？

グループの人数

3〜5人

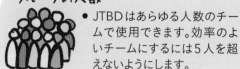

- JTBDはあらゆる人数のチームで使用できます。効率のよいチームにするには5人を超えないようにします。
- 顧客との直接インタビューは2人組で行うのが最適です。

平均所要時間

60〜120分

- 各インタビューで、問題提起文1つあたり30〜60分と見積ります。
- インタビューは少なくとも2回実施します。
- 基本的に、JTBDは数分間で実施可能です。ただし、さらにディスカッションへと進むこともあります。

必要なもの

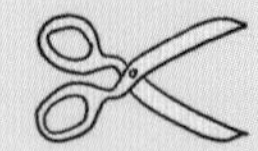

- 付箋紙、ペン、マーカー
- フリップチャート、壁、その他利用可能な平面
- 適切な場合は、サンプルの顧客タスクを記載したテンプレート

テンプレート：Jobs to be done (JTBD)

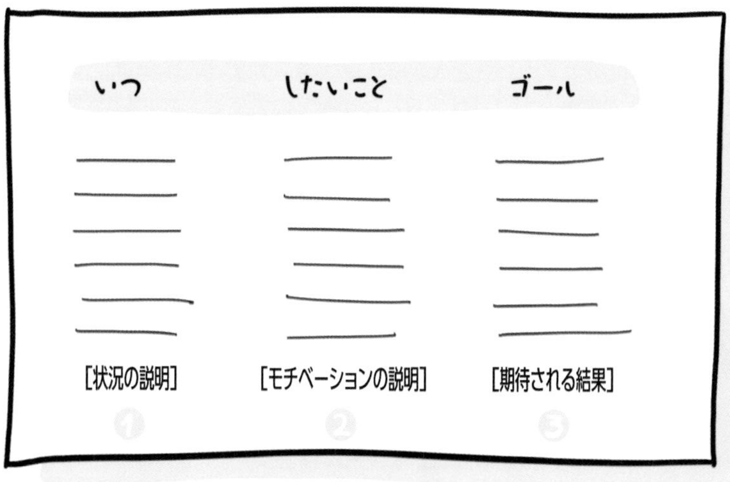

ツールの適用方法

- JTBDには3つの要素があります。(1) 状況の説明、(2) モチベーションの説明、(3) 期待される結果です。
- 間接的な目標とタスクをJTBDアプローチで把握します。それらを理解するため、5W1Hの質問と5つのWHYで深く掘り下げる必要があります。
- 顧客のタスクはカスタマージャーニーマップ（103ページ）に沿って、またはプロダクト・ライフサイクル全体で把握できます。タスクは個々に書き出し、達成すべき異なるタスクへと分けて整理します。
- 各タスクについてなぜ達成すべきかを尋ねます。最初に、たとえば次のように尋ねます。例：「なぜ顧客は当社から購入するのか？」
- この手順は顧客のタスクの収集、体系化、優先順位の決定を容易にします。
- 顧客タスクを「いつ（状況の説明）、したいこと（モチベーションの説明）、ゴール（期待される結果）」の形式で書き留めます。
- これを基に、次に「なぜ〜しないのか」形式で尋ねます。例：「なぜ顧客は当社から購入しないのか？」
- JTBD文への返答から、新しいアイデアを生み出し、最終的にユーザーにとって重要なエクスペリエンスや機能を生み出します。

これはパトリック・シューフェルのお気に入りのツールです

役職：

フリブール経営管理大学（シンガポール）教授兼渉外担当

STO Global-X モメンタムビルダー

「デザインシンキングのおかげで、商品やサービスをきわめて迅速に、かつ顧客志向で開発することができます」

なぜお気に入りのツールなのか？

Jobs to be doneがお気に入りのツールである理由は、シンプルで直感的に理解できるから、そして、顧客の根源的なニーズを問うことができるからです。このツールを適切に使用すれば、一見些細に見えることでもマッチングの決め手となる洞察を得ることができるのです。

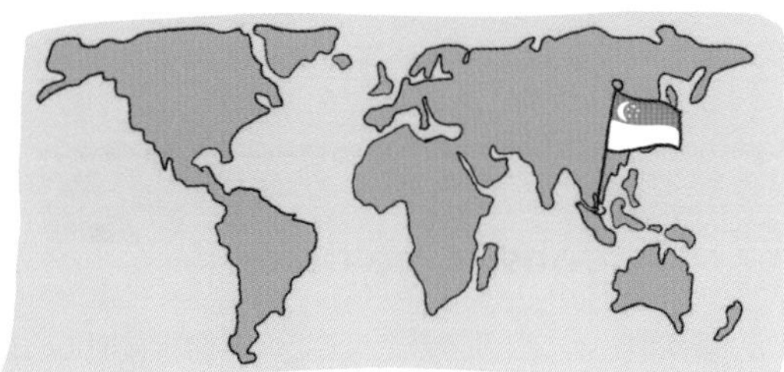

国：

シンガポール

所属組織：

STO Global-X

チェック担当： リネ・グラム・フロックヤー

会社/役職：SODAQメカニカルデザインエンジニア

顧客はただ商品を購入しているのではなく、何かを解決するために購入している。

—クレイトン・クリステンセン

ただの商品ではなく…

エキスパートのヒント：

現実的なニーズを見つける

- JTBDアプローチに価値があるのは、顧客/ユーザーは、自分たちのニーズについて話したがらないものですが、自分たちが実行しなければならないタスクや直面している課題については話しやすいからです。
- JTBDアプローチの効果を上げるには、表層的に使うのではなく、いくつかの原則を守らなければなりません。価値創造の焦点は、顧客が達成すべき中核的なタスクにあります。JTBDは市場機会の基礎を形成します。つまり、包括的な全体図を把握するには他のタスクも考慮しなければならないということです（隣接する感情的タスクやプロダクト・ライフサイクル全体の顧客/ユーザーのタッチポイント）。これらのタスクはひとまとめにせず、個別に測定します。さらに、各タスクは事前に定義したKPIで測定できます。期待される結果は市場の一部であり、顧客が達成したいことを正確に描写しています。結果はソリューションとは無関係であり、定量的な調査手法で検証・測定する必要があります。

ペインとゲインも考える

- 同時に、顧客がタスクに対して持つペイン（問題や不満・不安に思うこと）とゲイン（利益や満足していること）も記録するようにします。
- 顧客側から見た回避策やソリューションも大きなヒントになります。顧客が問題を解決するために時間とお金を費やしたポイントを示してくれるのです。

まだ何か欠けていないか？感情的タスクと社会的タスクも忘れないように…
カスタマージャーニーマップに沿ってすべてのタスクを定義します。
この社会的タスクが欠けているように見えるけれど、これは重要です。
最も重要なものを「Jobs to be done」フレームワークで記述します。
Job-To-Be-Done
When I...
I want to...
to achieve...
work from home
access all data
more productive
work and collaborate
with my peers

ユースケースの説明

- リリーのチームは、ユーザーが実行すべきタスクを定義しています。カスタマージャーニーマップをベースに、さらに重要な感情的および社会的タスクで補完します。
- 優先順位を決定した後、「Jobs to be done」フレームワークで最も重要なタスクを記述します。
- 文章ごとに、主なペインとゲインが決定されます。個別のJTBDはリリーがカスタマーエクスペリエンスを再デザインするための重要な出発点となります。

ここまでのポイント

- 顧客タスクを「いつ（状況の説明）、したいこと（モチベーションの説明）、ゴール（期待される結果）」のパターンに沿って書き留めます。
- 隠れた非機能的な社会的、感情的、または個人的な顧客のタスクは特に重要であり、ソリューションの鍵となることもしばしばです。
- JTBDフレームワークをカスタマージャーニーマップのすべてのタスクで使用します。

ダウンロード可能ツール

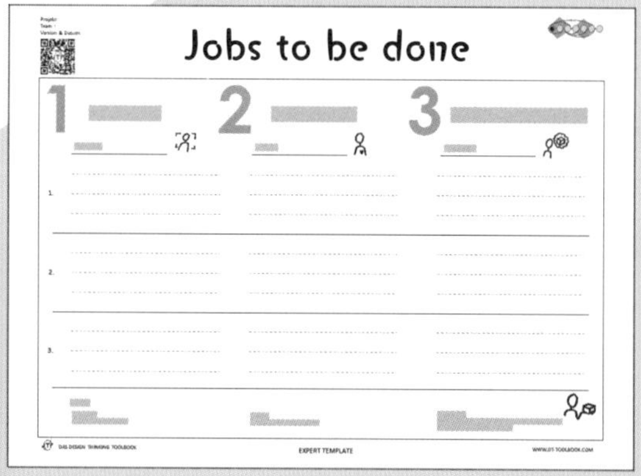
Jobs to be done
1
2
3
EXPERT TEMPLATE

www.dt-toolbook.com/jtbd-en

エクストリームユーザー/リードユーザー

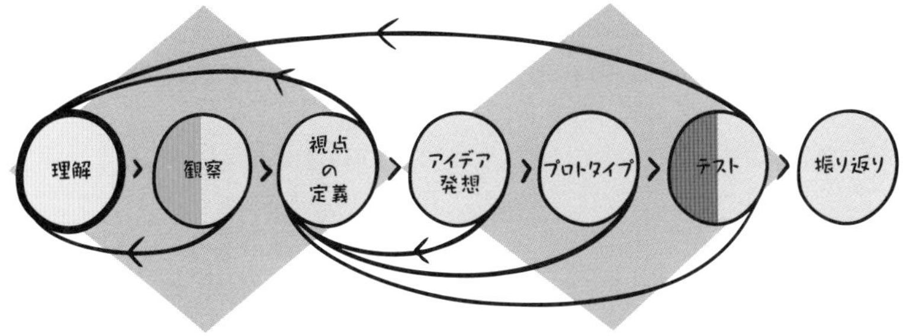

目的

一般的なユーザーが(まだ)知らない斬新なアイデアやユーザーニーズを見つける。

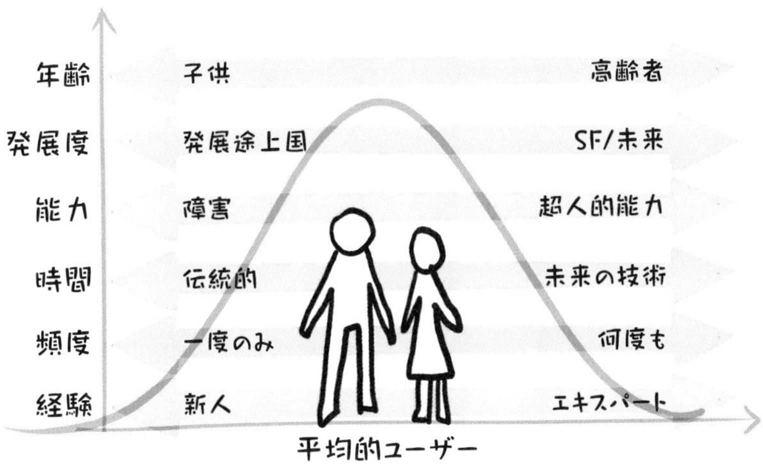

ツールを使ってできること：

- 平均的ユーザーが明確にできないユーザーニーズを探る。
- 斬新なアイデアを見つける。
- ユーザーの行動やニーズにおける初期の傾向を把握する。
- より包括的なデザインのためのアイデアを出す。

ツールに関する詳細

- エクストリームユーザー/リードユーザー(パワーユーザーやエキスパートユーザーともいう)は基本的には同じ考えに基づいています。彼らとの交流を通じて、ユーザーとそのニーズについてより有益な情報を集めたいと考えています。
- リードユーザーはその人自身がイノベーターであることもあります。リードユーザーはマスマーケットよりはるかに先を行くニーズを持っています。リードユーザーは商品が存在するか否かに関わらずすでに強いニーズを持つユーザーであり、またソリューションを作り出したこともあるかもしれません。ソリューションから得るものが多いからです。そのため、複合的商品の場合は、従来のリードユーザーメソッドでは限界に達してしまいます。
- 一方、エクストリームユーザーは通常の用途の限界を超えているか、あるいは商品/システム/スペースを一般のユーザーよりはるかに活用しています(たとえば、タクシー運転手と一般の車を運転する人、エクストリームアスリートと趣味としてのアスリート)。
- エクストリームユーザーは平均的ユーザーとは異なる方法で世界を体験しています。つまり、彼らのニーズはもっと突出している可能性があります。エクストリームユーザーのグループによって発見されたニーズは、より広い対象層の潜在的ニーズであることが多いのです。

代替として使用できるツールは?

- 共感のためのインタビュー(57ページ)● 探求のインタビュー(63ページ)
- AEIOU(107ページ)● 共感マップ(93ページ)● 同僚の観察(115ページ)

このツールに取り組む際に役立つツールは?

- 5つのWHY(67ページ)● 5W1Hの質問(71ページ)● Jobs to be done(75ページ)

必要な時間と材料は？

グループの人数

- 2人組が理想的です。1人が会話に集中し、もう1人が発言の記録を担当します。

2人

平均所要時間

30〜120分

- ユーザーの環境でのユーザーとのインタラクションの長さはそれぞれ異なります。
- リードユーザーを探すには時間と諦めない気持ちが必要です。エクストリームユーザーのほうが見つけるのは簡単です。
- 既知のユーザーに、他の潜在的リードユーザーの推薦を頼みます。

必要なもの

- メモ帳とペン
- スマートフォンとカメラ。インタビューの相手が許可した場合は知見を記録します。

手順：エクストリームユーザー/リードユーザー

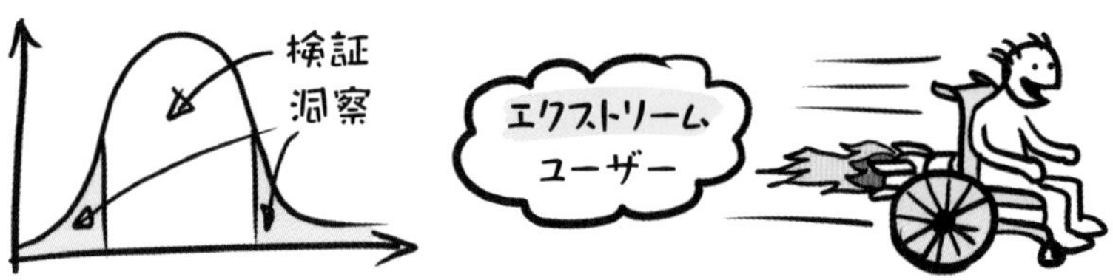

	特性	複雑性	成果	手順
リードユーザー	トレンドの先を行く、時間とリソースを費やす意思がある、経験豊富で人脈が広い	見つけにくい	通常は非常に優れた洞察	1. トレンドを特定する 2. リードユーザーを特定する 3. リードユーザーと共創する 4. 結果を振り返り、問題提起文に反映する
エクストリームユーザー	エクストリーム：若者/高齢者、貧困層/富裕層 違い：常連/低頻度ユーザー、エキスパート/アマチュア	見つけやすい	有益な追加情報	1. エクストリームユーザーを特定する 2. 観察とインタラクションを決定する（質問、シャドーイング、またはグループインタビュー） 3. 知見をペルソナに使用する、問題提起文を磨く、または初期アイデアを収集する

ツールの適用方法

リードユーザー

- 市場トレンドまたは該当する問題提起文の領域について、潜在的リードユーザーを特定します。
- リードユーザーにインタビューするか、共創します。リードユーザーに他の潜在的リードユーザーを推薦してもらえないかと頼みましょう。
- リードユーザーとの対話から、これまで検討されなかったソリューションやソリューションへの道筋が導かれることもあります。

エクストリームユーザー

- ユーザーが対象者となり得る区分（子供または高齢者、初心者または熟練エキスパート）を基に潜在的エクストリームユーザーを特定します。
- 彼らについてもっと知るための最良の方法を決定します。
- 調査結果を利用して、問題またはより広いターゲットグループに関する情報を蓄積します。パワーユーザーは使用頻度が高いことが特徴のヘビーユーザーです。

手順

- リードユーザー、パワーユーザー、またはエクストリームユーザーにインタビューして観察するときは、特に回避策やこれまで知られていないソリューションの代替案などユーザーが開発したかもしれないものを探します。このような知見は後にプロトタイプをテストすることによって検証し、そのアイデアがターゲットユーザーのニーズにも合致していることを確認する必要があります。

これはカチャ・ホルターオットーのお気に入りのツールです

役職：

アールト大学デザインファクトリー、プロダクト開発担当教授

「デザインシンキングとは、まさにピープルシンキングです。開発の対象となる人々はもちろんのこと、まだ明らかになっていない対象者について考えることがその本質だからです」

なぜお気に入りのツールなのか？

私にとって、こうしたユーザーとの対話は、まるで彼らのニーズが見えるように誰かが虫眼鏡を手渡してくれたようなものです。そのニーズはもちろん前からあったものですが、これまで私が気づくことができなかったものです。さまざまなデザインの課題において、エクストリームユーザーとの対話は非常に役立ちました。あるプロジェクトでは、車椅子についての洞察を得ました。エクストリームユーザーとの交流を通じて、私は車椅子が道路だけでなく芝生や砂利道などでこぼこした場所でも使えるものでなければならないということを意識するようになったのです。

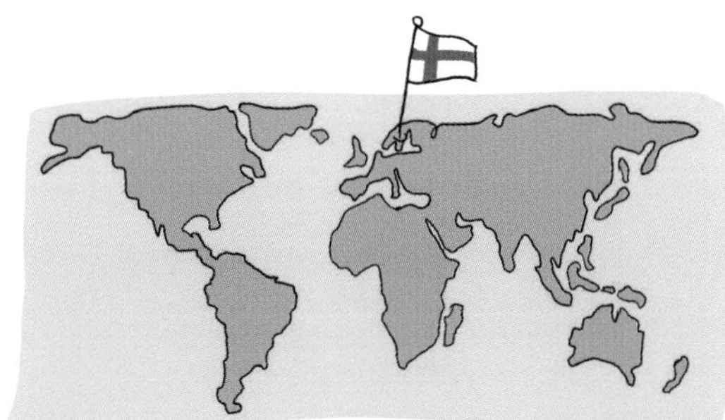

国：

フィンランド

所属組織：

アールト大学

チェック担当： アンドレアス・ウスマン

会社／役職：CKW社新規ビジネスイノベーション部長

エキスパートのヒント：

大胆なアイデアの探求

- エクストリームユーザーとの刺激的な対話では、大胆な新しいアイデアにつながることが多いものです。あらゆる機会を使ってこうしたタイプのユーザーと向き合える時間を設けましょう。
- 全般的に、すべてのユーザーをエキスパートとして扱うべきです。特に配慮が必要なグループと向き合う場合は、ユーザーの懸念を尊重します。

境界線を越えてコラボレーション

- エクストリームユーザーのグループ（8〜12人）との対話では、非常に素晴らしい経験をしてきました。さまざまな意見やグループ内の相互作用によってさらなる洞察を得ることにつながります。
- ここからも、常に複数のエクストリームユーザーを観察してインタビューすべきであることが分かります。その結果、ニーズのパターンを認識できる可能性が高まります。
- ただし、注意すべき点があります。極端な方法で応用している人が必ずしも革新的とは限りません。エクストリームユーザーはリードユーザーではありません。

すべてのチャネルを活用してリードユーザーとのつながりを保つ

- リードユーザーと交流し、つながりを保つにはさまざまな方法があります。WhatsAppのグループや一時的なブログなども活用できます。一般ユーザー向けとリードユーザー向けを用意し、ディスカッションの幅広い可能性を提供できます。
- さらに、一時的にチャットを開設し、参加者全員が投稿することも可能です。また、自発的なアイデアや感想を書き込む「レターボックス」や、限定的なアンケートを実施することで、交流を深めています。

ユースケースの説明

- リリーのチームは、多数派のニーズを把握するため、リードユーザーとエクストリームユーザーを決定します。
- あるゲーマーはエクストリームユーザーです。彼は自宅でバーチャルな世界で過ごすことがほとんどなので、現実世界で起きている多くの物事には鈍感です。しかし、優れたデザインのバーチャルな世界とはどのようにあるべきかについてはとても具体的なアイデアを持っています。
- リリーのチームは問題の理解度をさらに深めるためにこうしたエクストリームユーザーに焦点を当てようとしています。
- 特定されたリードユーザーとエクストリームユーザーの画像のおかげで、チームは彼らに共感を持ちやすくなっています。

ここまでのポイント

- エクストリームユーザーのニーズは、たとえ一見したところ関連がないように見えても、すべて検討対象にします。人は物事を正しく認識できないことが多いものです(たとえば、大音量の環境では正しく聞き取れません)。
- 要件は後ほど、エクストリームユーザーやリードユーザーだけでなくすべてのタイプのユーザーでテストします。

ダウンロード可能ツール

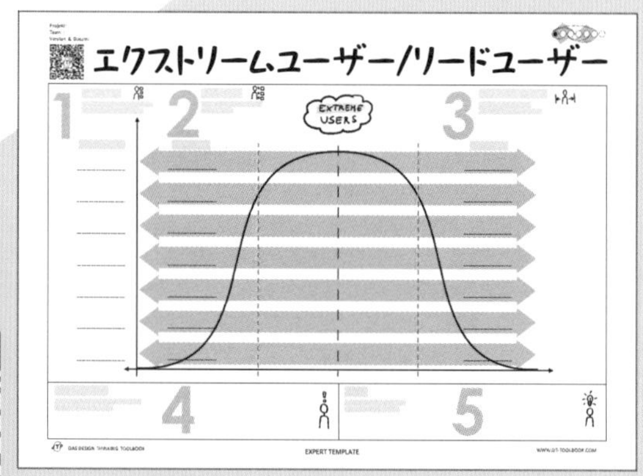

www.dt-toolbook.com/extreme-user-en

ステークホルダーマップ

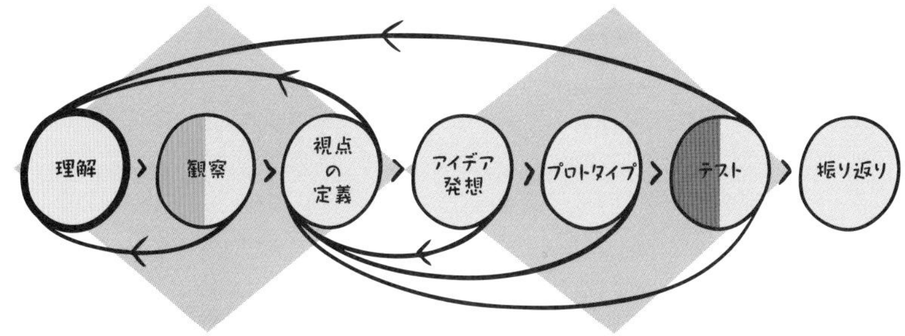

目的

すべてのステークホルダー、つまり問題と潜在的ソリューションに対して要求または関心を持つ組織や人々の概要を把握する。

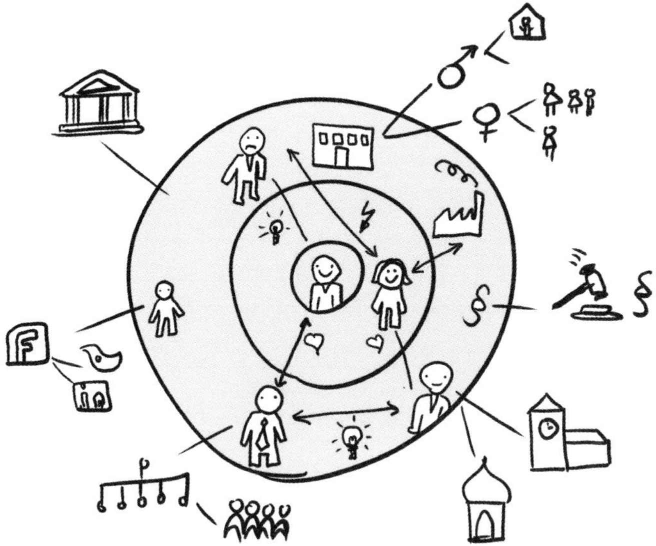

ツールを使ってできること：

- 戦略的コミュニケーション計画の立案と今後の活動のため貴重な情報を得る。
- プロジェクトにおける特定のアクターの影響力について仮説を立てる。
- アクターに関する情報の欠如を示す手がかりを見つける。たとえば、これまで十分に検討されてこなかったアクターは誰か（ホワイトスポット）。
- 提携や権力構造に関する最初の結論を導き出し、異なるステークホルダー間の潜在的対立を特定する。

ツールに関する詳細

- ステークホルダーマップは、さまざまなステークホルダーの立場を明確にするための可視化ツールです。ステークホルダー分析の一部として、利害関係、阻害要因と支持要因、さらにシステム内の構造を特定することを目的としています。
- ステークホルダーマップと分析により、すべての利害関係者の特徴と関係性を把握し、関係するすべての利害関係者と効果的にコミュニケーションすることを目的としています。
- 利害関係者を理解し、彼らとの関係を構築することは、このプロセスにおいて不可欠です。
- ステークホルダーに関する知識は欠かすことができません。ステークホルダーこそプロジェクトの成否である「存続か潰すか」という決定権を持っており、ソリューションを実行する上でも重要だからです。

代替として使用できるツールは？

- 影響力と関心度のマトリクス

このツールに取り組む際に役立つツールは？

- 5W1Hの質問（71ページ）
- AEIOU（107ページ）
- ブレインストーミング（151ページ）

必要な時間と材料は？

グループの人数

3〜6人

- 該当するステークホルダーの代表者によってチームが補完されることが理想です。
- デザインチームは最初のマップを作成し、次に結果をフォローアップディスカッションでステークホルダーとともに検証します。

平均所要時間

60〜240分

- ステークホルダーマップの作成は、複雑さの度合いによって60〜240分かかります。
- 関係者全員がステークホルダーやニーズに関して率直に話すようになるには時間がかかります。

必要なもの

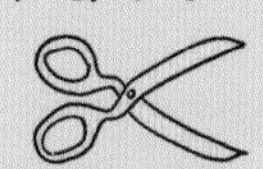

- 大判の紙とペン
- 大きな四角形のテーブルまたはホワイトボード
- レゴまたはプレイモービルを使い、各アクターにキャラクターを割り当てます。

手順とテンプレート：ステークホルダーマップ

1. ユースケースの定義
2. ステークホルダーのブレインストーミング

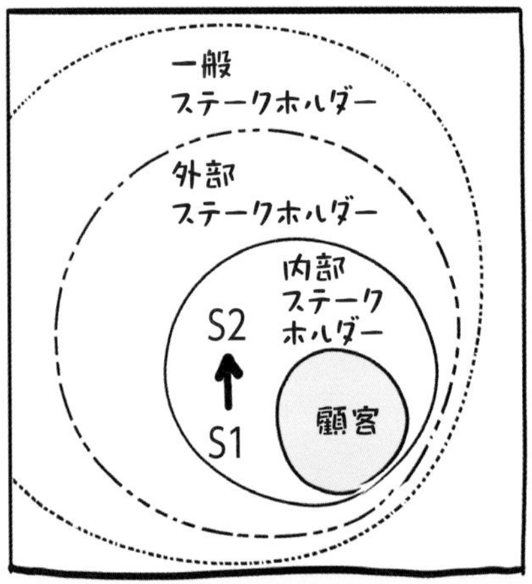

3. つながりを描く

- 近しい関係性(頻繁に連絡する、情報交換する、調整、相互の信頼、共通の関心事)。
- ？ 弱い、または非公式の関係。疑問符は不明な関係を示します。
- 組織的に確立された提携および協力関係のプロジェクト。
- 矢印は流れの方向を示します(例：情報と価値の流れ)。
- 稲妻の印は、ステークホルダー間の緊張、対立、または危険、あるいは関係性の破たんやほつれを示します。

ツールの適用方法

- **ステップ1：**まずはユースケースを定義します。商品、プロジェクト、または異なる部署間の連携などです。
- **ステップ2：**関与する全ステークホルダーを列挙します。
  さらに、質問をすることによりさまざまなステークホルダーの理解を深めます。質問はユースケースに関連して定義されます。
  - 成功によって利益を得るのは誰か？
  - 成功することに関心を持っているのは誰か？
  - 誰と連携するか？貴重なアイデアを提供してくれるのは誰か？
  - セールスとマーケティングはどうすれば成果を上げられるのか？
  - アイデアを阻むのは誰か、その理由は何か？失敗から利益を得るのは誰か？
- **ステップ3：**最初にステークホルダーマップを作成し、さまざまなステークホルダーを書き込みます。次にステークホルダーの相互のつながりを書き込みます。
- さまざまな記号を使ってつながりを定義します。たとえば、破線は複雑な関係を表します。
- ステークホルダーマップを振り返り、ステークホルダーマップでの作業から次のステップ、アクション、起こり得る結果を決めます。

これはアンバー・ダビンスキーのお気に入りのツールです

役職：

THES (TauschHaus - EduSpace) 共同創設者

「私は、いつも"それ"を可視化できたときこそ、初めて"それ"を本質的に理解したことになると信じて生きています」

なぜお気に入りのツールなのか?

チーム、部署、組織、その他の利害関係グループ内のダイナミクスは、非常に興味深く、複雑で、不可欠なものです。こうした相互作用を理解することは非常に重要であり、そのためにステークホルダーマップを作成することは必須です。そうして特定された関係は建設的な方法で対応する必要があります。そのためには、配慮と明確さと透明性が大いに必要です。

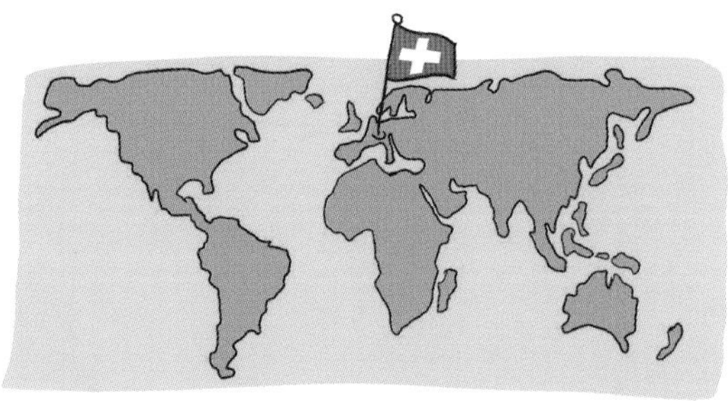

国：

スイス

所属組織：

THES

チェック担当： レモ・ガンダー

会社/役職：Bossard Group グループプロジェクトマネージャー

エキスパートのヒント：

その仕事の適任者を集める

- ステークホルダーマップの作成とステークホルダーの分析には、参加者を慎重に選ぶことが重要です。第一に、エキスパートの知識が必要です。第二に、斬新な視点をもたらす参加者が必要です。プロジェクトチームのステークホルダーマップを作成し、その後で最重要アクターにインタビューし、同時に自分たちの仮説を疑ってみることです。

効率的かつ効果的に作業

- 一般に、ステークホルダーを定義するときは、概要的なプロフィールから離れ、できるだけ具体的にすることです。
- ブレインストーミング、ポジショニング、ステークホルダーの評価には十分な時間を予定します。解釈の際には共通の記号が役立ちます。ステークホルダーマップにはさまざまな人形を使うととても効果的です(レゴの動物など)。色とりどりのひもやモールを使ってつながりを表すことができます。

実行のための主要ステークホルダーを特定する

- プロジェクトの開始から終了まで、結果と定期的な最新情報の報告をお勧めします。プロジェクト実行のためのステークホルダーマップは、成功に役立つツールです。ソリューション実行の準備にステークホルダー分析を適用することはきわめて有効であることが実証されています。

ユースケースの説明

- リリーは最初にチームとブレインストーミングセッションを行います。その後、最も重要なステークホルダーを一緒に選びます。ステークホルダーを識別しやすいように、チームではそのパーソナリティを象徴する人形を使用します。
- 次に、相互関係を表すように人形を配置し、誰が最も重要か、誰がどの方法で関与するかを決めます。
- この方法では、コミュニケーション方法が初期段階で定義され、誰も忘れることはありません。これを基に、リリーは主要なステークホルダーを巻き込み、たとえばプロトタイプのテストなどに参加させることができるようになったのです。

ここまでのポイント

- 具体的なユースケースを定義します。
- 該当するステークホルダー全員のリストをまとめます。
- 具体的な鍵となる質問をします。例：「成功によって利益を得るのは誰ですか？」
- ステークホルダーマップにステークホルダーを書き込み、相互関係を可視化します。
- 結果を振り返り、取るべき具体的な手段を推察します。

ダウンロード可能ツール

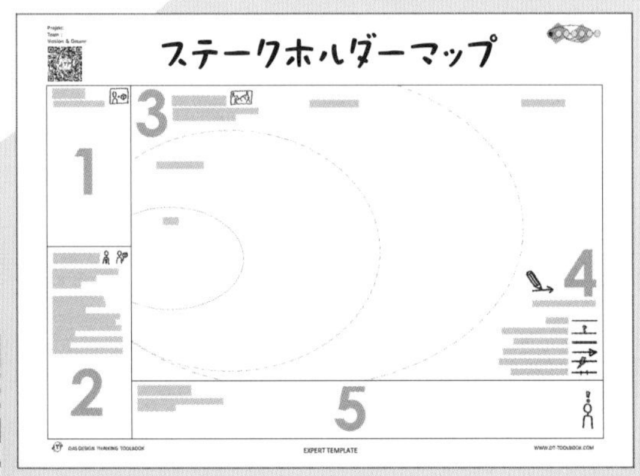

www.dt-toolbook.com/stakeholder-map-en

感情的反応カード

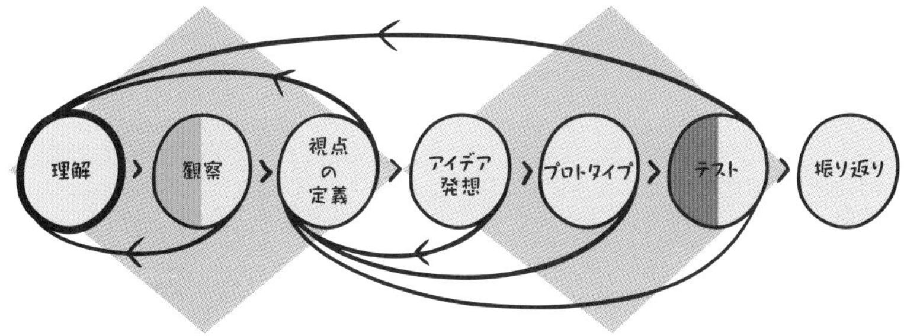

目的

インタビューでより有益な結果と洞察を得るために、ユーザーとの対話の際の感情をより詳しく知る。

ツールを使ってできること：

- 既存の商品を再デザインする前にその魅力についてテストし、新しいアイデアと比較する。
- 競合する商品、ブランド、エクスペリエンスについて知る。
- 戦略、情報アーキテクチャ、インタラクション、美しさ、スピードに関する発言を収集する。
- ビジョン：キックオフのできるだけ早い段階で、クライアントから、その商品がユーザーによってどのように特徴づけされることを望んでいるかを聞き出す。
- 新商品の場合は、ユーザーが体験し、考え、感じたことを知る（ユーザビリティテストの後など）。
- プロトタイプを反復のたびに比較する。

ツールに関する詳細

- 感情的反応カードは、共感的なターゲットグループ分析のための定性的なツールです。シンプルなカードを使うことで、ターゲットグループは状況について的を絞って深く掘り下げた話がしやすくなります。
- その結果、ターゲットグループのメンバーは自分の感情、信念、認識について話しやすくなります。人はどのように感じたかをよく覚えていますが、それについて語るにはきっかけが必要です。
- 感情的反応カードは通常、デザインシンキング・サイクルの初期段階で理解を深めて開発の方向性を決めるために使用されます。
- 「マイクロソフトのリアクションカード」が初めて言及されたのは2002年のジョーイ・ベネデックとトリッシュ・マイナーの論文「Measuring Desirability（有用性の測定）」においてですが、当時はまだ基本的な118枚のカードがありました。私たちの経験では50枚の感情的反応カードが有益であることが実証されています。

代替として使用できるツールは？

- 共感のためのインタビュー（57ページ）
- 共感マップ（93ページ）

このツールに取り組む際に役立つツールは？

- ペルソナ/ユーザープロフィール（97ページ）
- 構造化ユーザビリティテスト（229ページ）
- ソリューションインタビュー（225ページ）
- 5つのWHY（67ページ）
- 5W1Hの質問（71ページ）

必要な時間と材料は？

グループの人数

1〜2人

- 2人組が理想的です。1人が会話を観察し、もう1人が質問を投げかけます。
- ただし、1人のインタビュアーでも実行可能です。

平均所要時間

15〜20分

- 感情的反応カードの作成時間は5分ほど必要です。
- フォローアップの質問によって、1回の実行に10 〜 15分を予定します。

必要なもの

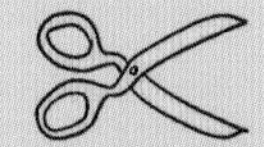

- 50枚の感情的反応カード
- メモ帳とペン
- のり、ハサミ

テンプレートと手順：感情的反応カード

ツールの適用方法

- **ステップ1：**50枚のカードを印刷し、薄いボール紙にのりで貼り付けます。ハサミでそれぞれのカードに切り分けます。カードを任意の順序で別のテーブルに並べます。
- **ステップ2：**テストの後でユーザーに、商品を使用した感想として最もふさわしい3枚のカードを選んでもらいます。書かれている言葉通りの感想でなくても構わないこと、ネガティブな感想でもよいことを付け加えます。これは感情のきっかけに過ぎません。また、選択している間に感情を表し、ひとりごとを言っても構わないことも伝えます。目立つことは書き留めておきましょう。テストした人がカードを選んだら、それをテーブルに置いてその言葉を書き留めます。後で洞察を書き込むスペースを少し空けておきましょう。
- **ステップ3：**ユーザーが3枚のカードを選択したら、それぞれの言葉について、ユーザーがそれを感じた状況を（質問を通して）探求し、
- **ステップ4：**「なぜ？」の質問をして洞察を掘り下げます。「その代わりに何を期待していましたか？」など他の質問テクニックも補完的情報をもたらします。
- **ステップ5：**また、直接の引用として発言も書き留めます。マップの状況を写真に撮るか、ストーリーを動画で撮影します。

注：マイクロソフトの有用性ツールキット（Microsoft Desirability Toolkit）に基づく

これはアーミン・エリのお気に入りのツールです

役職：

ユーザーエクスペリエンスとイノベーションのUXコンサルタント兼講師

「デザインシンキングは、顧客とともに優れた商品を作ることができる私の魔法の道具箱です」

なぜお気に入りのツールなのか？

優れた商品への道筋は、必ずしも明白なものではありません。ソリューションはしばしば（問題の中で）示唆されますが、目に見えるものではありません。プロジェクトと問題の核心をつかむことが私の仕事です。その際、最も重要なのは「WHY（なぜ）」という問いです。関係者をつぶさに観察することで、そのつながりや独自の問題を発見できるのです。これには信頼が求められます。私を信頼してもらえると、個人的なストーリーを調べることができます。感情的反応カードはそのためのシンプルな糸口を与えてくれます。そこから深く掘り下げるのです。

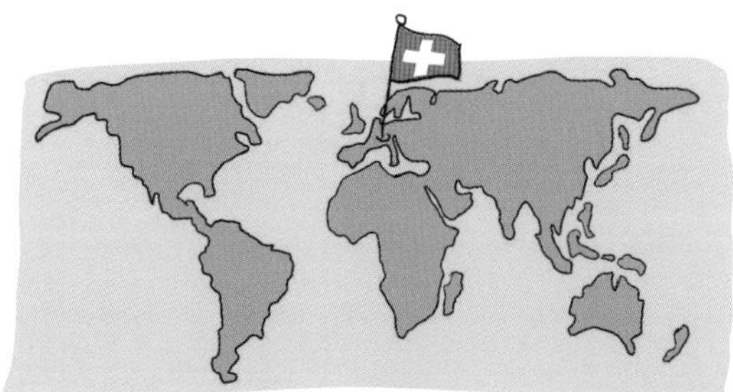

国：

スイス

所属組織：

Zühlke

チェック担当： フィリップ・ハスラー

会社／役職：Venturelab合同最高経営責任者

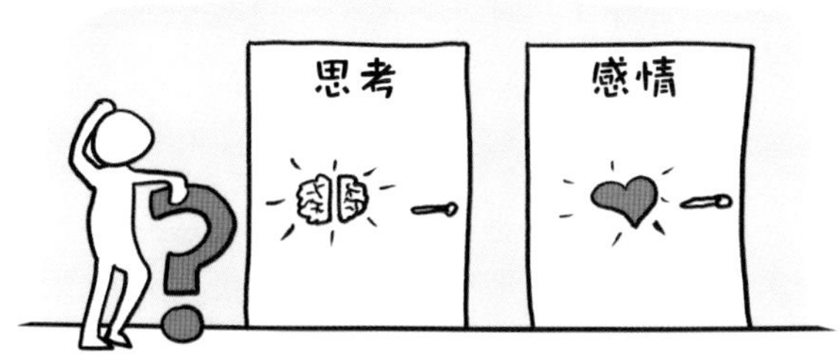

エキスパートのヒント：

感情的反応カードはビジョンを明確化するため、あるいはプロトタイプテストでも使用できます。

より大きなビジョンを描く

- カードは、プロジェクト開始前であっても後の商品とその特性に対するクライアントの意識を高めます。
- 所要時間：商品（最終品ではない）に関する検討に5分、「なぜ」の質問に5分。たとえば、CEOやプロダクトマネージャーにインタビューする場合、インタビュー対象者がどのレベルで答えるか（戦略、機能、操作性、美しさ）を見るのも興味深い点です。これはすでに「ピンとくる」瞬間につながっている可能性もあります。この瞬間がデザインの原則に重要な情報をもたらします。

プロトタイプへの反応を探る

- カードはユーザーの視点の詳細な分析に使用します（たとえば、プロトタイプのテスト後）。
- 平均所要時間：3枚のカードを選ぶのに約3分、各カードについてユーザーがストーリー（「なぜ」の質問）を語るのに約10分。

注意点

- 現在の状況について尋ねる場合（できれば複数のツールを使用して）、その後に希望する今後の状況についても尋ねます。最初はすべてのツールを使って現在の状況について質問します。その上でようやく対象の状況についてユーザーが何を考えているかを探ります。そうしないと、現在の状況に関する質問に影響を与えるリスクが生じてしまいます。

ユースケースの説明

- 「Future of Work」のフレームワーク内で、デザインチームは機敏なコラボレーションのためにさまざまなフロアレイアウトをデザインしました。
- 一般的な3Dモデルのウォークスルー（疑似体験）をした後、チームは感情的反応カードを使用して部屋の大きさに関係なく空間コンセプトとの関係性をテストしました。
- テスト対象者は「難しい」という形容詞を選び、次のように説明しました。「もし私がこの部屋で作業をすると想像するなら…おっと…共同作業を効果的に行うことには直接つながらないですし、たとえば狭い廊下でスタンドアップミーティングを行うのは難しいと思います」

ここまでのポイント

- 感情は記憶に残ります。
- 感情的反応カードのようなきっかけを与えられると覚えやすくなります。
- ユーザーと顧客は通常、失礼のない態度を取ろうとします。カードはその心の抑制を下げる役目をします。

ダウンロード可能ツール

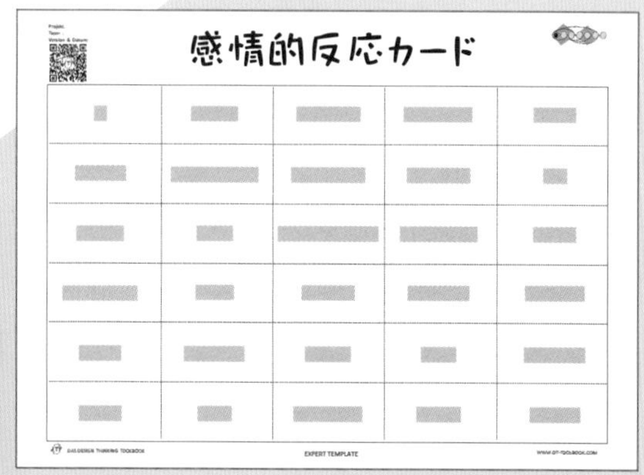

www.dt-toolbook.com/response-cards-en

フェーズ：観察

問題を定義した後は、デザインシンキングのプロセスにおける次のフェーズは観察です。このフェーズでは、できるだけユーザーとそのニーズを知ろうとします。そのためにカスタマーエクスペリエンスチェーン、ペルソナ、探求のインタビューを使い、AEIOUフレームワークのようなシンプルなツールも使います。これらは洞察を収集して記録するのに役立つツールです。

共感マップ

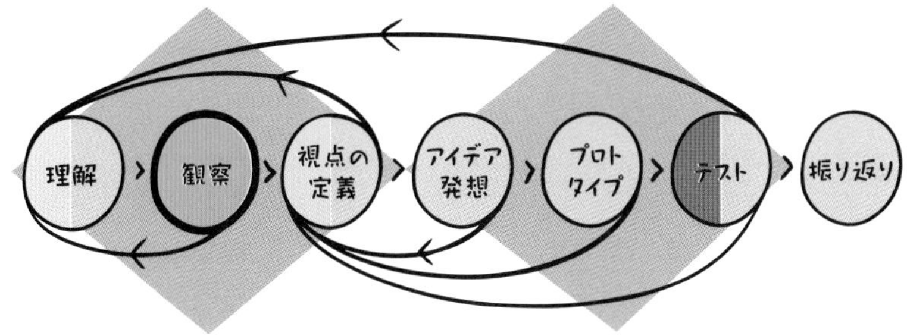

目的

顧客/ユーザーをさらに理解し、その感情を認識し、行動に共感する。

ツールを使ってできること：

- 共感を持つために、ユーザーの観察またはテストから得た洞察を記録し、異なる観点からユーザーを把握する。
- ユーザーが抱えている問題(ペイン)や潜在的なメリット(ゲイン)をより良く理解し、ユーザーのタスク(Jobs to be done)を推察する。
- 知見を集めてペルソナを作成する。
- 観察結果を簡潔にまとめ、想定外の洞察を記録する。

ツールに関する詳細

- 共感マップは共感によるターゲットグループの分析ツールです。既存または潜在的ユーザー/顧客の感情、思考、態度を特定し、ニーズを理解するために使用します。
- 目的は5W1Hの質問を使って潜在的ユーザーの詳細な洞察を得ることです。
- カスタマージャーニーマップやペルソナと比較すると、共感マップは潜在的顧客の感情の状態に重点を置きます。
- 共感マップは主に理解、観察、視点の定義、テストの各フェーズで使用します。
- また、ユーザー/顧客をよく知る専門家に話を聞いたり、自分自身でも積極的にユーザーと同じ行動をしてみたりすることもお勧めします。ユーザーに対して、英語の慣用句にある「他人の靴を履く(他人の身になって考える)」ことをしてみましょう。

代替として使用できるツールは?

- 共感のためのインタビュー(57ページ)
- フィードバック・キャプチャー・グリッド(テストフェーズ、217ページ)
- VP(価値提案)キャンバス

共感マップに取り組む際に役立つツールは?

- カスタマージャーニーマップ(103ページ)
- ペルソナ/ユーザープロフィール(97ページ)
- Jobs to be done(75ページ)

必要な時間と材料は？

グループの人数

- 2人組でのインタビューが理想的です。
- 1人が記録し、もう1人が質問を投げかけます。

2～35人

平均所要時間

- 通常は20～30分、またはインタビューや会話が続く限り。
- 実施するタスクを推測するにはもう少し時間がかかります。「Jobs to be done」は明白ではないことが多いためです。

20～30分

必要なもの

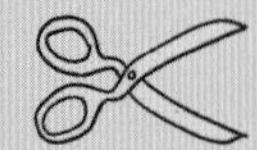

- 共感マップのテンプレートをA3またはA4の用紙に数枚印刷します。
- 共感マップに必須ポイントを書くためのペンと付箋紙

テンプレート：共感マップ

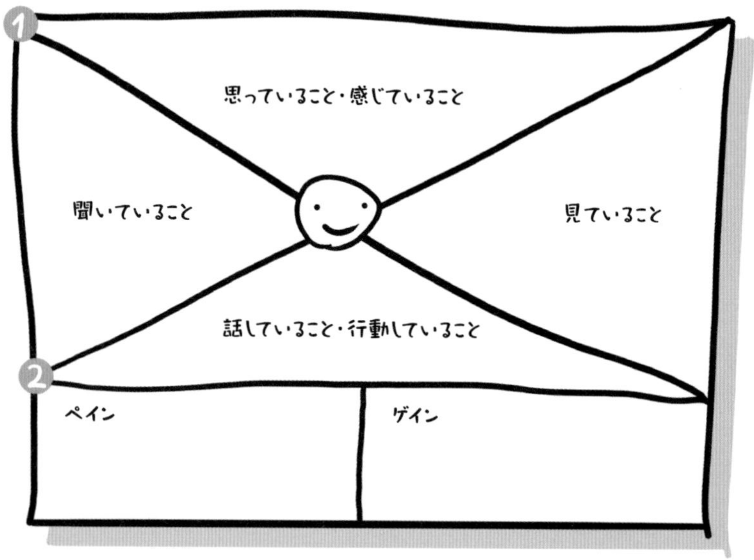

ツールの適用方法

- 共感マップでは、「ニーズ」を探求します。名詞（解決策）ではなく、ユーザーが助けを必要としている動詞（活動）で考えます。
- レイアウトの概要を紙の上に描くか、テンプレートを使用します。
- **ステップ1**：インタビュー中（または直後）にテンプレートに書き込みます。
  1. 顧客/ユーザーは何を見ているか？
     - 環境はどのように見えているか？
     - 顧客はどこにいるか？何が見えているか？
  2. 顧客/ユーザーには何が聞こえているか？
     - 顧客/ユーザーには何が聞こえているか？
     - 誰が影響を与えているか？誰と話をするか？
  3. 顧客/ユーザーは何を考え、感じているか？
     - 顧客/ユーザーを動かすのはどのような感情か？
     - 顧客/ユーザーは何を考えているか？
     - それは顧客/ユーザーとその態度について何を表しているか？
  4. 顧客/ユーザーは何を言い、行動しているか？
     - 顧客/ユーザーは何と言っているか？
     - 顧客/ユーザーがしなければならないことは何か？
     - 顧客/ユーザーが矛盾する行動をするのはどの部分か？
- **ステップ2**：「ペイン」と「ゲイン」のフィールドも記入します。
  - 最大の問題と課題は何か？
  - 潜在的な機会とメリットは何か？

これはローレン・ラシンのお気に入りのツールです

役職：

Avaプロダクトマネージャー

「生活のあらゆる場面で曖昧さがつきまといます。デザインシンキングはこの曖昧な世界で問題を解決するマインドセットを提供するだけでなく、徹底的にそれを楽しむ方法までもたらします」

なぜお気に入りのツールなのか？

優れたデザインは、デザインの対象者となる人物についての深い理解に根ざしています。デザイナーはこの種の共感を育むための多くのメソッドを持っています。共感マップは、初心者のように好奇心で状況を打破するのに役立ちます。意識的に、そして五感をフル活用して、ユーザーと同じ体験をします。マップは優れた補完ツールです。たとえば顧客のペルソナや状況を理解するために活用できます。とはいえ、最も効果が高いのは私たち自身が同じ状況に身を置いたときです。

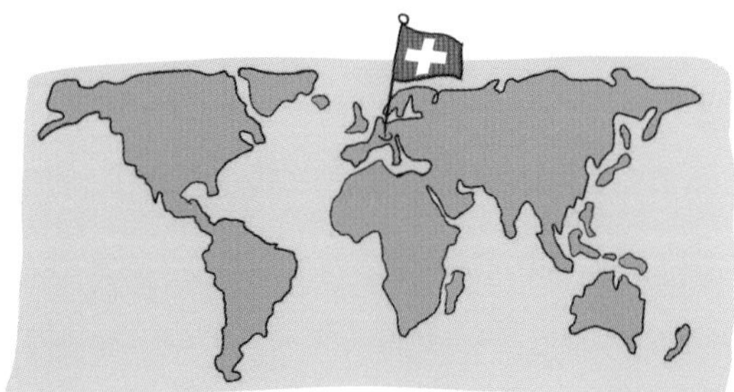

国：

スイス

所属組織：

Ava

チェック担当：ジェシカ・ウェバー・サビル

会社/役職：ブレダ応用科学大学上級研究員兼講師

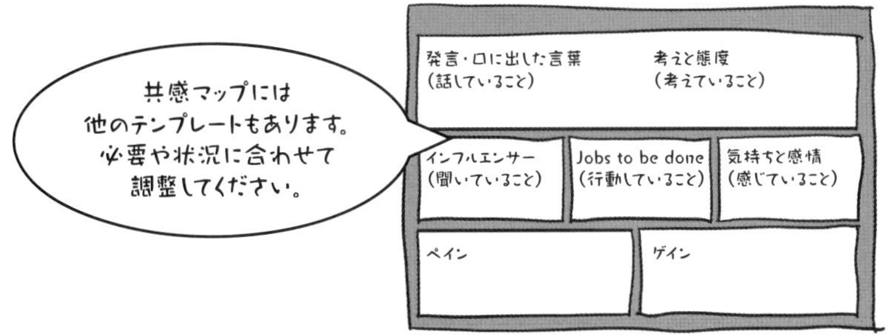

エキスパートのヒント：

価値提案の基礎作り

- チームとのディスカッションで「ペイン」と「ゲイン」の欄を埋めます。この方法では、共感マップの記述のレビューと振り返りを同時に行います。
- 顧客タスクの「行動していること」(Jobs to be done)から推察します。
- この方法では、ペルソナおよびVP(価値提案)キャンバスの作成の確固とした基盤が得られます。

知見の記録

- インタラクションからの知見は詳細に文書として記録します。写真や動画を使用すると、デザインチームと共有がしやすくなります。
- 最も驚いた点、最も重要な発言などを一字一句漏らさないよう書き留めます。

人の価値観を重視する

- 思考、意見、気持ち、感情は直接観察できません。その代わりに、さまざまなヒントから推察はできます。また、ボディランゲージ、声のトーン、言葉の選び方にも注意を向けましょう。発言そのものよりも多くのことを伝えているものです。ビデオカメラでそれを捉えましょう。

主な側面に注目する

- フォーカスすべきは、最も重要となる3つのペインとゲインです。

矛盾点を探す

- 矛盾点に注意を向け、その意味について考えます。2つの特徴や発言の間の矛盾点から何か新しいものが見つかることが多いものです。たとえば、ユーザー/顧客が言っていることと最終的な行動の間の矛盾などです。

ユースケースの説明

- インタビュー後、参加者全員で主な知見をまとめ、共感マップに貼っていきます。
- リリーのチームはエクストリームユーザーとのインタビュー全体を録画していたため、主なインタラクションをもう一度見ることができます。
- 最終的に、ペインとゲイン、さらに顧客タスク（Jobs to be done）が決定されます。次にチームはこうした知見をユーザープロフィールに移し、さらにこうした知見と一致するペルソナに移します。

ここまでのポイント

- 共感とは他者についてそれぞれの生活、状況、仕事を理解し、その人の視点から問題を解決できる能力です。共感を築くことはユーザーに出会うことです。
- 名詞ではなく動詞を使います。ニーズとは動詞（ユーザーが手助けを必要としているアクティビティ）です。名詞は通常はソリューションです。
- 仮説を見直して疑問を投げかけ、そこから洞察を導き出します。

ダウンロード可能ツール

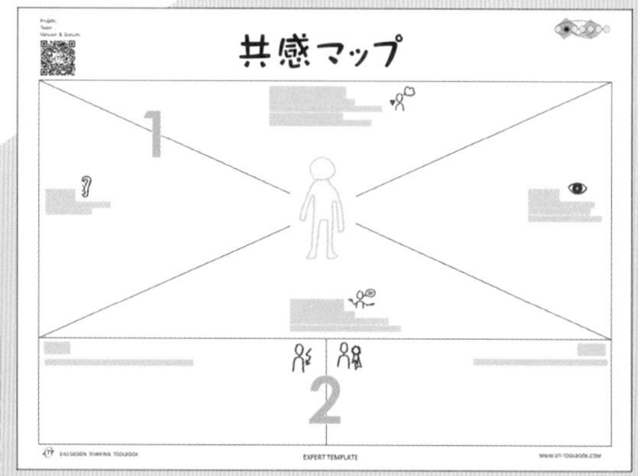

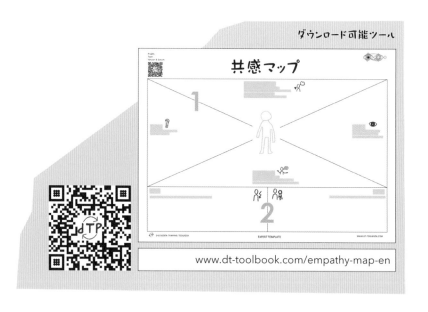

www.dt-toolbook.com/empathy-map-en

ペルソナ/ユーザープロフィール

フリースタイルのペルソナや未来のユーザーなどのバリエーションを含む

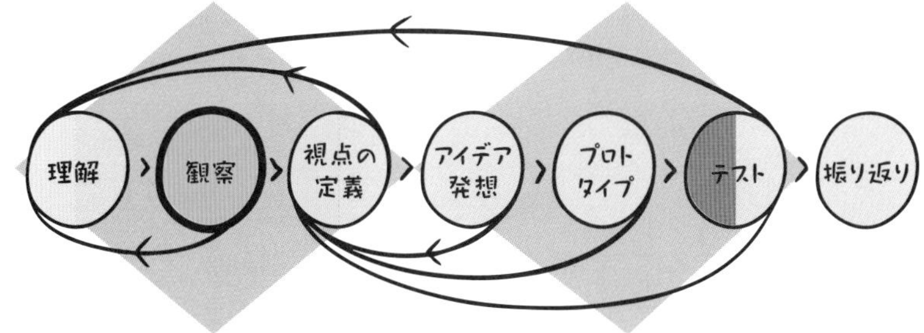

目的

ユーザー/顧客についてより詳しく知り、ソリューション案を見つける。

ツールを使ってできること：

- ソリューションの潜在的ユーザー/顧客として架空のキャラクターを作る。
- ユーザー/顧客の絵を描き、チーム全員で共有する。
- 典型的ユーザー/顧客の目標、希望、ニーズを可視化し、デザインチームと共有する。
- ターゲットグループの一貫した理解に到達する。
- 典型的ユーザー/顧客が体験するストーリーや映像を記録する。

ツールに関する詳細

- ペルソナ（ユーザーペルソナ、顧客ペルソナ、バイヤーペルソナともいう）は、ユーザーまたは顧客のタイプを表すために作られた架空のキャラクターです。
- ペルソナは新しいソリューション案（ウェブサイト、ブランド、商品、サービスなど）を該当するニーズやJobs to be doneに当てはめます。
- 個人の職務、インタラクション、あるいはウェブサイトのビジュアルデザインなどです。
- ペルソナはできるだけ正確に描写します。つまり、名前、性別、基本的プロフィールデータ（年齢、職業、趣味など）をきちんと決めるということです。ペルソナの性格やキャラクターに関する情報も記録します。目標、ニーズ、不安などをそこから推察します。同様に、ペルソナの略歴も社会環境からの購入行動に関する結論を引き出すのに役立ちます。
- チームには実在の人物のようにペルソナと向き合うことが求められます。

代替として使用できるツールは？

- インターネットからのペルソナ
- フリースタイルペルソナ（99ページのバリエーションを参照）
- 「将来のユーザー」ペルソナ（100ページ）

ユーザープロフィールまたはペルソナとの取り組みをサポートするツールは？

- 共感のためのインタビュー（57ページ）
- 共感マップ（93ページ）
- 5W1Hの質問（71ページ）

必要な時間と材料は?

グループの人数

2〜5人

- デザインチーム全体(2〜5人)が積極的にディスカッションに参加して、観察した内容や洞察を話し合います。
- ユーザープロフィールも別途埋めていきます。

平均所要時間

20〜40分

- 顧客プロフィールを作成するだけなら、20〜40分あれば十分です。
- 詳細を詰める(たとえば写真を見ながら)場合は、もっと長い時間を確保しましょう。
- 各問題提起文に対してそれぞれ個別の顧客プロフィールまたはペルソナを作成します。
- さらに、2〜3人でターゲットグループを結成できます。

必要なもの

- 構成を書き込んだテンプレートまたはフリップチャート
- ペンと付箋紙
- 潜在的顧客を普段の環境で観察した写真

手順とテンプレート：ペルソナ/ユーザープロフィール・キャンバス

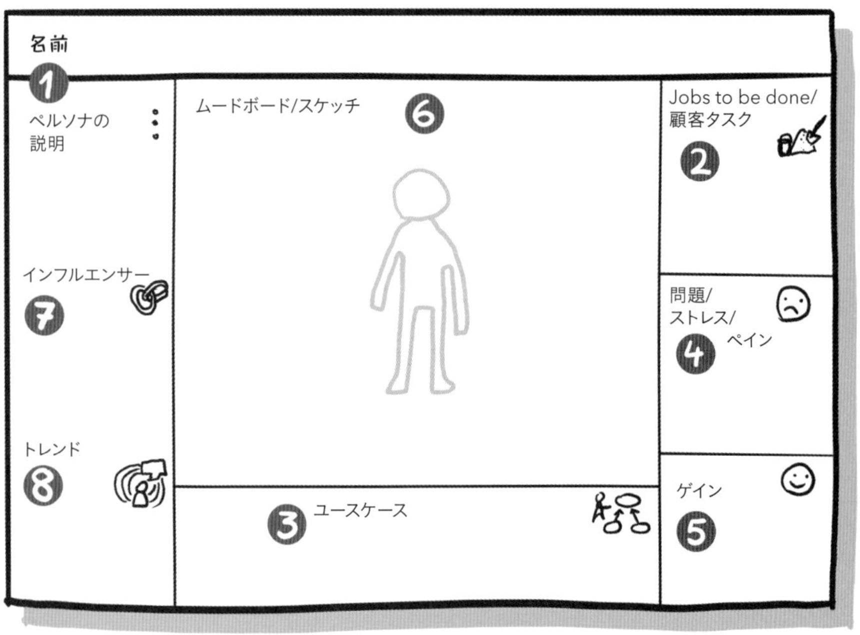

ツールの適用方法

- 潜在的ユーザーの情報を集め、どのタイプのペルソナが問題提起文に適しているかをチームとディスカッションします。
- **ステップ1：**ペルソナの描写を考えます。ペルソナに名前を付け、性別と年齢を決めます。さらに、社会環境、家族、趣味などの属性も追加します。
- **ステップ2：**ユーザーが担うタスク(Jobs)は何か？どこでサポートを得られるか？
- **ステップ3：**問題提起文ですべてのユースケースを説明します(どこで？何を？どのように？)。ユーザーはどこで私たちの提案を活用するのか？その前と後では何が起きるのか？どのようにそれを実行するのか？
- **ステップ4：**ユーザーにとって最大の問題や困っていることは何か？それは既存の商品やサービスに関して、ユーザーが抱えている未解決の問題や困りごとだと考えられます。
- **ステップ5：**ユーザーが抱えている、または抱えるかもしれないゲイン(可能性、メリット)とペイン(問題、課題)を決定します。
- **ステップ6：**顧客を可視化するためのスケッチを描きます(オプション)。またはデザイナーがインスピレーションを得るために作成するムードボードのように、ユーザープロフィールの補足として写真や雑誌の切り抜きを加えます。
- **ステップ7、8：**ペルソナに影響を与える人物(家族、子供、ステークホルダーなど)と一般的なトレンド(メガトレンド、市場トレンド、技術トレンドなど)について考えます。

必要な時間と材料は？

グループの人数

2〜5人

- デザインチーム全体（2〜5人）がディスカッションに積極的に参加して、観察した内容や知見を話し合います。

平均所要時間

20〜60分

- ペルソナの作成には20〜60分必要です。
- さらに、ペルソナに関する情報を収集し、ペルソナを検証するために十分な時間をスケジュール上で確保しておきます。

必要なもの

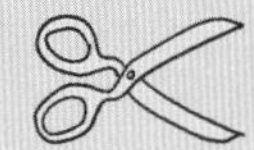

- 紙 2 m ×1 m
- ペンと付箋紙、マーカー
- 雑誌、新聞
- 接着テープ、のり
- インターネットからの画像
- 写真

手順：フリースタイルペルソナ

ツールの適用方法

- フリースタイルペルソナはその場で生まれるもので、私たちが遭遇したユーザーについての記憶を基にします。
- **ステップ1**：ユーザーの等身大モデルを作成します。
  ヒント：紙を床の上に広げます。1人が紙の上で好きな位置に横たわり、もう1人のチームメンバーが輪郭をかたどります。
- **ステップ2**：ユーザーの問題または行動からユーザーを描写します。典型的な要素を取り入れて絵を完成させます。
- **ステップ3**：フリースタイルペルソナにプロフィールの属性を加え、年齢と性別を決定します。
- **ステップ4**：ペルソナに名前を付けます。
- **ステップ5**：顧客プロフィール（ペイン、ゲイン、Jobs to be done、ユースケース）からの要素を使い、ペルソナの態度、習慣、感情、社交関係を追加します。
- **ステップ6**：ペルソナを完成させます。雑誌や新聞の写真を使ってペルソナの服装を決め、どんなブランドの服が好きか、誰の影響を受けているかを話し合います。価値観、倫理観、環境要素については具体的に決めます。

必要な時間と材料は？

グループの人数

2〜5人

- デザインチーム全体（理想は2〜5人）が積極的にディスカッションに参加して、観察した内容や知見を話し合います。

平均所要時間

45〜60分

- 将来のユーザーの作成には15〜30分必要です。
- 情報収集のために追加の時間（15〜30分）も予定に入れておきます。
- 解釈のための時間も確保します。

必要なもの

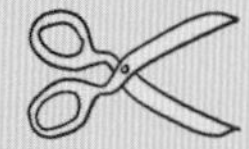

- 紙２ｍ×１ｍ
- ペン
- 雑誌、新聞
- 接着テープ、のり
- インターネットからの画像
- 写真

手順：「将来のユーザー」ペルソナ

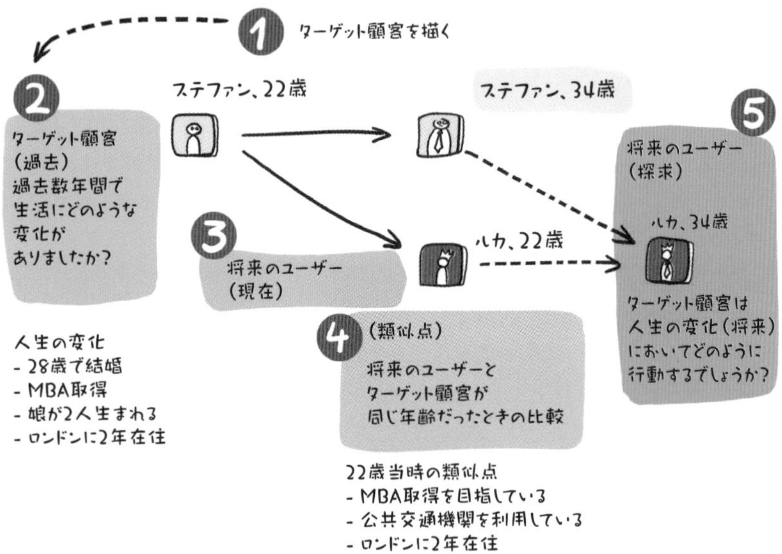

出典：タマラ・カールトン、ウィリアム・コケイン著『Playbook for Strategic Foresight and Innovation（戦略的先見とイノベーションのプレイブック）』（2013年）
入手先：www.innovation.io/playbook

ツールの適用方法

デザインチームはペルソナの未来を想像します。特に、長期間のイノベーションプロジェクトの場合（5年超）は、こうした検討に意味があります。

- **ステップ1**：ターゲット顧客について描写します。
- **ステップ2**：この顧客が12年前に持っていたライフスタイルと価値観、当時下した判断についてチームで話し合います。
  - 年月とともにこれらすべてがどのように変化したか？（28歳で結婚、MBA取得、娘２人の父親になる、２年間のロンドン生活）
- **ステップ3**：この世代調査を基礎にして、将来のユーザーの現在の姿を描きます。
- **ステップ4**：22歳当時の２人（ステファンとルカ）を比較し、34歳までの人生で何が変化し、何が変わらないのかを把握します。
  - 22歳当時の類似点：２人ともMBA取得を目指し、公共交通機関を利用し、独身でした。
- **ステップ5**：将来のターゲット顧客について想像します。将来のユーザーは現在のターゲット顧客と同じ年齢です。
- **ステップ6**：ここからどのような洞察を得たか？将来、重要性が高まるのは何か？

これはカリーナ・ティーシュマンのお気に入りのツールです

役職：

Mimacom AG社アジャイル・デジタイゼーション・コンサルタント

「ペルソナはデザインシンキングの中核をなすものです。ペルソナのコンセプトによって、ユーザーの学歴、ライフスタイル、関心事、価値観、目標、ニーズ、欲求、態度、行動を調査し、革新的なイノベーションを実現します」

なぜお気に入りのツールなのか？

開発する製品の対象者となる人物を想像すると、さまざまな役割やキャラクターが頭に浮かんできてわくわくします。フリースタイルのペルソナは、潜在的なユーザーに関する作業をより鮮明にし、お客様のニーズや要望をより深く理解することができます。等身大のペルソナは、顧客または潜在的ユーザーについて想像しやすくなります。

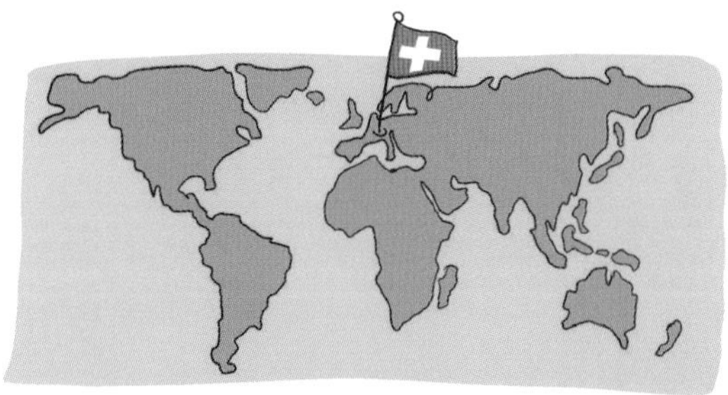

国：

スイス

所属組織：

Mimacom AG

チェック担当：フロリアン・バウムガートナー

会社/役職：Innoveto by Crowdinnovation AG
イノベーションイネーブラー兼パートナー

エキスパートのヒント：

できるだけリアルに

- 特定の問題提起文では、いわゆる“双子のペルソナ”がむしろ役に立つと考えるようになりました。たとえば、夫婦に代表されるように婚姻のような制度や仕組みによってお互いに影響し合う関係です（人とロボットのインタラクションにおけるロボナなど[『デザインシンキング・プレイブック』274ページ参照]）。
- 平凡で性別の区別がなく、あらゆる年齢層に該当するようなペルソナは避けましょう。ペルソナはできるだけ細部までリアルに描写します。

ペルソナを改善し続ける

- 一般に、特定のターゲットグループについては性急な仮説を立ててしまいがちです。その結果、誤った仮説に基づくステレオタイプに陥ることになります。確信が持てない場合は、ペルソナに近い特徴を持つ人を探しましょう。そのような人が見つからない場合は、仮説が間違っています。
- デザインサイクル全体を通じてペルソナを発展させます。プロトタイプのテスト時や観察などのあらゆる対話や交流を通じて洞察が加えられ、これをデザインチームと共有してペルソナが更新されます。

該当する発言があれば引用する

- 顧客やユーザーの意義ある発言によってペルソナが充実すると、良い結果につながることも実証されています。この方法では、ペルソナはより本物らしく、生き生きとしたものになります。
- 問題提起文1つにつき作成するペルソナの数については、チームメンバーがそれぞれの特徴まで覚えられる程度にするようにします。

ユースケースの説明

- このプロジェクトでは、リリーのチームは複数のタイプの顧客に対してユーザープロフィール・キャンバスを使って作業しています。主な知見がすぐに目に見えるので、チームはこの仕組みを気に入っています。
- ペルソナの経歴、情報、行動、ペイン、ゲインなどを描き、ペルソナを発言で充実させます。
- チームは将来のペルソナに関する作業も気に入っています。人間とロボットの関係は、将来はさらに重要度を増すので、この事実をどのようにチームに落とし込んでいくのか興味を持っています。

ここまでのポイント

- ペルソナはユーザーや顧客のタイプを表すために作成された架空のキャラクターです。
- ペルソナはインタビューや観察から集めた事実を基にしています。
- 新聞や雑誌の写真でペルソナを完成させます。
- その目的は、問題提起文においてペルソナのペイン、ゲイン、遂行すべきタスク（Jobs to be done）をさらに深く知ることにあります。

ダウンロード可能ツール

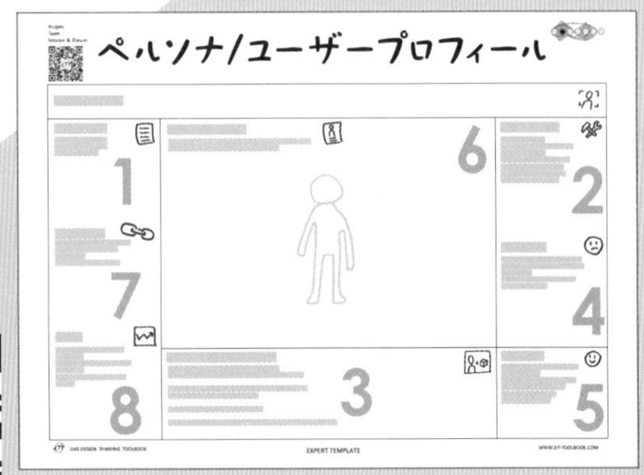

www.dt-toolbook.com/persona-en

カスタマージャーニーマップ

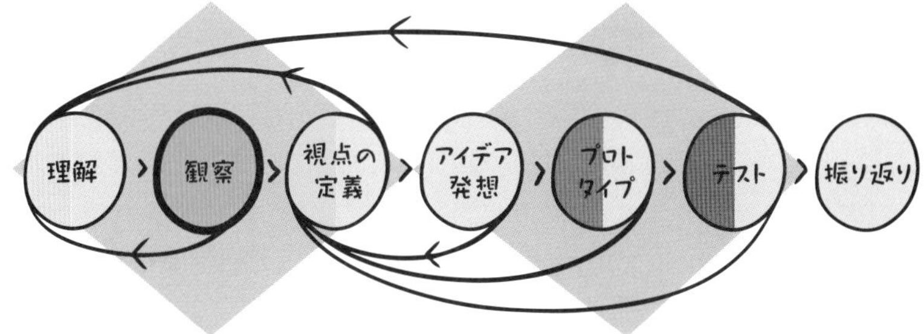

目的

顧客の立場に立ち、私たちの会社や商品、サービスを利用したときに、どのようなエクスペリエンス（体験）をするのかを詳細に理解する。

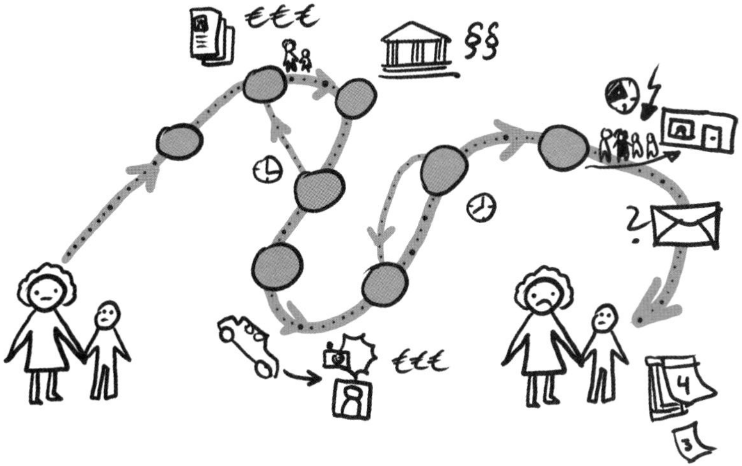

ツールを使ってできること：

- 会社、商品、またはサービスとのカスタマーエクスペリエンスについて、チーム内で共通理解を構築する。
- カスタマーエクスペリエンスにネガティブな影響を及ぼす「残念な瞬間」を特定する。
- 顧客のすべてのタッチポイントをしっかりと理解する。
- 顧客とのやりとりにおける問題点やギャップを解消し、他にはないエクスペリエンスを実現する。
- 新しい改善版のカスタマーエクスペリエンスをデザインする。
- 顧客志向で新製品・新サービスを継続的に開発する。

ツールに関する詳細

- カスタマージャーニーマップは、対話の中で分かった行動、考え、感情、気持ちを可視化することで顧客への共感を築くことができます。
- プロセスマップが企業内部のプロセスしか描けないのとは対照的に、カスタマージャーニーマップは人間とそのニーズに焦点を当てます。
- さらに、カスタマージャーニーマップは商品やサービスに直接関連のない行動も対象にします（たとえば、情報通知、待つこと、発注、配達、設置、カスタマーサービス、廃棄など）。
- カスタマージャーニーマップは通常、理解フェーズ、観察フェーズ、プロトタイプフェーズで作成して使用します。
- カスタマージャーニーマップは、サービスの青写真を作成するための最適なベースとなります。

代替として使用できるツールは？

- サービスブループリント（203ページ）

このツールに取り組む際に役立つツールは？

- 共感のためのインタビュー（57ページ）
- ペルソナ/ユーザープロフィール（97ページ）
- Jobs to be done（75ページ）

必要な時間と材料は？

グループの人数

4〜6人

- 対象のプロセスに関して経験豊富なベテランと経験の浅い人たちの混合チームを作ります。
- 理想は各チーム4〜6人です。

平均所要時間

120〜240分

- 所要時間は複雑さの程度によります。初期案は120分もあれば出てきます。
- カスタマージャーニーマップで特定の顧客グループやイベントに対してバリエーションが必要になることもよくあります。

必要なもの

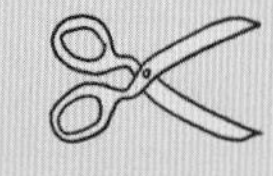

- 付箋紙、ペン、マーカー
- 大型ホワイトボード
- 顧客、場所、アクティビティなどの写真を貼り、ジャーニーを可視化するために広くとった壁のスペース。

テンプレート：カスタマージャーニーマップ

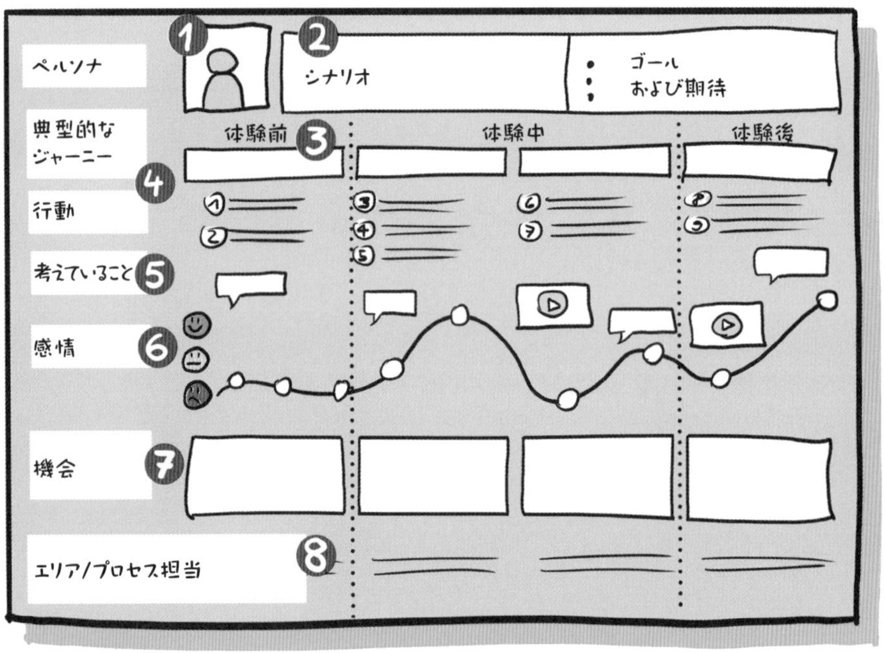

ツールの適用方法

- **ステップ1：**カスタマージャーニーマップで使用するペルソナを選び、ペルソナのストーリーをデザインチームと共有します。
- **ステップ2：**次に、シナリオまたはJobs to be doneを選択します。ペルソナは何をして、どのような状況か？最初から最後までを体験する場合と、一部のみ体験する場合があります。
- **ステップ3：**実際の体験の前、体験中、体験後に起きることを定義し、最も重要なステップが含まれていることを確認します。すべての体験ステップにマークを付けます（付箋紙などを使って）。メタレベルで概要をまとめてから範囲を広げて洗練させるほうが簡単です。
- **ステップ4：**どのインタラクションをどこでどのように割り当てるかを決定します。テンプレートには、典型的なジャーニーと該当する行動のスペースがあります。
- **ステップ5と6：**ペルソナが考えること（ステップ5）と感じる気持ち（ステップ6）を補います。各ステップの感情のステータス（ポジティブかネガティブか）を、色分けシールまたは絵文字で表します。
- **ステップ7と8：**改善の余地のある部分を定義し（ステップ7）、組織内でアクション/プロセスの担当者を決定します（ステップ8）。エクスペリエンスの明確な図が描けたら、デザインチームには自動的に質問、新しい洞察、改善の余地が湧いてきます。

これはジェニファー・サザーランドのお気に入りのツールです

役職：

新しい働き方に関するカスタマーエクスペリエンスデザイナーとイノベーションコンサルタント（カスタマーエクスペリエンス、デザインシンキング、リーンスタートアップ、イノベーションを含む）

「デザインシンキングは他の多くの手法と同様に、原則の観点からアプローチする必要があります。ツールは、教義のようにあらかじめ決められた順序ではなく、この原則に沿った『目的に合う』方法で適用すべきです」

なぜお気に入りのツールなのか？

企業やイノベーションチームは、扉を閉じた会議室の中でなら既存のプロセスを改善したり新しいアイデアを考えて作ったりすることは得意です。しかし、顧客に注目したり、顧客がその企業とのインタラクションを通じて体験することにフォーカスしたりすることはめったにありません。カスタマージャーニーマップは、プロセスを別の視点から見ることができるためイノベーションチームにとって「ピンとくる！」瞬間のきっかけが得られます。

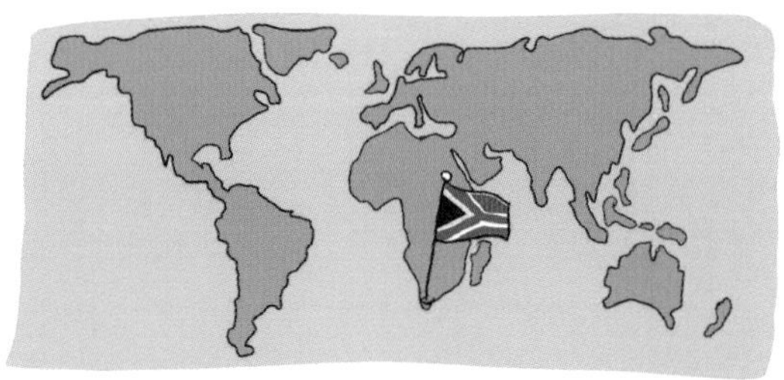

国：

南アフリカ

所属組織：

独立コンサルタント

チェック担当：ブライアン・リチャーズ

会社／役職：Aspen Impact社デザインイノベーター、
インディアナ大学教授

エキスパートのヒント：

クリエイティブに考える

- 調査ジャーナリストのように考え、感情のカスタマージャーニーを深く掘り下げるために質問をします。
- コンテキスト（人物・シナリオ）は重要です。家を購入すると一口に言っても、新婚夫婦が新居を購入する場合と、富豪が休暇用の別荘を購入する場合ではカスタマージャーニーがまるで違います。
- 既存のエクスペリエンスを理解するために役立つ「ジャーニー」は、たとえば顧客が取るすべての行動、アクティビティの状況、意思決定に関して考えること、購入後の気持ち、インタラクションを改善するすべての可能性などです。

アクションと目標を作る

- アクション、目標、顧客の期待、そして失敗は、既存プロセスでも新商品でも、将来のエクスペリエンスのデザインに使用できる「ジャーニー」です。また、期待を超える状況にも使えます。
- その期待を超える内容を測定します。
- 最初のプロトタイプとして使用できるような方法で、可能性のあるカスタマージャーニーをマッピングします。たとえば、顧客とのインタラクションの最初の接点をテストできます。
- カスタマージャーニーを改善する方法はたくさんあります。たとえばジャーニーの初期に感情を取り除いたりソリューションを提供したりすることです。さらに、物理的世界とデジタル世界の間のインターフェイスをデザインし、ポジティブなエクスペリエンスを強化し、ネガティブなエクスペリエンスを取り除く、あるいは順序を変更することができます。

ユースケースの説明

- リリーのチームはカスタマージャーニーマップを主要なフェーズに分け、フェーズごとに個別に見ていきます。こうすることで、各フェーズに集中することができます。
- チーム全員が同じユースケースを検討し、ゴールに同意していることを確認します。
- カスタマージャーニーマップと感情曲線に基づき、チームは検討すべき主な問題の分野を決定します。
- ディスカッションから新たな洞察が生まれます。たとえば、フランチャイズ経由の拡張は計画が思ったように進んでいません。

ここまでのポイント

- カスタマージャーニーマップは、ジャーニーに沿って感情を把握することで、チームが顧客とその問題についての共通理解を共有できるようになります。
- タッチポイントは、ユーザーと企業との接点を示すもので、ユーザーに要望通りのエクスペリエンスを提供するために、それぞれのポイントを選択して最適化できます。

ダウンロード可能ツール

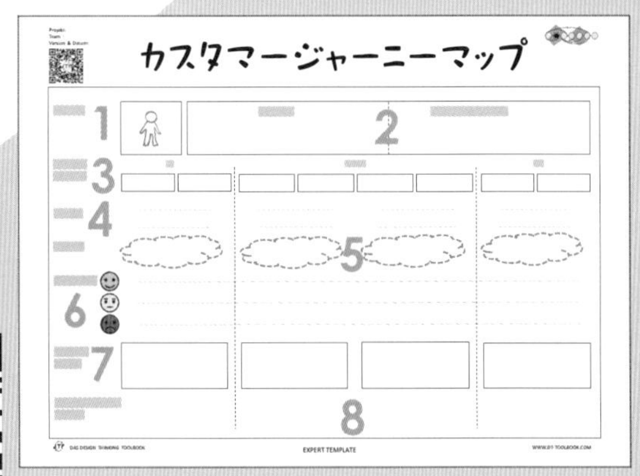

www.dt-toolbook.com/journey-map-en

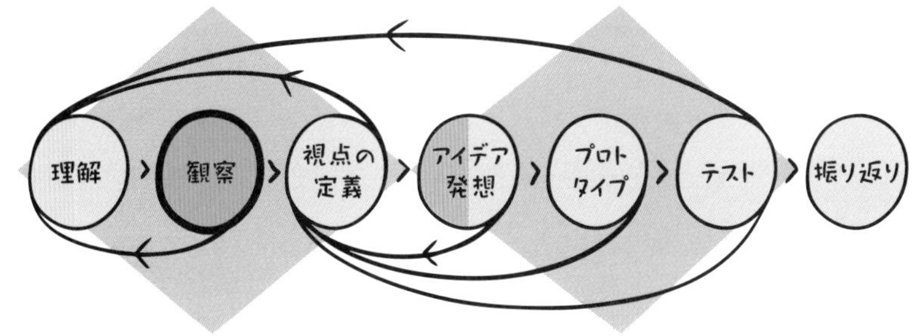

AEIOU

目的

問題、ユーザー/顧客、その環境についてより詳しく知る。

ツールを使ってできること：

- 観察に構成を取り入れ、知識の獲得にとって適切で決定的となる5W1Hの質問をする。
- より大きなデザインチームが並行観測を行うことで、多くの発見を評価しやすくする。
- ユーザーを活動、空間、モノに関連付ける。
- まだ公開されていない洞察を集める。
- AEIOUツールは構成とガイダンスを提供するので、経験の浅いデザインチームにも洞察を集めさせることができる。

ツールに関する詳細

- AEIOUフレームワークは、1991年にリック・ロビンソン、イリヤ・プロコポフ、ジョン・ケイン、ジュリー・ポコルニーによって開発されました。
- デザインシンキングでは、AEIOUはフィールド観察に使用され、新しい洞察の可視化テクニックとしても使用されます。
- 目的は5W1Hの質問を使って潜在的ユーザーの詳細な洞察を得ることです。
- AEIOUは理解フェーズと観察フェーズで使用されます。新しいアイデアのインスピレーションの源にもなります。

代替として使用できるツールは？

- スプラッドリーの9つの局面：空間、行為者、活動、目的、行動、出来事、時間、目標、感情
- A（×4）：atmosphere（環境）、actors（行為者）、activities（活動）、artifacts（アーチファクト）
- ソチリン：テリトリー、ヒト、モノ、会話
- POSTA：person（ヒト）、objects（モノ）、situation（状況）、time（時間）、activity（活動）

このツールに取り組む際に役立つツールは？

- 探求のインタビュー（63ページ）
- ペルソナ/ユーザープロフィール（97ページ）
- 5W1Hの質問（71ページ）
- 5つのWHY（67ページ）

必要な時間と材料は?

グループの人数

1〜2人

- 観察対象につき1〜2人が理想です。
- 状況に応じて、関与する人全員が観察を行い、記録を取るか、1人がユーザーとやりとりをし、もう1人が記録係になります。

平均所要時間

60分〜24時間

- 観察は1時間から丸1日かかります。
- 所要時間と頻度は問題提起文と洞察を収集できるスピードによって異なります。

必要なもの

- AEIOUテンプレートをA4用紙に印刷し、硬いボール紙にのり付けするか、クリップボードに固定して書き込みやすくします。
- ペン

手順とテンプレート：AEIOU

Activities（活動）	何が起きた? その人は何をしている? その人の任務は? 実行している活動は? 活動の前後に何が起きた?
Environment（環境）	外観的にどのような場所だったのか? 何をするための場所だったのか?
Interaction（インタラクション）	そのシステムはどのようにインタラクションしているか? インターフェイスはあるか? ユーザーは互いにどのようにインタラクションしているか? その運用はどのように機能しているか?
Objects（モノ）	どのモノやデバイスを使ったか? そのモノは誰がどんな環境で使用するのか?
User（ユーザー）	ユーザーはどんな人か? ユーザーが果たす役割は? 誰の影響を受けているか?

ツールの適用方法

- **ステップ1：**調査を開始し、どこに、どんな時間にユーザーを見つけることができ、どのように連絡を取ることができるかを探ります。
- **ステップ2：**問題提起文の状況においてユーザー/顧客が現在いる場所に出向きます。
- **ステップ3：**観察対象の各分野の質問と指示が記載されたAEIOUテンプレートを使って作業します。
- 各チームメンバーに観察のための質問票を配布し、全員がメモを取れるようにします。スマートフォンがあれば写真と動画を撮影できます。
- 印象をメモ、写真、動画、インタビュー、フィールド観察の形式で集めます。
- 特にフィールド観察では、AEIOUフレームワークは各自の環境にいるユーザーを観察するためのエントリーポイントになります。
- 観察後の記録に構成を与えます。該当する見出しの構成に沿って進めることをお勧めします。
- 観察を写真やショートビデオで補います。
- AEIOUフレームワークを使ったフィールド観察の後は、知見を集めて、まとめの見出しのついたブロックにクラスタ化してソートし、パターンを見つけられるようにします。

これはステフィ・キーファーのお気に入りのツールです

役職：

relevate社のデザインシンキングコーチ兼デザインストラテジスト

「デザインシンキングは単なるメソッドやプロセスではなく、課題にどうアプローチするかというマインドセットなのです。人々に真の価値をもたらす商品やサービスを生み出す上で役立つツールであり、変化し続ける世界を生き抜くためのクリエイティブな自信を与えてくれるのです」

なぜお気に入りのツールなのか？

AEIOUツールでの作業は、どんな素晴らしい発見があるか分からないというところがあるのでちょっとした宝探しのようなものです。発見こそイノベーションの醍醐味です。それと同時に、私たちがユーザーとその環境やモノとのインタラクションについて基本的にはほとんど何も分かっていないということを思い知らされるので、謙虚さを取り戻す経験でもあります。

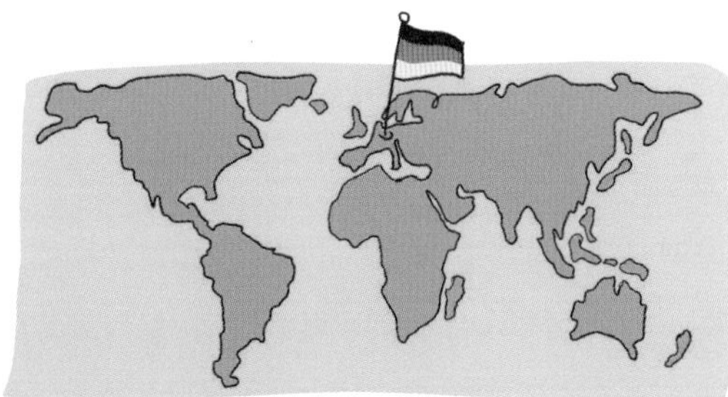

国：

ドイツ

所属組織：

relevate

チェック担当：ダニエル・スタイングルーバー

会社/役職：SIX、イノベーションマネージャー

エキスパートのヒント：

AEIOUフレームワークをニーズに合わせる

- AEIOUフレームワークは観察のスタート地点として最適です。
- AEIOUの質問は具体的なニーズに合わせて調整してください。
- AEIOUは厳格なフレームワークというわけではなく、有用であることが実証されているカテゴリを提示しているだけです。とりわけAEIOUは『デザインシンキング・ライフ』（289ページ参照）フレームワーク内でメソッドとして用いられ、エナジージャーナルの記録を振り返る手法として使用されています。この例の「活動」エリアには、「私はどの活動を楽しんでいるか？」といった自分自身に関する質問が含まれます。

問題に応じて構造を調整する

- さらに複雑な問題提起文では、サブカテゴリを使いましょう。事象が時系列で発生する場合にお勧めです。
- 一般に、個別のAEIOUカテゴリは相互の結び付きが強く、この点についてメンタルリンクを確立しておくとよいでしょう。

言葉ではなく行動で示す

- 順序を示す絵やストーリーテリングは、大局的に状況を把握して、それをチームと効果的に共有できます。

ユースケースの説明

- AEIOUフレームワークによってリリーのチームはシンプルな枠組みで観察ができます。これで異なる観察結果も後で簡単にまとめられます。
- さらに、この手順には重要な5W1Hの質問があらかじめ組み込まれています。
- 特に準備をしていなくても、その場ですぐに観察を始められます。

ここまでのポイント

- AEIOUは集中的な調査やフィールド観察に利用してインスピレーションを得たり、問題の基本的知識を得たりすることができます。
- 特に経験の浅いデザインチームには、構成とフレームワークを提示し、後で結果を手早くまとめられるので最適です。

ダウンロード可能ツール

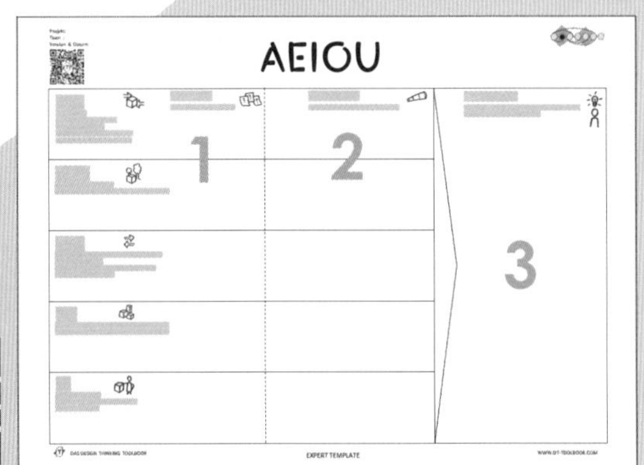

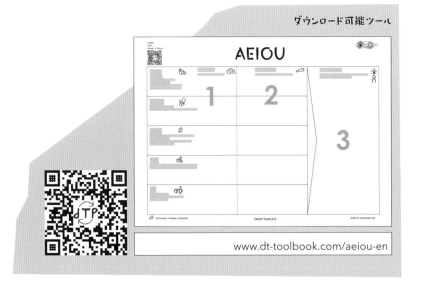

www.dt-toolbook.com/aeiou-en

分析質問ビルダー

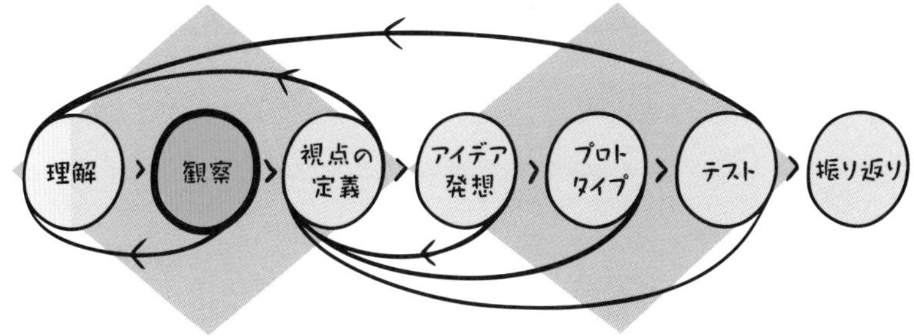

目的

デザインシンキング・プロセスのさまざまなフェーズで役立つビッグデータ分析から洞察を得られるようにすること。

ツールを使ってできること：

- 新規または改善版の商品やオファーの基礎となる、関連性のある影響要因を特定し、それに的を絞って分析する。
- 技術的な"ディテール"が重視されるため、分析の過程で十分な工夫をするようにする。
- 空振りを防いで分析プロセスの効率を高める。
- 標準化された手順を用いて、データの助けを借りつつ、問題とソリューション空間を再度検討する。

ツールに関する詳細

- 適切な質問によって、多くの回答を導き出すことが可能になります。分析質問ビルダーは、優れた洞察を得るための適切な質問ができるようにするためのものです。
- 構造化された手順では、創造性を阻害する要因を回避できるため、関連する影響要因を特定するために必要な創造性を自由に発揮することができます。
- 影響要因を意識し、5W1Hの質問によって体系的に作業を進めると、短時間で分析に適した質問ができ、その後の実際の分析プロセスでもすぐに気づきを得られるのです。
- 分析質問ビルダーは主に理解フェーズと観察フェーズで使用します。

代替として使用できるツールは？

- エクストリームユーザー/リードユーザー（79ページ）
- コンテキストマッピング（133ページ）

このツールに取り組む際に役立つツールは？

- 5W1Hの質問（71ページ）
- 5つのWHY（67ページ）
- Jobs to be done（75ページ）

必要な時間と材料は？

グループの人数

- 2～5人の異分野連携チームが理想的です。
- データ分析の事前知識は不要です。

2～5人

平均所要時間

- 所要時間と頻度は問題提起文によって大きく異なります。通常は質問1つあたり30～60分です。

30～60分

必要なもの

- 作成された質問を書き留める大判の紙数枚（フリップチャートシートなど）とホワイトボード
- ペン

手順：分析質問ビルダー

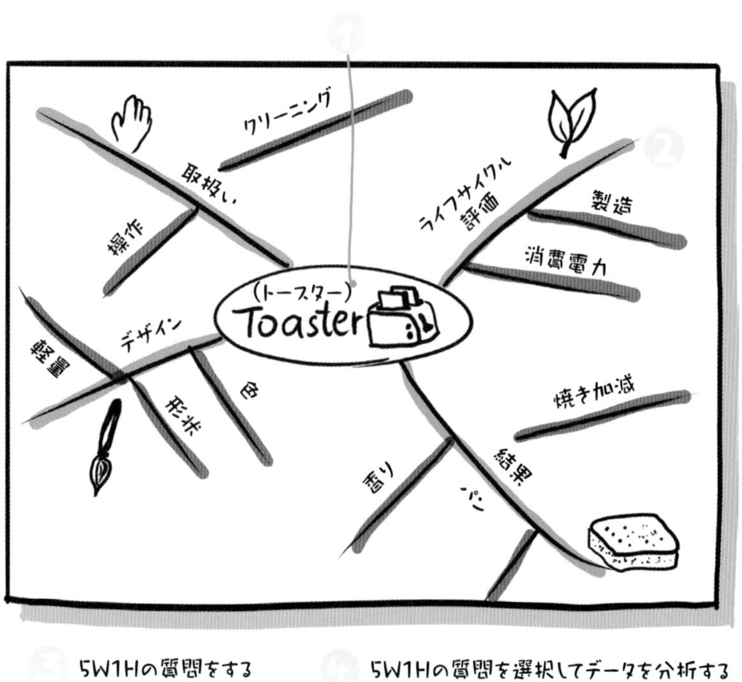

ツールの適用方法

- **ステップ1：**分析質問ビルダーの中心を定義します。新商品、オファー、あるいは新しいプロセスの場合もあります。商品が満たさなければならないニーズ、つまり、何ができなければならないか、という点は関連する影響要因として定義されます。例：ライフサイクル評価（消費電力、製造リソース）。こうした分岐を何度も繰り返して、最終的に関連する項目をすべてリストアップしたと確信が持てるまで続けます。そうすることで、新たな洞察にたどり着くこともよくあります。
- **ステップ2：**次に、最も関連性の高い影響要因を定義します。関連データがすでに手元にあるか、対象グループに質問してデザインシンキングチームがすでに知識を持っているかを探ります。
- **ステップ3：**次のステップでは、質問を決定します。5W1Hの質問を、3～5つの最も関連性の高い影響要因に対して使用します。例：トーストの香り。トーストが好きな人はどんな人？焦げた味になる手前でどこまで焼き色を付けられるか？トーストの風味を構成するものとは？特にトーストがおいしく感じられるのはどのタイミング？最高のトーストはどこで購入できる？
- **ステップ4：**最後のステップで、記録した5W1Hの質問を見直し、答えるためにデータが役立つのはどこかを考えます。そこでようやく、データの出典源を考えるべきです。データは通常、社内にあるもの、インターネットに掲載されているもの、あるいは収集しなければならないものがあります。

これはエスター・カーンのお気に入りのツールです

役職：

Signifikant Solutions AG共同創設者兼CEO

「デザインシンキングは、分析プロセスに体系的な創造性をもたらす貴重なツールです」

なぜお気に入りのツールなのか？

このツールを使った数多くのワークショップで、誰も気づかなかった側面や影響要因が突然浮かび上がってくる様子を目の当たりにしました。いったん質問を定義してしまえば、その後の分析プロセスは大幅に効率が上がります。

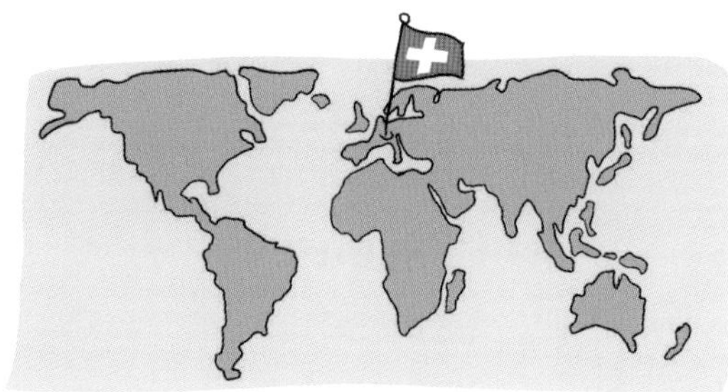

国：

スイス

所属組織：

Signifikant Solutions AG

チェック担当：アマンダ・モタ

会社／役職：Docway Co.UXデザイナー

エキスパートのヒント：

デザインシンキングのマインドセットの要素をすべて使う

- マップを描くことは重要な創造プロセスです。そのために十分な時間をかけ、データもしっかり準備するようにします。
- このツールの使用は、特に異分野連携チームにとって、影響要因を1つも取りこぼさないという点で効果的です。
- データの入手が困難だからといって敬遠してはいけません。実際に必要なデータが何か分かり、少し調べてみることで、当初考えていた以上のデータが集まるはずです。

ハイブリッドモデルはデザインシンキングとデータ分析の組み合わせ

- ハイブリッドモデル（ビッグデータ分析とデザインシンキングの組み合わせ）を適用した事例はおおむね非常に順調に進みました。このモデルは、デザインシンキングのサイクル全体を通じて、状況に応じてデータインサイト（データ分析による洞察）とヒューマンインサイト（人間観察による洞察）を適用することができます。

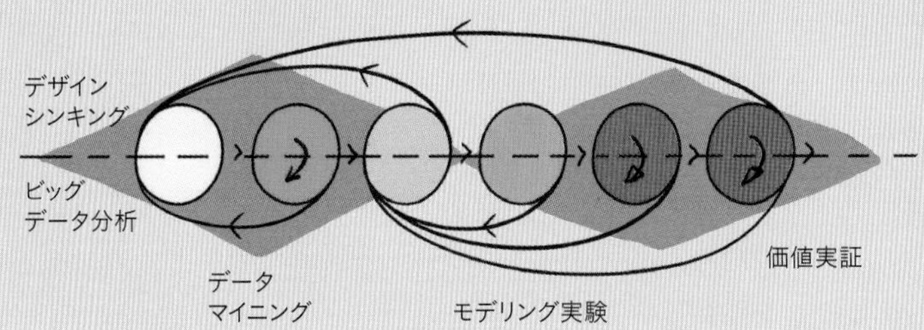

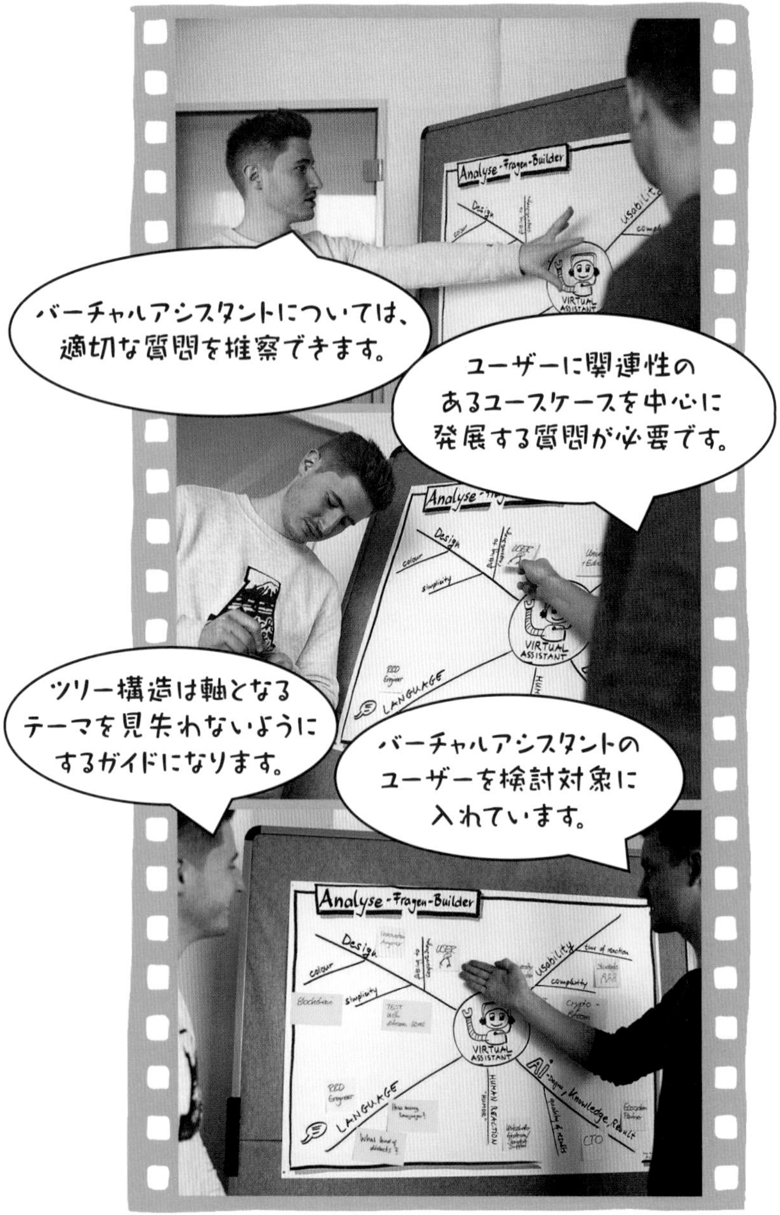

ユースケースの説明

- リリーは、チームがビッグデータ分析をデザインシンキングプロジェクトに採用するなら、分析ツールを直接適用するのではなく、まずはデータ分析で回答を得るべき質問や構造を考えることを勧めました。
- バーチャルアシスタントの例では、リリーのデザインチームの１人が、優れたアシスタントに求められる機能やどのような属性が本当に重要なのか、そして最終的にこうした質問に対してデータ分析でどのように回答を得られるのかを検討しました。

ここまでのポイント

- データ分析プロセスにおいて、具体的な質問から始めると効率が上がります。
- データとツールは通常、本当の問題ではありません。
- ビッグデータ分析でも創造力を発揮しましょう。

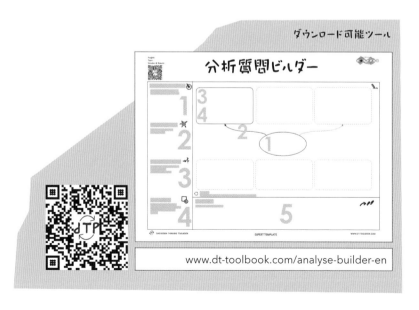

ダウンロード可能ツール

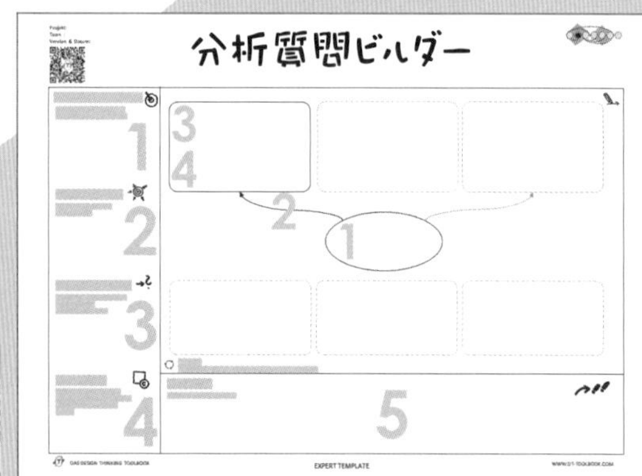

www.dt-toolbook.com/analyse-builder-en

同僚の観察

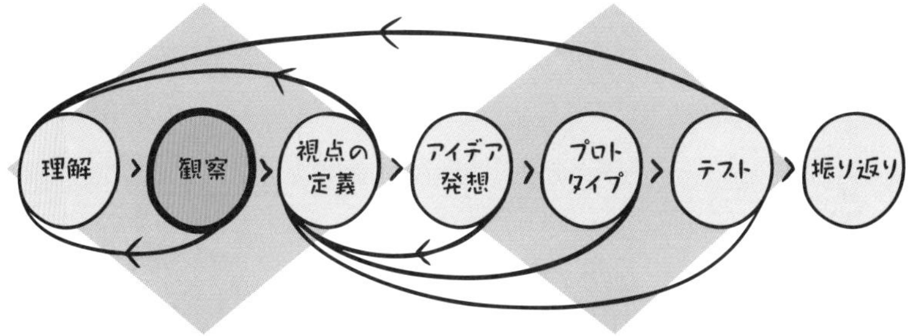

目的

何が起きているのかを実際に自分の目で理解する。

ツールを使ってできること：

- ユーザーの行動やニーズを"自然"で"目立たない"方法で探索する。
- 問題または定義されたデザイン課題について、より深い理解が得られる。
- 現時点でこの問題を解決する方法、使用する回避策、実際の世界でどのようにプロセスが活かされているかについて新たな洞察を得る。

ツールに関する詳細：

- 同僚や仲間を観察することで、ユーザーが"自然"な環境でどのような行動をとるかを理解するのに役立ちます。
- 同僚の観察は、インタビューが実施できない場合、または初期段階で直接インタビューを行わない場合に有効です。
- この方法は、たとえばプロトタイプや実用最小限の製品（MVP）のような「テスト」の段階でも、さらに深い洞察が得られます。
- 同僚の観察は主に理解フェーズと観察フェーズで使用されます。

代替として使用できるツールは？

- AEIOU（107ページ）
- 共感のためのインタビュー（57ページ）
- ペルソナ/ユーザープロフィール（97ページ）
- ソリューションインタビュー（テストフェーズ、225ページ）

このツールに取り組む際に役立つツールは？

- 共感マップ（93ページ）
- 5つのWHY（67ページ）
- 5W1Hの質問（71ページ）

必要な時間と材料は？

グループの人数

3〜7人

- 状況とデザインの課題によりますが、1回の観察は3人以内で行います。
- 1人が1人の同僚を観察するのが最適です。

平均所要時間

60〜240分

- 所要時間は何を観察したいかによって大きく異なります。通常は60〜240分です。
- 観察の後は、記録を文書化し、他の観察者との意見交換をするため時間がかかることがあります。

必要なもの

- メモ帳とペン
- スマートフォンまたはビデオカメラ（観察対象者の同意を得た場合）
- スケッチまたは写真

手順とテンプレート：同僚の観察

ツールの適用方法

観察と解釈は必ず区別します。同僚の観察は、私たちが何を考えているかではなく私たちが何を見ているかに関するものです。そのためにテンプレートを使い、実際に見えたことのみを記載します。

- **ステップ1**：見えたことを記載します。たとえば、ある物事がどのように行われたかを描写します。状況についてすでに知識を持っており、特定の言動の頻度を知りたい場合は、追加カテゴリを定義して、あることがどのくらいの頻度で起きているかを判定します。
- **ステップ2**：「同僚」が行ったすべてのステップを書き留めます。対象者が観察中にできるだけいつも通りの自然な行動をする状態を確保する必要があります。
- **ステップ3**：洞察を収集することに加え、他の観察者とプロセスをどのように捉えたかを話し合ってみましょう。典型的な質問の例：意外だったことは何ですか？どのような気づきがありましたか？

この方法では、観察記録の範疇を超えた情報を収集できることも多々あります。

- **ステップ4**：言動を解釈します。
- **ステップ5**：最適な結論を導き出します。

これはイナ・ゴーラーのお気に入りのツールです

役職：

ベルン応用科学大学イノベーションマネジメント学教授、Skillsgarden AG創設者

「持続可能なソリューションを生み出すために、アイデアを発想し検証するアプローチとして、デザインシンキングほど楽しいものはありません」

なぜお気に入りのツールなのか？

同僚の観察では多くを学べます。問題や状況に関して話し合えるだけでなく、たとえば日常のルーティンなどについても豊富な洞察が得られます。私は、このアプローチと知見の重要性について全幅の信頼を寄せているためこのツールを愛用しています。このツールにより現実の状況と実際にどのようなプロセスが行われているかについての情報が得られます。タスク遂行のために非公式の組織経路がどのように取られているかも分かります。

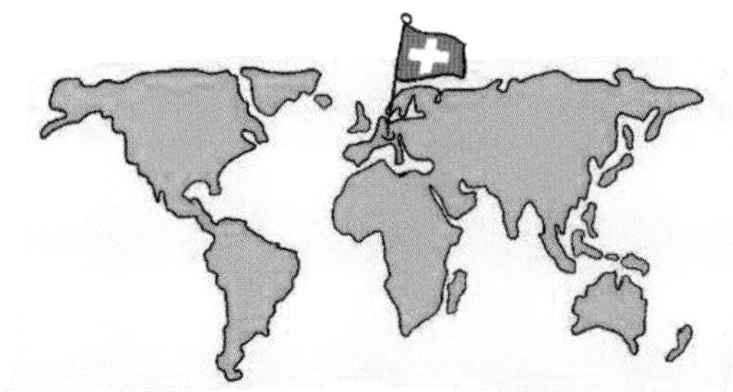

国：

スイス

所属組織：

Skillsgarden

チェック担当： ジャン・ミッシェル・シャルドン

会社/役職：Logitech AG AI部長、CTO事務局

エキスパートのヒント：

明確な焦点を定義する

観察対象は何か？観察対象は誰か？学ぶべきことは何か？

トレーニングは必須

解釈をはさまずに観察するスキルは習得できます。同様に、観察者の知見を扱う方法も学習できます。

単なる観察ではない

データ収集のプロセスも非常に重要です。これは観察後に観察者にインタビューする際も同じです。

観察と解釈を分ける

この方法を意図していない省略方法や迂回策に注意しましょう。また、ユーザーが自家製の補助ツールや、当初の目的と異なる方法でモノを使うことにも注意が必要です。

定型業務や詳細に注意を向ける

また、定量化可能な情報を提供します。たとえば、所要時間はどのくらいか、といったことです。定量化が可能な分析はチャートやグラフで簡単に可視化できます。

可能なら、自分でやってみる

他者の立場に立ってみて、行動を真似してみましょう。何が行われているかを声に出して言い、チームの他のメンバーはメモを取ります。

ユースケースの説明

- リリーのチームは大企業でのプロセスについてもっと知ろうとしています。
- 彼ら自身が実施した多くの観察において、人は必ずしも忠実にいつも通りに行動するとは限らないという印象を持つようになりました。
- 同僚の観察によって異なるアプローチを取ろうとしています。従業員に、環境と同僚を観察する方法を指導します。チームは全く新しい視点を得ました。

ここまでのポイント

- 観察対象は何かを定義します。
- やる気のある観察者を見つけます。観察者が、観察と解釈の違いを分かっているか確かめます。
- 知識を得るには、観察者同士のやりとりも活用します。

ダウンロード可能ツール

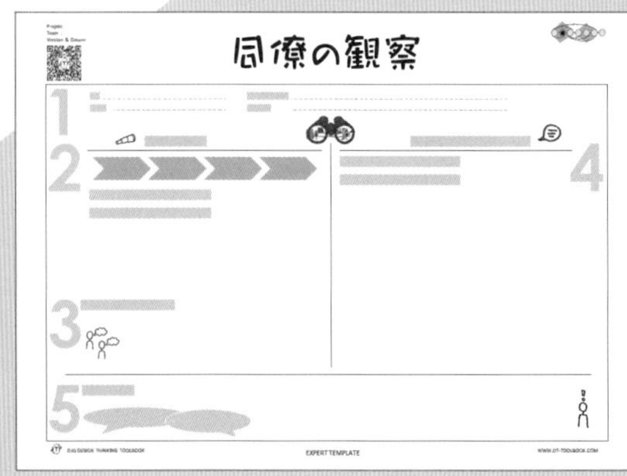

www.dt-toolbook.com/observing-peers-en

トレンド分析

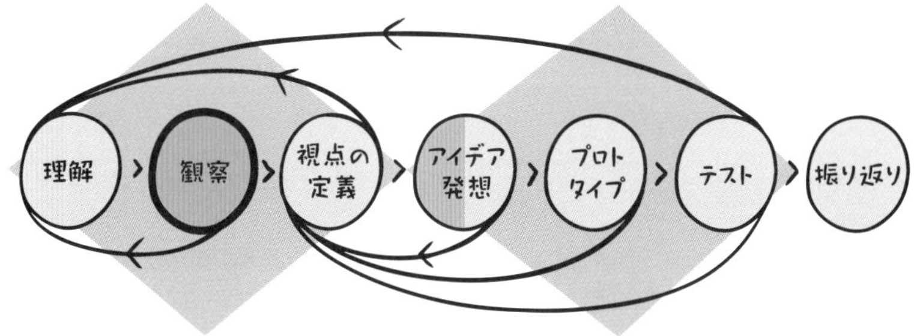

目的

トレンドを早期に認識し、問題定義に取り入れ、ソリューションを見つける。

ツールを使ってできること：

- メガトレンド、トレンド、その接点を探る。
- トレンド間の相関関係を可視化し、デザインシンキングチームやクライアントと、トレンドがどのように相互作用しているかをディスカッションする。
- 過度に単純化された主観的な視点は避け、唯一の原因のみに寄りすぎないように注意を払い、できるだけ包括的なアプローチを見つける。
- トレンド間の重複や因果関係を特定して表し、トレンドの意義として可能性のある結論を導き出す。
- 問題提起文またはアイデアに関して価値ある背景や状況に関する情報を収集する。

ツールに関する詳細：

- トレンド分析の目標は、トレンドを特定して定量化することです。さらに、原因とプロジェクトへの影響も探ります。これを基に、機会とリスクを特定し、活動へのオプションを推測します。
- トレンド分析ツールは、社会・経済・技術の発展の背景や裏付けに関する貴重なコンテキスト情報を収集するのに役立ちます。
- これは今後のステップである商品またはサービスコンセプトの準備とその開始点の役割を果たします。
- 相互依存するトレンドを理解することは、デザインプロセスの深度と品質を高めます。
- 個々の現象的特性やトレンドの重複を探すときは、小さなステップを繰り返して進むことで継続的に新しい知見へとつながります。

代替として使用できるツールは？

- コンテキストマッピング（133ページ）
- 現象学
- シナリオ技法
- 予知的クラウドソーシング

このツールに取り組む際に役立つツールは？

- 探求のインタビュー（63ページ）
- 5つのWHY（67ページ）
- ビジョンコーン（141ページ）

必要な時間と材料は?

グループの人数

- 主題に関する焦点や複雑度によって、人数を増やして同時にまたは交代で順に関与させることもできます。

2〜5人

平均所要時間

- 所要時間は質問の複雑さと、準備期間にどれくらいの調査を実施したかによって異なります。
- KJ法を使った最初のトレンド分析は2時間程度で実施できます。

120〜
240分

必要なもの

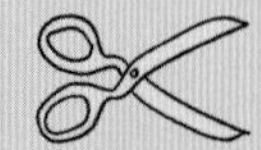

- 大判の紙またはボール紙
- 色付きひも(路線図用)
- ピン、小型の洗濯ばさみ
- ペン
- 付箋紙(色違い)

手順:トレンド分析

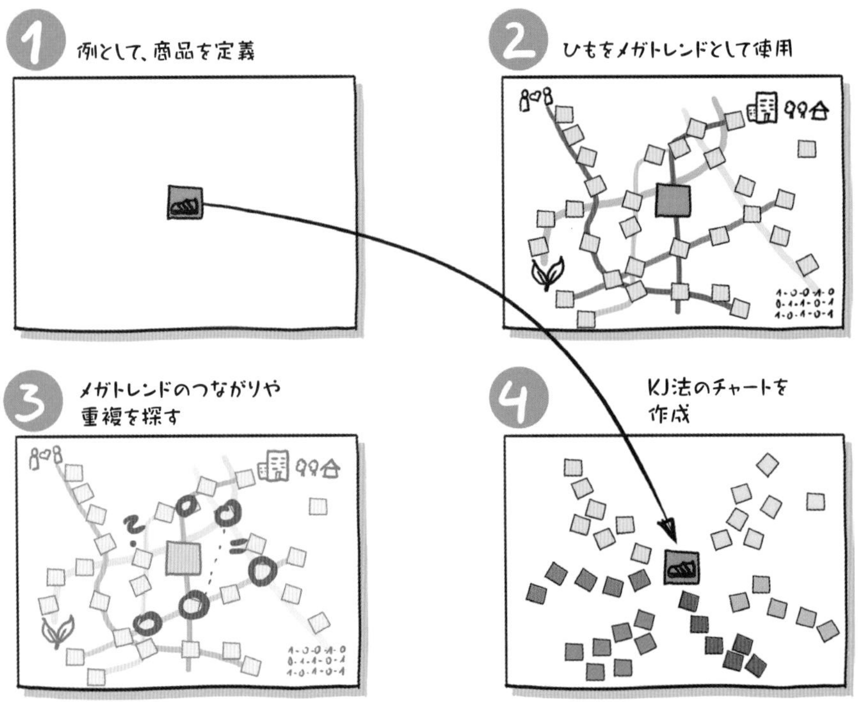

ツールの適用方法

路線図のようなトレンドチューブマッピング(メガトレンド)をトレンド分析に使用

- **ステップ1:**フォーカスすべき検討課題である商品、サービス、開発などについて付箋紙に書き込みます。
- **ステップ2:**色違いのひもは、都市化、デジタル化、持続可能性などのメガトレンドを表しています。メガトレンドの現象や兆候は、ひもに吊り下げられています。これらはワークショップやフォーカスグループで事前に決定されたものです。
- **ステップ3:**続いて、つながりや重複を探します。地下鉄の路線図で乗換駅を見つけるのと同じです。次にチームは商品またはサービスがどこに位置するのかを調査します(複数のメガトレンドが交差する点にあるのが理想です)。

トレンド分析をKJ法チャート(トレンドトピック)で拡張

- **ステップ4:**KJ法チャートは一致する要素をグループとしてまとめ、典型的なパターンを可視化します。トレンド分析を系統立てて発信するために使用されます。たとえば、交差ポイントにある要素はさらに詳しく検証し、可能性のある特徴や方向性も探します(ハイキング→都市型ハイキング)。図は、業界、消費者、マーケティング、テクノロジーのトレンドにそれぞれ合致した小さなカードで埋められます。
  注:カードは複製すれば何通りもの使い方ができます。

これはトーマス・ドゥシュルバウアーのお気に入りのツールです

役職：

KompeTrend社CEO

「トレンドやメガトレンドへの取り組みには一定の限度があるとはいえ、新しい視点を切り開き、デザインチームでの議論を活性化させるきっかけにできます」

なぜお気に入りのツールなのか？

少人数のグループで直接トレンドについて取り上げていると、新しい視点が浮かび上がり、それを見直したり再定義したりできるので、物理的にトレンド分析に取り組むことが好きなのです。これは洞察にたどり着くまでもがくプロセスであり、可視化によって複雑さの中にもつかみどころが見つかり把握しやすくなります。

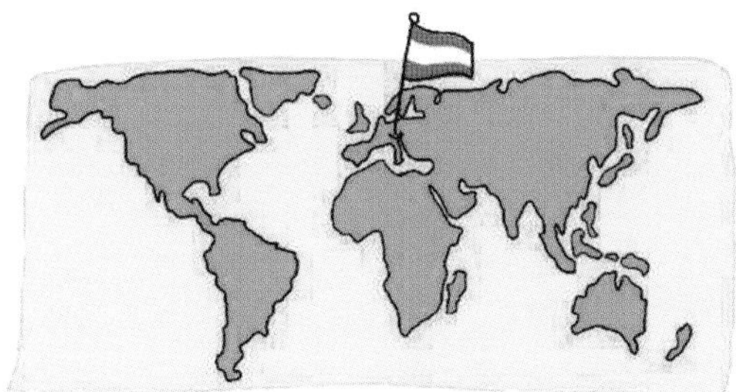

国：

オーストリア

所属組織：

KompeTrend

チェック担当：イブ・カーチャー

会社/役職：InnoExec Sàrl、イノベーションと
組織デザインのワークショップファシリテーター

エキスパートのヒント：

統計データで知見を検証

- 初心者にとって、トレンド分析を適用することは純粋に定性的な視点のみを提供します。これらの仮説は統計データを使って立証し、検証することをお勧めします。

可視化で複雑さを軽減

- 可視化の際は、メガトレンドを文書化し最新の状態で手元に置いておくことが必要です。
- 特定するメガトレンド（路線図のようなトレンドチューブマッピング）が増えるほど、プロセスは複雑になり、実施にはより一層のスペースが必要になります。
- すでに開発済みの商品やサービスをトレンドの文脈に当てはめようとする場合（たとえば事業計画のため）、トレンドのうち少数を選択して明示すれば（デジタイゼーション→IoT、ビッグデータ、AI、VR、AR）十分です。

獲得した知見を最大限に活用する

- トレンドを新しいビジネスモデル、商品、サービスに使うことは非常に有益だということが判明しています。トレンドとその顕在化の多面的検討は、組み合わせることで飛躍的イノベーションの鍵になります（例：人工知能とブロックチェーンの組み合わせ）。
- ステップ4（KJ法チャート）は、特にターゲットグループの行動や新しいテクノロジーの利用に関して具体的な疑問がある場合に有用であることは私たちの経験から明らかです。
- トレンド分析はニッチの検出や対抗トレンドの特定にも役立ちます。

トレンド分析を
基にKJ法チャートを
作りましょう。
このツールがあれば、
仮説を確かめて問題を
具現化できます。
すごい！
机上調査、市場レポート、
トレンド分析がトレンドの
関連性を示しています。

ユースケースの説明

- デザインチームは机上調査によって多数の重要な課題を発見しました。そこから見つかった統計データとトレンドは問題の理解を促します。
- 定量化トレンドと定性的トレンドの分析は、リリーのチームが正しい要素を基礎にしていることを示しています。これは今後さらに重要になる点です。

ここまでのポイント

- トレンド分析によって、問題提起文またはアイデアに関してデザインチームはさらに優れたガイダンスを手に入れました。
- グループでのディスカッションは、メガトレンド、トレンド、発展に関する共通イメージの構築に役立ちます。
- トレンドは進化し続けるため、継続的な振り返りと分析がその変化を追うには有効です。
- トレンドの検出と可視化には、トレンドレポートや重要な（かつ無料の）オンラインツールであるGoogle Trendsを利用します。

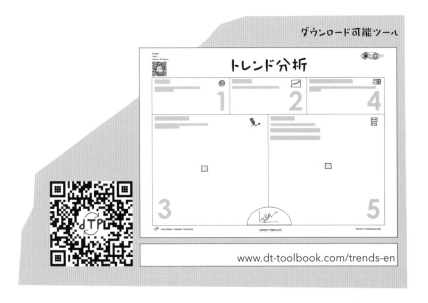

ダウンロード可能ツール

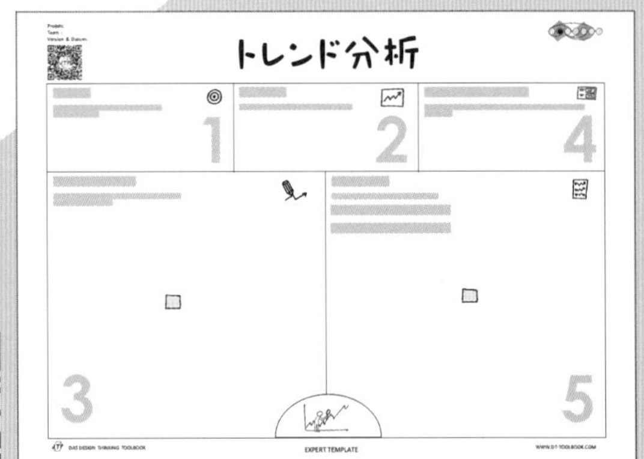

www.dt-toolbook.com/trends-en

フェーズ：視点の定義

問題分析の最後に、結果をまとめ、クラスタ化し、議論し、評価します。チームの問題の捉え方が視点として練り上げられます。これは後でソリューションを探すための出発点になります。ストーリーテリングや疑問を投げる技法としての「どうすれば…」質問などのさまざまなメソッドがこのプロセスを支えます。

「どうすれば...」質問

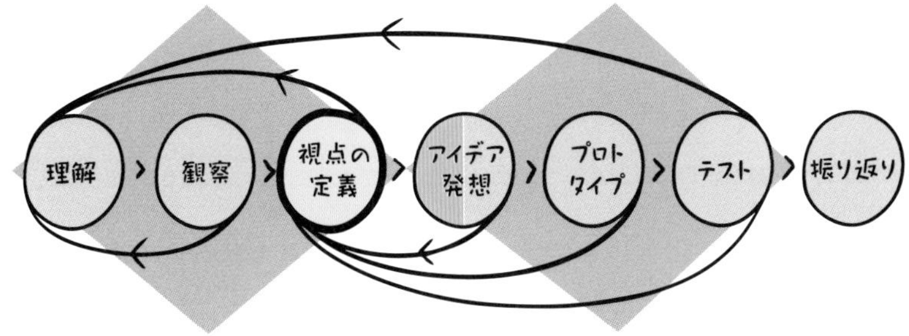

目的

後のアイデア発想フェーズで的を絞りやすいように質問を作る。

ツールを使ってできること：

- 特定されたニーズを実際のデザインの課題に転換する。
- 後のアイデア発想の目的とデザインシンキングチームの目標を具体的な文章にする。
- アイデア発想フェーズの領域と範囲を定義する。

ツールに関する詳細

- 「どうすれば...」質問はデザインシンキング・ツールボックスの基本要素です。
- HMW質問は、違う考え方に切り替えるための特別な言葉を使います。
- 「How（どうすれば）」は疑問の解決方法は他にもあることを示唆します。「Might（〜できるか）」は潜在的なアイデアがうまくいくかもしれない安全なスペースを作ります。「We（私たちは）」は、私たちはチームとして問題を解決するのだということを思い出させます。

代替として使用できるツールは？

- あえて異を唱える -「もし人々が物事を覚えられなかったらどうなる？」
- 対照 -「ペインをゲインに転換できたらどうなる？」
- 入れ替え -「たとえば、患者が医者を診断したらどうなる？」
- 時間枠 -「20年前/後の状況はどうなっていたか/いるか？」
- 挑発 - 写真/加工/引用/音/匂い -「誰も他のものを使おうとしないときに、ソリューションをどうデザインするか？」
- 類似性 - これを基本に問題を解決するために類似を見つける -「時間というテーマではF1のピットストップから何を学べるか？」
- 奇跡 -「マジシャンだったら、どうやって解決する？」

このツールに取り組む際に役立つツールは？

- 理解および観察フェーズのほとんどのツール（49〜122ページ）
- ストーリーテリング（129ページ）

必要な時間と材料は?

グループの人数

3〜5人

- 各HMW質問を3〜5人のグループで作成します。

平均所要時間

5〜15分

- HMW質問は、適切な知見が特定されていればすぐに作成できます。
- HMW質問の定義には通常、15分もかかりません。

必要なもの

- ホワイトボードまたは可動式パーティション
- 付箋紙、ペン、紙

テンプレート:「どうすれば...」質問

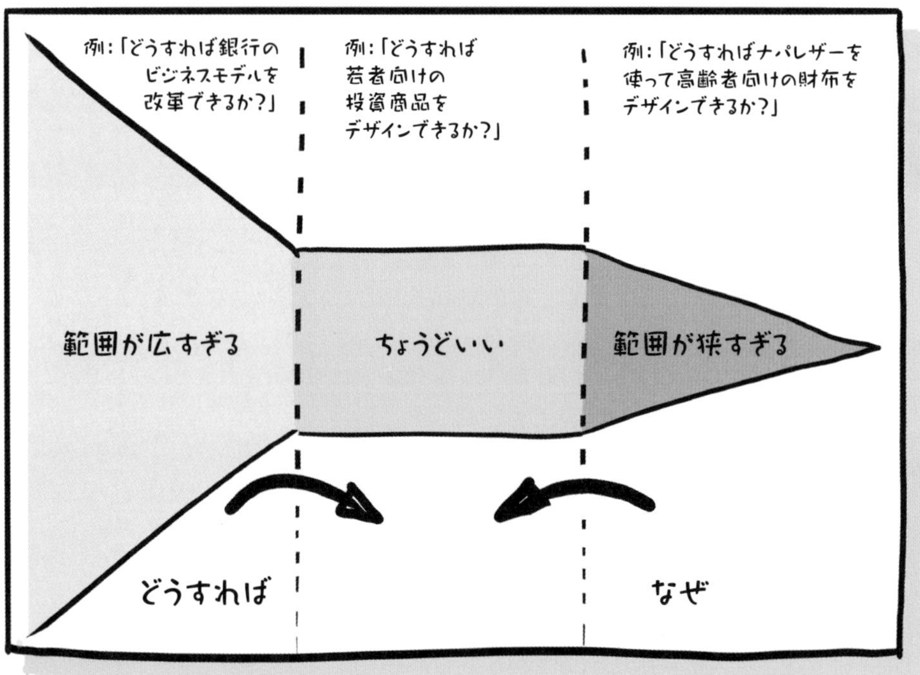

例:「どうすれば銀行のビジネスモデルを改革できるか?」
例:「どうすれば若者向けの投資商品をデザインできるか?」
例:「どうすればナノパレザーを使って高齢者向けの財布をデザインできるか?」
範囲が広すぎる
ちょうどいい
範囲が狭すぎる
どうすれば
なぜ

ツールの適用方法

- 前の理解フェーズと観察フェーズからの知見を振り返ります。その結果、シンセシス(洞察の統合)が行われます。
- チームが対処すべきニーズを決定し、該当する追加情報のうちどの情報がこの状況に該当するかを決定します。
- 特定されたニーズや機会フィールドに対応するいくつかの「どうすれば...」質問を思いつけるようにデザインシンキングチームの動機付けを行います。
- 各質問は、「どうすれば」の後に動詞(デザインする)、名詞(投資商品)、ユーザーのタイプ(ペルソナの名前)が含まれるという形式に従うようにします。
- HMW質問を声に出して読み、チームに質問によって多くのソリューションを見つけようという意欲が刺激されたかを尋ねます。意欲が湧かない場合は、質問の範囲が狭すぎるかもしれません(たとえば、すでにソリューションが想定されている、さらに探求する余地がない)。あるいは、HMW質問の範囲が広すぎるのかもしれません。質問が世界を変えようという内容の場合、チームはタスクに向き合っても途方に暮れてしまいます。
- このジレンマを解消するための質問テクニックが2つあります。「なぜ」は焦点を広げ、「どうすれば」は検討の対象を狭めます。
- HMW質問を打ち出すと、アイデア発想フェーズを開始できます。たとえば、初期アイデアを生み出すためのオープンなブレインストーミングセッションをしてみましょう。

これはアンドレ・ベドヤのお気に入りのツールです

役職：
d.School Paris at École des Pontsイノベーションプロジェクトマネージャー
「デザインシンキングはただのプロセスではなく、現実を人間にとって合理的で意味のあるものに変えられる、とてつもない力を持ったカルチャーなのです」

どうすれば？

知る	理解する	応用する	評価する	創出する
定義する	予測する	解決する	枠を決める	創出する
特定する	反映する	適用する	比較する	開発する
説明する	デモをする	構築する	実験する	変更する
一致させる	差別化する	選択する	尋ねる	言い換える
認識する	発見する	準備する	チェックする	展開させる
選択する	調査する	生み出す	相関付ける	想像する
調べる	転換する	示す	区別する	交渉する
伝える	説明する	判断する	分析する	設計する
可視化する	比較する	移転する	比較する	構造化する

なぜお気に入りのツールなのか？

エンジニアとして、私は多種多様なアイデアを歓迎します。HMW質問はユーザーを深く理解することと、アイデア発想フェーズで探求できる無限の可能性の間のインターフェイスの役割を果たし、最終的にはユーザーや顧客にとって優れたソリューションを実現できます。

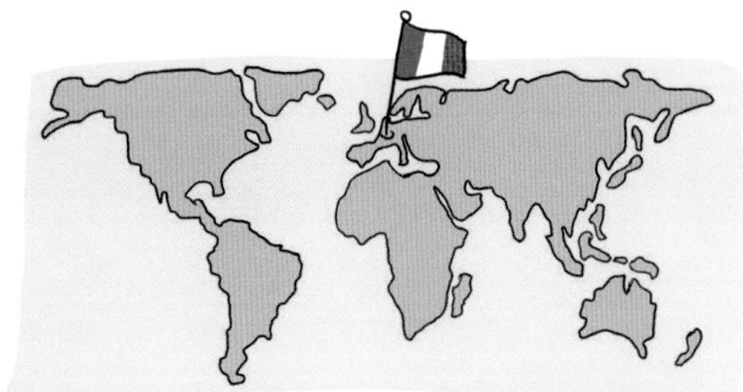

国：
フランス
所属組織：
d.School Paris

エキスパートのヒント：

質問の定義に正しいも間違いもない

- HMW質問に正しいも間違いもありません。HMW質問が問題提起文に合っているかどうかの判断は直感に委ねましょう。
- HMW質問が合っていれば、その答えを見つけるためのアイデアを探そうという意欲が湧きます。質問が不適切なら、何もアイデアが浮かばないものです。
- 経験から見て、ある特定の質問に対する正しい道筋について長時間のディスカッションをするよりも、対象となる主題分野や主題群に対していくつかのHMW質問を作成するほうが、効果的です。各HMW質問はプロトタイプとして理解し、短時間のブレインストーミングセッションでテストします。そこで最もふさわしい質問が採用されます。

誰のためにソリューションを求めるかを意識する

- 問題の描写に加え、プロジェクトの対象になる顧客も定義しなければなりません。その際に、問題が特定されたらすぐにユーザーとそのニーズにも焦点を当てるようにします。

問題提起文は目立たせる

- 太字マーカーを使って関連するニーズを強調すると必ず良い効果があります。
- A5の用紙と付箋紙を使って、質問を文章として練り上げ、全員が見えるように掲示するようにします。

チェック担当：ベッティナ・マイシュ

会社/役職：Siemens Corporate Technology社
シニア・キーエキスパート・コンサルタント

ユースケースの説明

- 適切な「どうすれば…」質問があれば、プロトタイプフェーズとテストフェーズで時間を効率よく使うことができます。
- チームの全員がいくつか質問を用意しました。全員で集まって、「どのように」と「なぜ」の質問を使ってHMW質問の位置付けを議論し、文言を練り、チームの合意に達し、正しい質問が見つかったと全員が納得するまで続けます。
- リリーはHMW質問を見つけるために十分な時間を確保しました。特に大人数のグループでは重要なディスカッションやインタラクションのために時間を確保することが必要です。それが最終的に優れたHMW質問につながります。適切な質問があれば、目標達成も近づきます。

ここまでのポイント

- HMW質問のディスカッションはあまり長引かせないようにします。時間のプレッシャーはアジャイル（俊敏さ）を保つためであり、最終的なフレーズにこだわって行き詰まってしまうためではありません。
- いくつかの適切なHMW質問を生み出すには、楽観的な姿勢で、ユーザーのニーズに近づくことが不可欠です。

ダウンロード可能ツール

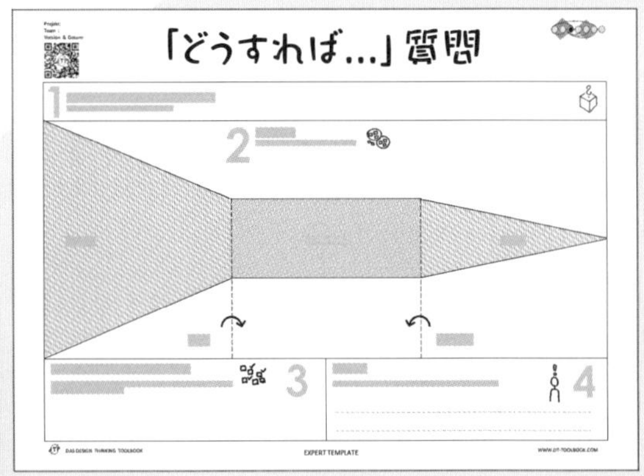

www.dt-toolbook.com/hmw-en

ストーリーテリング

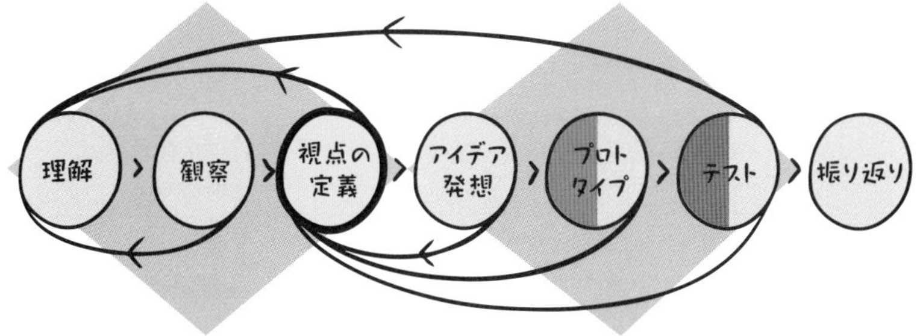

目的

自分の洞察、アイデア、ソリューションをチームメンバーや他のステークホルダーに提示すること。

ツールを使ってできること：

- 調査を行い、人と話し、共感を通じて豊かなストーリーを形成する。
- 理解および観察フェーズからの結果をまとめ、チームと話し合う。
- 想定外の結果を強調し、新しい視点を生み出す。
- 全般的に、洞察、アイデア、結果（ソリューション）を他の人と共有する。

ツールに関する詳細

- ストーリーは、パワフルな方法で知識共有の実現を可能にします。
- ストーリーテリングはデザインシンキング・サイクルの多くのフェーズで使える有益なツールです。
- 太古の昔から、ストーリーテリングによって人類は世代を超えて知識を共有してきました。デザインシンキングでは、チームとつながり、集中し、モチベーションを高め、創造力と共感を誘発するために役立ちます。
- データについてもストーリーを語ることができます。アニメを使ったデータのビジュアル化は「Wow！（すごい）」効果を生み出します。

代替として使用できるツールは？

- 共感マップ（93ページ）
- 私が気に入ったのは、私が望むのは、私が質問したいのは（239ページ）
- コンテキストマッピング（133ページ）
- NABC（177ページ）
- シナリオ分析

このツールに取り組む際に役立つツールは？

- カスタマージャーニーマップ（103ページ）
- サービスブループリント（203ページ）
- フィードバック・キャプチャー・グリッド（217ページ）
- 共感のためのインタビュー（57ページ）
- ステークホルダーマップ（83ページ）
- シナリオ分析
- トレンド分析（119ページ）

必要な時間と材料は?

グループの人数

2〜5人

- ストーリーテリングには2〜5人のチームが適しています。
- ディスカッションでは、各チームメンバーが観察したストーリーを再現します。

平均所要時間

10〜30分

- 知見を要約してストーリーにまとめるための所要時間は、デザインの課題と知見の数に応じて異なります(約30分)。
- ユーザー1人あたりのストーリーは5〜10分程度にします。

必要なもの

- 大型ホワイトボードまたはフリップチャート、または印刷/イラストのテンプレート
- 付箋紙、ペン、マーカー

手順とテンプレート:ストーリーテリング

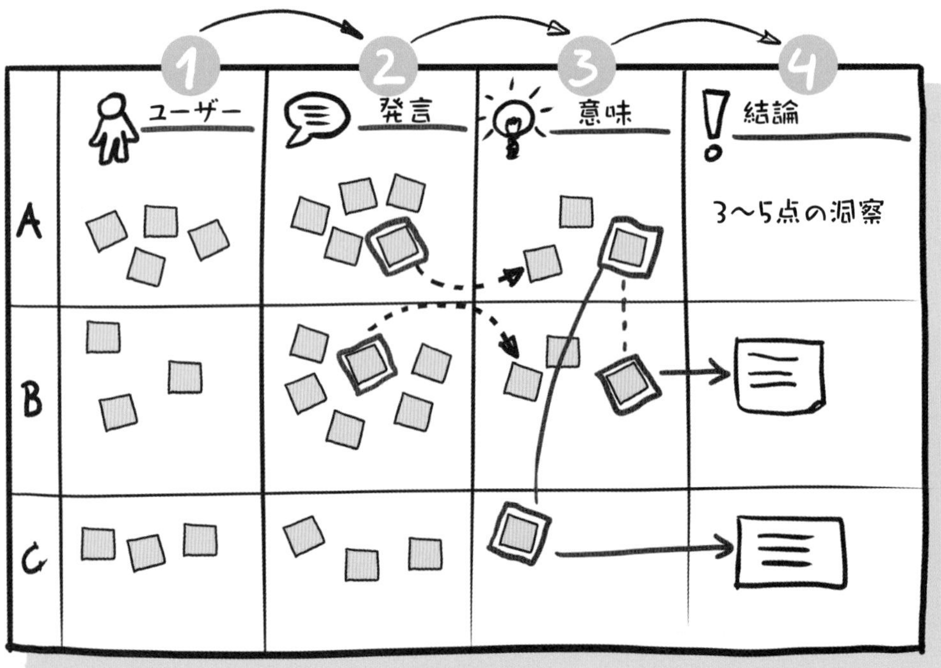

ツールの適用方法

- テンプレートを印刷するか、構成をフリップチャートまたはホワイトボードに書きます。ストーリーテリングを理解フェーズと観察フェーズの結果の伝達に使うには、以下の手順が特に有効です。
- **ステップ1**:チームメンバー全員に1行(インタビューした人ひとりにつき)を埋めるよう促し、次にその人物またはユーザーの特徴をまとめます(列1)。
- **ステップ2**:その人の重要な発言を追加します。
- **ステップ3**:チームの結果を解釈し、意味を定義します。
- **ステップ4**:チーム全員で結論に到達し、インタビューからの重要な知見をまとめます。この方法では基盤を作り、一歩進んでストーリーの結果をチームやステークホルダーと共有します。ストーリーの草案を箇条書きにし、ストーリーボードを作るか、ストーリーを再現したショートビデオを作成します。

これはジェシカ・ドミンゲスのお気に入りのツールです

役職：

起業家、フリーランスのデザイナー

「高度にグローバル化した世界では、私たちの生活をより良くするための新しいアイデアが求められており、それこそがイノベーションが重要である理由です。デザインシンキングは、異分野連携チームによってユーザー中心を目標とするアイデアを具現化するためには最善の方法だと思います」

なぜお気に入りのツールなのか？

ストーリーテリングは、インタビューから得られた知見を他者と共有するための最良のツールです。ユーザーの感情や気持ち、私たちのアイデアやプロトタイプに対するフィードバックを生き生きと伝えることができます。
ストーリーを語るには多少の勇気と練習が必要ですが、私たちの心や声には限界などありませんので、ストーリーテリングはとても効果的なツールです。

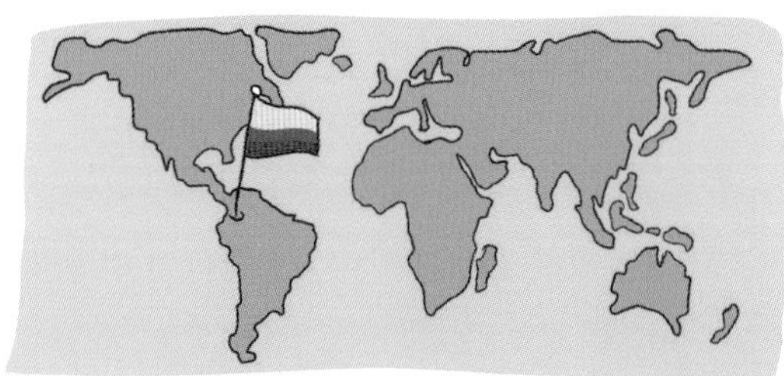

国：

コロンビア

所属組織：

Pick-a-Box

チェック担当： ジェレマイア・シュミット

会社/役職：5Wx new ventures GmbH共同創設者/
経営パートナー

エキスパートのヒント：

成功するための重要なヒント

- ただキーワードを付箋紙に書くだけでなく、スケッチを描くなどビジュアル化も行います。
- 写真やイラストなどを掲示しましょう。こうすることで、ストーリーテリングボードをムードボードのように充実させることができます。
- 対象者/ユーザーに名前を付け、誰のことを語っているのかを分かるようにします。識別するための特徴も付けます。たとえば、「青い帽子の面白い男性」、「外見重視のシャネルを着た女性」などです。

多目的ツール

- ストーリーテリングはプロトタイピングツールとしてテストからの知見をまとめるために使うこともできます。
- ストーリーテリングは、学習支援、イノベーションの促進、知識と情報の伝達に役立ちます。

さまざまなタイプのストーリーで実験

- わくわくするストーリーやハラハラドキドキのストーリーは聞く人の集中力を高めます。一方、感情を揺さぶるようなストーリーは信頼感を高め、聞く人とのつながりを築きます。

ユースケースの説明

- リリーはチームに、発散フェーズから収束フェーズへ切り替えるように何度も促し、その間に知見を系統立ててまとめるように勧めます。
- いつも簡単に関連する発言を集められるとは限りません。チームは木を見て森を見ずの状態になり、細部にこだわって全体を見失うこともあります。
- リリーはこのストーリーボードで良い結果を得ました。ストーリーボードのおかげで、主なポイントを特定し、その意味を判定し、そこからチームについて主な知見を推察できます。

ここまでのポイント

- ストーリーテリングを使って、ユーザーとの対話から得られた知見をまとめることができます。また、プロトタイピングとテストメソッドとしても使えます。
- ストーリーは真実であるからこそ価値があります。そのため、常に実際の出来事で裏付ける必要があります。

ダウンロード可能ツール

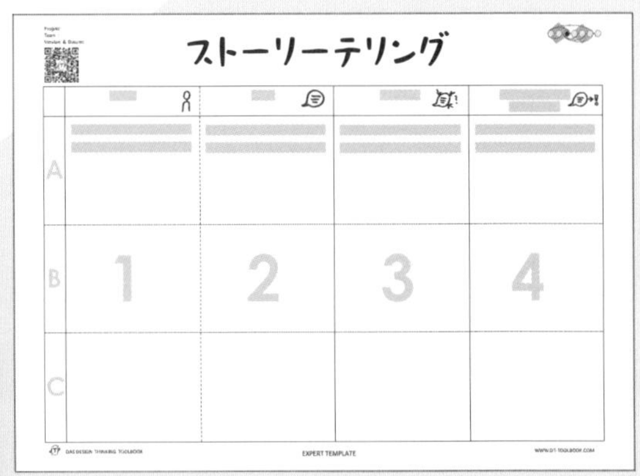

www.dt-toolbook.com/storytelling-en

コンテキストマッピング

目的

問題などのコンテキストに取り組む。

ツールを使ってできること：

- 「エキスパート」から学ぶ：エキスパートとは、自分が人生で体験したことについて、思いがけない洞察をもたらすユーザーのこと。
- 特定の状況についてもっと明確な全体像を得る。他の人にとってこの経験はどのようなものになるか？その人たちはいつそのような経験をしているのか？誰と、どんな状況で？
- 「知識とは、コンテキスト（文脈）を付加した情報である」という原則に従う。真の知識を得るには、文脈を知らなければならない。このツールはこうした意識を持たせてくれる。

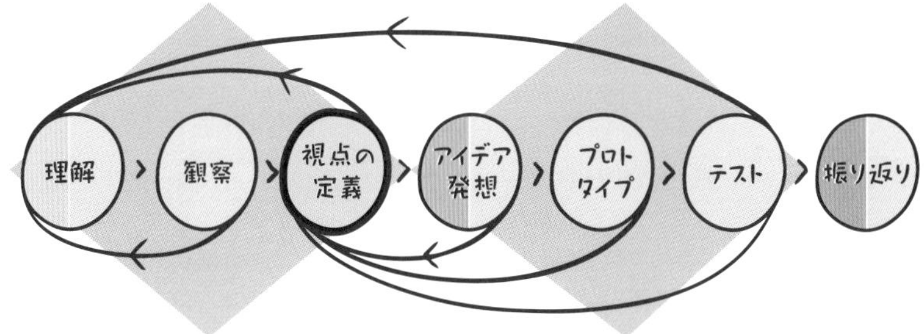

ツールに関する詳細

- コンテキストマッピングのメソッドは、デザイナーとしての私たちにシステムやサブシステムについて予想外の洞察をもたらします。
- ユーザー/顧客の日常的な経験を観察できます。
- このツールを使うと、暗黙のことを明示的にすることができます。
- コンテキストマッピングのポイントは、多くの洞察を得ることではありません。目標は、該当する体験がどのように認識されたかについて探ることです。
- マッピングは、観察によって得た知見を構造化することでユーザーをより深く理解できるようになります。

代替として使用できるツールは？

- カスタマージャーニーマップ（103ページ）
- 分析質問ビルダー（111ページ）

このツールに取り組む際に役立つツールは？

- 共感のためのインタビュー（57ページ）
- 共感マップ（93ページ）
- 5W1Hの質問（71ページ）
- 5つのWHY（67ページ）

必要な時間と材料は？

グループの人数

2〜4人

- デザインの課題の複雑さによって、2〜4人でコンテキストマッピングに取り組みます。
- グループの人数が多すぎると勢いが削がれてしまいます。

平均所要時間

40〜60分

- 通常、よく考え抜かれたコンテキストマッピングには40〜60分が必要です。
- 所要時間はデザインの課題によって異なります。
- すでに他のツールで作成された知見があれば手順のスピードアップができます。

必要なもの

- 紙、ペン、カメラ
- 可動式パーティションまたはホワイトボード

テンプレート：コンテキストマッピング

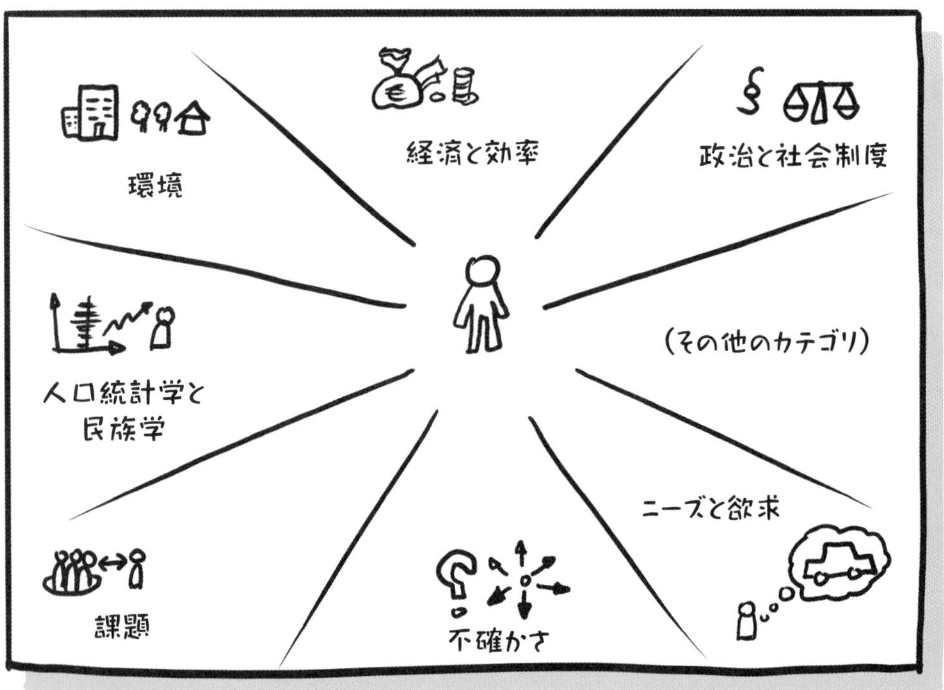

ツールの適用方法

- 良いコンテキストマップを作るには多くの知見が必要です。そのため、できるだけ外に出て観察し、理解するようにしましょう。ユーザーの視点から、ユーザーが見るように現実を見ることに勝るものはありません。誰のためにソリューションを探すのかを理解することが重要です。
- ユーザーとその環境を観察します。典型的な質問の例：ユーザーは何をする人ですか？どこでそれを実行しますか？誰と一緒に行いますか？ユーザーの活動が環境にどのような影響を与えますか？サポートを提供するのはどんな人ですか？共有のツールやリソースはありますか？
- 環境とユーザーの写真を撮ります。
- 焦点を当てる分野を定義します。拡張したコンテキストや制限されたコンテキストについて想像力を働かせましょう。
- それぞれのコンテキストのカテゴリを決めます。たとえば、トレンド、経済、場所、技術分野などです。
- 必要に応じて、これらのカテゴリを再編成して新しいつながりを見つけ、新しい知見を得ます。
- テンプレート上で、カテゴリに知見を書き込みます。
- あえて1つ2つのフィールドは空白のままにして、重要と思われる新しいカテゴリをチームが追加できるようにします。

これはデニス・ペレイラ・デ・カルヴァルホのお気に入りのツールです

役職：

ブラジルのイノベーションリーダー - DuPont Do Brasil

「デザインシンキングは、人、人生、経験に対する私の見方を変えました。少し立ち止まって、人の行動の根底にあるものは何かと自問自答し、より深く理解するきっかけになりました」

なぜお気に入りのツールなのか？

コンテキストマッピングを気に入っているのは、コンテキストが重要であり、状況に対する認識を変えてくれるからです。このツールを使って、予想外の洞察を得たり、全体像を把握したり、ユーザー/顧客にとって重要なプロセスの一部を解き明かしたりできます。

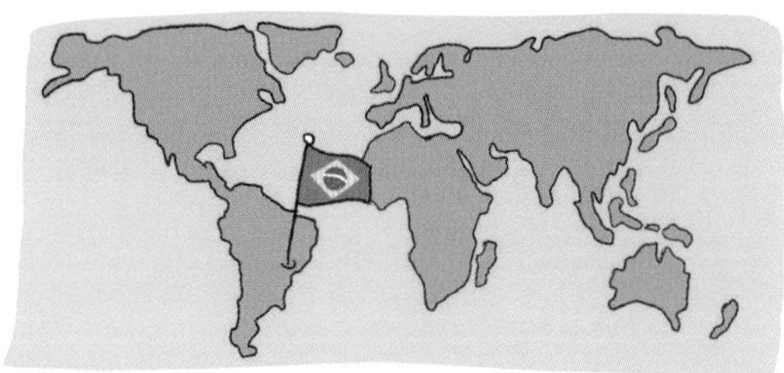

国：

ブラジル

所属組織：

DuPont

チェック担当：パトリック・ラブー

会社/役職：bbv Software社ユーザーエクスペリエンスのエキスパート

エキスパートのヒント：

ユーザーの立場になって考える

- 私たちは自分自身の視点と特定の状況については意識しています。しかしもっと重要なのは、ユーザーは違うものの見方をしているかもしれないということを受け入れることです。
- 意外性を受け入れ、まるで考えもしなかったことにもオープンに向き合います。
- ユーザーはそれぞれのルーティンやエクスペリエンスの真のエキスパートです。

コンテキストがエクスペリエンスの認識を変える

- 人は日常生活でのエクスペリエンスを常に意識してはいないということに注意しましょう。日常には慣れてしまうので、デザインプロセスにおいて重要な細部を見過ごしてしまいがちです。
- 暗示的なことを明示的にすることの重要性を過小評価すべきではありません。それが貴重な洞察をもたらすこともあるからです。
- 心を自由にして、仮説や思い込みを取り払い、素直に学ぶよう心がけましょう。

どんな仮説にも有効性はある

- あるものが正しい、または間違っているという予測に縛られないようにしましょう。すべての新しい洞察を、それが自分の世界観に合わないものであってもありがたく受け入れます。
- 「分からない」という「初心」に返ることがこの作業では有効であることが実証されています。それが新しいものを受け入れる余裕を生み出します。

バリエーション：ラベル付けされた要素のないコンテキストマップ

- 多数の要素が優先順位を付けられてリストに載せられます。リストの上位に置かれた要素は重要度が高いと見なされます。
- 各種要素の可視化には、事前定義をしていないコンテキストマップを使用できます（デイジーマップ形式など）。デイジーの8枚の花びらはすべて同等です。いずれかが重要度が高いようには見えません。
- チームはどの項目が重要または必須なのかを決定し、それをコンテキストマップに書き込みます。

ユースケースの説明

- チームが共通のイメージを共有していることが重要です。コンテキストマッピングは、チームがすでに知っていること、まだ明確化が足りない部分を把握して可視化するのに役立ちます。
- AIやデジタルトランスフォーメーションに対する恐れというトピックは特に関心を引いています。アジアとヨーロッパの違いが如実に浮き彫りになったからです。コンテキストマッピングによって、チームはこうした違いを見定め、次の反復の重点を理解できます。

ここまでのポイント

- ユーザーがどこから来たのかを理解します。
- コンテキストとエクスペリエンスは状況が変わると変化します。
- 状況に関する初期の考え方はたいがい間違っています。洞察の探求を通してのみ、最適なソリューションをデザインできるようになります。

ダウンロード可能ツール

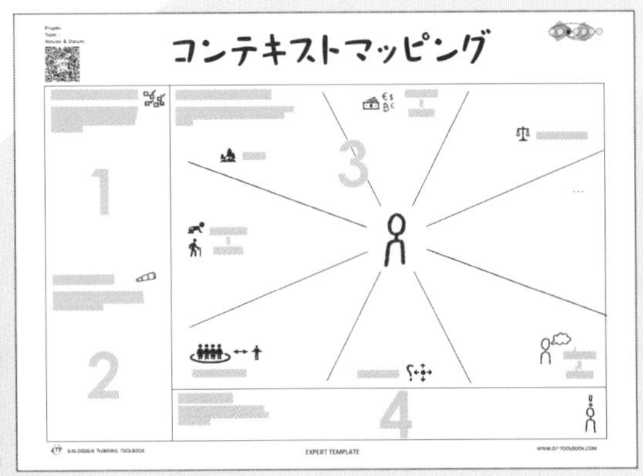

www.dt-toolbook.com/context-map-en

成功の定義

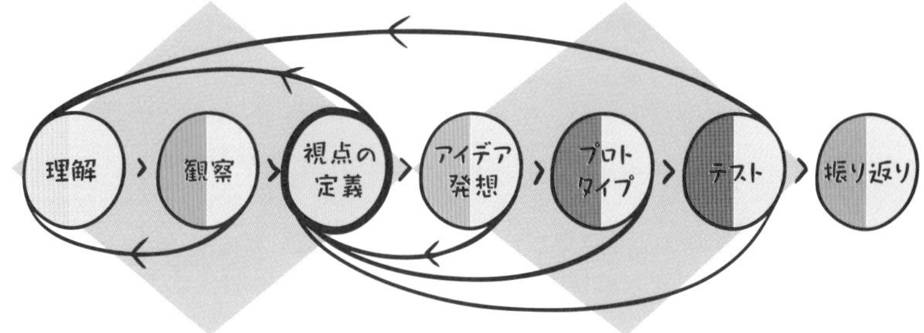

目的

デザインサイクル全体にわたり、特にオプションの範囲に関連して、チームをサポートする。

成功とは多くのハンドバッグを所有すること。

成功とは目標や計画を持たず、それでも幸福でいること。

成功とは妻が使いきれないほどお金を稼ぐこと。

成功とはローンを完済したメルセデスのトラクターを所有すること。

ツールを使ってできること：

- どのような成功を収めたいのかについて、チームで投票を実施して合意を得る。
- 組織/経営陣/ユーザーおよびその他のステークホルダーの要件を把握していることを確認する。後に、意思決定者を納得させることが容易になる。
- プロジェクト全体を通じて、オプションのリストと優先順位を簡素化する。
- プロジェクトについて必要であれば、KPIの測定基準を作成する。

ツールに関する詳細：

- 成功の定義はデザインシンキング・サイクルのさまざまなフェーズで使用できます。1つ目は視点の定義の一部として、2つ目は後のプロジェクトの実施において使用できます。
- 質問は同じですが、それぞれ異なるタイムラインを指します。私たちは1か月で何を達成したいのでしょうか？ 5年後にビジネスモデルによってどの立ち位置にいるでしょうか？
- 「成功の定義」は、問題のソリューションとその後の実施に関するマイルストーンを決定します。

代替として使用できるツールは？

- ビジョンの解釈におけるストーリーテリング（129ページ）
- デザイン原則（53ページ）

このツールに取り組む際に役立つツールは？

- 測定と評価
- ステークホルダーマップ（83ページ）
- ビジョンコーン（141ページ）
- シナリオ分析
- トレンド分析（119ページ）

必要な時間と材料は?

グループの人数

4〜10人

- 理想としては、デザインチームのメンバーとともに、可能であれば後にプロジェクトを承認する意思決定者も一緒に行います。

平均所要時間

60〜90分

- 所要時間:通常は60〜90分。
- 定期的に結果を振り返ります。外部および内部の変化があれば調整します。
- プロトタイプのためのソリューションを選択する前に常に使用します(約5分)。

必要なもの

- 大型ホワイトボードまたは可動式パーティション
- フリップチャート、付箋紙、ペン、マーカー

テンプレート:成功の定義

質問の定義:	回答	評価と選択
金銭的成功はどの程度の規模ですか?(例:売上、収益または市場シェア、貸し手またはパートナーの要件)		
会社またはユーザー/ステークホルダーにとってプロジェクトはどのような価値を持ちますか?		
ユーザーの成功はどのようなものですか?(問題の解決、現状より改善された状態、特定の新しい目標に対する回答の提供)		
主要パートナーとステークホルダーにとっての成功はどのようなものですか?		
各チームメンバーとチームにとって成功はどの程度重要ですか?		
経営陣にとって成功はどの程度重要ですか?		
主要ステークホルダーにとってビジネスケースは何ですか?		
最重要マイルストーンは何ですか?		

ツールの適用方法

- 「成功の定義」ツールに付箋紙を使って、各チームメンバーがそれぞれの思考を共有できるようにします。
- 360°のビジョンが生み出されるように、関連する課題(内部および外部の成功とは何を意味するか、など)のリストを作成します。
- 参加者全員に、付箋紙の質問に対する回答を書いてもらいます。その後、参加者から一斉に、または個別に回答を集めます。
- 最初は全員でそれぞれの考えを共有するとよいでしょう。その後、成功の要素について話し合い、絞っていきます。次に、成功のコア要素を選択します(クラスタを形成するなど)。これを基に、主な分野に関する投票を行います(例:ドット投票(159ページ))。
- 理想としては、重要な意思決定者(経営陣、創業者、パートナーなど)に関与してもらい、すでに準備段階に入っており、時間も費用も無駄にならないことを確認します。さらに重要なことは、デザインサイクルの期間中やプロジェクトの最終段階でストレスや不満が蓄積していないことです。

これはヘレン・カーヘンのお気に入りのツールです

役職：
イノベーションコンサルタント兼Strategic Insights創設者
「デザインシンキングは、チームがイノベーションプロジェクトをユーザー中心の視点で進めるためのパワフルなプロセスです」

なぜお気に入りのツールなのか？

多くのデザインチームと接した経験から言えば、開始時点で思い込みや仮説を取り除き、チーム全体で成功とは何かというコンセプトを一致させておくことが重要です。こうすることで、初期段階で何を目指すのかを明確に定義できるため、多大な時間とコストを節約できます。通常の振り返りセッションも活用して、プロジェクトの変更について早いうちにディスカッションし、活動を調整して、予算の割り振りを変更することができます。

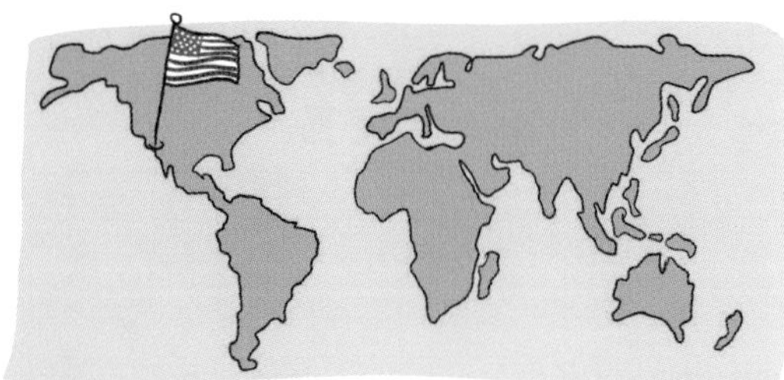

国：
米国
所属組織：
Strategic Insights

チェック担当：マイク・パインダー

会社/役職：シニア・イノベーションコンサルタント

エキスパートのヒント：

成功の定義づけに気を配る

- 成功の要因を定義する際に、全員が回答を書き留め、希望に関する中立な視点を維持できるようにします。
- 付箋紙に書いた意見を共有するときは、ただそれを聞いて壁に貼り付けます。コメントはせず、それぞれの文への判断もしません。
- 評価と選択の時間はたっぷり取ります。一般原則として、成功要素の収集にかける時間の2倍はここにかける必要があります。

サクセスストーリーを探す

- 組織内外の既知のサクセスストーリーを探し、何が可能なのかという感覚を養います。

例：ブラウン：簡素化したIoT電動歯ブラシの設計
ペプシコ：戦略の一環としてのデザインシンキング
プロクター＆ギャンブル：デザインシンキングを商品開発に採用
バンクオブアメリカ：変革継続計画
ドイツ銀行：ITにおけるデザインシンキングの発展
GEヘルス：小児用MRIスキャナの改良
IDEO＆カンボジア：衛生状態改善にデザインシンキングを活用
ナイキ：デザインシンキングをナイキのすべての活動に注入
Airbnb：デザインシンキングを適用して自己破産を回避
Apple：デザインシンキングを通じてイノベーションについて違う考え方をする
IBM：デザインシンキングを使った社内文化の変革
Google：Googlerらしくブレインストーミングする方法

ユースケースの説明

- リリーのチームはプロジェクトの初期段階で、成功とは何を意味するのか、チームが「素晴らしいプロジェクトだった！」と言えるような達成感を得るために必要な構成要素は何かを定義します。
- そこで明らかになったのは、第一に経済的要因がきわめて重要だというだけでなく、チーム内の連携や社会全体への利益還元も重要だということです。
- そのためチームは次の反復では社会的側面と感情的側面にもさらに注意を払うようにします。

ここまでのポイント

- できるだけ早い段階で定義を行うことをお勧めします。
- プロジェクトの主要人物であるチームメンバーと意思決定者を招集します。
- 新しい情報や外部の影響によって、成功の定義を定期的に振り返る必要が生じます。

ダウンロード可能ツール

www.dt-toolbook.com/define-success-en

ビジョンコーン

「過去-現在-未来」

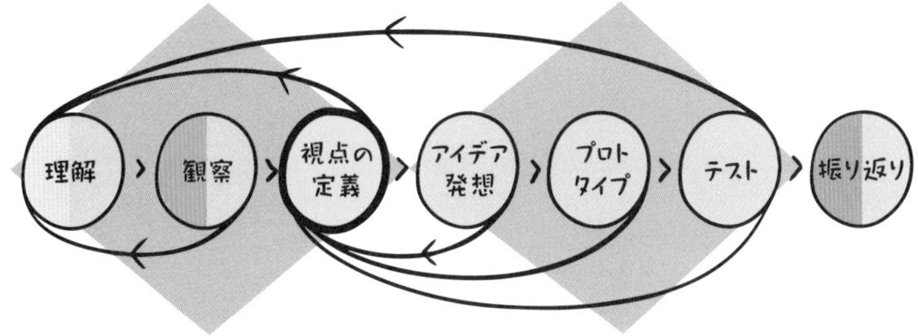

目的

望ましい未来をデザインし、それを実現するために今何をすべきかを長期にわたって探求する。

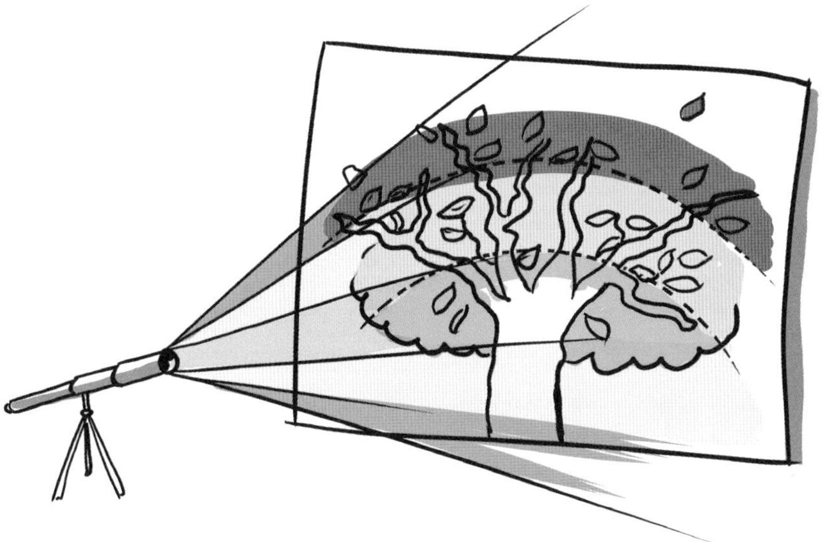

ツールを使ってできること：

- 時間の経過とともに変化する感覚をつかむ。
- 期間や時間枠で考え（過去から未来へ）、時間の経過とともに変化する結果をマッピングする。
- 予想される、説得力のある、実現可能な、望まれる、あるいは不条理な未来の概略を示す。
- ビジョンをある特定の次のステップへつなぐ。
- 技術的、社会的な発展の観点からあらゆる潜在的な可能性を指摘する。

ツールに関する詳細：

- ビジョンコーンは、現在の革新的な発展を過去や未来と結び付けます。
- 全体的なビジョンを肉付けし、それを対応可能なステップへと分解します。
- ビジョンコーンは、思い切った不確実性をイノベーションプロジェクトのポジティブな側面へと転換します。たとえば、問題を可能性や市場機会として捉え直します。
- このツールは、デザインチームがこの不確実な未来を積極的に創造するよう誘うものです。
- 技術や社会の発展をマッピングし、現在のプロジェクトとリンクさせることができます。

代替として使用できるツールは？

- コンテキストマッピング（133ページ）
- シナリオプランニングツール

このツールに取り組む際に役立つツールは？

- ストーリーテリング（129ページ）
- 成功の定義（137ページ）
- 「将来のユーザー」ペルソナ（100ページ）
- トレンド分析（119ページ）
- 進行曲線（『デザインシンキング・プレイブック』207ページ参照）

必要な時間と材料は？

グループの人数

2〜5人

- 一番良いのは、デザインチーム全体が1つのビジョンコーンに取り組むケースです。
- 代替案としては、チームメンバーが個々にビジョンコーンに取り組み、後でそれをまとめます。

平均所要時間

90〜120分

- 時間：90〜120分
- 現在の定義に30分、過去の描写に30分、将来の見通しに関する初期案作成に30分、残りの時間は必要なステップのリバースエンジニアリング。

必要なもの

- 紙、ペン、付箋紙
- ひもとピン（オプション：ビジョンコーンの概要を作る）

アプローチとテンプレート：ビジョンコーン

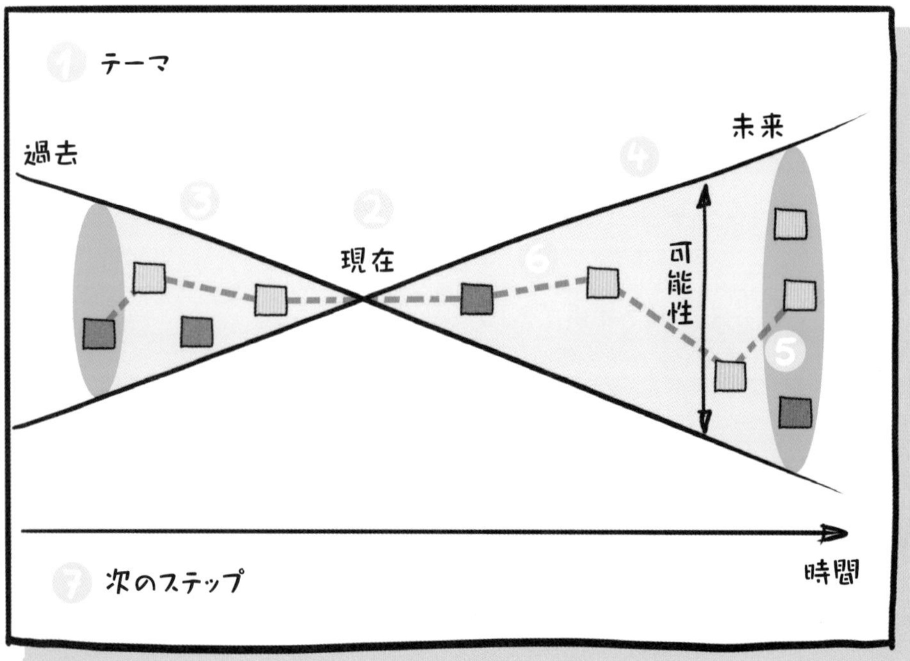

ツールの適用方法

- **ステップ1**：現在の課題に一致するテーマを定義します（モビリティ、健康など）。テンプレートを使うか、2つのつながったコーンを描いて、過去、現在、未来と書き込みます。
- **ステップ2**：現在から始め、プロジェクトの現状、最新技術、現在の社会状況について描写します（半自動運転など）。
- **ステップ3**：過去に注目します。現在までに実施した調査の知見を追加し、技術および社会学的に重要な変化も追加します。日付に関してはできるだけ正確さを期すようにし、関連する出来事を結び付けます（1960年代、米国の磁気ストリップによる自動車操縦など）。
- **ステップ4**：未来に注目します。架空の未来に関連する知見をすべて書き出します。どれが実現するのか、その可能性は誰にも分かりません（空飛ぶ自動運転の車など）。
- **ステップ5**：知見から可能性のあるシナリオを特定し、ストーリーテリング向けに覚えやすい名前を付けます。
- **ステップ6**：プロジェクトにおいて「望ましい」未来を選択します。特定した未来から逆行するリバースエンジニアリングによって、望ましい未来に到達するために現在起きなければならない必要なステップを選択します。
- **ステップ7**：そこから次の具体的なステップを推察します。

これはサミュエル・フーバーのお気に入りのツールです

役職：

Goodpatchの戦略開発リーダー

「デザインシンキングによって、もうデザインマインドセットに関するプレゼンをする必要はなくなり、多様な興味深い人々との対話にそのまま飛び込むことができます」

なぜお気に入りのツールなのか？

新しいものを開発するとき、すべての活動を共通の目標に集中させるのがビジョンです。ビジョンコーンを使うと、このビジョンを過去から未来への時間軸に置くことができます。何かが起きている場所が分かると、それが今どこにあり、これからどこへ向かうのかが分かります。ビジョンコーンの強みの1つは、可能性を可視化できるという点です。言い換えれば、不確実性を見えるようにすることです。未来は決して1つではなく、いくつもの可能性があります。その中には、望ましい未来もあれば、避けたい未来もあります。それらに共通するのは、私たちが積極的に取り組み、創造していく必要があるということです。

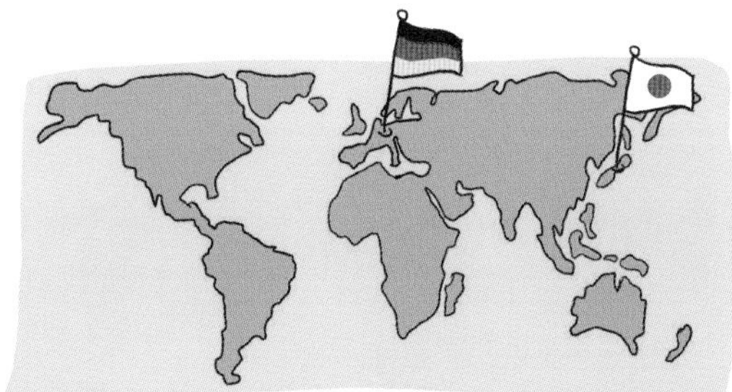

国：

ドイツと日本

所属組織：

Goodpatch

チェック担当： アンディ・トナッツィ

会社/役職：Konplan AGチーフ・エキサイトメント・オフィサー

エキスパートのヒント：

未来は私たちの想像力にかかっている！

- ビジョンコーンはインスピレーションと想像力を中心に、チームが自由に動ける場合に最も良い結果をもたらします。そのため、不安や制約は開始時点で「パーク（保留）」しておきます。
- 過去と未来を多数の可能性として理解することが重要です。
- ビジョンコーンは予測ではなく可能性に関するものです。どんな未来をデザインしたいかを決めるのは私たちです。これは私たちの会社にとってどのような意味を持つか？どのような影響があるか？

すべてがつながり、1つのシステムに統合される！

- さまざまな「未来」があります。予定された、説得力がある（最新知識に基づく）、可能性がある（特定の未来の技術を基に）、不条理な（決して実現しない）未来が。不条理な未来は最善の結果を生みます。可能性の限界を超えられるのは、考えられないものを考えるときにしか起きないことだからです。
- 過去はレビューで扱います。これは通常、とても意欲をかき立てられます。ただし、過去にしがみつかないよう注意しましょう。それが未来に影響を及ぼします。未来を過去から直線的に導き出さないよう注意します。

デザインフィクションは未来の最高のストーリー

- ビジョンプロトタイプ（191ページ）の使用は、未来についてのストーリーを語る上で、役立ちます。同じことが、過去の成果物にも当てはまります。

ユースケースの説明

- ビジョンコーンでは、リリーのチームはAIとデジタルトランスフォーメーションの社会的側面も検討します。
- チームは、ロボットの作業に対してもうすぐグローバル税が課せられるのかどうかをディスカッションします。これは所得の配分と働き方に大きな影響を及ぼします。
- 社会に関するトピックと並んで、技術に関しても検討します。ガートナーのハイプ・サイクルによってチームは、ハイプを構成するものは何か、市場で一定の成熟期に達しているのは何かを分類できます。

ここまでのポイント

- 現在からスタートし、過去はレビューで触れ、想像力豊かな未来のシナリオを創り上げます。
- 望ましい未来をエントリーポイントとして、その未来を実現するには現在何をする必要があるのかを定義します。
- ストーリーテリングを使ってビジョンプロトタイプを他の人たちと共有します。

ダウンロード可能ツール

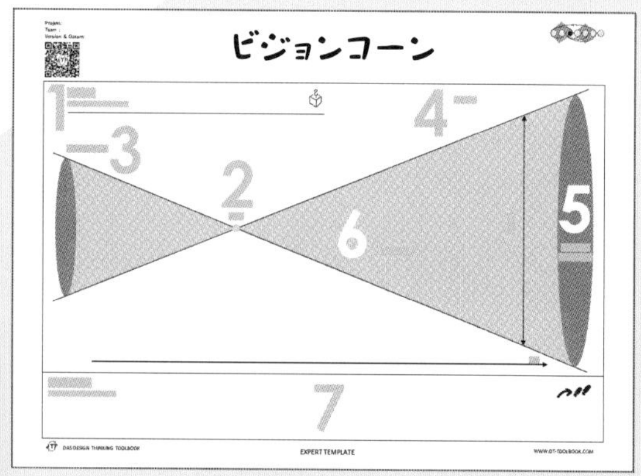

www.dt-toolbook.com/vision-cone-en

重要項目図

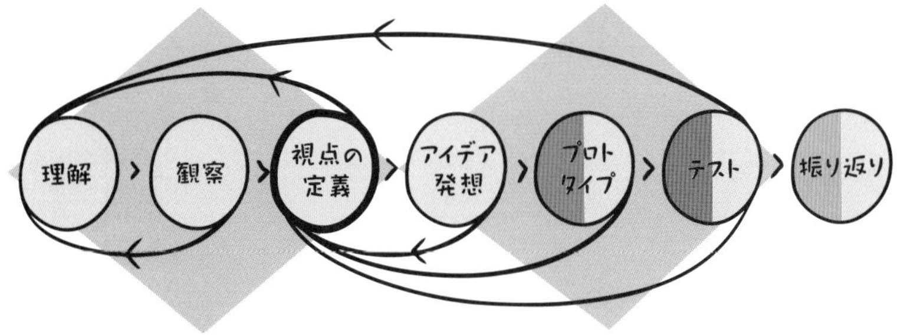

目的

初期フェーズで得られた知見を構造化し、アイデア発想や実験に備える。

ツールを使ってできること：

- 理解フェーズと観察フェーズの結果を評価し、重要な要素をふるいにかける。
- アイデア発想フェーズとプロトタイプフェーズの準備をして良いスタートが切れるようにする。
- プロジェクトの不可欠要素を見つけ出し、チームが合意できるようにする。
- さまざまな「どうすれば…」質問を推論する。

ツールに関する詳細：

- チームは重要項目図を使用して、ターゲットグループの重要な成功要素に関して初期の知見、POVの定義、またはペルソナの構築を基に合意を形成できます。こうした要素は、後のプロセスで最終プロトタイプによって解決しなければならないものです。
- 重要項目図に記載された要素には、ユーザーがソリューションに期待するエクスペリエンスか、期待される機能が描かれます。
- 図の要素は、反復によって繰り返し反映されるたびに妥当性を確認します。ただし、最終プロトタイプまで重要なエクスペリエンスまたは重要な機能に関連を持たざるを得ない要素もあります。

代替として使用できるツールは？

- コンテキストマッピング（133ページ）
- ビジョンコーン（141ページ）

このツールに取り組む際に役立つツールは？

- 「どうすれば…」の質問（125ページ）
- ペルソナ/ユーザープロフィール（97ページ）
- 共感マップ（93ページ）
- 探求のインタビュー（63ページ）
- 5つのWHY（67ページ）

必要な時間と材料は？

グループの人数

2〜5人

- デザインチーム全体が重要項目図に貢献することが理想です。
- プレゼンテーションはクライアントとのディスカッションでも問題提起文をより正確に定義するために役立ちます。

平均所要時間

30〜60分

- 状況が明確になるほど、不確実性は低減し、メイントピックをより早く定義できます。
- 重要項目図は構造をもたらし、HMW質問を作成しやすくなります。

必要なもの

- 大判の紙、付箋紙、ペン
- ホワイトボードまたは可動式パーティション

テンプレートと手順：重要項目図

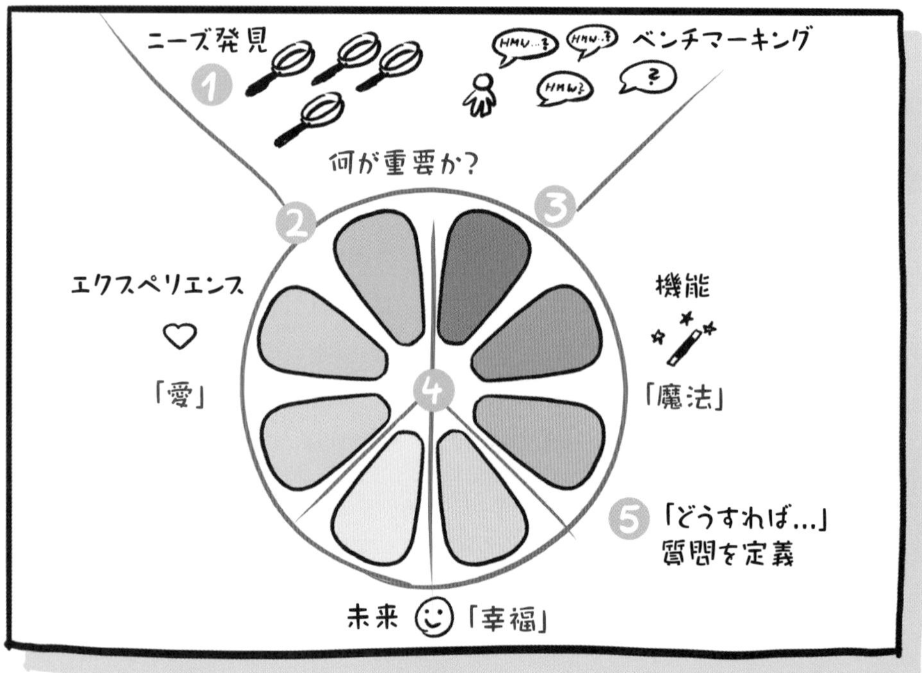

出典：デイジーマップはタマラ・カールトン、ウィリアム・コケイン著『Playbook for Strategic Foresight and Innovation（戦略的先見とイノベーションのプレイブック）』（2013年）
http://www.innovation.io/playbook

ツールの適用方法

チームと一緒に問題の重要要素を定義し、そこからさまざまな「どうすれば…」の質問を決定します。

- **ステップ1：**このステップは「問題に対するソリューションが成果を上げるために欠かせないものは何か」という質問から始まります。これは理解フェーズと観察フェーズからの知見を基にします。
- **ステップ2：**ホワイトボードまたは大判の紙に「重要項目図」のスケッチを描き、ユーザーに提供しなければならないエクスペリエンス/ユーザーにとって欠かせない機能は何かについてチームでディスカッションします。
- **ステップ3：**各チームメンバーが付箋紙に、自分にとって重要な8つの要素を書きます。
- **ステップ4：**各メンバーが4つのエクスペリエンスと4つの機能を挙げ、そのうち1つは全く新しいもの、あるいは未来の予想に焦点を当てます。
- **ステップ5：**結果を統合し、チームで8つの重要要素について合意します。これを基本に、アイデア発想フェーズを順調に開始するに足る関心を引くような「どうすれば…」質問を定義します。

これはクリスチャン・ホーマンのお気に入りのツールです

役職：

ルツェルン応用科学芸術大学プロダクトイノベーション学講師

「デザインシンキングが私にとって重要なのは、一貫してすべてのステークホルダーのニーズを最優先し、商品に過剰な機能を搭載せずにすむからです」

なぜお気に入りのツールなのか？

どのチームも苦労するのは、対応する問題にとって重要、かつ後の実施の成功を決定付ける要素や基準を確立するプロセスです。このため、私は重要項目図がとても気に入っています。非常にシンプルに、今この瞬間に実際に重要なことは何かを気づかせてくれるからです。これでチームが共通のラインで合意することができます。

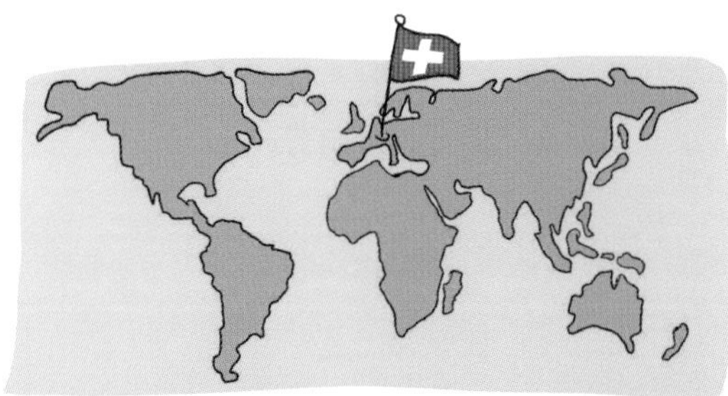

国：

スイス

所属組織：

ルツェルン応用科学芸術大学

チェック担当：マリウス・キエンズラー

会社/役職：Adidas AG シニアマネージャー、ブランドコミュニケーション

エキスパートのヒント：

通常のデザインシンキングのように、ここでも反復を行う

- この活動はコアチーム全体で行い、重要要素に関する共通理解が生まれることを確認します。
- デザインシンキングの多くのステップと同様に、これらの8つの要素に関する作業も反復します。そのため、最初に取り組んだときに要素を完璧に描写することは不可能です。実験を行うたびに、要素はまだ妥当性があるかどうかをチェックします。

長時間のディスカッションに溺れないこと

- ただし、このツールに長時間関わりすぎるのもお勧めしません。ディスカッションをしている間に目的を見失うリスクがあります。合意に達することができないなら、対象とする要素を増やして、ちょっとした実験でその重要性をチェックします。
- 理想としては、図の作成は長くても60分以内に終わらせましょう。短ければそれに越したことはありません。
- 現在の有効な重要項目図を大判のポスターのように貼り出し、チームメンバー全員に見える場所に掲示します。

ここでも言葉ではなく行動で示す

- 可視化とインタビューでの発言やテストは個々の要素を充実させ、対象の要素をさらに理解できるようにします。

これまでの
インタビュー、テスト、
観察から得たすべての
重要要素と知見を
まとめましたか？
原則として、すべてまとめました。
アクセシビリティは選択の自由より
重要度を上にすべきでしょう。
そこは変更します。
Critical Items Diagram
"Love"
"Happiness"

ユースケースの説明

- リリーのチームはすべての重要要素を重要項目図にまとめています。
- 最初にリリーはツールを使って、チームがさまざまなインタビュー、アンケート、分析から得た仮定に優先順位を付けます。この仮定は重要エクスペリエンスおよび重要機能のプロトタイプでチェックされます。
- リリーは次にツールを使って、反復から得た知見をまとめ、重要要素とニーズを把握します。

ここまでのポイント

- 「重要項目図」は、ソリューション案において重要な主要要素を示します。
- これまでの要素は、時間が経つにつれて新しい洞察が生じたり、他のニーズが発見されたりすると、変化する可能性があることを受け入れます。

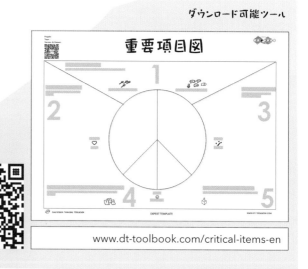

ダウンロード可能ツール

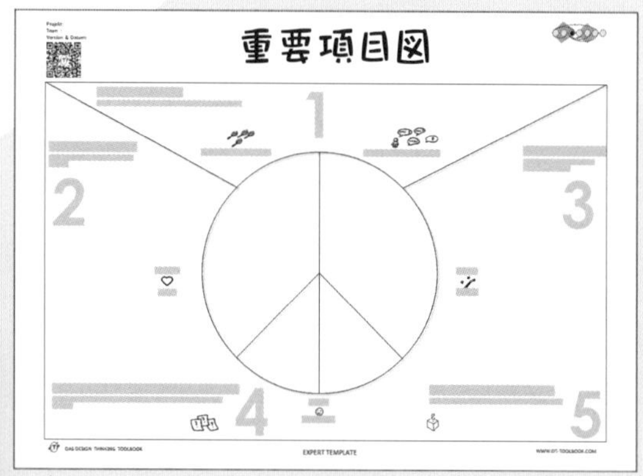

www.dt-toolbook.com/critical-items-en

フェーズ：アイデア発想

アイデア発想の昔ながらの方法はブレインストーミングです。アイデア発想フェーズにおいてさまざまな方法で適用されるブレインストーミングは、できるだけ多くのアイデアを生み出す（アイデア発想）ことが主な役割です。その後、出されたアイデアを並べ替え、組み合わせ、クラスタ化します。優先するアイデアは通常、評価のフレームワーク内でチームでの投票によって選出されます。このために使うツールはドット投票や2x2マトリクスなどです。これ以前のフェーズは不確実性が高いため、アイデアの選択はデザインサイクルにおいて最も難しい要素の1つです。

ブレインストーミング

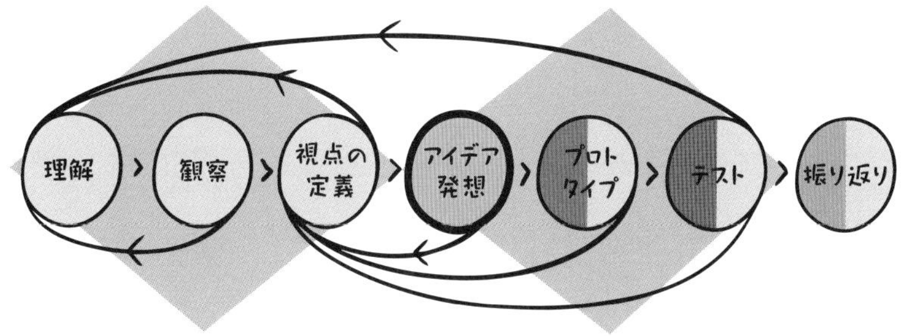

目的

アイデア発想を迅速に行うこと。質より量を優先すること。

ツールを使ってできること：

- 多くのアイデアがチームから自然発生的に生まれる。
- デザインシンキングチームの潜在的な創造力を存分に発揮する。
- 短期間で多数のパターンを確保する。
- さまざまなスキルや知識を表す問題に対して異分野連携的な視点を獲得する。
- 異種混合グループからアイデアや視点を集める。
- 熱意を喚起し、勢いをつける。

ツールに関する詳細

- ブレインストーミングは参加者全員が知識を提供できるアイデア発想テクニックです。
- ブレインストーミングはアイデア発想フェーズにおいて、多種多様な方法で対象も変えながら非常に頻繁に用いられます。
- 優れたブレインストーミングセッションは創造力を刺激し、組織内階層の上下に関係なく、参加者全員がアイデアを提供することができます。
- 実際のアイデア出しの前に、ブレインストーミングは「ブレインダンプ（知識をはきだす）」として、チームの全員が自分の案や解決策を発表する機会としてよく使われます。この手順は文字通り、みんなで頭を空にします。そうすることで、後のブレインストーミングセッションでそれぞれの問題提起文やタスクに集中することができます。
- ブレインストーミングに制限はありません。すべてのアイデアが歓迎されます。

代替として使用できるツールは？

- 6-3-5メソッド（163ページ）
- 特別ブレインストーミング（167ページ）
- インスピレーションとしてのアナロジー/ベンチマーキング（171ページ）

このツールに取り組む際に役立つツールは？

- 「どうすれば…」質問（125ページ）
- アイデアの駐車場（アイデアの駐車場は、面白そうだが現時点では問題解決に貢献しないアイデアを停めて（溜めて）おく目的で利用します）

必要な時間と材料は?

グループの人数

4〜6人

- ブレインストーミングが最も効果的なのは4〜6人のグループです。
- 大人数あるいはメンバーの階層の異なるグループでは、全員が意見を言えるようにしま

平均所要時間

5〜15分

- 通常は数分(5〜15分)
- 一定時間の経過後は創造力が低下するため、新しい刺激(例:他の方法や質問)で再び火をつける必要があります。

必要なもの

- 付箋紙
- ペン
- 壁またはホワイトボード

ブレインストーミングのルール

#1 創造力の自信
#2 質より量
#3 ビジュアルのアイデア
#4 ジェスチャーを使う
#5 他の人のアイデアの上に積み重ねる
#6 一度に1人ずつ話す
#7 偏見を持たない
#8 ブレインストーミングを続ける
#9 失敗は何度も早期に

ツールの適用方法

- **ステップ1:** ブレインストーミングセッションのため明確なHMW質問を用意します。たとえば、「どうすれば…」または「どのような可能性が」といった質問の形式です(125ページ参照)。
- **ステップ2:** ブレインストーミングセッションの前にブレインストーミングのルールを復唱します。グループには、セッションの間により多くのアイデアを出し、他の人のアイデアを基に意見を構築できるよう励まします。全員の意見を聞き、すべてのアイデアが書き留められていることを確認します。付箋紙1枚にアイデアは1つだけ、明確かつ簡潔に書くよう指示します。言葉の代わりに簡単なスケッチを描いても構いません。
- **ステップ3:** チームとともに定期的にアイデアをクラスタ化し、評価します。
- **ステップ4:** もっと創造力が必要か(もっと大胆なアイデアを得るため)、あるいは一般的にもっと多くのアイデアを必要とする分野についてブレインストーミングセッションを始めるか、判断します。

バリエーション:構造化ブレインストーミング

- 参加者全員が付箋紙にアイデアを書きます。
- 一定時間の経過後、1人が自分のアイデアをフリップチャートに貼り、それについて説明します。すでに同様の付箋紙があれば、その隣に貼ります。
- 他のチームメンバーが説明している間に新しいアイデアが生まれ(アイデア発想)、新しい付箋紙に書かれます。
- その結果クラスタ化したアイデアの集合体が生まれ、後ほど評価します。

これはマウゴジャータ・ワズキエウィッツのお気に入りのツールです

役職：
ワルシャワ技術大学経営学部准教授、ワルシャワ・デザインファクトリー・クルーのメンバー
「今日の世界は何においても速さが求められ、テクノロジーは瞬く間に進歩し、若者は変化を求めています。そのためデザインシンキングのテクニックは重要性を増しているのです」

なぜお気に入りのツールなのか？

私がブレインストーミングを気に入っているのは、第一にデザインチーム全体の効率、第二に各チームメンバーのポテンシャルを示すからです。専門分野、年齢、職歴、人生経験が異なる人が集まるチームには、さまざまな視点が存在するという洞察をもたらします。重要なことは、アイデアを批判しないこと、どんなに突飛なアイデアでも共有することです。デザインシンキング・サイクルが進むうちに、最初は実現できるようには見えなかったアイデアに立ち戻ることがよくあります。そのたびに本当に驚かされます。

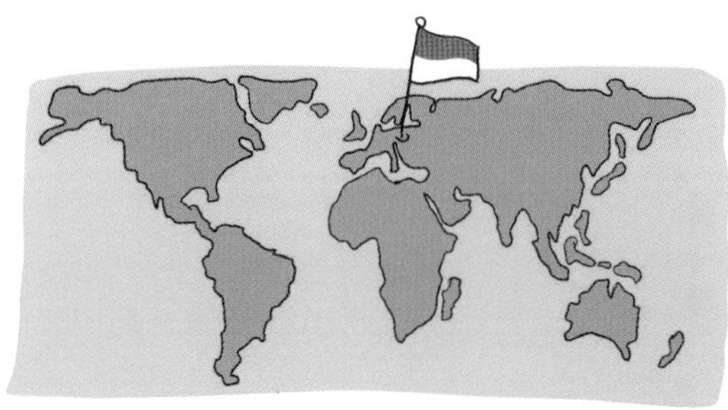

国：
ポーランド
所属組織：
ワルシャワ技術大学

チェック担当：アドリアン・ズルツァー

会社／役職：SATWコミュニケーション＆マーケティング部長

エキスパートのヒント：

目標は1つの完璧なアイデアではなく多数のアイデア

- 後で必要になるかもしれないので、どんなアイデアも批判しません。
- ブレインストーミングセッションは、他のチームについて知り、彼らがどのように考えているか、時間との闘いの中でどのように作業しているかを知るには良い方法です。
- ブレインストーミングはアイデア発想フェーズだけでなく、プロジェクトの開始時、スプリントの前、問題の再定義時にも使用すると効果的だということが分かってきました。
- 一連のブレインストーミングセッションで多くの素晴らしいアイデアが生まれ、さまざまな質問も浮かび上がるので、付箋紙が貼られた状態の壁を写真に撮っておくことをお勧めします。盛り上がっていると付箋紙がどこかへ行ってしまうことも多いからです。

境界線を越えてコラボレーション

- 優先するアイデアはチームで一緒に選択することがベストです。
- アイデア同士を結び付けることで非常に良いソリューションが生まれることもあります。そのためにも、アイデアはきわめて慎重に検討する必要があります。
- ブレインストーミングセッションは朝一番に実施すると良い結果を生むことが実証されています。それができない場合は、休憩時間の後やウォームアップの後に始めましょう。
- ブレインストーミングは、リーンキャンバスでビジネスモデルを改善する際にも適したツールです（251ページ）。
- ブレインストーミングセッションの前に全体の紹介（誰が何の役目をするかなど）をしないことも有効だと実証されています。

ユースケースの説明

- リリーが問題を説明します。初期調査で、チームは問題の補足をします。さまざまな5W1Hの質問をして問題を分析します。
- そうしてさまざまな問題が提示され、特定のアクターと状況が描写されます。その逆の順序で、これらの要素が1つの問題提起文にまとめられます。
- ディスカッションから共通言語が生まれ、ターゲットグループに対する理解が得られます。

ここまでのポイント

- 明確で簡潔な問題定義の作成には、何度もラウンドを重ねる必要がある場合もあります。
- 正確な文章形成と言葉の選択を楽しむことがここでは重要な要素です。
- バリエーションを作ってグループでディスカッションします。

ダウンロード可能ツール

www.dt-toolbook.com/brainstorming-en

2x2マトリクス

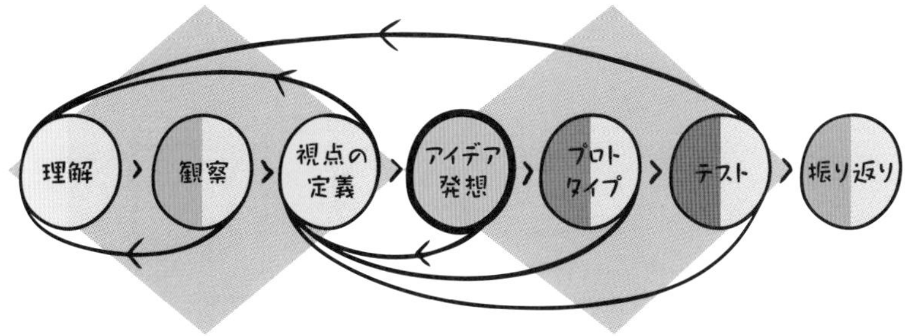

目的

アイデアをカテゴリに分けて優先順位を付ける、または戦略的機会とパターンを特定する。

ツールを使ってできること：

- 追求すべきアイデアと却下すべきアイデアを迅速に判断する。
- すでに一定の成熟度に達しているアイデアの最初の概要をつかむ。
- 戦略的イノベーション、市場機会、その他の多数のカテゴリに従ってアイデアの優先順位付けを実行する。
- 決定をするべき場面で使用する。

ツールに関する詳細

- 2x2マトリクスは、可視化を通じてアイデアのカテゴリ分けをする方法です。
- マトリクスは、軸の属性に意味があればどのようなタイプでも使用できるため柔軟に調整ができます。
- 2x2マトリクスは、100％のアイデア志向からユーザーの満たされないニーズや戦略的機会へと考え方を方向転換させるためにも使用できます。
- 2x2マトリクスは主にアイデアの優先順位付けだけでなく他のすべてのフェーズでも使用します。

代替として使用できるツールは？

- ドット投票（159ページ）
- 「魅力品質」、「性能品質」、「当たり前品質（基本品質）」に分類する狩野モデル

このツールに取り組む際に役立つツールは？

- 技術的実現性、経済的実現性、有用性のベン図（20ページ）
- デザイン原則（53ページ）
- 成功の定義（137ページ）
- 枠内の優先順位付けのためのドット投票（159ページ）

必要な時間と材料は?

グループの人数

4〜6人

- グループの人数が少ないほど、ディスカッションの時間は短くなります。これが迅速な評価につながります。
- 9人以上のグループではドット投票も有効です。

平均所要時間

15〜45分

- アイデアの数によって、短いディスカッションを含めアイデア1つあたり30〜60秒かかります。
- オープンなディスカッションと評価は通常、もっと時間がかかります(45分ほど)。

必要なもの

- ホワイトボードまたはテンプレートとしての大判の紙
- フリップチャート、付箋紙、ペン、マーカー
- ブレインストーミングセッションまたはアイデアのクラスタ化ですでに書き込んだ付箋紙

2x2マトリクスの軸の例

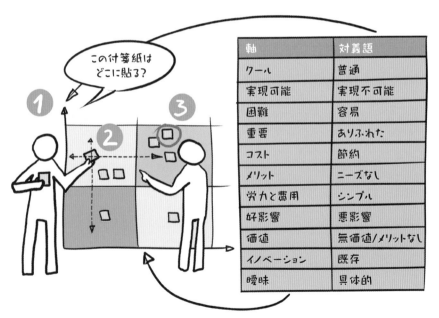

軸	対義語
クール	普通
実現可能	実現不可能
困難	容易
重要	ありふれた
コスト	節約
メリット	ニーズなし
労力と費用	シンプル
好影響	悪影響
価値	無価値/メリットなし
イノベーション	既存
曖昧	具体的

ツールの適用方法

- **ステップ1**:テンプレートを描き、求められる要件に応じた軸を指定します。左の表を参照してください。「高い」と「低い」など対義語の属性を使います。ヒント:アイデアを評価する際は、ユーザーにとってのメリットや技術的実現性を重視し、機会の分析には測定可能で具体的な基準を使います。
- **ステップ2**:アイデアを声に出して読み上げてチームで位置付けをします。
  - 大まかな分類と、アイデアを4つの枠のどこに置くかという問いから始めます。
  - アイデアを他のアイデアとの関連から位置付けます。チームの意見に注目し、合意点を見つけます。
  - あるいは、最初に一方の軸を、次に他方の軸について評価することもできます。
  - すべてのアイデアがマトリクス上で位置付けされるまでこの手順を繰り返します。
- **ステップ3**:さらに検討するアイデアを選択します。
  - 右上の枠に複数のアイデアがある場合、ディスカッションのため上位3つを選択します。
  - 右上の枠にあるアイデアが3つ未満の場合は、アイデアを実行可能な発展分野をチェックします。
  - さらに、空白の枠がないか確認します。もしあれば、さらなる機会と満たされないニーズの可能性を表しています。

これはヴェサ・リンドルーズのお気に入りのツールです

役職：

独立コンサルタント

「デザインシンキングはここ8年間の私のいざというときに頼りになるツールです。同僚やチームがデザインシンキングを導入していない場合でも、デザインシンキングはどこにでも適用できるものだと感じています。とても親しみやすく、伝わりやすい哲学に裏付けされ、ごく日常的な状況にさえ活用できます」

なぜお気に入りのツールなのか？

2x2マトリクスは、アーミーナイフのように汎用性の高いツールである点が非常に気に入っています。軸には無限の可能性があるので、どんなに多様なユースケースでもマッピングできます。基本的な技術面の決定からソリューション指向のビジネスモデルや概念的な検討事項まで幅広く対応できます。きわめてシンプルであり、視覚効果も高いため、これ以上便利なツールはありません。

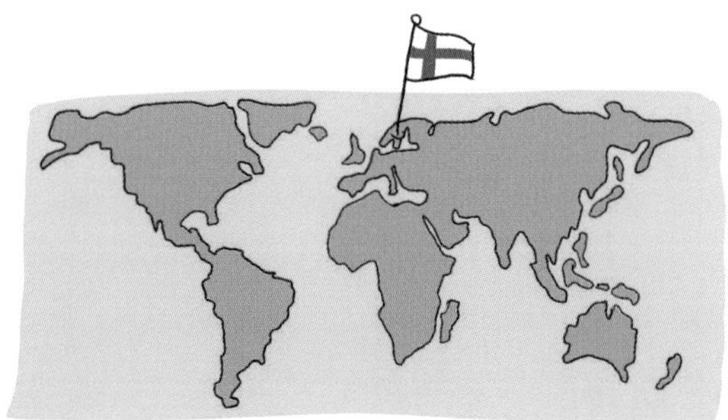

国：

フィンランド

所属組織：

フリーランサー

チェック担当：インガン・オーブスネス

会社/役職：Sopra Steria社ビジネスデザイン部門シニアマネージャー

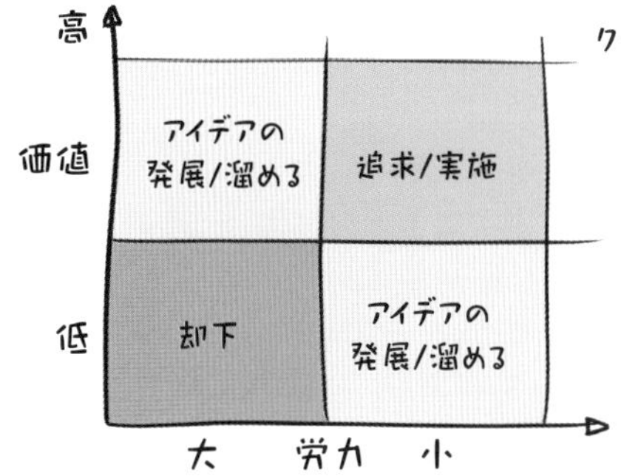

エキスパートのヒント：

戦略的プランニングに有効

- 2x2マトリクスは戦略的プランニングのツールとしても使えます。新しいアイデアに集中するのではなく、既存の用途と機会を重視します。こうすることでたとえば、まだアイデアがカバーされていない領域を特定することもできます。
- 一般に、軸をスマート（SMART：具体的[specific]、測定可能[measurable]、達成可能[achievable]、現実的[realistic]、タイムリー[timely]）にすると、2x2マトリクスはプロトタイプフェーズでも有効なツールになります。
- 属性の制限要因を定義するときは、こうした要因がテクノロジー、プロジェクト範囲、時間枠、リソースなどの他のレベルにも影響を及ぼす可能性があることを念頭に置く必要があります。

システム思考を使う

- 複雑な問題提起文の場合、アイデアの複雑さを軽減することが必要です。そのためにはアイデアを個別の構成要素に分解します。
- アイデアの迅速な評価には、特に早期のフェーズでは、いわゆる「クール（イケてる）」な軸と「実現可能」軸が有効であることが実証されています。最もクールなアイデアは実現可能ではないかもしれませんが、「このクールなアイデアを実現させる方法はないか？」という問いを投げるディスカッションには有効です。
- 後半のフェーズで、コスト/産出高チャートの形式での定量化が役立ちます。投資家はこうしたチャートを意思決定の判断材料として歓迎します。

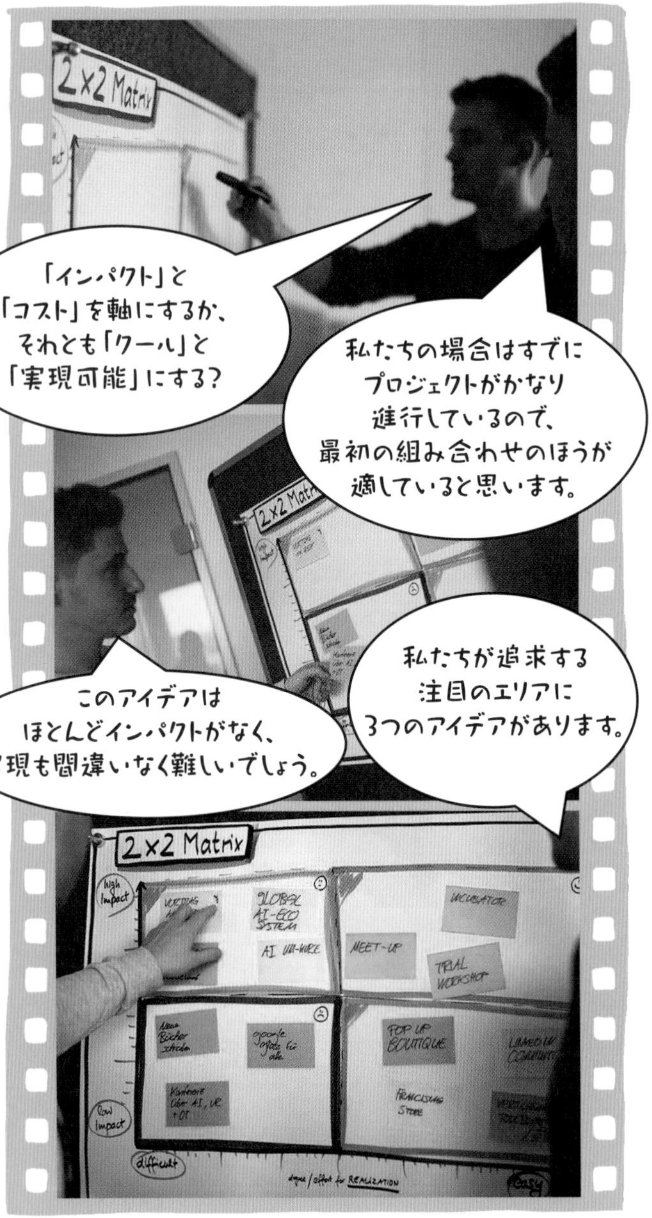

ユースケースの説明

- ごく初期のフェーズでは、リリーは「クール」と「実現可能」の軸を好んで使用しましたが、すでに問題/ソリューションフィットにさしかかっているため、「インパクト」と「コスト」の軸を使います。
- チームは個々のアイデアの位置付けについてディスカッションし、最も興味深いものを追求します。
- オレンジのエリアのアイデアはアイデアの駐車場に置きます。
- チームが先へ進めないときは、駐車場が良いインスピレーションを得る場になります。

ここまでのポイント

- アイデアはできるだけシンプルにしましょう。複雑にするとマトリクスが混乱します。
- 位置付けを明確にしたい場合は、付箋紙を書き直すかアイデアを複数に分割します。
- 軸の組み合わせのすべてがターゲットに沿った結果を得られるとは限りません。さまざまな可能性を試して、軸を問題提起文と目標に適合させます。

ダウンロード可能ツール

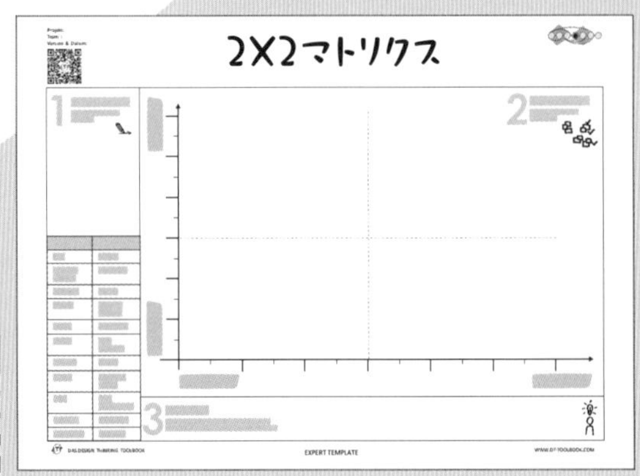

www.dt-toolbook.com/2x2-matrix-en

ドット投票（丸シールによる投票）

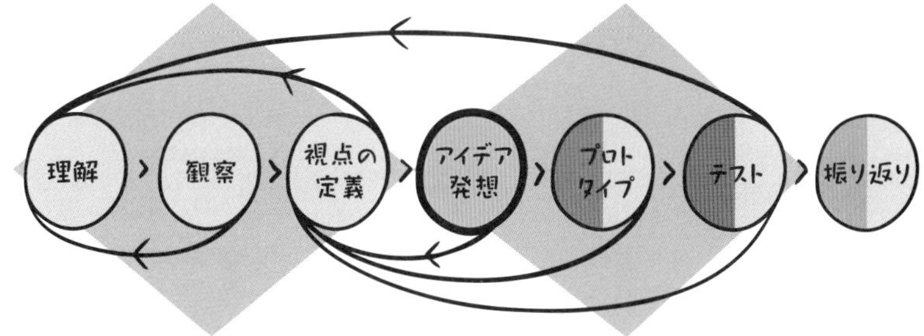

目的

どのような選択肢を、アイデアやコンセプトとして追求すべきか明確に判断する。

ツールを使ってできること：

- チームとして共同決定する。
- 選択を限定する、つまり単純化し優先順位を付ける。
- 迅速な意思決定を行い、考えすぎてまとまらないという事態を避ける。
- チームの意見の不一致を解消し、パワーゲームを回避する。
- 意思決定プロセスにおいて、すべての参加者の意見を取り入れる。
- 最終的にベストなアイデアと市場機会にフォーカスする。

ツールに関する詳細

- ブレインストーミングセッションなどで多数のアイデアを生み出すことに加え、アイデアの選択も重要なステップです。
- アイデアの評価とクラスタ化にはさまざまな可能性があります。参加者がアイデアにシールを貼る方法はシンプルな手法です。投票は短時間で民主的に行うことができます。
- このツールは、振り返り、デザイン課題の難易度、目標達成度に基づいて（その人の権力、地位、外交的かどうかではなく）意思決定を行うことを可能にします。
- 参加者に、個人としての責任感と意思決定プロセスの明確な理解をもたらします。
- ドット投票は、視覚的で柔軟性があり、迅速に実施できて、シンプルであるため、デザインシンキングのマインドセットに完璧にフィットします。
- これはデザインシンキングのサイクル全体を通じて使用します。

代替として使用できるツールは？

- 2x2マトリクス（155ページ）
- アンケート（チーム内または外部）
- 各種代替案の検討と合意形成

このツールに取り組む際に役立つツールは？

- ブレインストーミング（151ページ）
- デザイン原則（53ページ）

必要な時間と材料は？

グループの人数

- 5〜10人のチームに最適。
- それ以上の人数のグループは、いくつかの少人数グループに分けます。

5〜10人

平均所要時間

5〜20分

- 一般に5〜20分が必要です。あるいは参加者が代替案を検討して投票するために必要なだけの時間を取ります。
- ドット投票は、迅速にムードを把握し決定に至るための手法です。

必要なもの

- 色付き丸シール（単色）
- アイデアを書き込んだ付箋紙やアイデアのクラスタを貼っておける広い面。

テンプレートと手順：ドット投票

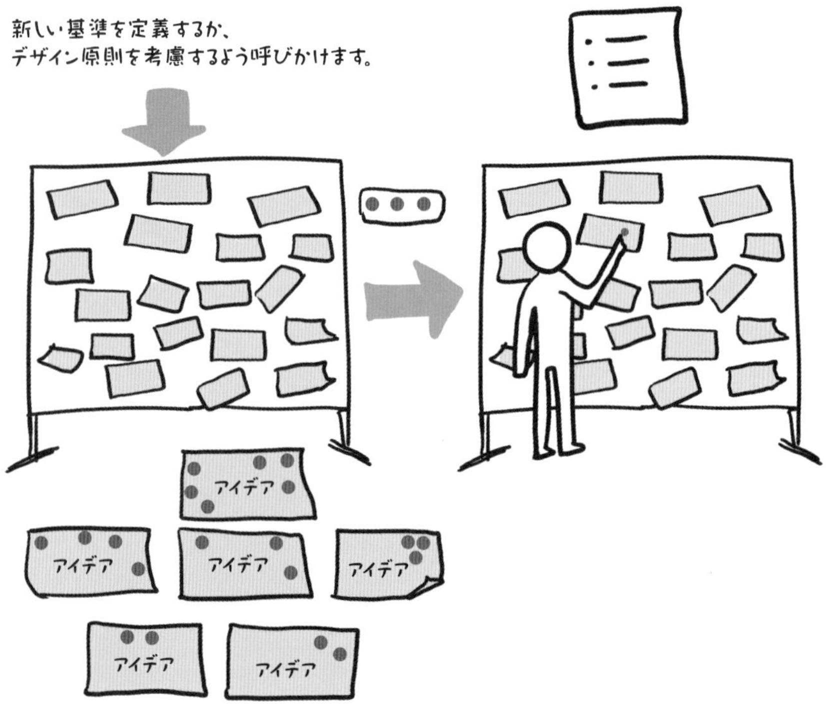

新しい基準を定義するか、
デザイン原則を考慮するよう呼びかけます。
アイデア
アイデア
アイデア
アイデア
アイデア
アイデア

ツールの適用方法

当初の状況：参加者はすでに付箋紙に書いたアイデアを集めています（ブレインストーミングセッションなど）。

ステップ1：投票前に基準を明確にします。

基準の例：

- 長期目標への適合性
- 顧客/ユーザーを喜ばせる
- ビジョンをサポートする
- 競合他社に対する優位を確保する最大の機会
- 期限の順守
- 顧客満足への最大の影響

ステップ2：アイデアを書いた付箋紙を壁またはホワイトボードに貼り、全員が見られるようにします。

- 各参加者に決まった数の投票権（通常は3〜5枚のシール）を渡し、選択をするよう促します。参加者はそれぞれが他の人に見えないようにして、最も基準を満たすと思う付箋紙にシールを貼って投票します。
- 1枚の付箋紙に複数票を投じるか、異なるアイデアに票を分けるかは参加者が選択できるようにします。

ステップ3：最も得票数の多いアイデアから順に並べ替え、グループ分けします。この順位に従って透明性のある決定を行い、次のステップを決めます。

これはインガン・オースネスのお気に入りのツールです

役職：

Sopra Steria社ビジネスデザイン部門シニアマネージャー

「私にとってデザインシンキングはクリエイティブな方法で頭と心をつないでくれます。マインドセット、プロセス、ツールの強力なコンビネーションでユーザーへの強い共感を持つことができ、新しい戦略的なビジネス機会を探求できます。左脳と右脳の両方を刺激するこの方法がとても気に入っています」

なぜお気に入りのツールなのか？

ドット投票はとても汎用性の高いツールです。たとえばディスカッションに採用すると、意思決定までの時間を短縮し、透明性の高い決定ができます。ドット投票の優れた点は、このアクティビティで生まれるスピード、明確化、前向きなエネルギーです。このツールによって明快で迅速な決定ができます。特に複雑な問題提起文において意思決定をしなければならないときや、異分野連携チームで激しい議論が頻繁に行われるような場合に有効です。

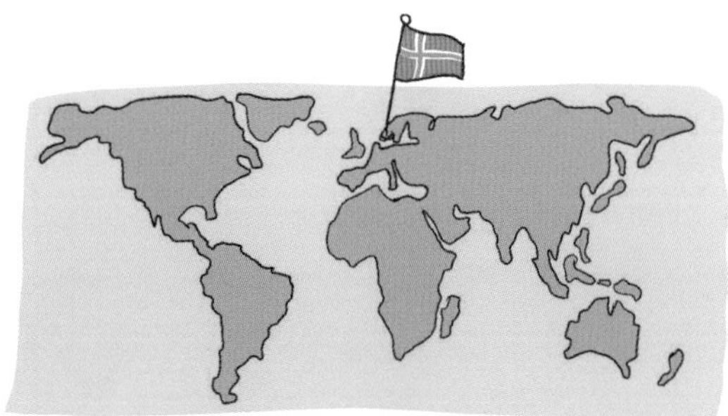

国：

ノルウェー

所属組織：

Sopra Steria

チェック担当：ヴェサ・リンドハーズ

会社/役職：独立コンサルタント

ヒント：

- **投票前に参加者にアイデアを発表させる**
  簡略な説明によって理解を深めてからドット投票を実施できます。
- **得票が同数の場合**
  上位だけで2回目の投票を行うか、155ページで紹介した2 x 2マトリクスを使用します。
- **シールの代わりに色でマーキング**
  各参加者にペンを配り、小さな丸を描いて投票してもらいます。
- **選択肢を制限する**
  同じようなアイデアやコンセプトをまとめます。
  トピックスをまとめて1回目の投票は主なトピックスについて行い、次に個々のアイデアに移ります。
- **バンドワゴン効果を避ける**
  参加者に、決定は各自で行うよう求め、全員が同時に投票します。誰かが別の個人（上司など）に強く影響を受けすぎているリスクがある場合は、その人は最後に評価をするようにします。
- **アイデアの駐車場**
  アイデアを保存しておくと将来のプロジェクトにとって価値がある場合もあります。
- **集団投票**
  優先順位を設定するために顧客や同僚にも参加してもらいます。
- **色分け**
  アイデアを評価するグループがいろいろある場合（ユーザー/顧客と社内の従業員など）、異なる色を使うこともできます。
- **ヒートマップ**
  ドット投票はアイデアやコンセプトの一部を強調することにも使えます。参加者はアイデアの個々の部分に注目するよう指示されます。
- **詳細評価**
  ドット投票は参加者にアイデアの得点を付けてもらうためにも利用できます。たとえば、0点（アイデアを実施しない）から10点（必ずアイデアを実施する）といった得点分布です。

ユースケースの説明

- アイデアの評価は、いつも胸躍る瞬間です。チームの全員が同じ意見なのか？全員が同じものを気に入っているのか？それとも多様な意見が出ているのか？
- チームのメンバーはそれぞれどこにシールを貼ろうかと考え、全員同時にシールを貼ります。リリーはその後で最後にシールを貼ります。彼女の意見に左右される人が出ないようにするためです。
- 全員が気に入ったアイデアが1つありました。他のシールはさまざまなアイデアに分散しています。これでチームは票を得たアイデアについてもう一度ディスカッションし、いくつかのアイデアをまとめ、もう一度評価を行って最初のアイデアの代替案を決定します。

ここまでのポイント

- ドット投票を計画し、シールの数を選びます。
- 投票プロセスの前に投票の基準を説明します。
- アイデア発想とアイデアの評価は分けましょう。
- 後で関連性が出てくるかもしれないアイデアは「停めて」おきます。

ダウンロード可能ツール

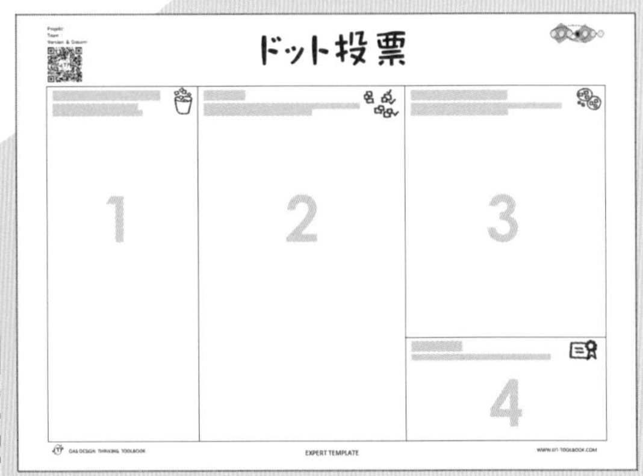

www.dt-toolbook.com/dot-voting-en

6-3-5メソッド

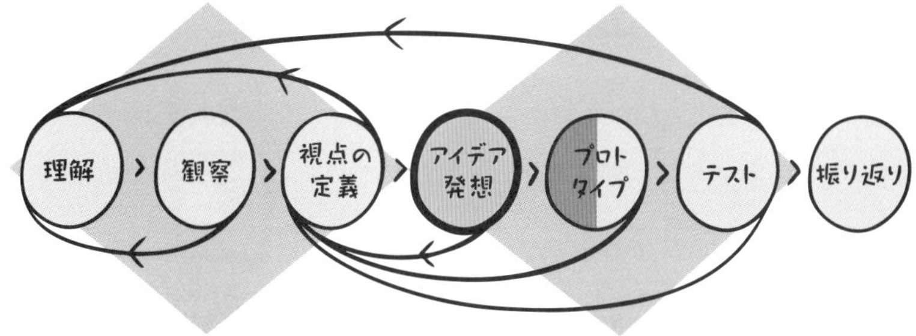

目的

グループ内で多くのアイデアを迅速かつ整然とした方法で生み出すこと。

ツールを使ってできること：

- 新しいアイデアを生む、または既存のアイデアを発展させてシンプルな方法で記録する。
- 構造化された方法で、経験の浅いワークショップ参加者に学びやすいアプローチでブレインライティングとブレインストーミングのルールに慣れてもらう。
- オープンなグループの場では引っ込み思案になってしまう人たちに、1人で静かに作業できる環境を与えて創造力を発揮してもらう。
- アイデア発想とアイデアの評価を明示的に分離することで、型破りなアイデアが生まれるよう促す。

ツールに関する詳細

- 6-3-5メソッドによるブレインライティングでは、系統立てたアイデア発想とさらなるアイデアの開発をすべての反復およびデザインサイクル全体を通して行います。
- 「6-3-5」とは、1回目に6人（最適なチームの人数）がそれぞれ1つの問題に対して3つのアイデアを出します。次の回では問題を隣の人に渡して同じプロセスを繰り返し、これを5回繰り返しアイデアを発展させます。この手法は特に具体的な問題提起文と視点に基づくアイデア発想に適しています。
- 6人のグループの場合、このツールで最大108件のアイデアを短時間（30分以内）に収集できます。

代替として使用できるツールは？

- ブレインストーミング（151ページ）
- 特別ブレインストーミング（167ページ）
- インスピレーションとしてのアナロジー/ベンチマーキング（171ページ）
- その他の創造力のテクニック

このツールに取り組む際に役立つツールは？

- 「どうすれば…」質問（125ページ）
- 2x2マトリクス（155ページ）
- ドット投票（159ページ）
- ブレインストーミング（151ページ）

必要な時間と材料は？

グループの人数

4〜6人

- 6人組が理想的です。テンプレートや順序を調整すれば人数が違っても有効です。
- 大人数のグループの場合は少人数の組に分けます。

平均所要時間

30〜40分

- 質問の複雑度と参加者の経験によって、各回3〜5分で6回行います。
- その後のアイデア選択の時間も確保します。

必要なもの

- 紙（または印刷した用紙）
- ペンと付箋紙
- 評価用のシール（選択をドット投票で行う場合）

テンプレートと手順：6-3-5メソッド

1
問題
2
3
1.1 アイデア1
1.2 アイデア2
1.3 アイデア3
4
2.1
2.2
2.3
5
3.1
3.2
3.3
4.1
4.2
4.3
5.1
5.2
5.3
6
6.1
6.2
6.3
7 アイデアのクラスタ化

ツールの適用方法

- **ステップ1**：6人組のグループを組み、問題を説明します。
- **ステップ2**：参加者に3列×6行（18枠）の表が印刷された紙を配布するか、参加者にそのような表を描いてもらいます。
  応用編：6つのアイデアを発展させるため6列×6行（36枠）が描かれた紙を使うと、全く新しいアイデアを展開できます。
- **ステップ3**：参加者は制限時間（3〜5分間）以内に最初の行に3つのアイデアを書きます。
  この作業は黙って行います。
  応用編：アイデアは紙ではなく付箋紙に書いてもいいでしょう。
- **ステップ4**：制限時間が過ぎたら、紙を時計回りに隣のメンバーに渡します。
- **ステップ5**：参加者に、すでに書かれているアイデアに目を通してもらいます。その後、次の行にアイデアを付け足すよう指示します。これも制限時間以内に行います。理想としては、既存のアイデアをさらに発展させます。アイデアは、先に書かれたアイデアを基に積み上げたり、あるいは補完したりするものにもなります（必ずしもそうしなくても構いません）。
- **ステップ6**：紙を隣に渡して記入するというプロセスを繰り返し、最後の枠まで埋めます。
- **ステップ7**：チームでアイデアをクラスタ化して評価し、次のステップについて合意に達します。

これはフィリップ・グッギスバーグ-エルベルのお気に入りのツールです

役職：

mm1社ビジネスデザインコンサルタント、講師

「デザインシンキングは、新商品やビジネスモデルの開発など仕事上で使用するだけでなく、プライベートでも重要な役割を果たすようになりました。たとえば結婚式のプランニングという曖昧な部分が多い複雑なプロジェクトでも力になりました。デザインシンキングは人間のニーズに焦点を当てながら技術的実現性と経済的実現性の観点も失いません。これはきわめて優れた特長です。言うまでもなく、結婚式は素晴らしいものになりました」

なぜお気に入りのツールなのか？

私のデザインスプリントでは、大人数のグループで体系的な方法で作業をし、迅速にアイデア発想や開発を行うために6-3-5メソッドを好んで使います。デザインシンキングの経験が浅い人や「口頭」でのグループワークでは遠慮がちな人も交えます。

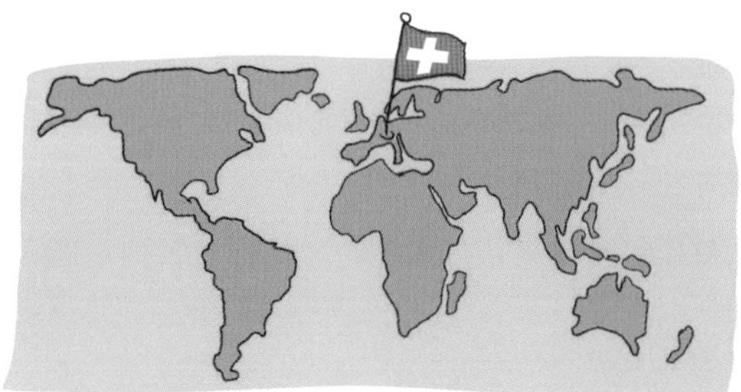

国：

スイス

所属組織：

mm1

チェック担当：モーリス・コーデュレイ

会社/役職：UNIT X社CEO兼パートナー、xperts on demand

エキスパートのヒント：

パワフルな質問を作成

「どうすれば…」質問は、独自の具体的な観点あるいは視点（本人固有の状況におけるペルソナなど）を有する質問を策定するのに適しています。この質問はアイデア発想で大きな影響を与えます。

焦点を合わせる

焦点を絞ってアイデア発想をするには、参加者全員が質問を理解していなければなりません。メソッドを適用する前に問題提起文をグループでディスカッションし、これを部屋に掲げて、参加者に紙に書き写すよう指示します。

言葉ではなく行動で示す

質問によっては、苦労して説明するよりもアイデアをスケッチするほうが有益です。いずれにせよアイデアをスケッチしてもらいたい場合は、A3などの大判の紙を使用しましょう。

アイデアの発展

グループに、前の人のアイデアの上に付け加えたりさらに発展させたりするよう促します。すでに紙に文字やスケッチでアイデアが描かれていることで、毎回参加者がさらにアイデアを発展させようという気持ちになります。

アイデアの選択

紙に書かれた既存のアイデアを、直感的あるいは基準に沿って評価し、ドット投票（159ページ）によって決められた数のアイデアを選択して焦点を当てます。代替案として、アイデアを切り抜いてマトリクスに貼り付け（2x2マトリクスなど）、アイデア空間を示します（155ページ）。

ユースケースの説明

- リリーのチームのサブチームは6人で、多くの初期アイデアを生み出そうとしています。
- そのために、チームメンバー全員が3x6の表を紙に書き、4分以内にそれぞれが相談せずに最初の3つのアイデアを付箋紙に言葉やスケッチで描き、表に貼ります。
- 次にその紙を隣の人に渡し、それぞれがさらに3つアイデアを書きます。そのうちいくつかは前の人が書いたものを基にしています。そのようにして表が埋まるまで続けます。
- この方法では30分も経たないうちに最大108件のアイデアが集まります。もう一度、6回に分けて、以前定義した基準に照らしてグループでアイデアを評価し、その後で提示します。

ここまでのポイント

- 6-3-5メソッドの概要：6人がそれぞれ3つのアイデアを紙に書き、その紙を次の人に渡すことを5回繰り返してすべての枠を埋めます。
- ツールによって多くのアイデアが比較的短時間で生み出され、さらに黙って作業を進めるため、アイデアについていつまでも話し合うこともないというメリットがあります。
- メソッドによってアイデアがさらに発展し、アイデア発想とアイデアの評価を区別することができます。

ダウンロード可能ツール

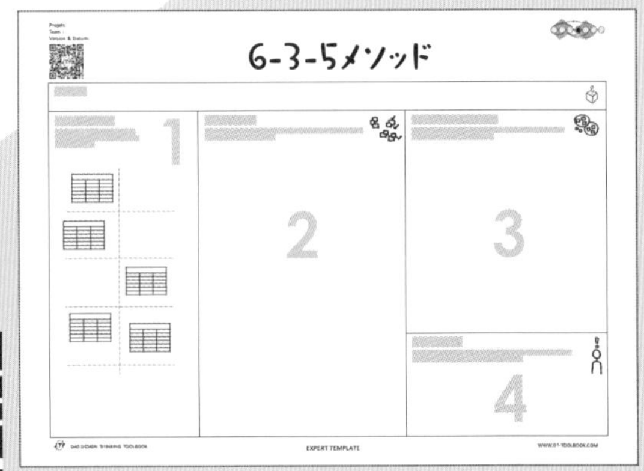

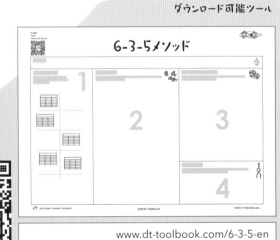

www.dt-toolbook.com/6-3-5-en

特別ブレインストーミング

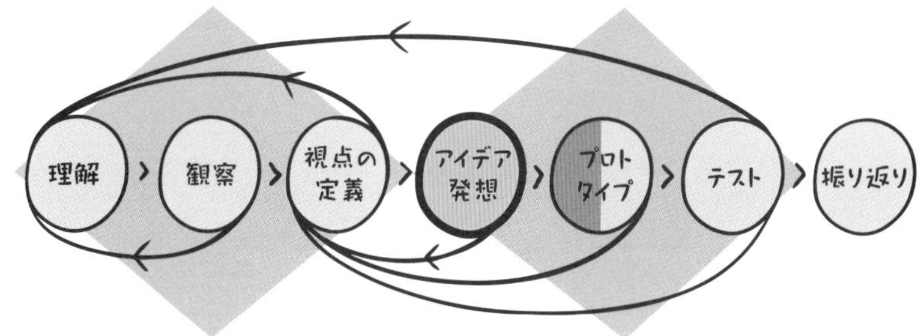

目的

限られた時間の中で、多数の型破りなアイデアを生み出す。

ツールを使ってできること：

- 限られた時間の中で、多くのアイデアを生み出す。
- グループメンバー間の相互交流と積極的な傾聴を促進し、すでに集められたアイデアをさらに発展させる。
- さまざまなアプローチや視点を用いて、問題を多角的に捉えることができる。
- ネガティブブレインストーミング、フィギュアリングストーミング、ボディストーミングなどさまざまな方法で創造力をかき立てる。

ツールに関する詳細：

- 特別ブレインストーミングのテクニックは、従来のブレインストーミングアプローチに代わる手法として活用できます。
- 特に有効なのは、グループがアイデア発想中に行き詰まってしまった時や、同じようなアイデアが繰り返し出てくるときなどです。
- 特別ブレインストーミングの手法には、ネガティブブレインストーミングやフィギュアリングストーミング、ボディストーミングなどのツールを含みます。
- どのタイプのブレインストーミングを用いるかは、問題提起文、参加者、そして目標に大きく左右されます。
- 特別ブレインストーミングのテクニックは、もう一度創造力をかき立てるため、あるいは明確な目標に到達するため、主としてアイデア発想フェーズで使われます。

代替として使用できるツールは？

- ブレインストーミング（151ページ）
- 6-3-5メソッド（163ページ）
- インスピレーションとしてのアナロジー/ベンチマーキング（171ページ）
- 私が気に入ったのは/私が望むのは/私が質問したいのは（239ページ）

このツールに取り組む際に役立つツールは？

- ペルソナ/ユーザープロフィール（97ページ）
- 共感マップ（93ページ）
- 「どうすれば…」質問（125ページ）

必要な時間と材料は？

グループの人数

2〜10人

- 通常、ブレインストーミンググループは2〜3人から最大10人で構成されます。
- メンバーの多様性が大きい場合や、メンバー同士が別の見解を採用している場合は、グループの人数が少ないほうが特に適しています。
- 人数が多い場合はサブグループに分けて並行して作業します。

平均所要時間

10〜20分

- 各ブレインストーミングテクニックには10〜20分が必要です（適用されるメソッドとチームの人数によって異なります）。

必要なもの

- 付箋紙、ペン
- 有名人の写真（フィギュアリングストーミングの場合）

3つの特別ブレインストーミングテクニックのプレゼンテーション：

① ネガティブブレインストーミング

ネガティブブレインストーミングは、従来のブレインストーミングアプローチをいわゆる反対メソッドと組み合わせます。ソリューションを見つける代わりに、参加者は問題を悪化させるものに注意を向けます。

例：交通状況を改善するアプローチを見つける代わりに、グループは対象の道路で交通渋滞を最大化させることに重点を置きます。

このブレインストーミングのエクササイズの結果は、新しい切り口が生まれたかどうか、あるいは特定の側面（通常は問題を悪化させる）を除去できるかどうかについて評価とレビューを行います。

問題：どうすればさらに悪化させられるか？

② フィギュアリングストーミング

特定の人物を強調して、問題解決のためその人の視点から状況を見るほうが容易な場合も多々あります。このアプローチはフィギュアリングストーミングメソッドに沿ったものです。ここではブレインストーミングは第三者の視点から行います。そのために、「X」ならどのように問題を解決するか？という質問を投げかけます。

たとえば、著名人としてアルバート・アインシュタインや米国大統領、また日常生活にいる人（パートナー、家族、上司など）、さらにデザインシンキングのプロセスの範囲内で定義したペルソナなどです。

③ ボディストーミング

ボディストーミングはさらに一歩進んで、特定の状況において人々を物理的にテストします。この場合、シナリオはできるだけ正確に模倣し、関連する環境、モノ、ヒトなどを揃えて、テスト対象者ができるだけ現実に近い体験をするようにします。この方法で、対象者は物理的な試行錯誤とテストを通じて新しいアイデアを推論できます。

例：高齢者向け商品の開発チームは、ワセリンを眼鏡に塗って高齢者の視界を疑似体験します。

応用編の1つに、常に動き続け、歩きながらアイデアを書き留めるという方法があります。

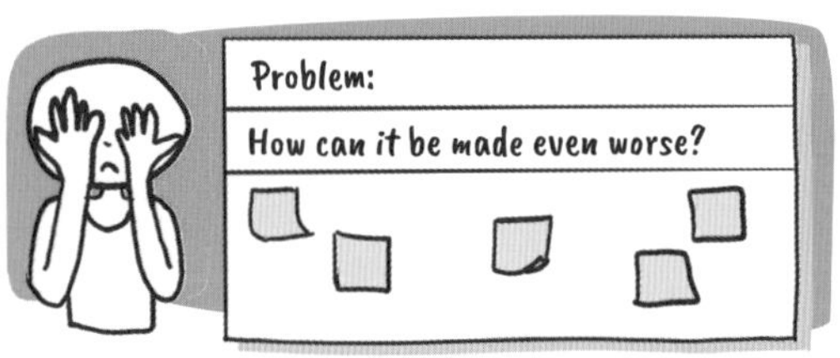

これはミリアム・ハートマンのお気に入りのツールです

役職：

グリソンズ応用科学大学デザインシンキング講師、F. Hoffmann – La Rocheデザインシンキング・ファシリテーター

「最大の課題の１つは、『ソリューションから考える』という固定観念を脱却し、問題を全体的に理解した上で、ソリューションの開発に着手するということです。デザインシンキングは私たちが元来持っている好奇心を刺激し、思い込みに疑問を投げかけ、顧客にオープンなマインドセットで向き合わせてくれます」

なぜお気に入りのツールなのか？

従来のブレインストーミングでは参加者の焦点が広くなりすぎ、実際の問題には直接関係しない多数のアイデアが生まれてしまいます。特に抽象的あるいは複雑な問題の場合、ブレインストーミンググループは限界に達することがよくあります。特別ブレインストーミングのテクニックは問題を別の角度から見て、異なるアプローチを採用することにより、優れたアイデアを見つけなければという参加者のプレッシャーを軽減します。

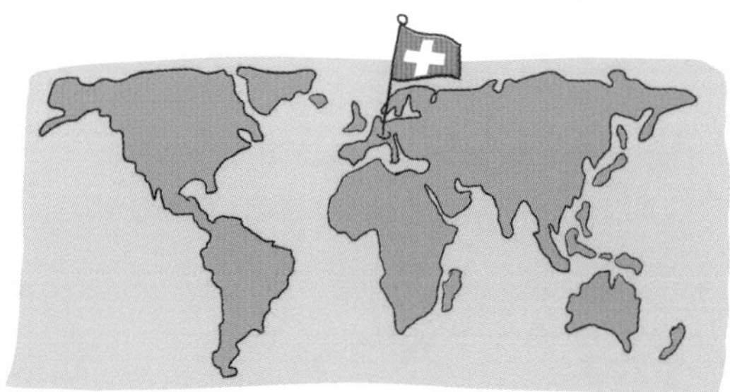

国：

スイス

所属組織：

F. Hoffmann – La Roche

チェック担当：クリスティン・ビーグマン

会社／役職：launchlabs GmbH（ベルリン）、トレーナー／コーチ／人間中心デザインファシリテーター

エキスパートのヒント：

クリエイティブな環境に

ブレインストーミングは、参加者がリラックスしているときに最も効果を発揮します。座り心地のよい椅子やクッションを用意すると「居心地のよい空間」を作れます。広くフレキシブルに使えるテーブルがあるとグループの創造力も刺激されます。

時間の制約

従来のブレインストーミングと同様に、ある程度の時間のプレッシャーがあったほうがより多くの異なるアイデアが生まれ、フィルターをかけずにそれを書き留めることで創造力を自由に発揮させることができます。そのため、短時間のブレインストーミング（10分）をタイマーで計って実施することをお勧めします。

ブレインストーミングセッション中は、あらゆる判断を避ける

「悪い」アイデアなどありません。どんなに奇抜であろうと、すべてのアイデアはさらに発展させると優れたソリューションにつながる可能性があるからです。だからこそ、ブレインストーミングのプロセス中はアイデアを評価しないことが不可欠です。

複雑あるいは抽象的な問題に取り組む方法

特別ブレインストーミングのテクニックは、参加者がすぐにソリューションを見出すことが困難な、複雑で抽象的な問題に対して有効です。このテクニックを使って実験を行い、エクスペリエンスを収集します。

ネガティブブレインストーミング

フィギュアリングストーミング

ボディストーミング

ユースケースの説明

- アイデア発想フェーズでは、リリーのチームは定義された問題のソリューションについて多くのアイデアを生み出そうとしていました。ブレインストーミングは切り口としてのエントリーポイントの候補の特定に役立ちました。ところが一部のチームは比較的初期に、堂々巡りをしていて先に進めなくなっていると感じていました。
- その他のテクニック、たとえばネガティブブレインストーミングは、チームのメンタル面の視野を広げ、新しいつながりの要素を特定できるようになりました。その後のフィギュアリングストーミングは、有名企業のAppleやGoogle、イーロン・マスクといった著名人を使用しました。この方法では、ソリューションに対するアプローチ案をより多く特定できました。

ここまでのポイント

- 特別ブレインストーミングテクニックは複雑または抽象的な問題に有効です。
- そうでない場合は、質より量、グループのメンバー全員が発言の機会を与えられる、「悪い」アイデアなどないといった原則がここでも適用されます。
- その後はじめて、結果をクラスタ化し評価して文書として記録します。

ダウンロード可能ツール

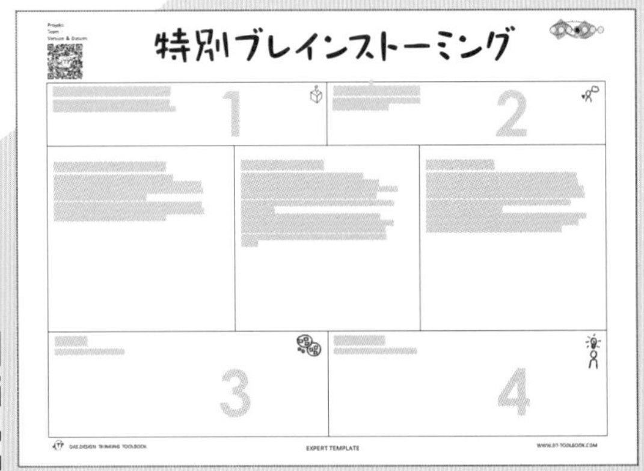

www.dt-toolbook.com/special-brainstorming-en

インスピレーションとしてのアナロジー/ベンチマーキング

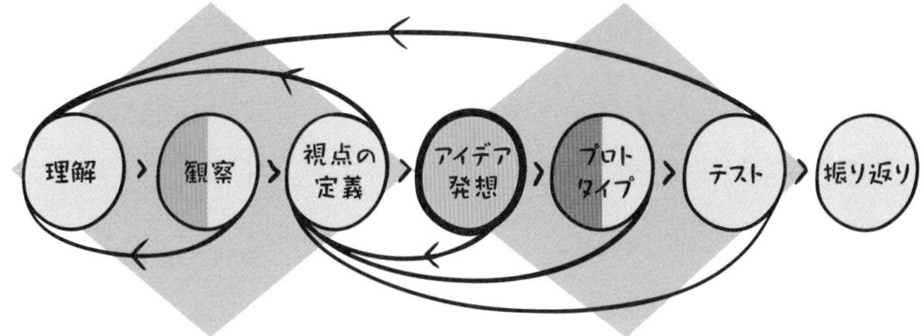

目的

問題提起文の状況とは別に存在するとみられる「世界」を探求して、アイデアやアプローチのインスピレーションを見つける。

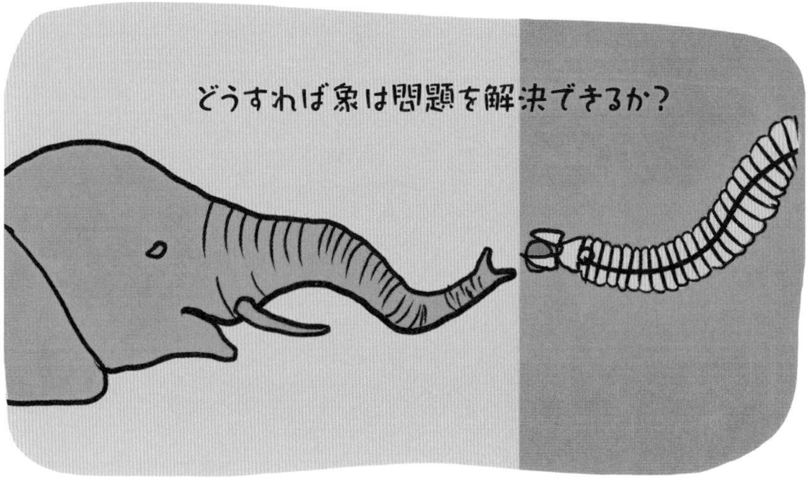

ツールを使ってできること:

- 「Wow!(すごい)」効果につながるアイデアを生み出す。
- アナロジー(類推)を使って、アイデアと複雑な事実を分かりやすく説明する。
- 他の分野の問題やソリューションを現状の問題と比較してインスピレーションを得る。
- オープンで構造化されていない問題(いわゆる定義不足の厄介な問題)で必要な裏付けとなる認識思考プロセスを統合する。
- スケッチノートと組み合わせて、創造力を存分に駆使する。

ツールに関する詳細:

- アナロジー/ベンチマークは、新しいアイデアを生み、アイデア発想に刺激を与えるため、問題に対するアプローチを変えるのに役立ちます。他の業界、動物、人、あるいは組織がベンチマークまたはアナロジーの役割を果たします。
- アナロジー/ベンチマークはデザインサイクルの初期フェーズ、たとえば問題定義などで適用できます。ただし通常は「アイデア発想」フェーズで使用されます。

代替として使用できるツールは?

- ブレインストーミング(151ページ)
- 特別ブレインストーミング(167ページ)
- 6-3-5メソッド(163ページ)

このツールに取り組む際に役立つツールは?

- 「どうすれば...」質問(125ページ)
- AEIOU(107ページ)

必要な時間と材料は？

グループの人数

3〜8人

- 最適な人数は3〜6人です。
- 9人以上の大人数の場合はいくつかのグループに分けます。

平均所要時間

30〜120分

- アナロジーを使う作業は時間がかかります。
- 特にこれにまつわる調査、特性と属性の特定、エキスパートとのディスカッションには数時間を要します。

必要なもの

- ホワイトボードまたはフリップチャート
- 付箋紙、ペン、マーカー
- インターネットとプリンター（人または業界とのアナロジーの場合）

手順：アナロジー／ベンチマーキング

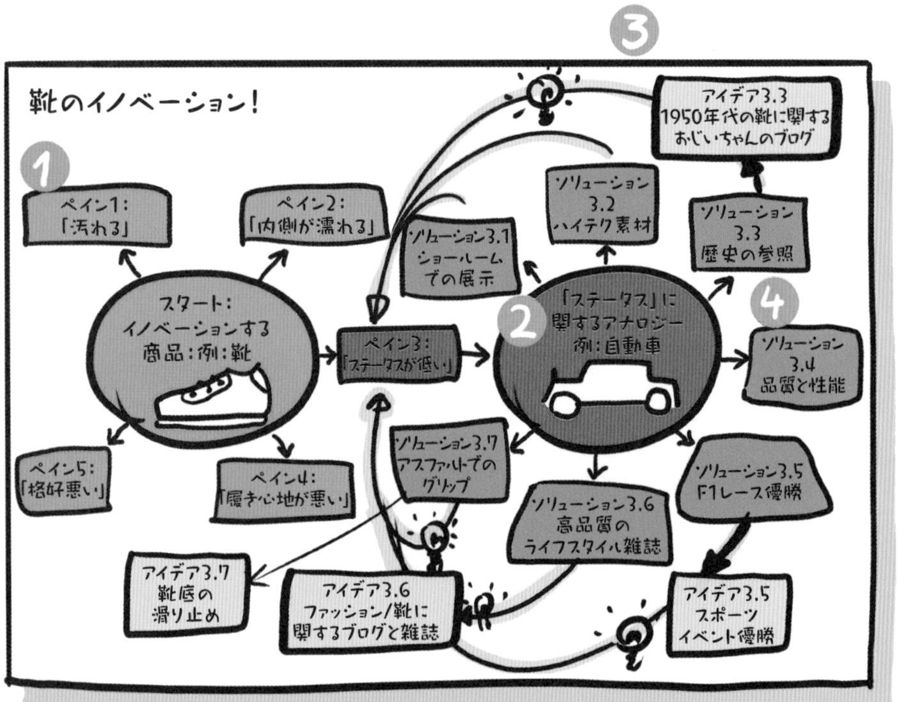

ツールの適用方法

ステップ1：問題提起文の重要なエクスペリエンスまたは最大のペインのリストを作ります。たとえば、靴の場合、ペインは「ステータスが低い」です。

ステップ2：ブレインストーミングまたはブレインライティングのメソッドを使って、同じくペインを伴っているが解決したように見えるシナリオ、システム、場所、またはモノを探します。左の図の例では、「ステータス」のペインは自動車業界で、「心地が悪い」というペインはソファで解決に成功しています。アナロジーを探すには、次のような質問をします。

- 他の業界は何をしているか？
- その性質がどのように問題を解決するか？
- なぜ他の国では問題ではないのか？

ステップ3：比較対象の分野、シナリオ、システム、場所、またはモノに精通したエキスパートにインタビューします。「アナロジーのインスピレーションボード」を作成して新しい洞察を示します。

ステップ4：ソリューションのリストを作ります。たとえば、自動車業界の「ステータス」は「高品質のライフスタイルマガジン」によって解決された様子を挙げます。

ステップ5：次に、アナロジーのソリューションを元の問題に移します。アナロジーからのソリューションをほぼ1:1で移せる場合もあれば、適用する際にもう少し創造力が必要な場合もあります。

バリエーション – スケッチノートでアナロジーを見つける

必要な時間と材料は？

グループの人数

1〜12人

- 個人で作業するか、最大12人程度のグループで作業します。
- グループの人数はいくらでも拡大可能です。

平均所要時間

30〜60分

- 数回行う場合があります。
- 1回は約30分です。

必要なもの

- 1人につきフリップチャート1枚
- 参加者が個人で作業する場合はA4またはA3の紙、グループ作業の場合はA2またはA1の紙を使います。
- ペンと付箋紙
- オプション：インターネット（画像の検索）

テンプレート：スケッチノートのアナロジー

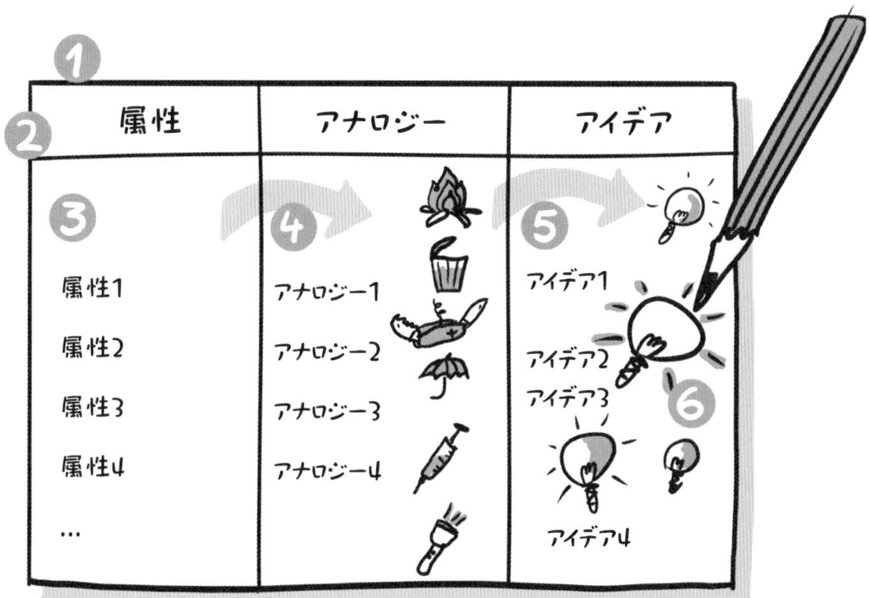

ツールの適用方法

クリエイティブなアウトプットを増やすには、アナロジーのテクニックとしてのデザインとスケッチを組み合わせます。前述したアナロジーを使う場合、スケッチノートを使います。

ステップ1：大判の紙を3つの列に分割します。

ステップ2：列に属性、アナロジー、アイデアというタイトルを書き込みます。

ステップ3：問題または問題提起文に関する属性のリストを作ります（50ページ参照）。

ステップ4：デザインチームにそれぞれの属性のアナロジーを探すよう依頼します。

ステップ5：グループで、スケッチノートの形式を使ってアナロジーの視点から問題を解決します。スケッチノートの書き方は174ページに示します。

ステップ6：問題提起文またはその一部に対してオリジナルで実現可能なアイデアを作成します。

スケッチノートの作成は楽しいだけでなく、デザインシンキングチームが優れたアナロジーを見つけるのにも役立ちます。

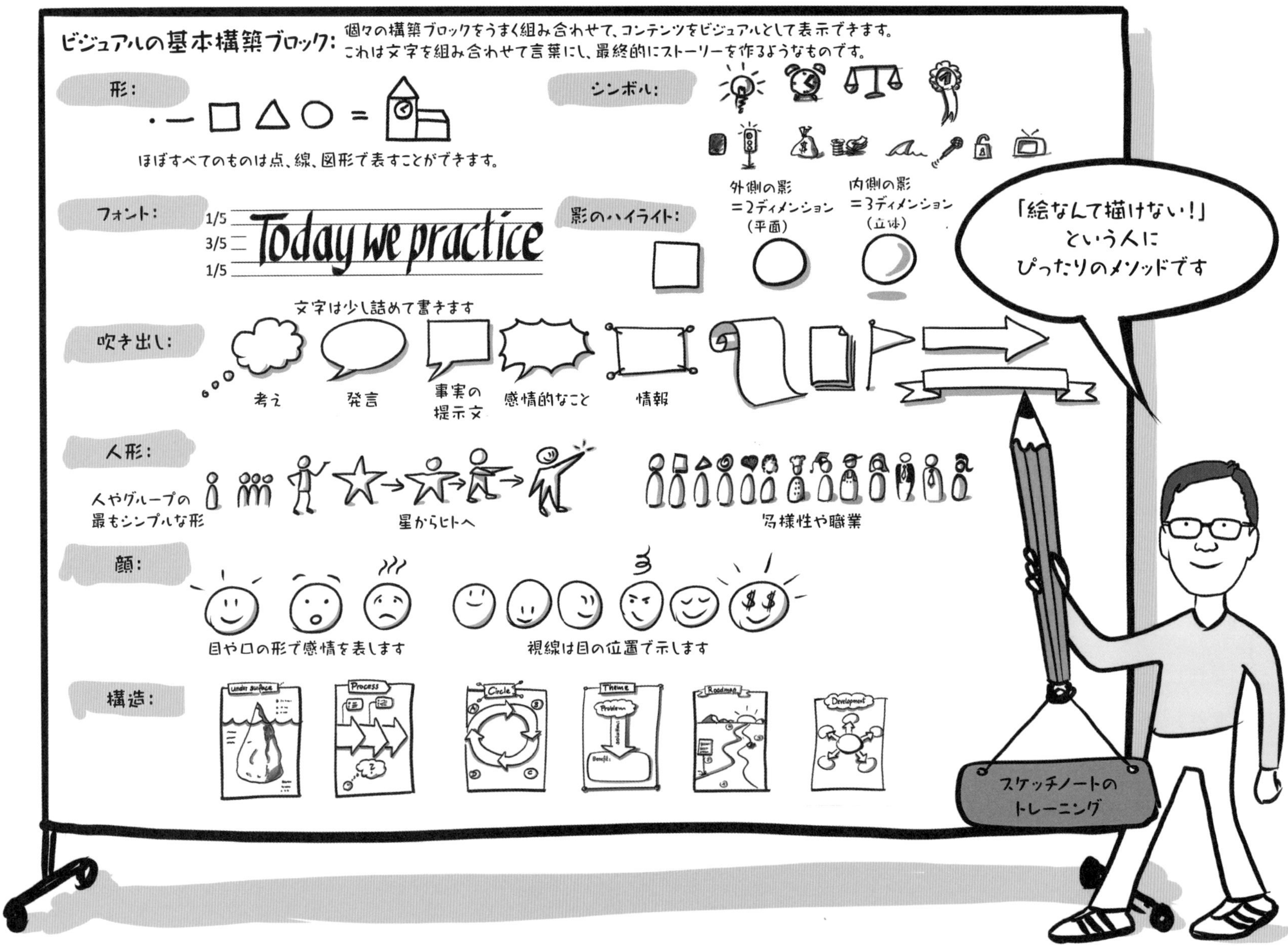
ビジュアルの基本構築ブロック:
個々の構築ブロックをうまく組み合わせて、コンテンツをビジュアルとして表示できます。
これは文字を組み合わせて言葉にし、最終的にストーリーを作るようなものです。
形:
ほぼすべてのものは点、線、図形で表すことができます。
シンボル:
フォント:
1/5
3/5
1/5
Today we practice
文字は少し詰めて書きます
影のハイライト:
外側の影
＝2ディメンション
(平面)
内側の影
＝3ディメンション
(立体)
「絵なんて描けない!」
という人に
ぴったりのメソッドです
吹き出し:
考え
発言
事実の
提示文
感情的なこと
情報
人形:
人やグループの
最もシンプルな形
星からヒトへ
多様性や職業
顔:
目や口の形で感情を表します
視線は目の位置で示します
構造:
Under surface
Process
Circle
Theme
Roadmap
Development
スケッチノートの
トレーニング

これはジュリア・グムラのお気に入りのツールです

役職：

B. Braun Melsungen AGコミュニケーション部門シニアマネージャー

「デザインシンキングは（将来の）クライアントに対するソリューションを構築する方法に革命を起こし、日々の実践を通して進化し続けています」

なぜお気に入りのツールなのか？

アナロジーを使った作業は、従来のブレインストーミングのアプローチを完全に補完してくれるものです。ツールはアイデア発想に役立ち、デザインシンキングのマインドセットに完璧にフィットします。アナロジーとスケッチノートを組み合わせると制作する側はもちろん、見る側にも楽しみが生まれます。創造力を高め、自信を持たせてくれるのです。両方のテクニックを組み合わせると両者のいいとこどりです。

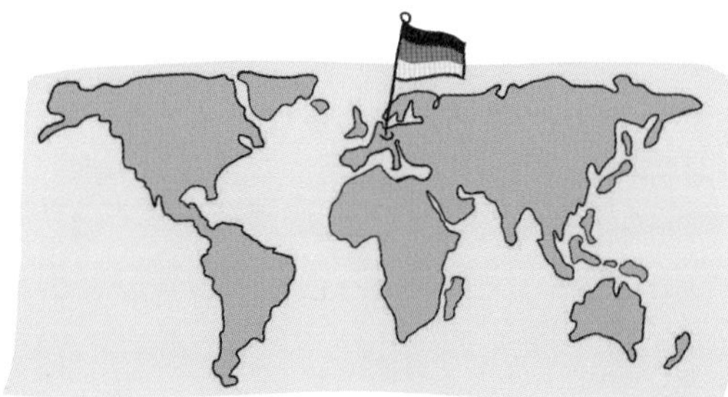

国：

ドイツ

所属組織：

B. Braun Melsungen

チェック担当：トーマス・ショーチャー

会社/役職：CSS Versicherung社トランスフォーメーションスペシャリスト

エキスパートのヒント：

重要なエクスペリエンスとペインに集中する

アナロジーを探す際は、重要なエクスペリエンスに集中するようにし、自分たちの問題に適用できる新しい興味をそそる側面を特定します。

不条理な業界やコンセプトも見てみる

自分たちの業界や目下の問題からかけはなれたアナロジーとベンチマークが意外と役立つこともよくあります。つまり、一見してほとんど共通点のないものでも、問題解決には役立ちます。

何も浮かばないときはGoogleで検索

アナロジーを見つけてインスピレーションを得るもう1つの方法は、Googleの画像検索です。たとえば、「速い」と「快適」と入力すると、こうした特性を持つものが何千点も表示されます。

マインドトレーニングは毎日行う

毎日の練習が関連付けの実力を伸ばします。そのため、たとえば、テレビを見ているときや通勤途中などに日常的に類似性を見つける練習をしましょう。

他の人の真似をしてもOK

基本的に、問題が持ち上がるたびに、他の人はどう解決するだろうと考えてみるべきです。

自然発生的に、頻繁に使用する

関連付けテクニックは自然発生的に、たとえばブレインストーミングのセッション中に適用します。参加者に、たとえば5つ星ホテルのカスタマーサービスならどのように解決するか、と尋ねます。

ユースケースの説明

- 創造力を高めるため、リリーのチームはアナロジー/ベンチマークを使って作業をしようとしています。
- アナロジーに関する集中ブレインストーミングセッションの後、動物園、宇宙人、不思議な惑星、アフリカのオフロードの旅などさまざまな考えが浮かびました。
- 最後に、決定的な刺激要素をもたらしたのは、文化、自然環境、新しい環境の把握といったトピックに関するアナロジーでした。

ここまでのポイント

- アナロジー/ベンチマークによるインスピレーションは、アイデア発想に多くの気づきをもたらします。
- ソリューションに対する全く新しいアプローチはこの方法で見つかることも多く、自分の専門分野や業界のエキスパートである私たちがこれまで見過ごしてきたものです。
- アナロジーとスケッチの組み合わせはデザインシンキングチームの創造力を高めます。

ダウンロード可能ツール

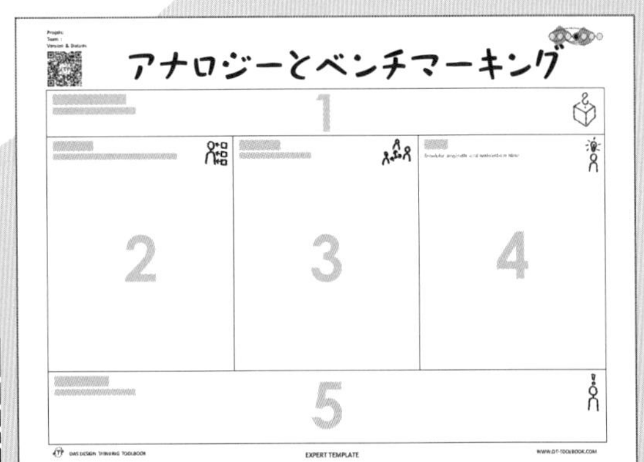

www.dt-toolbook.com/analogy-en

NABC

(ニーズ、アプローチ、ベネフィット、競合)
[Need、Approach、Benefit、Competition]

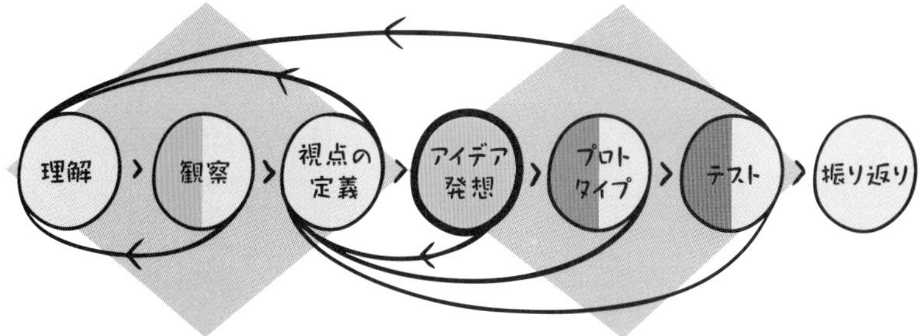

目的

ごく短時間でアイデアの核心を捉え、的を絞った方法で他の人たちと共有する。

ツールを使ってできること：

- アイデア、コンセプト、またはプロトタイプの中核を迅速に把握する。
- 焦点をユーザー/顧客に確実に当てられるように、顧客の問題に関する質問から始め、顧客ニーズの徹底的な検証へと続ける。
- アイデアについて、ニーズ（問題）、アプローチ（ソリューション、成果の約束）、ベネフィット、競合（市場にある代替品）という4つの側面それぞれを検証する。
- 初期の段階でアイデアを提示し、重要なフィードバックを得る。
- 異なるアイデア/コンセプトを比較する。

ツールに関する詳細：

- NABCは、ビジネスアイデアの構築メソッドの最小版です。アイデアのコンテキストにまつわる最初の4つの基本的質問（ニーズ、アプローチ、ベネフィット、競合）で構成されています。
- NABCは「アイデア発想」など多くのフェーズで採用できます。また、プロトタイプの検証やユーザーの理解を深めるためにも使用できます。
- NABCは文書化やアイデア発想後に使用し、フィードバック提供者に関してビジネスアイデアとイノベーションプロジェクトのプレゼンテーションに使用することもあります。
- さらに、NABCはエレベーターピッチとの組み合わせでも使えます（179ページのバリエーションを参照）。

代替として使用できるツールは？

- 最初に、シンプルなアイデアコミュニケーションシートにタイトル、説明、スケッチを描いたものを使用できます（『デザインシンキング・プレイブック』105ページ参照）。
- 原則として、NABCは他のビジネスアイデア/ビジネスモデル構築メソッドから推測することも、さらに発展させて深化させることもできます（例：ビジネスモデル・キャンバスやリーンキャンバス）（251ページ参照）。
- ストーリーテリング（129ページ）

このツールに取り組む際に役立つツールは？

- 「ウォータリングホール」メソッドによる緑と赤のフィードバック
  - 緑のフィードバック：アイデアの強みは何か？維持すべきものは何か？
  - 赤のフィードバック：アイデアの弱みは何か？改善すべき点は何か？

必要な時間と材料は？

グループの人数

- 通常、最初の草案作成は1人でも十分にできます。
- 内容と包括性のレビューは複数で行います。

1〜6人

平均所要時間

- 所要時間はフェーズと既存の情報量によって大きく異なります。
- 原則として、NABCは十分な詳細と分かりやすい表現で描写します（20〜40分）。

20〜40分

必要なもの

- NABCチャート（A4/A3の用紙に印刷、または電子ドキュメントとしてPC上で直接操作）
- 付箋紙、ペン、マーカー

テンプレートと手順：NABC

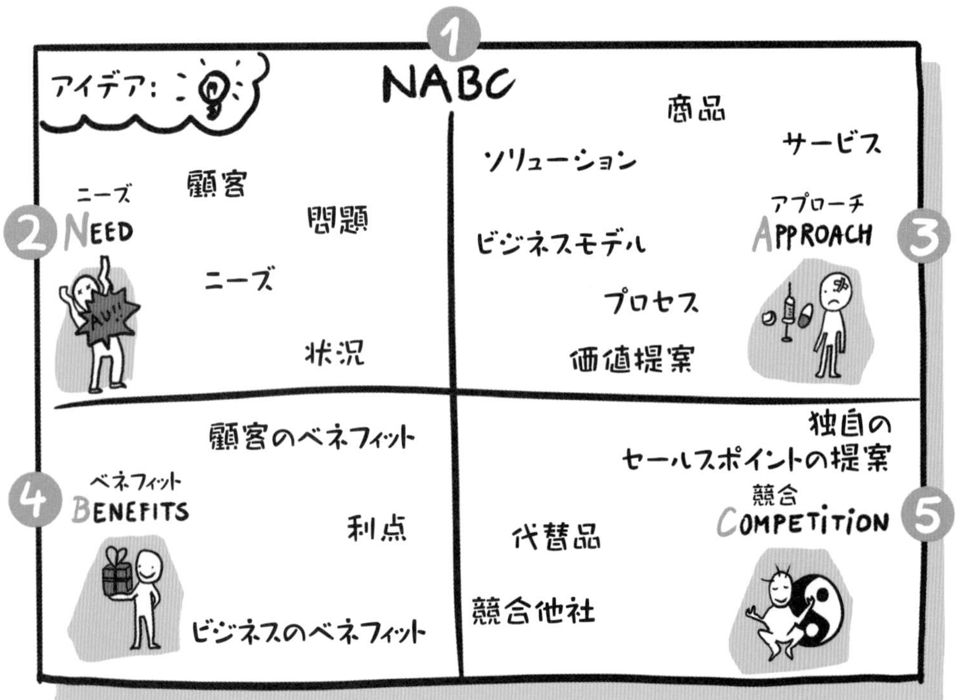

ツールの適用方法

- **ステップ1：**NABCチャートを描くか、テンプレートを使用します。
- **ステップ2：**ニーズ（問題）のNから始め、以下の項目を書き込みます。
  - 顧客の抱える問題
  - この問題を抱える典型的顧客
  - 問題が発生する典型的な日常の状況
  - そこから生じるニーズ
- **ステップ3：**アプローチ（ソリューションへ向けて）のAに進み、以下の点を説明します。
  - 問題の解決方法（ソリューション/成果の約束に向けたアプローチはどのようなものか）
  - 商品、サービス、プロセス
  - ビジネスモデルはどのようなものか、またはどのように収益を出すのか
- **ステップ4：**ベネフィットのBに進み、質と量の両面を埋めます。
  - 顧客に対するベネフィット
  - 自分/自社に対するベネフィット
- **ステップ5：**競合のCでは、現在および将来の代替品と競合他社を書き加えます。さらに、ソリューションの独自のセールスポイントを挙げます。

これはマティアス・ストラッツァのお気に入りのツールです

役職：

Head Future Banking、PostFinance Ltd. 社のPFLab（イノベーションラボ）担当者、イノベーションおよびイノベーションマネジメント講師

「顧客とその言動、顧客の問題、顧客のニーズが焦点となります。今日では、カスタマーエクスペリエンスさえも意識的にデザインされています。"デザインシンキング"という言葉は、そのプロセス、方法、マインドセットをまとめたものです。専門家でなくてもこのテーマを扱う中で、顧客志向の新しい何かがすぐに生まれるようになるのです」

なぜお気に入りのツールなのか？

NABCは、ソリューションではなく、顧客とその問題から始まります。私が気に入っているのは、たとえ5分という短いプレゼンテーション（ピッチ）であっても、アイデアの核心を本質的な側面から伝え、誰にでも理解できるようにすることができるからです。早期フェーズでは、最初に重要な問題が提起され、後にこのメソッドが大量の情報を再度絞り込むのに役立ちます。

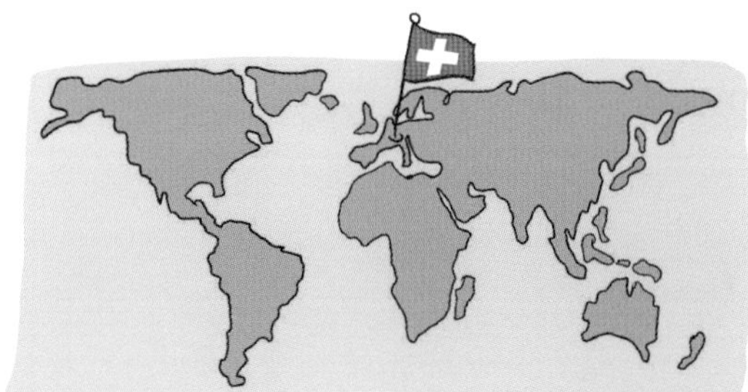

国：

スイス

所属組織：

PFLab (PostFinance)

チェック担当：クリスティン・コラート

会社/役職：メディアデザイン大学デザインおよびコンピューターサイエンス学部教授

エキスパートのヒント：

ニーズに合わせてNABCのコンテンツを利用する

- NABCの説明を補完する上で、常に可視化、スケッチ、絵などを用います。
- NABCの内容を伝えるのにストーリーテリングは便利なツールです。
- プレゼンテーションではNABCチャートにこだわる必要はありません。たとえばPowerPointを使う場合、各セクションを1枚のスライドとして表示しても構いません。
- アイデアだけでなく、プロトタイプもこの方法で素早くプレゼンすることができます。
- 問題の説明を受け、ソリューションが知らされると、人は意図的に別の新しいソリューションを探そうとします。特に、もっと根本的な変化を求めている場合はその傾向が強まります。

応用編：NABCとエレベーターピッチ

- エレベーターピッチとは最短形式のプレゼンテーションで、できるだけ短時間で人を説得する際に使います。ピッチは3部構成にすると効果が高いことが実証されています。つかみとしてのエントリーポイント（フック）、中間部（コア）、結論（締め）です。NABCは中間部に用います。
- NABCとエレベーターピッチの概要

エントリーポイント（フック）：

- 提起文、キーワード、見出し、質問で関心を引きます。感情を刺激しましょう。
- 意欲を刺激し、関心に火を付けます。
- オリジナルで、何にも似ていない驚きを提供します。

中間部（コア）：NABC

結論（締め）：

- 次に何が起こる？何を達成するのか？
- 勧誘と次のステップ。

ユースケースの説明

- 既知の顧客の問題を基に、さまざまなアイデアが生み出されます。アイデアは記録され、NABCで可視化されます。
- 後日、デザインシンキングチームは、そのアイデアをNABCのピッチ（短いプレゼン）の中で発表し、それに対するフィードバックを得ます。
- リリーのチームでは、焦点の定義やプロトタイプの発表など幅広い用途でNABCを頻繁に活用しています。
- リリーはチームに、代替品について検討する際は、明らかな競合他社を見るだけでなく、もっと踏み込んだ見方をするよう、たびたび注意を促します。

ここまでのポイント

- NABCは通常、1ページに収まります。
- ニーズ、アプローチ、ベネフィット、競合をソリューション案として説明します。
- NABCはエレベーターピッチのプレゼンや、ビジネスモデル・キャンバスの価値提案の定義を補佐するものとしても使えます。

ダウンロード可能ツール

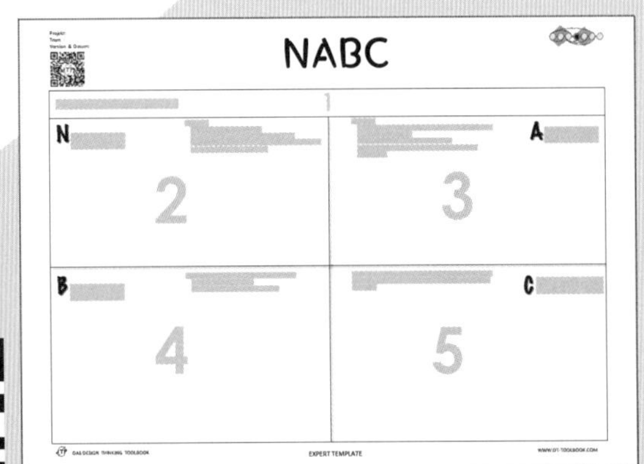

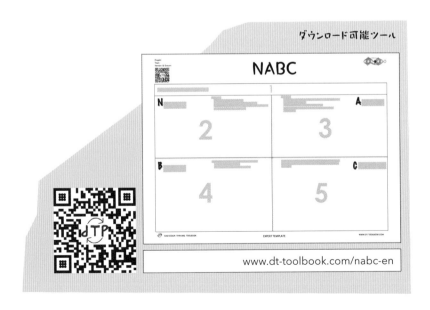

www.dt-toolbook.com/nabc-en

ブルーオーシャン・ツールとバイヤーユーティリティマップ

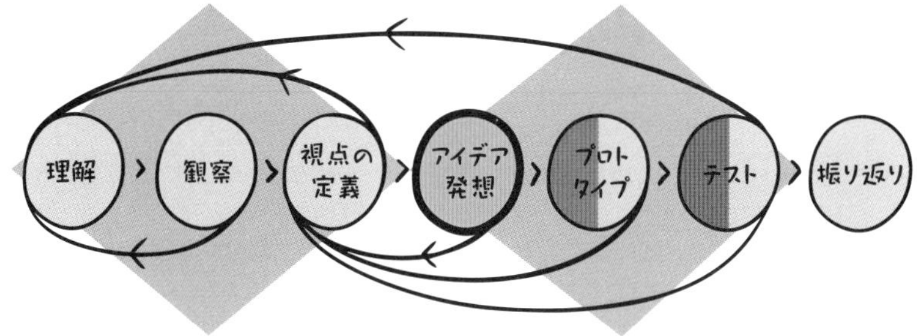

目的

商品またはサービスを競合他社と差別化し、新たな市場機会を開拓する。

ツールを使ってできること：

- 未開発の市場機会を探求する。
- ユーザーニーズに基づき差別化した新しい提案を提供する。
- 競争力を把握した上で、戦略を新しい市場ニーズに適合させる。
- デザイン課題に対する正しいビジョン、または段階的な実施と管理のためのロードマップを確立する。

ツールに関する詳細：

- W.チャン・キムとレネー・モボルニュが生み出したブルーオーシャンおよびブルーオーシャンシフトは独自の価値提案の定義に活用できます。
- バイヤーユーティリティ（買い手の効用）マップでは、焦点をユーザー/顧客に置きます。サービスと商品のエクスペリエンスは通常、1つのサイクルと見なされ、6つのフェーズ（購入、納入、使用、拡張、メンテナンス、廃棄）に分割されます。
- このツールを使って得られた知見は、競合他社とユーザーのニーズを観察・分析した後の視点の定義や初期アイデアの創出にも役立ちます。
- バイヤーユーティリティマップでは、提案のファクターの上昇、削減、排除、または創出などさまざまな角度で検討を行います。その目的は、競合との差別化を図り、革新的な提案を作り上げることです。

代替として使用できるツールは？

- リーンキャンバス（251ページ）
- VP（価値提案）キャンバス

このツールに取り組む際に役立つツールは？

- ペルソナ/ユーザープロフィール（97ページ）
- NABC（177ページ）
- 2x2マトリクス（155ページ）
- SWOT分析を含む競合分析
- 競合他社のベンチマーク分析

必要な時間と材料は？

グループの人数

4〜6人

- 大規模なチームよりも小規模なデザインチームのほうが、バイヤーユーティリティマップの展開を容易に行うことができます。
- 大人数の場合は必要に応じて少人数のグループに分けます。

平均所要時間

30〜120分

- バイヤーユーティリティマップの作成は通常30分程度かかります。
- 全般的な競合他社分析を含む完全な実施には、数日を要します。

必要なもの

- 数枚の紙
- ペンと付箋紙、マーカー
- A0用紙に印刷したテンプレート

テンプレートと手順：ブルーオーシャン・ツールとバイヤーユーティリティマップ

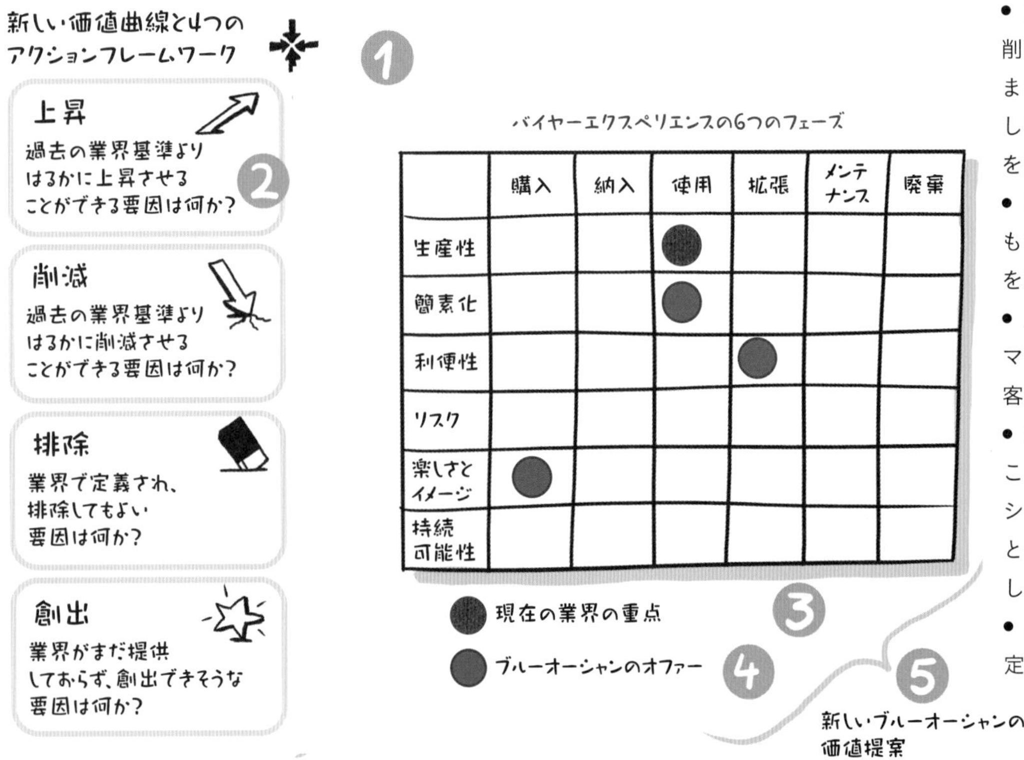

ツールの適用方法

- **ステップ1**：まず「4つのアクションフレームワーク」（上昇、削減、排除、創出）から始めます。焦点は戦略的要因の定義に当てます。これは商品またはサービス（生産性、価格、保証など）に関して重点を置く直接競合または代替競合他社あるいは業界全体を指します。
- **ステップ2**：これらの要因のうち、上昇、削減、排除ができるもの、または新規創出できるものを判定します。最も重要な要因を選択します。
- **ステップ3**：これらの重要要因をバイヤーユーティリティマップに配置します。最初に、既存の提案に関してユーザー/顧客にとって重要な決定要因を定義します。
- **ステップ4**：どの要因を削減または排除できるかを考えます。ここで創造力を発揮する場面です。ブレインストーミングセッションをチームで行い、未使用の要因を見つけます。そうすることで、サービスまたは商品が対応できる追加の価値範囲を特定します。
- **ステップ5**：新しい「ブルーオーシャン」価値提案を結果から定義します。

これはアリス・フロワサックのお気に入りのツールです

役職：

Openers共同創設者兼デザインシンキングエキスパート－ME310 卒業生 d.school Paris

「デザインシンキングは、一人ひとり個性を持ったユーザーを理解し、自分とは異なるバックグラウンドを持つ人たちと一緒に仕事をすることを可能にします。こうした特性と違いをすべて組み合わせることで、素晴らしい発見ができ、創造力と斬新さを発揮できます。物事を実現させる素晴らしい機会になります」

なぜお気に入りのツールなのか？

ツールとしてのブルーオーシャンは差別化戦略を実践的に策定できます。私はこのアプローチを顧客への共感と競合/ベンチマーク分析の優れた組み合わせだと思っています。視点を変えることで、競合他社は恐れるべきものではなくなり、真似をする必要もなくなります。独自の商品とサービスを定義する作業においてのインスピレーションの役割を果たすバイヤーユーティリティマップは現状に疑問を投げかけ、新しい提案を立ち上げるときに価値提案を定義するのに役立ちます。

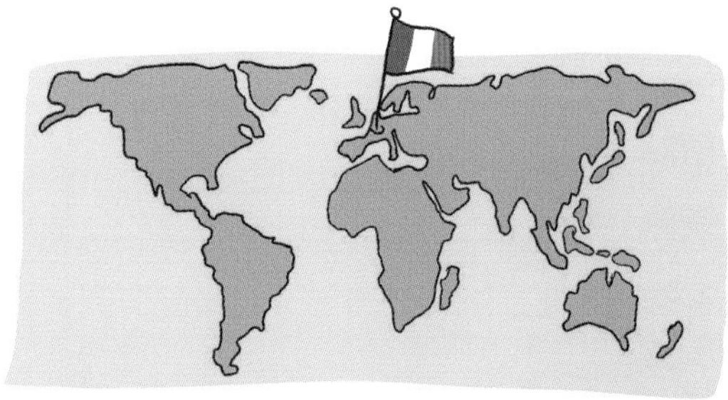

国：

フランス

所属組織：

Openers

チェック担当：セバスチャン・フィクスソン

会社/役職：ボブソン大学研究員/教員/イノベーションとデザインのアドバイザー

エキスパートのヒント：

バイヤーユーティリティマップと非顧客マップはそれぞれ拡張する

顧客の活動は必要に応じて拡張できます。例：ユーザーはどのようにして商品を意識するようになるか？購入前に商品を比較したか？配達方法は何を優先するか？返品方法に関する情報は影響があったか？継続的支出は課題になったか？ソーシャルメディアのコメントは購入プロセスに影響したか？商品の使用については、シンプルさ、便利さ、リスク最小化などの属性が重要になります。

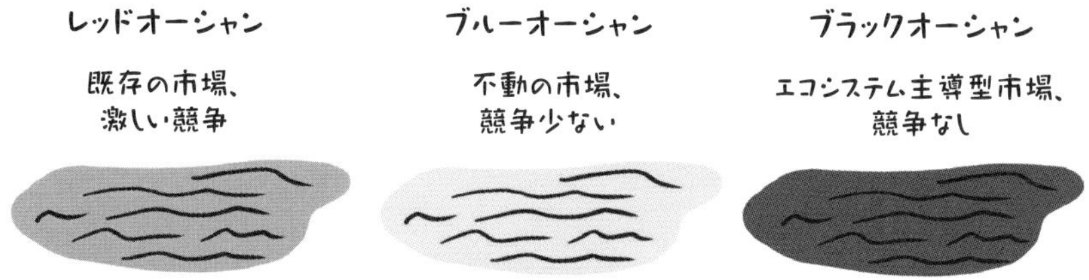

バリエーション：ブラックオーシャン/実用最小限のエコシステム

- レッドオーシャン戦略からブルーオーシャン戦略へのシフトに加え、ブラックオーシャン戦略も検討に入れることをお勧めします。この点については邦訳『デザインシンキング・プレイブック』（2019年、240ページ）でビジネスエコシステムのデザインについて説明されています。
- ブラックオーシャン戦略は、他の競合他社が長期的に競争するチャンスがないようなシステムを形成することを目的としています。
- この手順は反復プロセスに基づき、実用最小限のエコシステム（MVE）が4つのデザインループにわたって発展します。
- MVEは各個別アクターのバリューストリームと提案の最適化の基礎となり、その方法では競合他社は生き残りができません。
- 提案の定義で、最大の市場参入、最小限の機能、最大の顧客ベネフィットを備えた提案が最初に選択されます。

タスクの割り当てから始めてジャーニーに沿って進むのが最善策でしょう。競合他社の重点を入れます。
見て！どの会社も生産性を重視している！
Buyer-Utility-Map
6 Phases of the buyer EXPERIENCE
Purchase
Delivery
Usage
Extension
Maintenance
Productivity
Simplicity
Convenience
Risk
Fun & Image
Sustainability
誰もリスク、楽しみとイメージには手を付けていないし、持続可能性もです。チームの他のメンバーと相談しましょう。

ユースケースの説明

- リリーのチームが競合他社を分析し、ユーザーを観察した後、いよいよ市場と競合他社の焦点についての知見を分析する時間がやってきました。
- リリーは成熟市場にいます。チームは、ほとんどの競合他社がデジタルトランスフォーメーションによって生産性を飛躍的に高めることに重点を置いたということを発見しました。
- これによってリリーのチームには、顧客にとってのベネフィットを高める他の手段に取り組む機会が生まれました。

ここまでのポイント

- ブルーオーシャン戦略の定義をする間は、ユーザー／顧客への定期的なインタビューをためらわないことです。
- 自社または他の業界のエキスパートを参加させて、事実をより深く把握し、新しい要因の定義をします。
- バイヤーユーティリティマップはチームで埋めていきましょう。
- ブラックオーシャン戦略の一部になる機会を探求します。

ダウンロード可能ツール

www.dt-toolbook.com/utility-map-en

フェーズ：プロトタイプ

プロトタイプの作成は、選択したアイデアを目で見て手で触れられる形にすることです。プロトタイプは、シンプルな重要機能プロトタイプから最終プロトタイプまでさまざまです。プロトタイプを作成するには、１つの機能やエクスペリエンスをテストできる程度のシンプルな材料を使います。プロトタイプフェーズは次のテストフェーズと強く結び付いています。テストからのフィードバックは、ユーザーについてさらに詳しく知り、現在のプロトタイプを改善するか破棄するかという判断に使われます。この手順が反映されているのが、デザインシンキングのモットーである「気に入るか、変えるか、捨てるか」です。初期の失敗は学習の機会をもたらし、次の反復で作成するプロトタイプを改善できます。

よく使われるプロトタイプ

以下のページでは、プロトタイプの最も一般的なバリエーションを簡単に紹介します。プロトタイプについては、『デザインシンキング・プレイブック』で使用した用語を使用しますが、バリエーションによっては、これらに相当する別の用語が使われることもあります。

問題提起文に応じて、どのプロトタイプを使用するか、最終プロトタイプをデザインするまでにマイクロサイクルを何周するかが決まります。

それぞれのプロトタイプを分かりやすく説明するため、例としてシンプルなデザイン課題を定義しました。それぞれのプロトタイプのポイントについて簡単に説明し、デザインシンキング・サイクルでそれがどのように変化するかを示します。一般的に、プロトタイプは時間の経過とともに解像度が上がりより具体的になっていきますが、初期のアイデアはまだシンプルなスケッチに過ぎません。

国際調査では、参加者が各ツールを知っているか、また知っている場合はそのどの例でも、同じタイプで複数のプロトタイプが作成されます。1つのプロトタイプからどのプロトタイプに切り替えても構いません。探求マップは、以前のプロトタイプについて分かりやすく示します（195ページ）。

プロトタイプの詳細度は通常、簡易的で低い解像度（低忠実度、ローファイ Lo-Fi）から本物に近い高い解像度（高忠実度、ハイファイ Hi-Fi）へと高まっていきます。

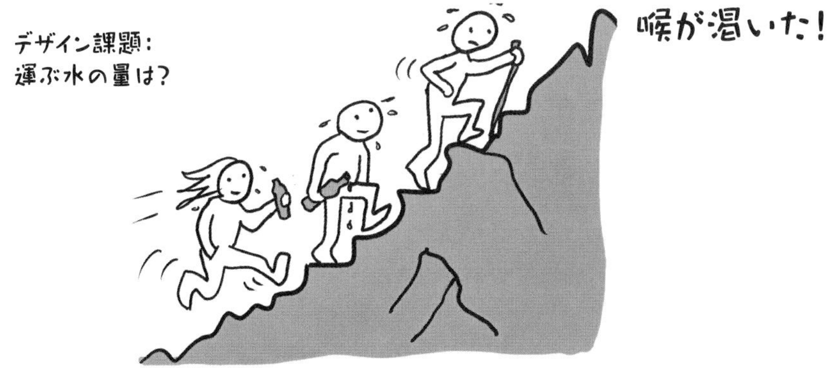

山登りをする人が水を必要とするときに、
1日の必要摂取量を簡単かつ安全に
運搬するために最適なソリューションは？

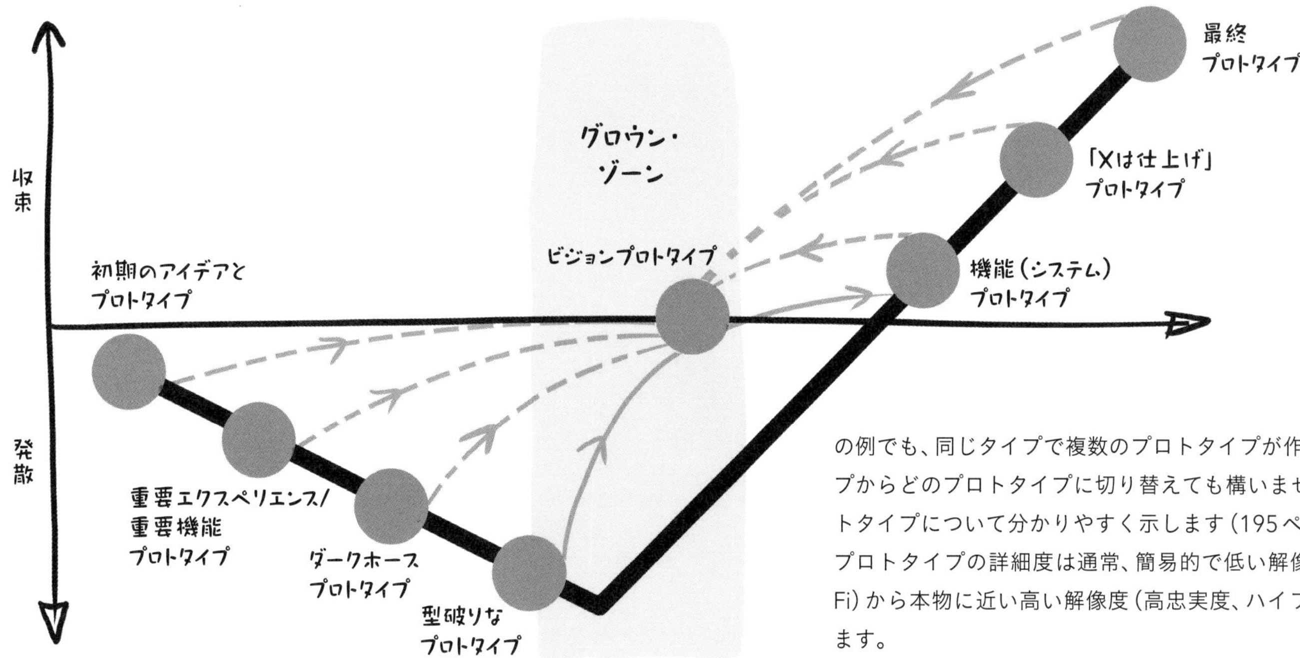

集中型実験 - 重要エクスペリエンスプロトタイプ（CEP）と重要機能プロトタイプ（CFP）

目的

実験を通して、ユーザーとその問題をより深く知ること。

重要機能F1「握る」

重要エクスペリエンスE3「注ぐ」

重要機能F2「開ける」

重要エクスペリエンスE4「デザイン」

ツールを使ってできること：

- ユーザーに対する小さな実験を通じて、プロジェクトにとって重要な要素を調査して明確化する。
- ユーザーについてより詳しく知るため、全体的なデザインにとって重要なエクスペリエンスを作成する。
- 全体的なデザインにとって重要な機能のシミュレーションをする。
- ユーザーのニーズについてさらに詳細な理解を得る。
- 問題のすべての側面について最大限の理解をする。
- 簡潔なアンケートではできない、ユーザーの感情をかき立てることができる。

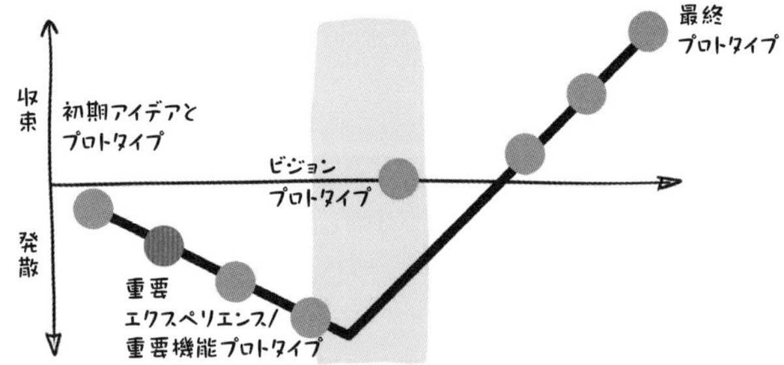

このタイプのプロトタイプの概要：

- 重要エクスペリエンスプロトタイプ（CEP）と重要機能プロトタイプ（CFP）はプロジェクトの初期段階で実施されます。理解フェーズと観察フェーズの最初のステップが完了する時期、またはインタビュー形式で最初のコンタクトが行われ、デザインチームがもっとユーザーについて知りたいと思う時期に使用します。
- CEP/CFPはデザインサイクルで何回も実施できます。問題の全体像がまだ把握できていない場合は特に重要です。
- CEP/CFPはエクスペリエンスや機能の重要な要素がまだ不明確な場合や疑問の余地がある場合に有効です。
- CEP/CFPはささやかなプロトタイプではありますが、より深いレベルでユーザーと向かい合うことができます。
- 個々の決定要素についてユーザーと直接意見交換することでニーズが明らかになり、何よりインタビューの誤った解釈を防ぐことができます。

エキスパートのヒント：

- 問題を完全に解決するためのものではありません。むしろ、可能なソリューション案の要素を問うことが目的です。
- 実験（またはプロトタイプ）はごく短期間で作成すべきです。
- 重要項目図（145ページ）を基礎として使用できます。
- 手始めにチームと一緒にプロトタイプを作成し、具現化の過程で現れた新しいアイデアを統合します。作成過程は「手を動かして考える」プロセスとも言われます。
- ささやかな実験を数多く重ねることで、大きな1回の実験よりも多くの知見が生まれることも少なくありません。

大胆な実験 - ダークホース・プロトタイプ

目的

ユーザーとその問題を大胆な実験を通して知ること。

ツールを使ってできること：

- 大胆な、または未来の質問を明確にし、実験の形でテストする。
- 定石から外れた方法で試してみる。
- ありふれた方法からは意識的に外れる。
- 問題空間の最も光の当たらない隅を照らしてみる。
- 極端な実験でユーザーの強い感情や反応を引き出す。
- できるだけコンフォートゾーンからはみ出してみる。

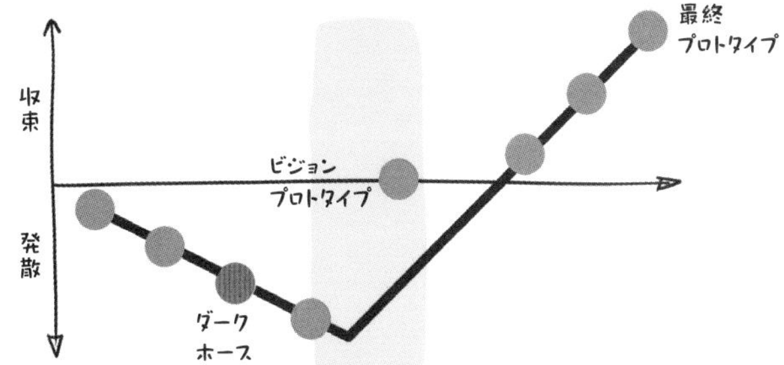

このタイプのプロトタイプの概要：

- 「ダークホース」とはスポーツ競技や政治の世界で使われる言葉です。当初は勝てる見込みのなかった予想外の勝者や、全く無名の参加者が勝者となったことを指します。
- こうした実験はプロジェクトの初期フェーズで実施されます。ダークホース・プロトタイプを使って、ソリューションに対する意外なアプローチについてユーザーの反応をテストできます。
- アイデア発想では、たとえば未来について「30年後のソリューションはどのようなものになると思いますか？」と尋ねます。または、これまでの仮説を覆します。中心となる質問は「もし〜なら？」です。
- ダークホース・プロトタイプでは、高いリスクが伴うことで用途案では採用されなかったり、現時点では技術的に実現できなかったりするアイデアをテストできます。

エキスパートのヒント：

- 通常、このフェーズで機能するプロトタイプを作成することは不可能です。このため「オズの魔法使い」の実験またはそのビデオが実施に適した形式となります。「オズの魔法使い」実験（別名メカニカルターク）では、テスト対象者は技術的システムとコミュニケーションを取っているふりをします。もちろん現実には別の人が隠れていてシステムの反応を返します。例：水の点滴のため、隠れている人が水を補充し続けます。
- このリスクの高い実験を初期フェーズで実施すべきなのは、この段階では実験の失敗も（奨励されないまでも）許容されるからです。
- デザインチームが精神的に行き詰まるリスクがある場合は、ダークホース・プロトタイプが大胆なアイデアを生むきっかけにもなります。

混合実験 - 型破りなプロトタイプ

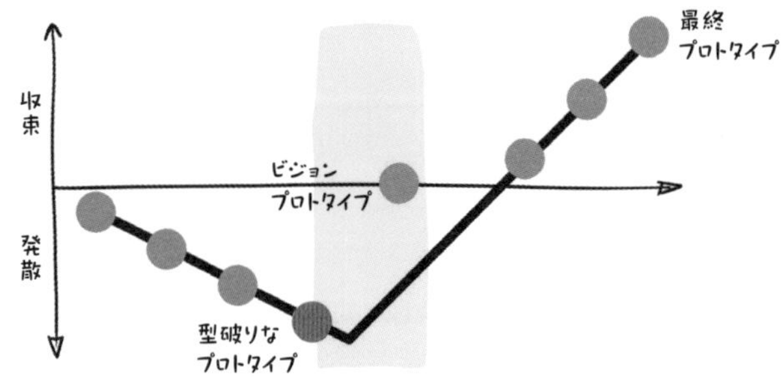

目的

初期実験の所見を組み合わせて、問題空間の探求を完了する。

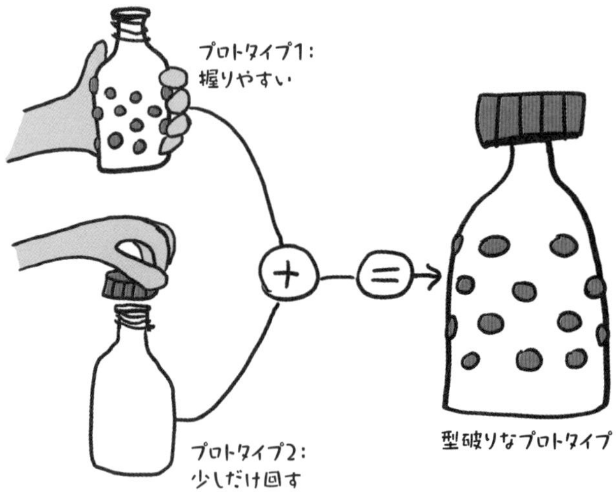

ツールを使ってできること：

- 初期の所見を組み合わせることから始める。
- ユーザーのニーズに関する残りの疑問を明確化する。
- 最初に全体的な機能をテストし、最終的な目標に対する最初のビジョンを描く。
- メリットに焦点を当てた実験を構築して実施する。
- ソリューションの重要な要素に関して確実性を得る。

このタイプのプロトタイプの概要：

- 型破りなプロトタイプでは、それまでのさまざまなブレインストーミングセッションやプロトタイプ（CEP、CFP、ダークホース）からの知見とアイデアを統合します。
- こうした詳細な実験は、ソリューションにとって不可欠な要素に関して残っている不明点を取り除くために行います。主な目的は問題空間の知見を集めることです。問題へのソリューションを見つけることはまだ二の次です。
- 最初のソリューション案の最終機能が最もシンプルな方法で実施されます。こうした実験または最初のプロトタイプは、シンプルな材料で、既存のプロトタイプや既存のソリューションを基に作成されます。

エキスパートのヒント：

- 実験（またはプロトタイプ）は、ごく短期間で作成すべきです。まだシンプルなプロトタイプで構いません。
- モーフォロジカル・ボックスを使って、すべての実験の結果と理解フェーズおよび観察フェーズの知見の概要を作成できます。これにより、より良い組み合わせを早く発見できます。
- 重要項目図の重要要素とともに、重要要素に関してまだ答えの出ていない質問があるかどうかをチェックし、このステップで答えを見つけます。

未来を想像する - ビジョンプロトタイプ

目的

これまでのすべての知見に基づき、後のソリューションのビジョンを作成し、それをテストする。

ビジョン
「いつもそばに水がある:
軽量、いつでも使える、クール」

ツールを使ってできること：

- 問題をどのように解決するかについて、最初のビジョンを作り上げる。
- 将来、何を市場に投入するかについてビジョンを作成する。
- ビジョンがユーザーの特定されたニーズと問題を解決することを確認する。
- 問題探求から問題解決への移行をデザインする。

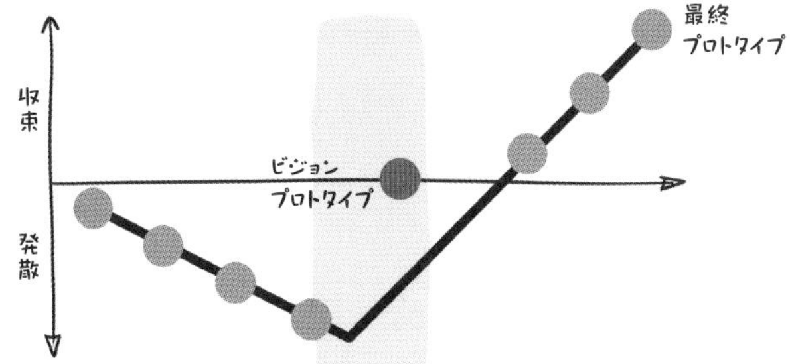

このタイプのプロトタイプの概要：

- ビジョンプロトタイプは、ユーザーの特定されたニーズと問題をすべて解決しようとする最初のコンセプトです。スケッチされたビジョンは通常、かなり先の時間設定で、商品やサービスの形で一連のソリューションを通じて到達できるものです。
- このコンセプトは、ユーザーと一緒にテストし、検証する必要があります。このステップでは、ユーザーとその行動に関する新しい洞察が生まれることがよくあります。
- ビジョンプロトタイプはチームが「グロウン・ゾーン」を克服するためにデザインします。問題探求の発散フェーズから問題解決の収束フェーズへの移行です。

エキスパートのヒント：

- ビジョン提起文は、目的とする状態を1文で表します。この提起文がユーザーの注目を集め、関心を呼ぶ場合は、その経路は有望です。
- ビジョンプロトタイプでは、商品によって満たすニーズ、ターゲットグループ、提供するメリットについて探り当てることが重要です。
- エクストリームユーザー/リードユーザー(79ページ)はビジョンプロトタイプをテストする際にぴったりの対象です。
- ビジョンプロトタイプも非常に低い解像度です。今後のソリューションのシナリオをスケッチやビデオで見せます。
- ここでも、何度か反復を行って将来のビジョンを磨き上げるだけの価値はあります。

最初の機能を搭載したプロトタイプ - 機能（システム）プロトタイプ

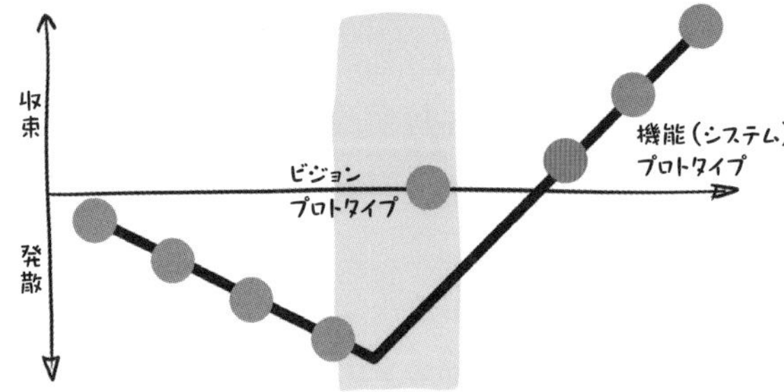

目的

最初の機能するプロトタイプを開発する。

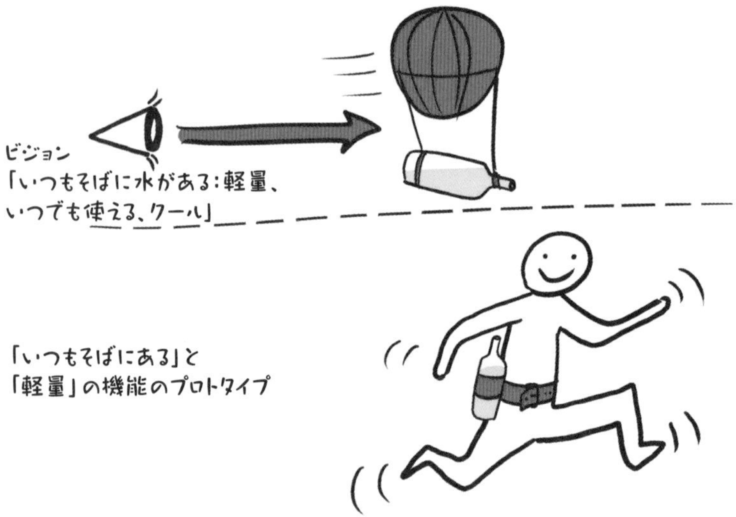

ツールを使ってできること：

- 記述されたビジョンの最初のステップを実施する。
- 後のソリューションに命を吹き込む。
- 主要機能を技術的に実装する方法と、ソリューションにはどのようなパターンがあるかを見つけ出す。
- 実用最小限の商品（MVP、207ページ）に一歩近づく、あるいは到達する。

このタイプのプロトタイプの概要：

- 機能（システム）プロトタイプでは、これまで登場したビジョンの一部を実装します。その際、早期にかつ容易に実現できる部分に重点を置きます。複数の機能を実装するシステムでは、後の商品の主要機能を最初に具現化することが一般的です。
- 機能を絞ったソリューションの場合は、実用最小限の商品（MVP）は、この時点ですでに構築可能です。
- 機能プロトタイプの主な目的は、後の商品の主要機能を具体的な見える形にすることです。この主な機能は技術的に簡単な手段で実装します。主要機能は技術的実現可能性についてチェックします。

エキスパートのヒント：

- 実施する基本機能はできるだけシンプルに、中核部分のみに削ぎ落とします。他の機能は後に自動的に追加されます。
- 低解像度のプロトタイプと非常に迅速な反復による問題探求フェーズの後は、技術実装に向けたステップが障壁になることが多いのは、実装に失敗する可能性が高いためです。このステップに少し勇気がいるのはそれが理由です。
- このステップでの失敗は学習上の成功として捉え、「失敗などない、あるのは学びだけ」という格言を信じましょう。

ソリューションの詳細 -「Xは仕上げ」

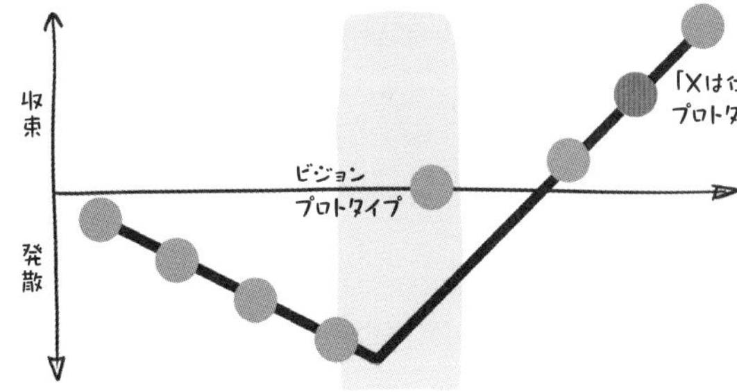

目的

求められているソリューションの重要な要素を実装し、詳細を詰める。

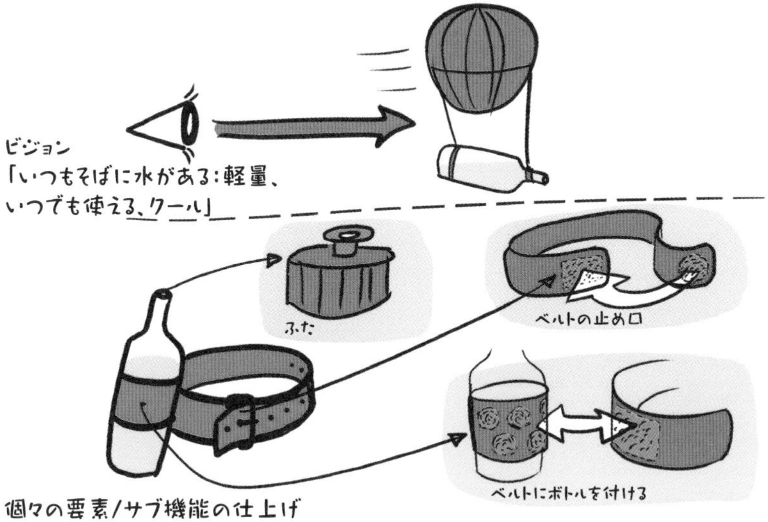

ツールを使ってできること：

- 重要なサブ機能について確信を得る。
- ソリューションの全体的機能にとって不可欠な要素をできるだけ細部まで描写する。
- ソリューションの実施に向けて大きな一歩を踏み出す。
- 実装を含む次のステップのコストを計算するために適したスタートポジション（初期イメージ）を固める。

このタイプのプロトタイプの概要：

- 「Xは仕上げ」は全体的な機能に必要な要素またはサブ機能が実装され実現したフェーズです。目標は、フェーズ完了後に機能的な総合システムが手元に残り、その主な機能ができる限り具体的になっていることです。
- ビジョンプロトタイプと機能（システム）プロトタイプがどちらも全体的な問題のソリューションに重点を置いていたのに対し、「Xは仕上げ」フェーズでは最重要要素の詳細ソリューションに重点が置かれます。
- 特に複数のサブ機能があるシステムでは、このフェーズは最終プロトタイプに向けた重要なステップです。

エキスパートのヒント：

- このステップでは、重点は（システムの）必須サブ機能に置かれます。
- このステップで得た知識は後の実装時の評価で役立ちます。
- 技術的要件と発生し得る開発コストはこのフェーズ内で初めて概算が出されます。
- このステップでは、潜在的パートナーやサプライヤーのサードパーティのノウハウを統合することが役立つ場合もあります。
- サブ機能はユーザーへの適性についてもチェックしてテストする必要があります。「Xは仕上げ」ソリューションは、サブシステムが順調に機能するようになるまで、通常は数回の反復が必要です。

（できれば）終了段階 - 最終プロトタイプ

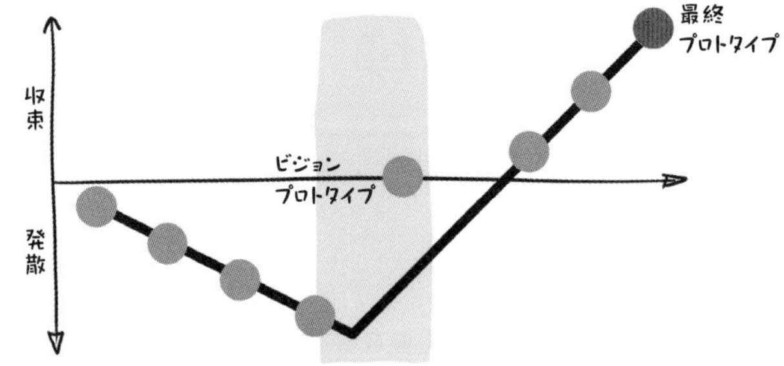

目的

最終段階としてソリューションの仕上げをすること。

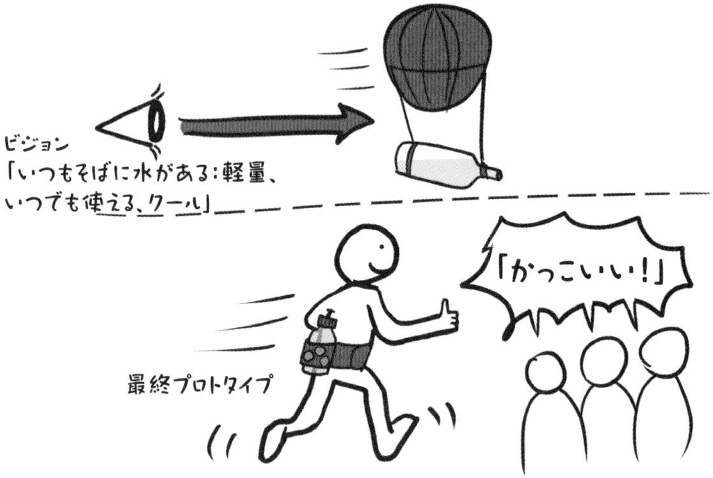

ツールを使ってできること：

- プロトタイプフェーズ、つまり早期のイノベーションフェーズを終える。
- ニーズの過充足（オーバースペック）を回避する。
- すべての必須要素を必要不可欠なものに絞り込む。
- サブ機能のインテリジェントな組み合わせを見つける。
- ニーズと問題に対する洗練された最終ソリューションを作る。
- ビジョンの実現に向けて最初の商品化可能なステップを踏み出す。
- 最終プロトタイプを意思決定者に納得してもらうようにする。これはソリューションがどのようなもので、どんなニーズが満たされるのかを実際に確認できる唯一の方法だからである。

このタイプのプロトタイプの概要：

- 最終プロトタイプで問題解決のフェーズは完結します。個々の要素を細かく見ていると、大局を見失ってしまいがちです。個々のサブ機能を開発していると、機能が拡散し、大きくなりすぎ、全体のソリューションの洗練と簡潔さが失われるリスクがあります。
- もう1つ、このステップで実施するべきことは、ソリューション案が当初決定したニーズとターゲットグループの問題に合致しているかを確認することです。
- 遅くともこのステップで、実用最小限の商品（207ページ参照）を構築する必要があります。全体的ソリューションの複雑度によって、この目標が早期に達成できる場合と、最終プロトタイプでようやく達成できる場合があります。
- 最終プロトタイプは「問題/ソリューションフィット」を示します。

エキスパートのヒント：

- 必須要素のみにまで削ぎ落とし、個々の要素と機能をスマートに組み合わせることで洗練を確保します。
- たとえば、CEP/CFP（188ページ参照）など規定の要素を別の視点で見ること、目的の最終ソリューションがそれに合致し、どの部分を省くことができるかを検証することが、時間が経っても劣化しない秘訣です。
- 本当に必要な機能だけが実施され、過剰なソリューションが生まれないようにしましょう。

探求マップ

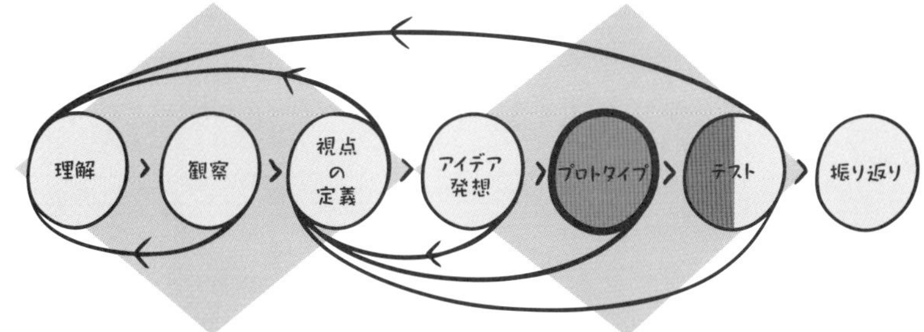

目的

ここまで実施した実験と、それらを分類する方法について知ること。

ツールを使ってできること：

- どのような実験が行われ、どのようなプロトタイプが実現されたかを可視化する。
- まだ実行可能な実験またはプロトタイプの概略を把握する。
- 実験結果の期待値と実績値の差分を記録する。
- これまで実施した実験について共通認識を得る。

ツールに関する詳細：

- 探求マップは、すでに実施されたすべての実験およびプロトタイプを追跡記録する際に役立ちます。
- 通常は実験と機能の軸があります。2つの軸は既知または既存、さらに新規または予期せぬ行動と機能を象徴します。
- さらに、実験に関するユーザー/顧客のフィードバックを探求マップに入力できます。この方法で、予想されるユーザー行動が実体験に適合するかどうかを判断できます。
- 探求マップは、デザインサイクル全体の終了時に、チームが最終ソリューションに到達するまでにたどった経路を示します。

代替として使用できるツールは？

- 実験とその結果は、探求マップがない場合は従来通りの文書として記録されます。
- ただしこの場合、本当にリスクが高い実験や一般的ではない実験が実施されたかどうか、チームがどの程度クリエイティブだったのか、問題空間の探求とソリューション発見のためにチームがどれくらい冒険しようとしていたのかは明確になりません。

このツールに取り組む際に役立つツールは？

- フィードバック・キャプチャー・グリッド（217ページ）
- ソリューションインタビュー（225ページ）
- 私が気に入ったのは/私が望むのは/私が質問したいのは（239ページ）
- テストシート（213ページ）

必要な時間と材料は?

グループの人数

- デザインシンキングのコアチーム。
- 理想は4〜6人組です。

4〜6人

平均所要時間

- 所要時間はマップに入力するプロトタイプの数、その結果生じるチームでのディスカッションにおけるメンバーの熱心さによって異なります。

10〜45分

必要なもの

- 大判の紙
- 付箋紙、ペン、マーカー
- 具体的なものを実現するための豊かな想像力と楽しさ

テンプレート:探求マップ

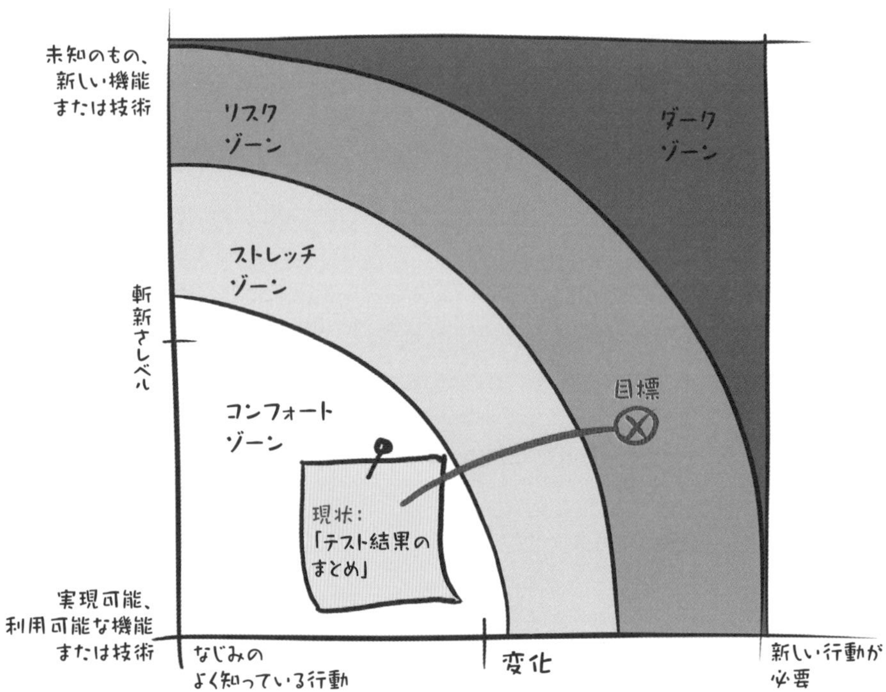

ツールの適用方法

探求マップはチームに実施された実験の概要を示し、今後実験を行うエリアも示します。実験に関する予想とターゲットグループへの効果に関する情報を提供します。

- **ステップ1:**すでに実施した実験を記入します。これは位置付けの変更が必要になることもあります。各実験は探求マップ上に記録されます。名前と画像(プロトタイプとテストの)を付けるとよいでしょう。
- **ステップ2:**チームにおける実験の位置付けについてディスカッションします。本当にコンフォートゾーンを離れましたか?前回の探求と前回の実験を基に、新しい実験の目標などを定義できます。
- **ステップ3:**プロトタイプを作成し、結果に関する予想を文章化した後は、探求マップに記入して適宜配置します。
- **ステップ4:**テスト後、ユーザーの反応とテストの知見も把握します。フィードバックの批判的ディスカッションによって、探求マップ上の実験の位置付けが変わることがあります。

探求マップはチームメンバー間のディスカッションを喚起し、新しい実験の計画の基礎を提供し、テスト後の振り返りに役立ちます。

これはラリー・ライファーのお気に入りのツールです

役職：

-スタンフォード大学機械工学部教授

-HPI&スタンフォード・デザインリサーチセンター創設ディレクター

-ME310「プロジェクトベースのエンジニアリングデザイン、イノベーション、開発」

「デザインシンキングのマインドセットを持ち続け、次の大きなチャンスを探し始めましょう」

なぜお気に入りのツールなのか？

チームにとって、本当に問題空間のすべての側面を実験とプロトタイプで探求したのかと確認することは非常に困難なため、探求マップは大きな助けになっています。私がこのツールを気に入っているのは、問題が本当に幅広い視野で検証されたのか、個々のステップで何を学んだのかをシンプルな方法で示してくれるからです。

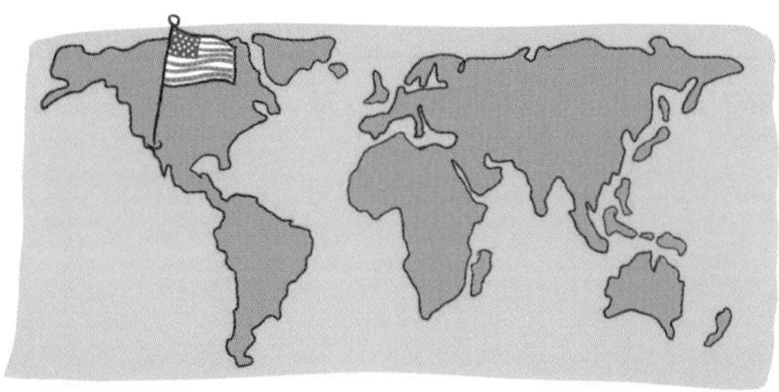

国：

米国

所属組織：

スタンフォード大学

チェック担当：シュウェト・シャーバリー

会社/役職：Everything by Designイノベーションカタリスト/インサイトマネージャー/デザインストラテジスト

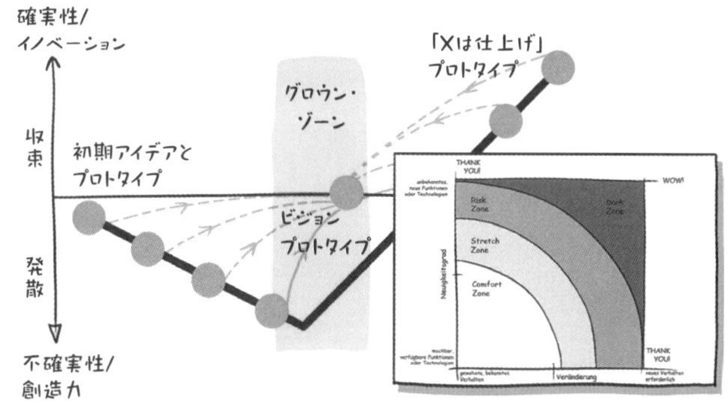

エキスパートのヒント：

旅の始まりは目的地が分からない

- この活動はコアチーム全体で行い、実験の流れに関する共通認識が生まれることを確認します。
- 探求マップは、各実験フェーズが終了するごとに補足する必要があります。コアチームと共同で作業することで、他のチームの結果に関する情報をそこから得ることができます。
- 実験の位置付けを変更するときは、元の予想も記録します。その違いは、ニーズの解釈が間違っていたことを意味します。その違いが大きいほど、知識として得るものが増えます。
- 2つの並行する探求マップを使う方法もあります。実験の結果に関する予想は片方のマップに、テストの反応はもう一方のマップに記します。そうしないと、実験回数が増えた場合にすぐ追跡ができなくなります。

写真とビジュアル化で百聞は一見にしかず

- 探求マップを（大きなポスターなどにして）チームメンバー全員に見える場所に掲示します。
- 概要は、デザインサイクル全体で、問題空間の探求において生じるギャップを示します。
- 探求マップは正確な測定デバイスではありません。大まかな方向性を示すものです。そのため、個々の実験を位置付ける時間は非常に短くするべきです。
- 写真は一見にしかず。ビジュアル化や実際に作ったプロトタイプの写真を使ってマップ上に配置することをお勧めします。

ユースケースの説明

- 初回の反復で、リリーのチームは問題と顧客の実際の詳細な理解を得るという目標を設定しました。その結果、チームは状況についてきわめて的確につかみ、理解できます。
- ここからはテストによってユーザーをコンフォートゾーンから引っ張り出し、もっと大胆なアプローチを試そうとしています。
- ダークホース・プロトタイプを使って、実現可能なものの限界を探り、探求マップの「ダークゾーン」に入ろうとします。

ここまでのポイント

- 探求マップは実験の経過を追跡記録し、次の市場機会へ向けた探求のジャーニーで到達した地点を確認できます。
- マップは実験の意図を可視化し、結果が時間の経過とともにどのように変化するかを示します。

ダウンロード可能ツール

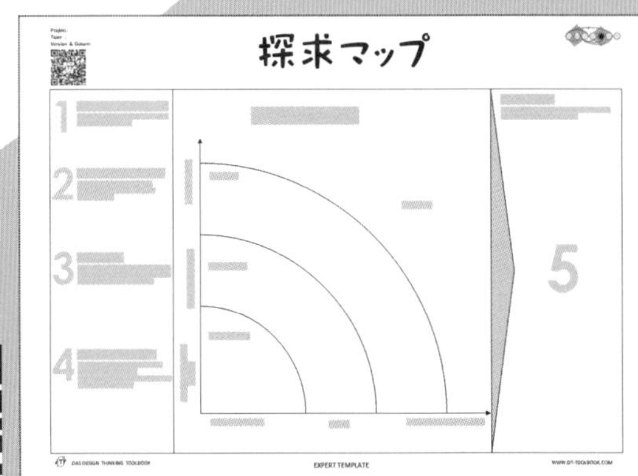

www.dt-toolbook.com/exploration-map-en

テスト用プロトタイプ

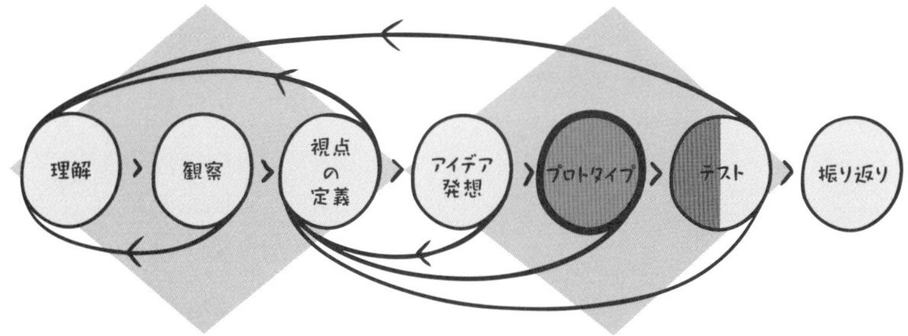

目的

実施したアイデアでユーザーのニーズが満たされたかどうかを評価すること。

ツールを使ってできること：

- ユーザーにアイデアを体験してもらい、プロトタイプをどのように扱うかを観察する。
- 潜在的ユーザーの理解を深める。
- ニーズを検証し、仮説のレビューを行う。
- 有用性、技術的実現性、経済的実現性のさまざまな側面についてフィードバックを得る。

ツールに関する詳細

- ユーザーとの直接対話とフィードバックに重点を置くテスト用プロトタイプは、デザインシンキングの基本概念です。アイデア発想フェーズの後、アイデアはプロトタイプに変換され、実際のユーザーでテストされます。
- ポイントは、機能やエクスペリエンスについてさらに詳しく知るために、ユーザー向けの実験を構成することです。
- プロトタイプにはさまざまなタイプがあります（187-194ページ参照）。マクロサイクルのフェーズ、アイデア、検証する仮説に最も合致するタイプのものを選びます。
- 潜在的ユーザーはプロトタイプとのインタラクションを体験します。この方法で、ソリューションに対する基本的な機能上の要件を特定できます。
- テスト中に収集したフィードバックは非常に貴重であり、その後の決定の基礎となります。たとえば、最も有望なアイデアや、修正を必要とする機能の決定などです。

代替として使用できるツールは？

- インタビューまたはオンラインアンケートは特定のプロトタイプでは代替案になります。ただし、これらのメソッドはユーザーの直接インタラクションがないため、同じ知見が得られるという保証はできません。

このツールに取り組む際に役立つツールは？

- 共感マップ（93ページ）
- フィードバック・キャプチャー・グリッド（217ページ）
- 私が気に入ったのは/私が望むのは/私が質問したいのは（239ページ）
- ソリューションインタビュー（225ページ）

必要な時間と材料は？

グループの人数

1人～多数

- プロトタイプは1人でも大人数のチームでも作成できます。
- エキスパートや追加メンバーは、すべてが考慮されているかをチェックするためのフォロー役になります。

平均所要時間

30分～数日

- 所要時間は解像度によって異なります。
- 低解像度のプロトタイプは30分以内に作成できます。最終プロトタイプは数日から数週間かかる場合もあります。

必要なもの

- デザインシンキングの材料
- 紙、付箋紙、ペン
- プロトタイプ作成に必要なもの

テンプレートと手順：テスト用プロトタイプ

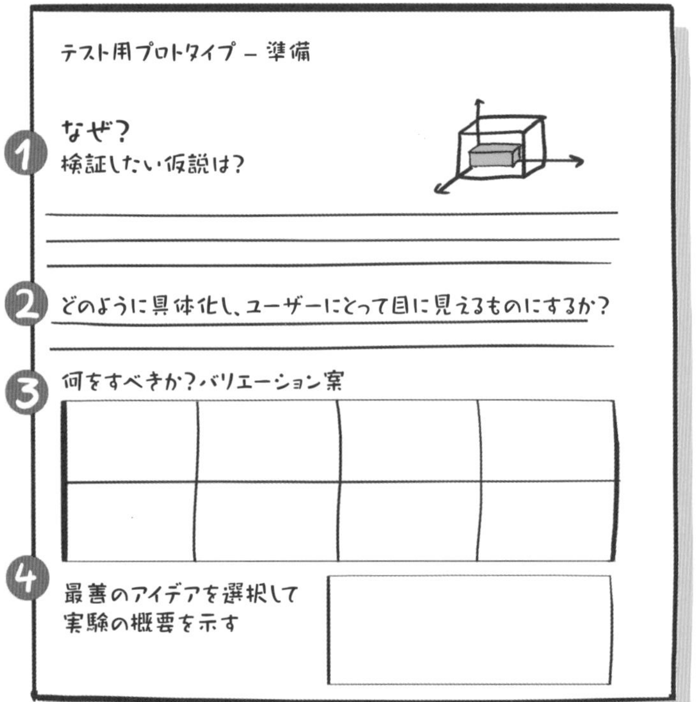

テスト用プロトタイプ ー 準備
1
なぜ？
検証したい仮説は？
2
どのように具体化し、ユーザーにとって目に見えるものにするか？
3
何をすべきか？バリエーション案
4
最善のアイデアを選択して
実験の概要を示す

ツールの適用方法

- **ステップ1**：プロトタイピングの前に、どのような洞察を得たいのか、なぜ実験をしたいのかを自問自答してみることです。そのため、テストする仮説と、実験を実施する方法をまとめる必要があります。
- **ステップ2**：プロトタイプとのインタラクションが、ユーザー（テスト対象者）にとってどのようにエキサイティングな体験になるのか、またテストからどのような新しい洞察が生まれるかを考えます。
- **ステップ3**：解像度を決定し、何を実施するかを具体的に決めます。作成する各種プロトタイプを決定します。代替案を考えてから1つに絞るほうが合理的な場合が多いものです。
- **ステップ4**：パターンを選び、必要に応じて実験の概要を決めます。低解像度のプロトタイプは、ニーズ、実用性、機能性に関する洞察に焦点を当て、主に発散フェーズで使用されます。高解像度のプロトタイプは実現可能性と収益性を重視します。

プロトタイプには、さまざまな種類があります。素材やアイデアによって、モックアップ（模型）、ストーリーボード、セノグラフィー、または「オズの魔法使いの」実験を使用できます。（プロトタイプと解像度の対応リストは、『デザインシンキング・プレイブック』の111-112ページを参照）。

これはパトリック・ディーニンガーのお気に入りのツールです

役職：

delta Karlsruhe GmbH シニアコンサルタント| カールスルーエ工科大学（KIT）学生支援課

「デザインシンキングは、マインドセットを完全に変え、視野を広げ、思い込みを疑い、型破りで斬新なアイデアを生み出すのに役立ちます」

なぜお気に入りのツールなのか？

テスト用プロトタイプは、ユーザーに関する深い洞察を得るために不可欠です。私は人とのコミュニケーションが好きなので、作ったプロトタイプをユーザーに見てもらい、その反応を見るのがとても楽しみです。奇抜なアイデア（たとえばダークホース・プロトタイプ）をユーザーに伝えるのは容易なことではありません。プロトタイピングは、未来型で斬新なアイデアを、その背後にある基本的な考え方をユーザーに理解してもらえるような形で可視化するのに役立つのです。このように、他の方法では把握が難しい環境でのニーズをテストできます。もちろんプロトタイプの作成そのものもとても楽しい作業です。

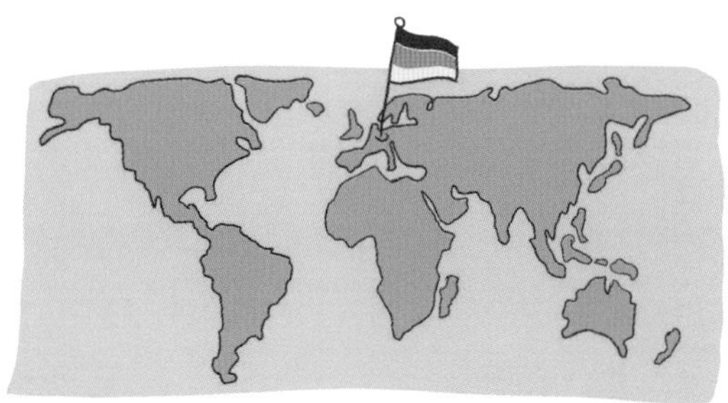

国：

ドイツ

所属組織：

カールスルーエ工科大学（KIT）

チェック担当：ユスタス・シュラージ

会社/役職：カールスルーエ工科大学（KIT）

エキスパートのヒント：

Lo-FiとHi-Fiのプロトタイプの違い

- プロトタイプの完成度が高いほど、有用性や機能性に関するフィードバックは少なくなります。簡易で完成度が低いものほど、正直な回答が返ってきやすくなります。ですから、プロトタイプの材料はシンプルなもので構いません。
- 自分で作成したプロトタイプにはどうしても愛着が湧いてしまうものです。そうなると、他にもっといいアイデアがあるかもしれないのに、そのアイデアにこだわってしまいます。たとえ完璧なフィードバックを得たとしても、探し続けるのはそのためです。さらに深く掘り下げて、フィードバックが本当に本音なのかを探り当てます。
- プロトタイプには時間をかけすぎないようにします。さもないと、解像度が自動的に上がってしまうか、プロトタイプに機能を盛り込みすぎてしまいます。
- 低解像度のプロトタイプ1つに実施する機能は1つか2つだけにします。
- 低解像度のプロトタイプをテストするタイミングは、まだこのプロトタイプを見せるのが少し恥ずかしいというくらいが適切です。

他のモックアップ、プロトタイプ、デザインチームからインスピレーションを受ける

- 使用できる材料はたくさんあります。最も優れたインスピレーションは他のプロトタイプから受けたものです。
- プロトタイプは説明すべきではありませんが、状況をユーザーに伝える必要が生じることもよくあります。そこで、デザインの課題について何をしようとしているのかを簡潔に説明することが役立ちます。
- さらに「言葉より行動で示す」アプローチを徹底するため、状況説明とテスト自体を時間的に切り離すのは良い方法だと思います。

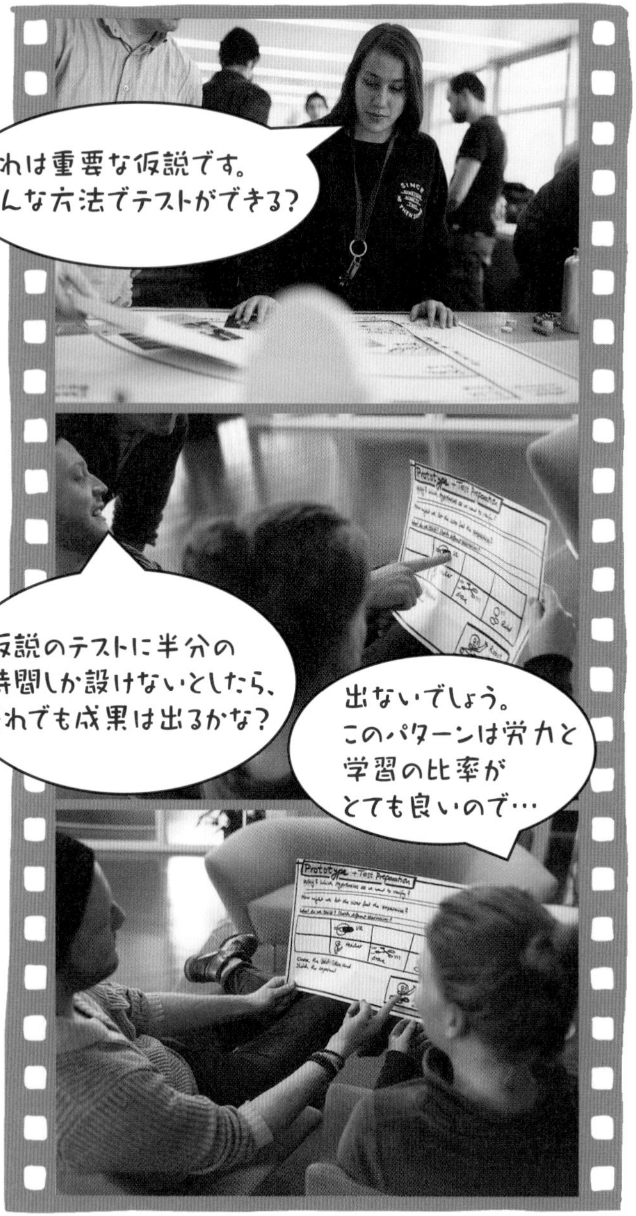

これは重要な仮説です。
どんな方法でテストができる?
仮説のテストに半分の
時間しか設けないとしたら、
それでも成果は出るかな?
出ないでしょう。
このパターンは労力と
学習の比率が
とても良いので…

ユースケースの説明

- 最初に、リリーはチームが適切な仮説をテストしていることを確認します。次に、チームができるだけ多く、できるだけ早く学習して必要に応じて複数回の反復をするようにします。
- リリーはチームに、プロトタイプの作成に没頭しすぎずにパターンを考えるよう促し、プロトタイプについて批判的に考えるのはテストの後にするように伝えます。パターンを考えることは、多くのプロトタイプを簡素化して反復をテストできるため、プロジェクトのスピードアップにつながります。

ここまでのポイント

- 言葉ではなく行動で示すようにします。
- プロトタイプに固執しないようにします。
- プロトタイプはできるだけ解像度の低いものを作成するようにします。見せるのが恥ずかしいプロトタイプでも、とにかくテストすること！見せるのが恥ずかしくないということは、時間をかけすぎたということです。
- 低解像度で多くの実験をするほうが、誰も必要としない、または誰も欲しがらない究極のソリューションをテストするより望ましいということです。

ダウンロード可能ツール

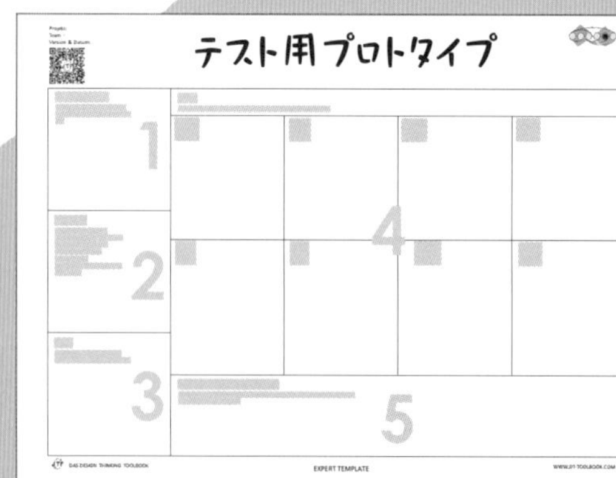

www.dt-toolbook.com/prototype-to-test-en

サービスブループリント

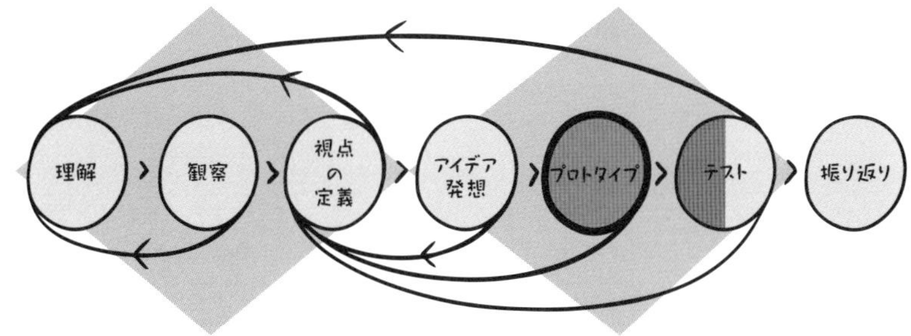

目的

顧客満足度、目標達成度、効率性に影響を及ぼすインタラクションとプロセスについて共通理解を得る。

ツールを使ってできること：

- 「ジャーニー」の各フェーズについて裏付けとなる技術、データ、顧客とのインタラクションを統合して、カスタマージャーニーマップを拡張する。
- 新商品またはサービスの開発における主な課題に取り組む。たとえば、サービスがすべての顧客ニーズを網羅しているか、すべてのペインが排除されたか、など。
- さまざまなレベル（フロントステージ、バックステージ、支援プロセスなど）での顧客とのインタラクションを可視化する。
- 品質およびインタラクション時間について重要評価指標（KPI）を定義する。

ツールに関する詳細

- サービスブループリントは、顧客とのインタラクションや企業における商品またはサービスのインターフェイスを定義または改善するために役立つ包括的ツールです。
- カスタマージャーニーマップの高度な可視化によって、組織全体を活性化して動機づけすることが可能になります。サービスブループリントはバックオフィスプロセスや支援プロセスも考慮し、新しい規制や技術も検討するからです。
- サービスブループリントはさまざまなITアーキテクチャ、データ層、デジタルカスタマーチャネル、デジタルアクションを考慮できるため、人工知能（チャットボットなど）を基盤とした顧客とのテーラーメイドのインタラクションが実現できます。
- このツールは、取扱いが簡単で顧客情報を統合し、また異なるプロセスの検出とそれを同時に提示することも可能です。

代替として使用できるツールは？

- カスタマージャーニーマップ（103ページ）
- ソリューションインタビュー（225ページ）

このツールに取り組む際に役立つツールは？

- カスタマージャーニーマップ（103ページ）
- 共感マップ（93ページ）
- ペルソナ/ユーザープロフィール（97ページ）

必要な時間と材料は?

グループの人数

3〜6人

- 適切なグループの人数は3〜6人です。
- できるだけ、該当するエキスパートとプロセスオーナーを参加させます。

平均所要時間

120〜240分

- ワークショップの形式として、サービスブループリントの作成は約4時間かかります。
- 事前に、どの具体的なサービス作成プロセスを最適化するか、またはデザインするか、プロセスの限界はどこかを決定しておく必要があります。

必要なもの

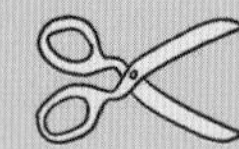

- 大きな壁またはホワイトボード
- 紙、ペン
- 付箋紙

テンプレート：サービスブループリント

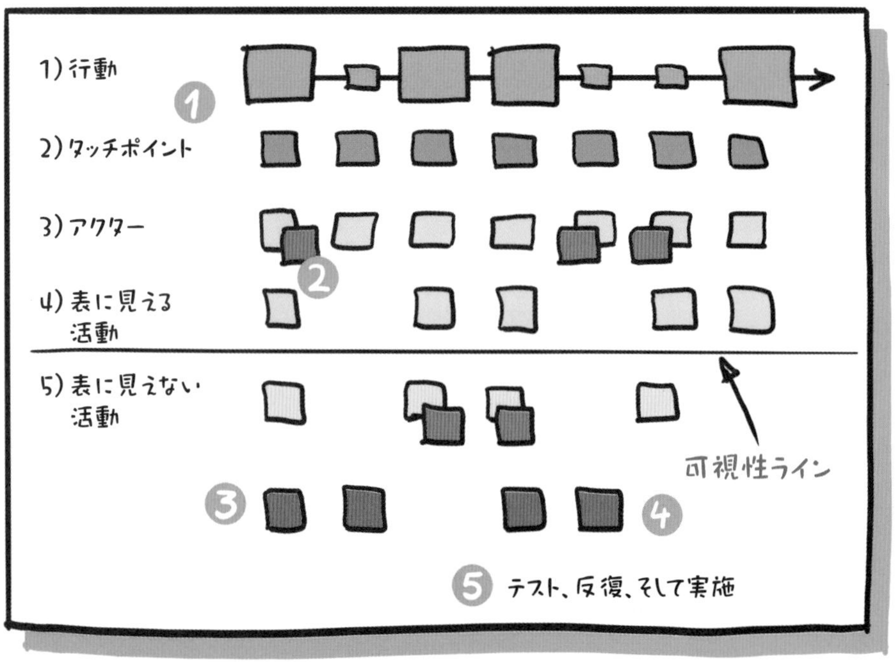

ツールの適用方法

サービスブループリントは、該当する効果が顧客に対して影響するプロセスを時系列で表したものです。

作成中に行われるディスカッションもチームのコンテキストの理解を促進する上で大いに役立ちます。

- **ステップ1：**大きな壁を確保し、長い紙を貼り付けます。線（可視性ライン）を引き、付箋紙でステップとプロセスを埋めていきます。大きなブロック（行動とタッチポイント）から始めましょう。
- **ステップ2：**既存サービスの実際の状態を含めます。新しいプロセスのデザインのラフなプロセスモデルを作成します。問題とエラーはシールや付箋紙で表します。
- **ステップ3：**エラーの元を排除し、プロセスを合理化し、カスタマーエクスペリエンスを積極的に形成するため、チームと一緒にソリューションを探します。動画、写真、スケッチ、付箋紙を使います。
- **ステップ4：**オープン項目をグループワークに配布するか、1人ずつ作業をします。時間枠を設けて作業をすると、結果に早く到達できます。
- **ステップ5：**サービスブループリントにグループの部分的結果を統合します。新しいサービスブループリントを十分に練り上げたら、個々の要素と全体的観点をテストし、改善し、最終的に実施できます。

これはビート・ニューゼルのお気に入りのツールです

役職：

Trihow AG社CEO

「デザインシンキングは、サイロ化意識、階層のハードル、顧客志向の欠如という組織の三大課題にくさびを打ち込みます」

なぜお気に入りのツールなのか？

サービスブループリントは、部署の垣根を越えて顧客のメリットに焦点を当てます。透明性および積極的な参加をすべてのレベルで実現しようとする企業文化の確立に貢献します。その結果、共通の認識が生まれ、連携して機能する組織の形成につながります。デジタルトランスフォーメーションにおいては、細部まで練られたサービスブループリントプロセスが簡素化と自動化を促進し、結果的に効率の向上に貢献します。

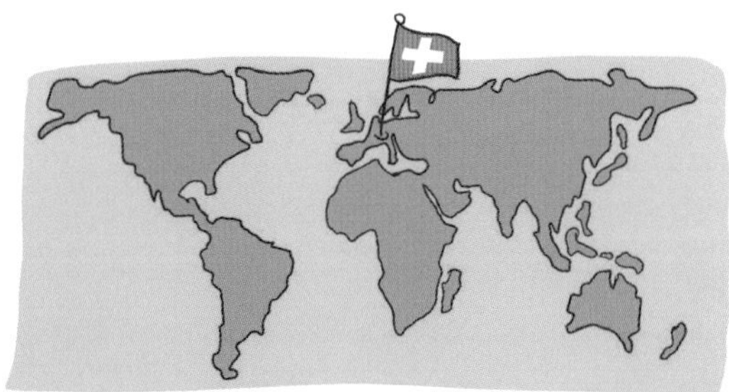

国：

スイス

所属組織：

Trihow

チェック担当：ローマン・ショーンブーム

会社/役職：クレディ・スイス、UXデザインシステムリーダー（VP）

エキスパートのヒント：

拡張性と触覚（ハプティクス）

- すべてのサービスブループリントは、基準や希望に合わせて拡張可能です。該当する属性、たとえば時間、品質、財務に関するKPIで完成します。さまざまな視点を写真や動画で記録すると、関連する状況を想像しやすくなります。
- サービスブループリントのプロトタイプをテストするため、サービスを「劇場」（「サービスのステージ」）として具現化して認識可能にすることができます。顧客やサプライヤーの立場に立って考えることが容易になり、状況を楽しく試してみることができます。

きっかけとなる質問

- 一般的な行動は、たとえば関心を引く、情報を提供する、決定する、購入する、計画する、設置する、使用する、メンテナンスする、廃棄するなどです。
- 質問は個々の行動に光をあてるために使用できます。
  - 理想的なプロセスをどのように想像するか？省略が可能なプロセスのステップとインターフェイスは何か？
  - タスクを簡略化または並行処理できるのはどこか？
  - 顧客の認識をどのように、どこで改善できるか？

つまずきやすい原因

- サービスブルーポイントはスペースが必要です。部屋を数日間確保しておき、情報はそこに置いたままにできればベストです。
- ワークショップの開始時に、目標を明確に説明しましょう。そうしないと、プロセスの進行中に途方に暮れるリスクがあります。そのため、全体像から始めましょう。

ユースケースの説明

- リリーのチームはカスタマージャーニーを詳細に分析し、大きな壁を使って可視化しました。チームはメインフェーズと、関連する行動やタッチポイントを明確に理解しています。
- 全員揃って、ジャーニーに伴う感情と、何よりペインについてディスカッションします。全アクターが挙がっていることを確認し、ステークホルダーマップと比較します。
- 次のステップでは、チームはサービスブループリントを完成させます。可視化されているものもいないものも、すべてのアクティビティが定義されます。

ここまでのポイント

- ペインポイントを特定、排除、または改善することにより、サービスブループリントの最初のプロトタイプが出来上がります。
- サービスブループリントはサイロ化や透明性の欠如を明らかにし、新しいテクノロジーの採用を促します。
- サービスブループリントは複雑度の高いものです。システム全体をサブシステムに分割し、そのサブシステムを最適化するほうが合理的です。

ダウンロード可能ツール

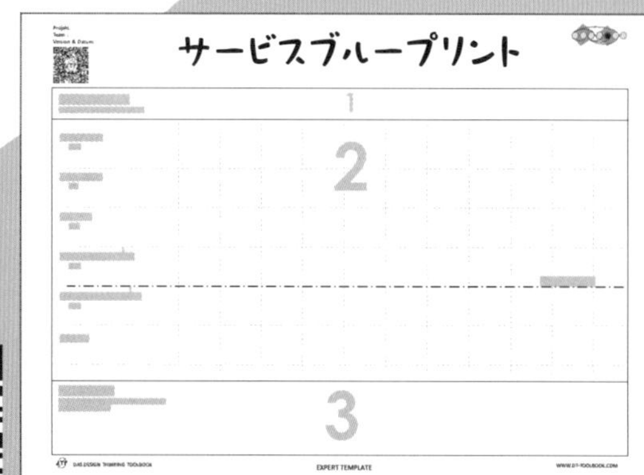

www.dt-toolbook.com/service-blueprint-en

MVP = 実用最小限の商品

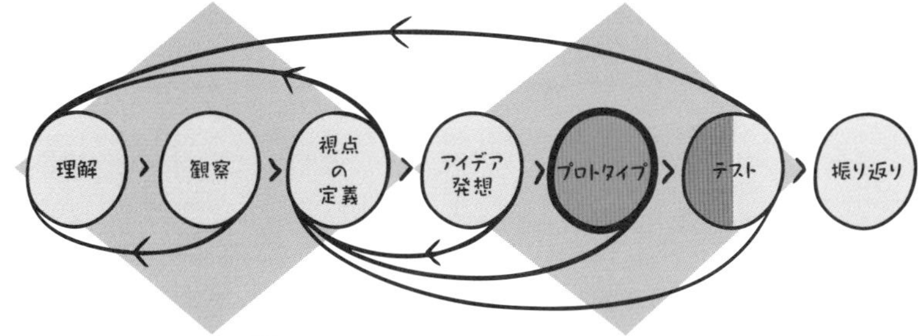

目的

ユーザーのニーズをシンプルで機能的な商品に転換し、その商品が市場で成功するかどうかをテストする。

これは**MVPである**：
開発とテストを反復します。

これは**MVPではない**：
仕上げの製品または個別の部品はMVPではありません。

ツールを使ってできること：

- 初期段階で、基本のニーズが満たされているか、商品が市場で関心を集められるかを確認する。
- 反復テストを通じて、ユーザーのニーズが最小限の機能商品によって満たされるか、商品をどのように強化すべきかを確認する。
- ユーザーフィードバックを通じて、商品に対する需要がどの程度あるのかを確認してから、詳細と特長を開発する。
- 市場での需要がほとんどないソリューションに投資するリスクを最小限に抑え、時間、費用、労力を節約する。

ツールに関する詳細

- 実用最小限の商品（MVP）は、商品、サービス、ビジネスモデルの開発用ツールです。
- その目的は、できるだけ迅速に（かつ最小限の労力で）反復プロセスにおいてソリューションがユーザーのニーズを意義ある方法で満たしているかを確認することです。
- この反復プロセスは、問題の包括的ソリューション（機能（システム）プロトタイプ）と個別の詳細のソリューション（「Xは仕上げ」、192-193ページ参照）の間の永続的な二者択一という特性があります。
- 一般に、MVPはすでに解像度の高いプロトタイプであり、商品またはサービスの市場投入の基礎を段階的に構成します。
- テストの結果は、MVPを実現するか、採用するか、排除するかという決定の根拠となります。

代替として使用できるツールは？

- 機能（システム）プロトタイプ（192ページ）
- 「Xは仕上げ」（193ページ）

このツールに取り組む際に役立つツールは？

- 幅広いツール（ブレインストーミングなど）によるアイデア発想
- ペルソナ/ユーザープロフィール（97ページ）
- フィードバック・キャプチャー・グリッド（217ページ）
- 探求マップ（195ページ）
- ソリューションインタビュー（225ページ）
- 構造化ユーザビリティテスト（229ページ）

必要な時間と材料は?

グループの人数

1〜8人

- 理想は2〜4人です。
- チームの人数だけでなく、個々の従業員のスキルも重要です。
- 通常は異分野連携チームです。

平均所要時間

数日〜数か月

- 開発する商品またはサービスによって、MVPの開発に必要な時間は異なります。

必要なもの

- MVPによって必要なものは異なります。

テンプレートと手順：MVP

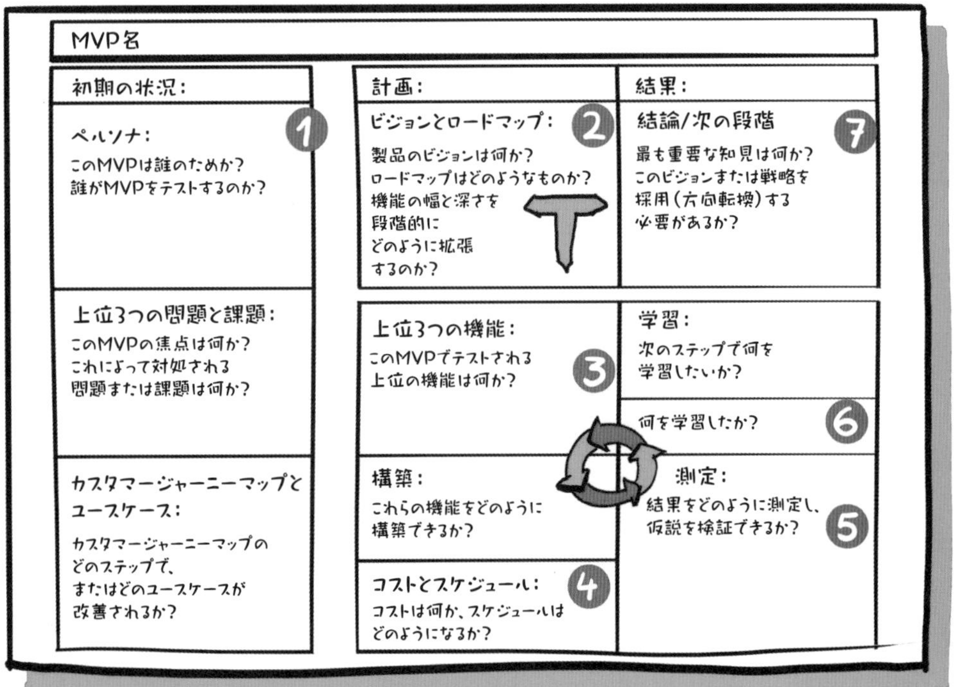

ツールの適用方法

- **ステップ1：**常に1つのMVPに集中し（同時に複数を扱わない）、初期の状況を説明します。ここに含まれるのは、ペルソナ、上位3つの問題と課題、カスタマージャーニーマップ、関連するユースケースです。
- **ステップ2：**デザインチームは商品のビジョンと機能の範囲についてきわめて明確に理解していることを確認します。MVPを開発する際は、コア機能の優先順位を決定してそれに重点を置きます。機能の幅と深さを段階的に広げます（T型MVP）。
- **ステップ3：**MVPの次の反復でテストする上位3つの機能を定義します。
- **ステップ4：**MVPの構築を計画します。ここではコストとスケジュールに注意します。計画が学習を最適化する場合、測定基準を定義してからMVPを実現します。
- **ステップ5：**MVPを潜在的ユーザー/顧客に対して現実的な状況でテストし、できるだけフィードバックを集めます。結果は測定可能な形式にします。
- **ステップ6：**学習内容をまとめ、MVPを段階的に改善します。MVPが大失敗でも、がっかりしないでください。すべての反復から学ぶことがあります。
- **ステップ7：**反復から得た包括的な知見をまとめます。このビジョンまたは戦略を採用すべきですか？

これはエスター・ムーソーのお気に入りのツールです

役職：

EY - Ernst & Young AG（チューリッヒ）のテクノロジー・アドバイザリー部門コンサルタント

「『失敗は迅速に、早いうちに、安上りに』というマインドセットを大変気に入っているのは、この姿勢が実用主義を育み、完璧主義を食い止めるからです。MVPテストのおかげで、ビジネスモデルや投資に関する意思決定を、ユーザーに焦点を当てながら、非常に迅速に行うことができるのです」

なぜお気に入りのツールなのか？

MVPによって、迅速な決定ができ、アイデアのエッセンスに集中させられます。私に言わせれば、「失敗は迅速に、早いうちに、安上りに」というマインドセットは、アイデアを商品に発展させるには非常に効率的なアプローチです。さらに、MVPは「正しい成果の前に正しいことをしているか」を判断することもできます。商品が妥当で需要があるかどうかについて市場/ユーザーからすぐにフィードバックを得られます。さらに、ユーザー（特にアーリーアダプター）はフィードバックを提供して商品やサービスのさらなる継続的開発に貢献できるというオプションが与えられると、商品やサービスに満足する傾向があります。

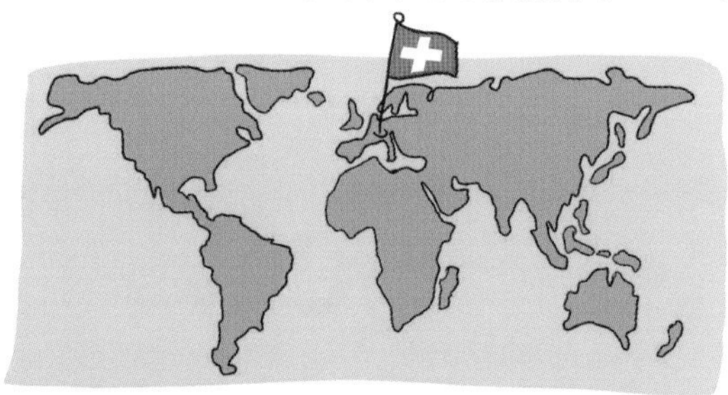

国：

スイス

所属組織：

Ernst & Young

チェック担当：ハンス・フェルバー

会社/役職：Invacare Europeイノベーション/ビジネスデザインコーチ

エキスパートのヒント：

- MVPの構築には80/20ルールが手頃な基準になります。提案の80％はすでにユーザーに提示され、開発労力は20％ということです。
- 問題のソリューションは、費やすコストも時間も少なく抑えるべきです。
- 最初に、標準ケースに対して優れたソリューションを見つけてから複雑な個別ケースへと進みましょう。ソリューションアイデアの中核こそが重要です。
- 予備テストはできるだけしないこと！提案を、まだ内容を知らない同僚に見せてみましょう。もし誰もが同じ質問を思いつくようなら、価値提案はまだ十分に明確になっていないということです。
- T型チームはT型MVPを作成しがちです。

実用最小限：最も早期のテスト可能/使用可能/気に入る/販売可能

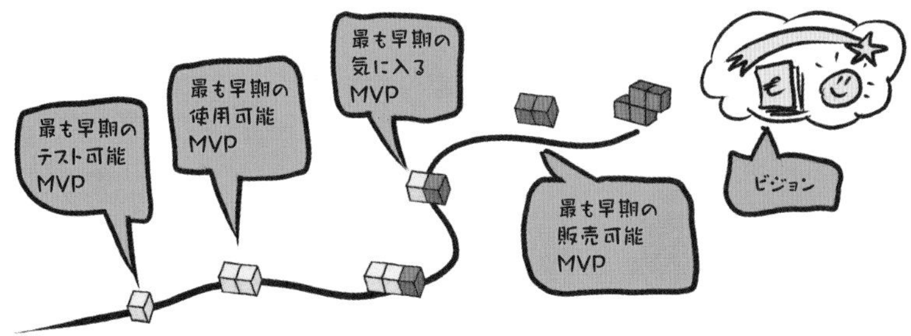

バリエーション：実用最小限のエコシステム（MVE）

- デジタル商品とソリューションができる限り多くの価値を創出するには、適切なビジネスモデルとビジネスエコシステムが必要です。
- 実用最小限のエコシステム（MVE）（リューリックら、2018年）は、MVPのマインドセットをビジネスエコシステムのデザインに応用し、MVEという形式で明確に定義された目標とシステム内のアクター間の効率的な協力体制を確保するためのものです。
- この手順は、DLT（分散型帳簿技術）などの新しい技術を採用したビジネスモデルで使用されます。複数のアクターが共同で、たとえばデータコミュニティまたは協同組合として価値提案を作成します。

ユースケースの説明

- 数え切れないほどの反復の中で、リリーのチームは顧客のニーズを定義し、多くの低解像度のプロトタイプを作成しました。問題/ソリューションフィットに到達したため、ここからは機能を段階的に拡張してテストします。
- 最初のステップでは、チームはMVPの範囲を定義します。商品は、顧客の視点からは完全（実用的）ではあっても、極限まで最小（最小限）に簡略化されています。チームは音声ガイダンスの重要機能をテストしようとしています。MVPを作成する前に、最後の1回のインタビューを実施して、このソリューションの実施が正しい方向性に進んでいることを確認します。

ここまでのポイント

- MVPテンプレートを使い、MVPを1つずつテストします。
- 常にユーザー/顧客のフィードバックを求めます。
- MVPにも当てはまるのは、「反復、反復、反復！」と「失敗は迅速に、早いうちに、安上りに！」です。
- 一般にT型チームはMVP作成が得意です。

ダウンロード可能ツール

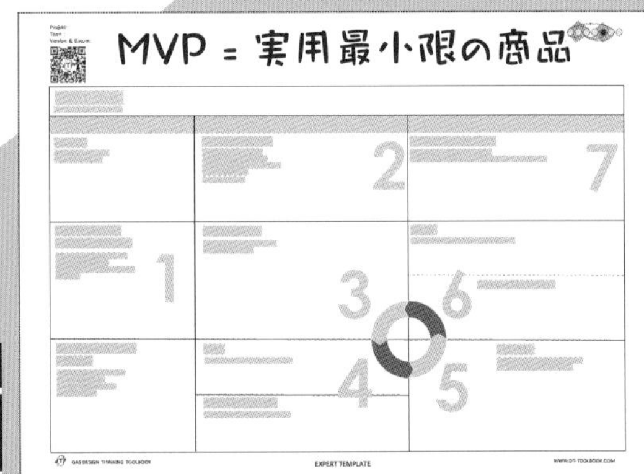

www.dt-toolbook.com/mvp-en

フェーズ：テスト

それぞれのプロトタイプのテストは、潜在的ユーザーとのインタラクションにおいて行われます。つまり、プロトタイプのフィードバックを得られるだけでなく、問題とユーザーに関するこちらの視点も修正できるということです。さらに、理解フェーズと観察フェーズに再度つながり、そこから新しい視点が生まれます。このマイクロサイクルは何度でも繰り返すことができ、デザインシンキングの反復手順を特徴づけるものです。フィードバック・キャプチャー・グリッドなどのツールや「私が気に入ったのは/私が望むのは/私が質問したいのは」などのフィードバック手法がテストを支えます。さらに、テスト手順もさまざまなものがあります。どれが最も有効かはプロトタイプの種類によって異なります。もちろん、テストに提示されたツールは目的(テスト)と言う点では重複しますが、それぞれのテストアプローチと手順は貴重な情報をもたらし、それが対象のプロトタイプの改善につながります。

テストシート

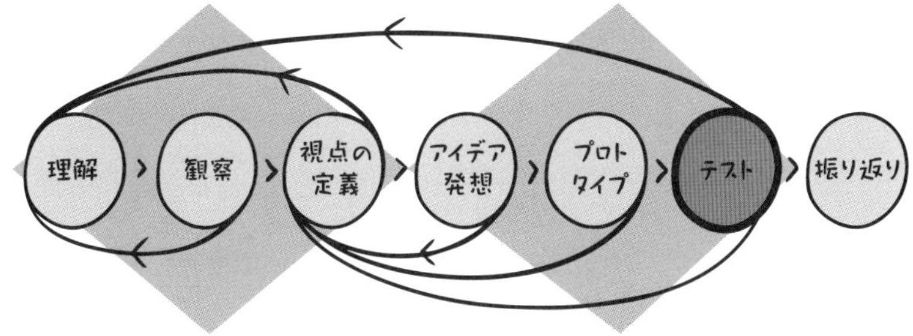

目的

テスト手順の準備とテスト結果の記録。

ツールを使ってできること：

- テストを体系的に計画し、役割を定義する。
- テストと結果を記録し、次のアクティビティで利用しやすいようにする。
- ニーズの妥当性を確認して仮定をチェックするため、事前にどの基準とケースにおいて仮説が検証されたと見なすのかを検討する。
- ユーザーに対する共感を醸成する。

ツールに関する詳細：

- テストをする最大のポイントは、ユーザーにプロトタイプに触れてもらうことで、ユーザーとそのニーズをできる限り知ることです。
- テストの状況を計画し、テストの順序、誰がどの役割を受け持つか、どの主要な質問をするかを検討しましょう。
- テストシートという短時間で多くのことを知ることができるツールが手元にあるので、仮定と仮説が正しいかどうかを確認できます。
- テストの実施は通常2〜3人で行います。チームメンバー全員が参加する必要はありません。それよりも重要なことは、テストの記録（写真や発言、またはショートムービー）を作成して知見をチームと共有できるようにすることです。
- テスト中はユーザーを慎重に観察し、フィードバックを求めることが欠かせません。

代替として使用できるツールは？

- 構造化ユーザビリティテスト（229ページ）
- ソリューションインタビュー（225ページ）

このツールに取り組む際に役立つツールは？

- エクスペリエンステスト用のパワフルな質問（221ページ）
- 共感マップ（93ページ）
- フィードバック・キャプチャー・グリッド（217ページ）

必要な時間と材料は？

グループの人数

- 1人がメモを取り、知見を記録します。もう1人がテストを実施します。さらにもう1人が観察をすることもあります。

2〜3人

平均所要時間

- 解像度の低いプロトタイプの場合、テストあたり10〜30分もあれば十分です。
- 解像度が高くなるほど、テストの所要時間は長くなります。
- 高解像度のプロトタイプでは、テストが数週間かかることがあります。

10〜30分/テスト

必要なもの

- メモ帳とペン
- カメラ（写真とビデオ）
- プロトタイプ（テスト対象）
- プロトタイプの材料
- テストシートのテンプレート

テンプレート：テストシート

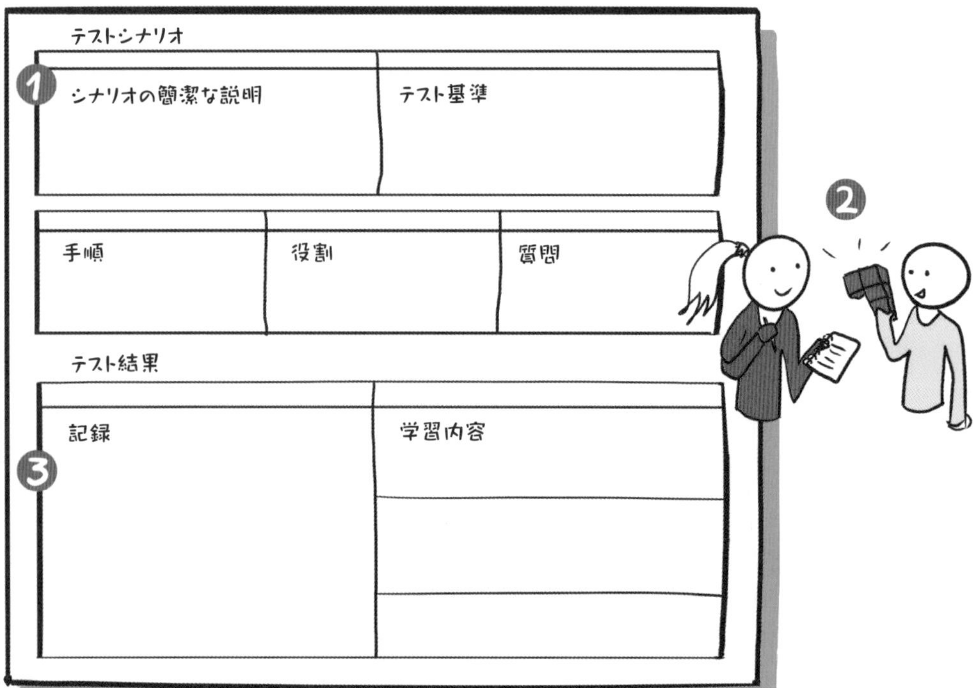

ツールの適用方法

プロトタイプはすでに作成されています。次はテストのシナリオを計画する必要があります。

- **ステップ1**：テストの計画：
  - テストを実施する場所を考えます。ユーザーの敷地内（自宅など）で、問題が発生している状況でテストを実施するのがベストです。
  - テストの前にテスト基準を定義します。テーマが検証されたと見なされるのは、どのような基準ですか？
  - 手順、役割の割り当て、テストの主な質問の計画を立てます。
  - 質問をする人、テストのメモを取って記録を作成する人、観察をする人をそれぞれ決めます。
- **ステップ2**：テストの手順：
  - テストを実施し、テスト中はユーザーを注意深く観察します。フィードバックを求めます。これは非常に貴重であり、プロトタイプの開発に対するさらなる決定の基礎を構成します。
  - 最も重要な意見を書き留めます。
- **ステップ3**：テストの記録：
  - 写真や、できれば最も重要な意見のショートムービーを使ってテストを記録します。
  - 主な知見や学習内容をまとめます。

これはイザベル・ハウザーのお気に入りのツールです

役職：

ルツェルン応用科学芸術大学インダストリアルデザイン科講師、CASデザインシンキングプログラムディレクター、Entux GmbH共同創設者

「『行動偏重』マインドセットは推奨というより必須事項です。デザインシンキングは、自分で体験しないと、そのメリットを推測することはできません。私のワークショップに参加した、最もストイックな懐疑派の人からでさえ肯定的なフィードバックをいただくことも珍しくありません」

なぜお気に入りのツールなのか？

デザインと実験は常に私の仕事の中心を成しています。アイデアや問題解決をレビューするには早期段階でミニマリストのアプローチを取ることが有効だと強く信じています。テストは、時間とリソースを最適に使用するため、慎重に計画およびデザインする必要があります。

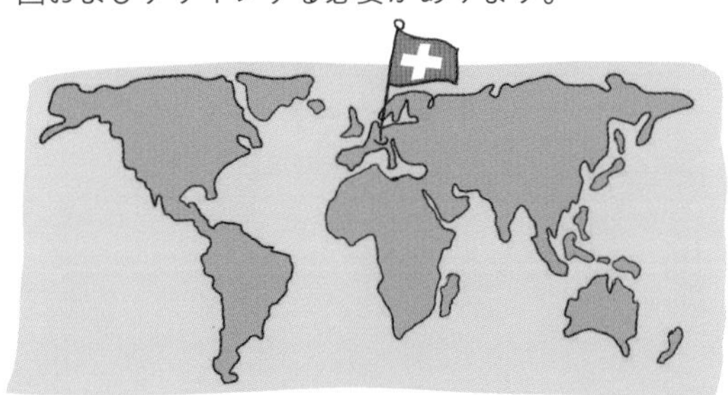

国：

スイス

所属組織：

ルツェルン応用科学芸術大学

チェック担当：ブリタニー・アーサー

会社/役職：designthinkingjapan.comデザインシンキング＆イノベーションコンサルタント

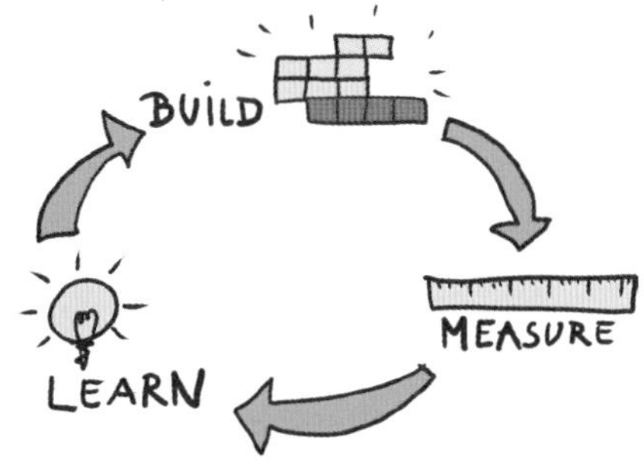

エキスパートのヒント：

テストは次のステップへの重要な洞察をもたらす

- テストシートはどのタイプのテストでも基礎として使用できます（例：ユーザビリティテスト、エクスペリエンステスト、ソリューションインタビュー）。
- テストに十分な時間を確保することが計画の最も重要な側面です。
- 準備段階では、テストの目標を達成するために関連性のある質問を考え出すことが必要です。たとえば、「エクスペリエンステスト用のパワフルな質問」がここでは役に立つでしょう（221ページ参照）。
- デジタルプロトタイプの場合は、テストの実施方法が2通りあります。1つはオンラインで実施する方法です。テストは直接ウェブサイトに組み込み、ユーザーに特定の質問をします。もう1つは従来の方法でユーザーの近くにいてユーザーの行動をくまなく観察することです。

プロトタイプ材料をテストに持ち込む

- プロトタイプの材料の一部をテストでも用意しておきます。接着テープ、付箋紙などがあると、テスト実施者やチームがプロトタイプをすぐに修正できます。

テストを記録し、結果をチームと共有

- ユーザーがソリューションは役に立たないと考えた場合、その意見をよく聞いて理由を探ります。そうすることで、パズルの欠けたピースを見つけたり、それが大きな違いを生んだりします。「なぜ？」と何度も尋ねます。
- テストシートテンプレートをすべてのテストの記録に使用します。ビデオや写真を撮影したい場合は、必ず先に許可を取りましょう。今後使用する必要がある場合は、データ使用同意書に署名をしてもらいましょう。

ユースケースの説明

- リリーのチームは顧客ニーズと既存の関心事を同時にテストし、さらにさまざまなプロトタイプと、後にMVPで機能をテストします。
- チームはテストが非常に重要だと認識しています。テストの計画と実施が万全であるほど、知見も充実したものが得られます。テストは常に問題の生じる状況に従って、可能であればユーザーの自宅で行います。
- テストの基準、手順、テストでの役割が定義されました。チームは連携が取れているので、役割を交代することもあります。たとえば、観察と記録の係だった人がテスト対象者と親しい場合は、観察係とテスト係を交代します。

ここまでのポイント

- テストを通じて、プロトタイプとユーザーについてフィードバックを得ます。
- テストの状況を計画し、テストの手順がどのようなものになるか、どのチームメンバーがどの役割を果たすかを考えます。
- 結果を後でチームと共有できるようにするため、テストの記録は重要です。そのためにテストシートのテンプレートが役に立ちます。

ダウンロード可能ツール

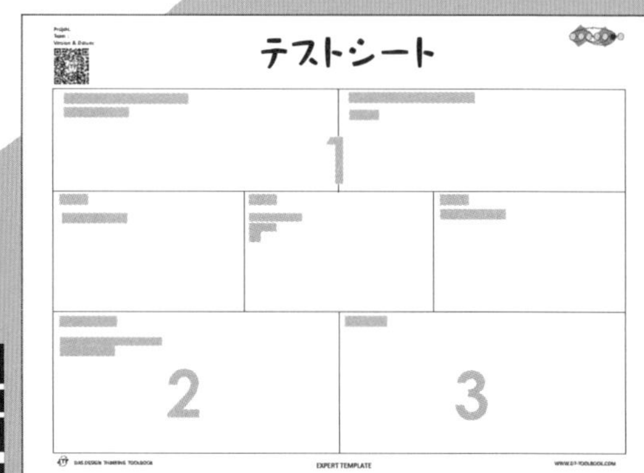

www.dt-toolbook.com/testing-sheet-en

フィードバック・キャプチャー・グリッド

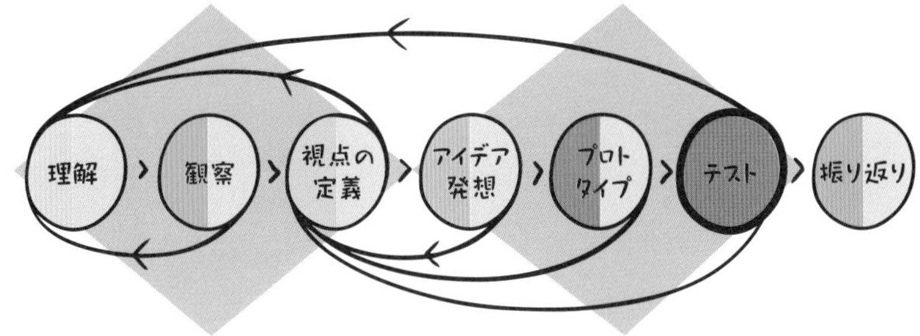

目的

プロトタイプを作成したアイデアを手早く簡単にテストして結果を書き留め、今後の開発に役立てる。

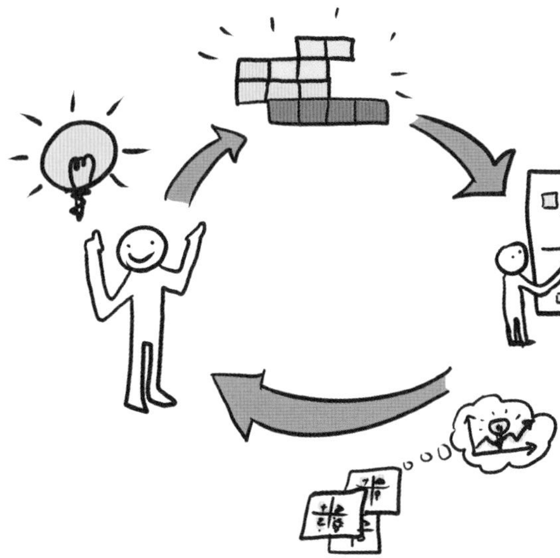

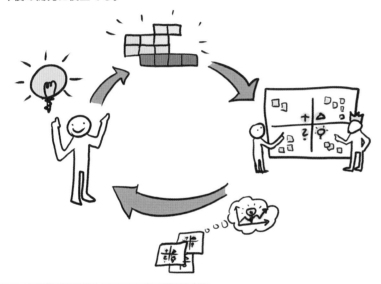

ツールを使ってできること：

- 4つの定義された質問を使って、最初のプロトタイプを手早く簡単にテストする。
- テスト結果を書き留め、収集し、クラスタ化する。
- 問題のテーマならびにソリューション、ペルソナ、アイデアを絞り込み、さらに知見を基にプロトタイプを発展させる。
- 一般に、アイデア、プレゼンテーションなどに対するフィードバックは、迅速かつシンプルに構造化されたメモを作成する。

ツールに関する詳細：

- フィードバック・キャプチャー・グリッドは、テスト結果を非常に簡潔な形で記録できるため、プロトタイプを使ったアイデアのテストをサポートします。
- 主に、アイデアがこれまで特定されたユーザーの問題をどの程度解決できるかを見きわめるために使用されます。
- フィードバック・キャプチャー・グリッドは、問題を解決できるかどうか、どのように解決できるのか、アイデアが実際にソリューションへの適切なアプローチなのかを深く理解することを目的としています。
- 一般的に、プロセス、ワークショップ、その他に関するフィードバックを得るために使用できます。

代替として使用できるツールは？

- テストシート（213ページ）
- 共感マップ（93ページ）

このツールに取り組む際に役立つツールは？

- 各種プロトタイプ（187-194ページ）
- 5つのWHY（67ページ）
- テストの情報基盤として、またはテスト後の結果をまとめるためのリーンキャンバス（251ページ）
- 5W1Hの質問（71ページ）

必要な時間と材料は？

グループの人数

少なくとも
2人

- テスト対象者1：インタビュー、観察、プロトタイプのデモンストレーション。
- テスト対象者2：結果を記録し、さらに必要に応じて質問をします。

平均所要時間

30〜60分

- テストの所要時間は約10〜15分です。原則として、正確な提起文を作成するには複数回のテストが必要です。
- 可能なら常に2〜3回のテストを実施します。

必要なもの

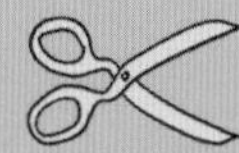

- アイデアをプロトタイプ、MVP、デジタルプロトタイプとして可視化したもの
- テスト対象者1人とインタビュー1回につき1枚の印刷または手書きのフィードバック・キャプチャー・グリッド（最適な用紙サイズはA3）

テンプレート：フィードバック・キャプチャー・グリッド

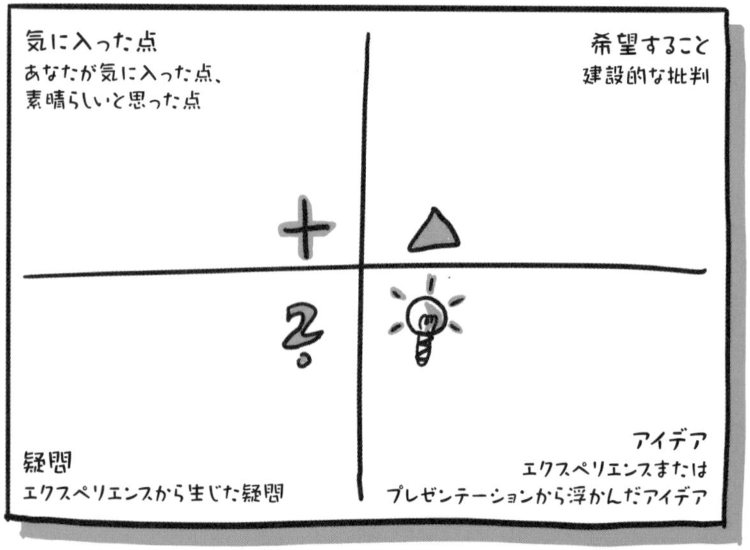

ツールの適用方法

初歩的なローファイプロトタイプ（低忠実度プロトタイプ）はすでに作成されています。ここまでのデザインシンキングフェーズで、ペルソナ、ニーズ、問題の仮説について情報を発展させてきました。

- **ステップ1**：フィードバック・キャプチャー・グリッドを紙に描くか、テンプレートを印刷します。
- **ステップ2**：テストは常にテスト対象者がプロトタイプを見て体験するところから始まります。
- **ステップ3**：テスト対象者（ユーザー/顧客）に、考えていることを口に出すように頼みます。
- **ステップ4**：グリッドの欄にその意見を記入します。直接書き込むか、付箋紙に書いて貼り付けます。左上の欄には、ユーザーが気に入った点、右にはそれほど気に入っていない点、左下には尋ねられた質問、右下にはユーザーまたはテスト実施者自身が思いついた新しいアイデアを書きます
- **ステップ5**：「なぜ」の問いかけ（「5つのWHY」、67ページ）をして、テスト対象者の回答をより深く理解します。感情、矛盾するボディランゲージ、初期反応などに注目します。
- **ステップ6**：各インタビューのフィードバック・キャプチャー・グリッドを回収し、デザインシンキングチームと類似点や主な相違点をまとめます。これを、アイデアやプロトタイプをさらに発展させるために使用できます。

これはケイトリン・フィッシャーのお気に入りのツールです

役職：

イノベーションコンサルタント

「私にとってデザインシンキングは、アジャイルなマインドセットの実現をサポートする手法です。ユーザーの問題を理解したクロスファンクショナルチームと、ソリューションのアイデアを迅速に市場でテストすることは、真の成長の可能性につながります」

なぜお気に入りのツールなのか？

イノベーションのプロジェクトでよくつまずくのが、「アイデアから始まって、(コストのかかる)開発プロジェクトが立ち上がり、テストは最終段階でしか実施されない」という場合です。当然、そのソリューションは開発されても市場の要件と合致しておらず、貴重な資源を浪費していました。私にとってデザインシンキングは、問題からスタートし、手早く簡単なテストを行うという長年求めていた手順でした。フィードバック・キャプチャー・グリッドは、テスト結果をシンプルな構成でまとめ、それを使って継続的に作業を行うことができます。また、テスト結果を社内で伝達するためにも利用できます。

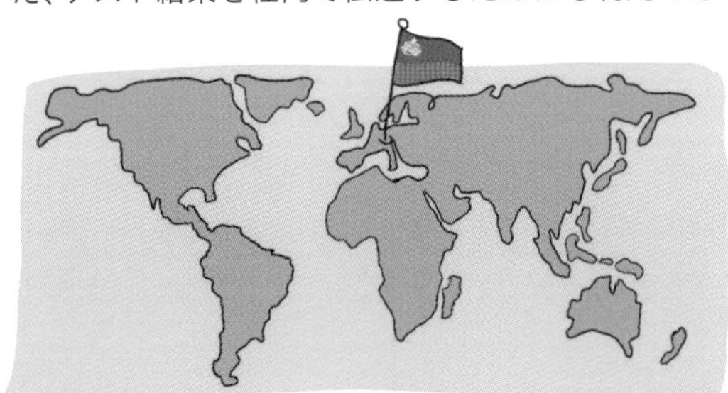

国：

リヒテンシュタイン

所属組織：

独立コンサルタント

チェック担当：ロベルト・ガゴ

会社/役職：Generaliカスタマー＆ディストリビューション・エクスペリエンスマネージャー

エキスパートのヒント：

顧客の立場になって考える

- できるだけ、テストのためにさまざまな場所やユーザーグループを選ぶことが重要です。
- まだ顧客になっていない人々は特にこのフェーズにおいて貴重なアイデアをもたらします。
- 繰り返しになりますが、いかなる状況においてもユーザーにアイデアを「売り込む」のではなく、受け取ったフィードバックから学ぶことが必要です。
- テストの際のルールは、話を聞き、よく見て観察すること。先に質問をしたりプロトタイプを説明したりしないこと。
- ユーザーの発言やその場の反応をそのまま書き留めます。
- テストには知見が必要です。同じルールはインタビューにも当てはまります。

一歩下がって、収集した結果を振り返る

- テスト結果の振り返りは必ずデザインシンキングチームと一緒に行います。この方法は新しい視点が形成されることがあり、アイデアやプロトタイプをさらに発展させるために役立ちます。
- 記入を終えたフィードバック・キャプチャー・グリッドを回答やペルソナごとにグループ分けすることも有効であることが実証されています。
- ここでもやはり、「反復、反復、反復！」。潜在的ユーザーが満足するまで続けます。

ユースケースの説明

- リリーのチームは、デザインシンキング・サイクルのほぼすべてのフェーズでフィードバック・キャプチャー・グリッドを使っています。主にユーザーとのテストの記録とまとめのために使っています。
- リリーとデザインシンキングチームはレトロスペクティブ（振り返り）の一環として反復の見直しにも使用しています。
- リリーは直接的でオープンなフィードバックと建設的な批判を高く評価しています。それによって早く学習し、プロジェクトの内容もプロセスも改善できるからです。

ここまでのポイント

- インタビューは常に2人で行います。
- アイデアを売り込まず、好奇心を持って話を聞き、観察し、学習します。
- 知見をチームと話し合い、そこから新しい共有の見解を形成します。

ダウンロード可能ツール

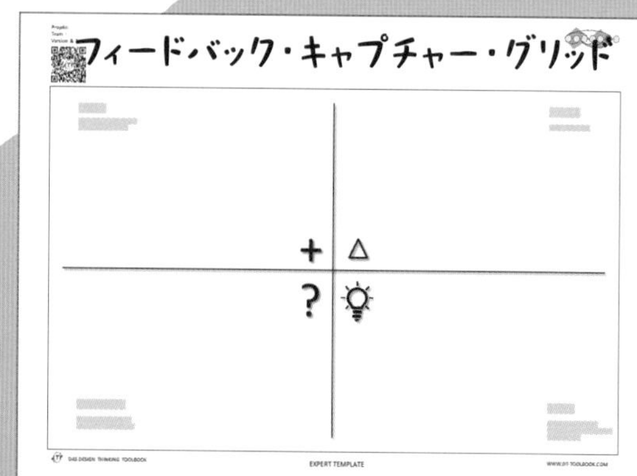

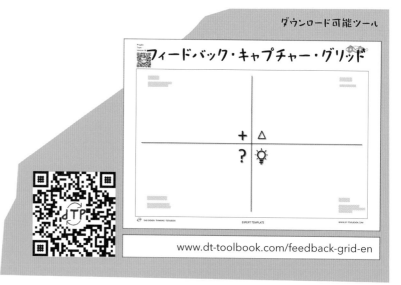

www.dt-toolbook.com/feedback-grid-en

エクスペリエンステスト用の パワフルな質問

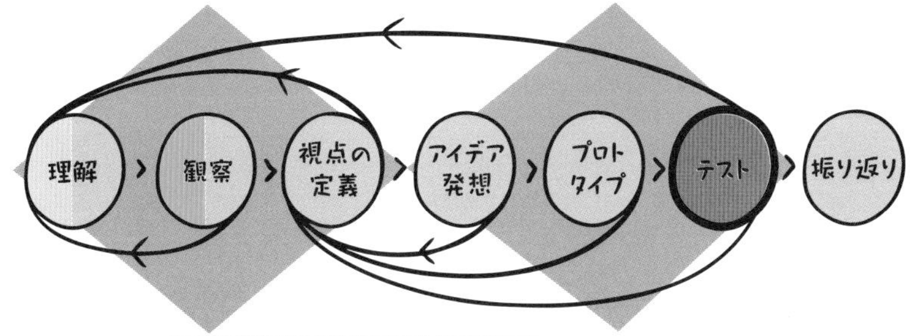

目的

アイデア、プロトタイプ、サービス、商品を、実際の顧客またはユーザーに対してテストして評価する。

ツールを使ってできること：

- 想像の世界を離れ、プロトタイプを実際の顧客とともに探求することでリアリティを高める。
- 実際に意図した通りにユーザー/顧客に対して機能しているかどうかを確認する。
- アイデアが成功につながるか否かを調べる。
- フィードバックを得る：「気に入るか、変えるか、捨てるか」
- 適切な質問をして質的/量的データを集め、問題が生じるのは、エクスペリエンス（体験）なのか使用方法なのかを判別します。

ツールに関する詳細：

- 「パワフルな質問」は、テストでより多くの知見を集めるために最適なツールです。
- 低解像度のローファイプロトタイプの段階から早々に適切な質問を投げかけ、高い解像度のハイファイプロトタイプに発展させていくことが必要です。
- ただし、テストは常に特定のプロトタイプを基に行う必要があります（初期アイデア、低〜高忠実度プロトタイプ、187ページ参照）。
- テスト体験中は、テスト対象者ができるだけたくさんプロトタイプと触れ合うようにします。観察者は注意深く見聞きし、結果を書き留めます。
- 目標、テスト環境、プロセス、進行管理、テスト参加者を記載したシンプルなテスト計画を作成します。
- より詳しいメソッドは後半の開発段階で使用します。たとえば、ユニットテスト、統合テスト、機能テスト、システムテスト、ストレステスト、パフォーマンステスト、ユーザビリティテスト、受入テスト、回帰テスト、ベータテストなどです。
- ヒューリスティック（発見的）評価は、いくつかの合意済みのベストプラクティス、標準、またはガイドラインを基に商品を評価またはチェックする非公式評価として使うこともできます。

代替として使用できるツールは？

- データ収集のためのA/Bテスト（233ページ）
- 私が気に入ったのは/私が望むのは/私が質問したいのは（239ページ）
- フィードバック・キャプチャー・グリッド（217ページ）

このツールに取り組む際に役立つツールは？

- ブレインストーミング：なぜ、どのように、何が、について幅広い異種混合グループによってテストします（151ページ）
- ペルソナ/ユーザープロフィール（97ページ）
- 共感マップ（93ページ）
- 各種プロトタイプ（187〜194ページ）

必要な時間と材料は？

グループの人数

3〜6人

- 司会と数人の観察係を、たとえばデザインチームのメンバーが務めます。
- ただし、状況によっては観察係が多すぎるとユーザーが気後れしてしまう場合もあります。

平均所要時間

60〜90分

- 複雑度によって、なぜ、どのように、何をテストするかという計画に60〜90分。
- 例：少なくとも5人のユーザーが各テストに参加します（1テスト15分）。

必要なもの

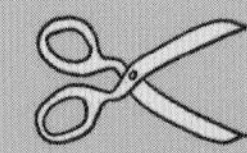

- 観察室に記録用ソフトウェア
- ゲリラテスト：カメラ（音声と画像）、付箋紙、フリップチャート、ホワイトボード
- 環境が中立的であるほど、結果も事実に即した内容になります。

テストでは適切な質問をする

1 ローファイ（低忠実度）プロトタイプのテスト

この段階では、ラフなアイデアやいわゆるナプキンに走り書きした程度の内容です。こうしたアイデアの検証には、以下の質問が役に立つことが実証されています。

- あなたのアイデアが解決する問題とは何ですか？
- 現在、ユーザーはこの問題をどのように解決していますか？
- ユーザーは同じような特性を持つ他の商品を思いつきますか？
- 他のソリューションが失敗する原因は何ですか？
- ユーザーは商品/サービスのメリットを理解していますか？
- ユーザーは商品/サービスをどのように評価しますか？
- ユーザーは競合商品を思いつきますか？
- アプリ/ウェブサイト/機能がデザインされた目的は何ですか？
- 潜在的ユーザーは実際にこの商品へのニーズを持っていますか？
- ユーザー自身が想像する他のモノまたはインタラクションは何ですか？
- ユーザーが想像できる使用シナリオは何ですか？

2 ミッドファイ（中忠実度）プロトタイプのテスト

フィードバックを基に、ラフコンセプトに対して初期のワイヤフレームをデザインしました。インタラクションや機能はできませんが、何に対して使うのか、どのように使うのかを示すことはできます。的を射た質問はプロジェクトが正しい方向へと舵を取る手助けになり、それぞれのエクスペリエンスで順序やシンプルな要素を示します。

- プロトタイプは期待通りの働きをしますか？
- ユーザーの商品デザインに対する反応は？
- プロトタイプを示すと、すぐにユーザーはそれが何かを理解しますか？
- プロトタイプはユーザーの期待にどのように応えていますか？
- 欠けている特性は何ですか？
- 間違った場所にあるもの、あるいは必要ないものは何
- プロトタイプを使用したユーザーはどのように感じていますか？
- ユーザーが魔法の杖を持っていたら、商品のどの部分を変えますか？
- 潜在的ユーザーが将来、最終製品を使用する確率はどの程度の高さですか？

3 ハイファイ（高忠実度）プロトタイプのテスト

さらに反復を行い、プロトタイプの解像度が向上しました。通常は最終ソリューションのシンプルなコピーであり、ある程度は機能するプロトタイプです。プロトタイプはインタラクションが可能で、予定した機能を実行できるものになっています。足りないのは最終商品としての華やかさや美しさだけです。

- プロトタイプは意図した通りの働きをしますか？
- 商品のデザインは目的と合致していますか？
- ユーザーが商品を使って最初にしたいことは何ですか？それができる可能性はありますか？
- ユーザーは商品を使用するときに困っていますか？
- ユーザーは商品を使用するときに何かに気を取られていますか？
- ユーザーから完全に無視されている機能はありますか？
- 操作は実用的で直感的ですか？
- ユーザーは商品が自分のために開発されたものだと感じていますか？
- 何があれば、ユーザーはこの商品をさらに頻繁に使用したいと思うようになりますか？
- ユーザーが最終商品を友人に勧める可能性はどのくらいですか？
- ユーザーは自分なりの表現でこの商品をどのように説明しますか？

これはナタリー・ブライトシュミットのお気に入りのツールです

役職：
SINODUS AG社チーフ・エクスペリエンス・エンスージアスト、ルツェルン応用科学芸術大学講師

「テストとは実行することです。実行は欲求にも似ていて、さらにあからさまかもしれません。成功しようと思ったら、アイデアが使えるかどうか実証するために少しでも早い日を選びたくなります」

なぜお気に入りのツールなのか？

誰もがみな素晴らしいアイデアを持っています。しかし、私たちが考え出したものを顧客が使ってくれない、あるいは私たちのアイデアが単に悪かっただけで、誰もこのソリューションを使おうとしない、ということがよくあるのです。エクスペリエンステスト用のパワフルな質問は私のお気に入りのツールです。私たちが熱心に取り組んでいるものは本当に世界が必要としているものかどうかを試すことができるからです。さらに忘れてはいけないのは、最初から価値を備えている提案などないということです。商品やサービスに価値を与えられるのは顧客だけです。

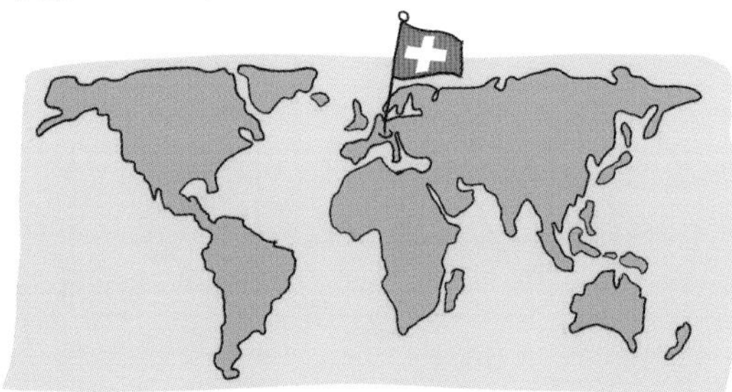

国：
スイス
所属組織：
Sinodusおよびルツェルン応用科学芸術大学

チェック担当：ガウラブ・バルガヴァ

会社/役職：Iress、ユーザーエクスペリエンス・エキスパート、デザインシンキング実践者

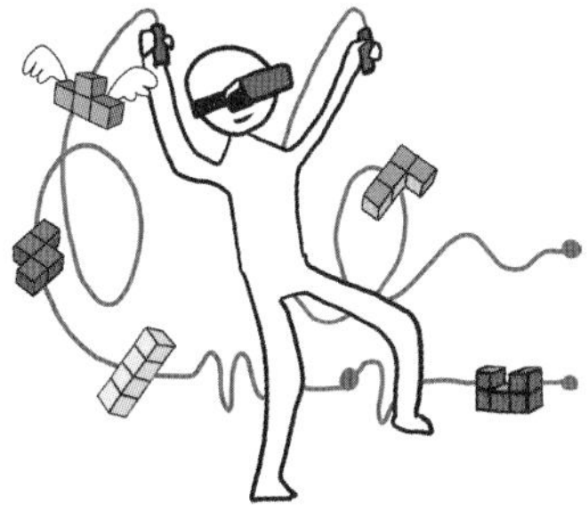

エキスパートのヒント：

テスト、テスト、さらにテスト

- テストは何度も何度も行います。時間的な制約などの理由を挙げて、テストを省略してはいけません。それくらいテストは重要です。
- テストには十分に時間をかけましょう。これが最も重要なフェーズです。学びができるのはここです。
- テスト参加者に、どのような仕組みかを伝えたり見せたりしないでください。プロトタイプを見る目に影響を与えてしまいます。自由にさせて、よく観察しましょう。どのように思ったか、なぜそう思ったかを尋ねます。
- プロトタイプをユーザーに渡し、自宅に持ち帰って1日あるいは1週間好きなだけ使ってもらうと、これ以上ない正確なフィードバックを得られます。また、ユーザーにプロトタイプ使用中に録画や録音をしてほしいと頼むのもよいでしょう。

オンラインテストツールやデジタルメソッドを必要に応じて使う

- プロトタイプがサービス（アプリやウェブサイト）の場合、ユーザー検証も短時間でできます。オンラインアンケートがここでは選択肢の1つになります。サービスに関するアンケートをアプリやウェブサイトに組み込んで、さらにフィードバックを得られるようにできます。
- スタートアップのうち90%は失敗する（Patel, 2015）と言われています。失敗の40%以上は商品に対する市場の需要がないことが原因です（Griffith, 2014）。だからこそ、顧客/ユーザーをつぶさに観察してインタラクションを実施することが非常に重要なのです。プロトタイプを初期コンセプトから低解像度を経て高解像度のプロトタイプへと改善します。実際の顧客の問題や実際の顧客のニーズの要素に注目すればするほど、成功の確率は高まります。

ユースケースの説明

- さまざまな低解像度プロトタイプを経て、リリーのチームは人間とロボットのインタラクションをテストするため、小型ロボットをプログラミングしました。
- テストの前に、デザインシンキングチームはテスト要件に関するブレインストーミングを数多く行い、後でエクスペリエンステストの結果が実際に求めていたエクスペリエンスに対応することを目指しました。
- 貴重なテストの知見がすぐにチームによって次のプロトタイプへと組み込まれ、顧客がプロトタイプに満足するまでこのプロセスが繰り返されました。

ここまでのポイント

- 商品やサービスに価値を与えられるのは顧客だけです。
- ユーザーには的を絞った質問をして、ユーザーが自分の回答には価値があるのだと感じられるようにします。
- ユーザー/顧客にはテスト中に自分の思っていることを声に出してもらうようにします。

ダウンロード可能ツール

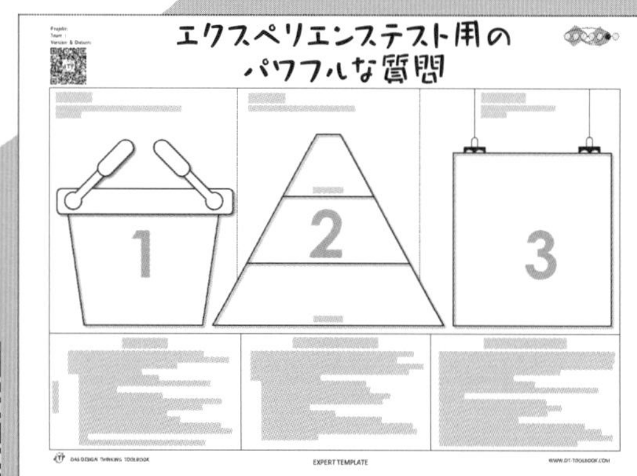

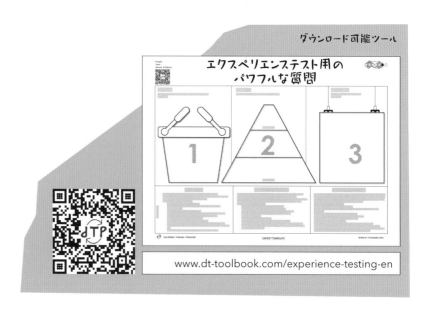

www.dt-toolbook.com/experience-testing-en

ソリューションインタビュー

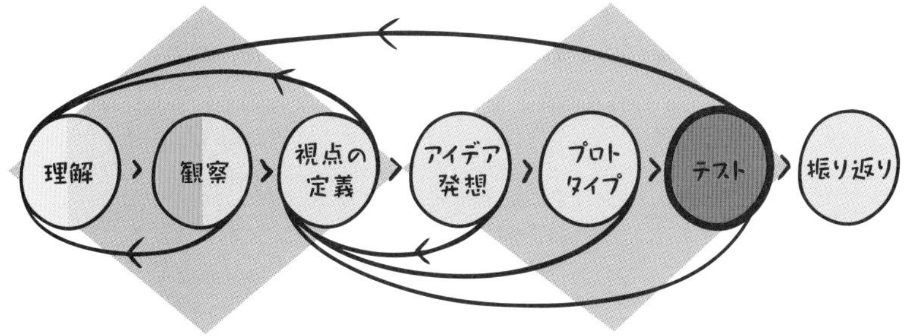

目的

インタビューを通じてソリューションがユーザーに受け入れられるかを調べる。

いいですね。このサイズなら
100ドルは出します。

ツールを使ってできること：

- 意図したソリューションがユーザーに評価されているか、つまり、機能性、使いやすさ、ユーザーエクスペリエンスの面で納得感があるかどうかを把握する。
- プロジェクトの根本的な課題に疑問を投げかける。つまりプロジェクトの重要課題に焦点を置いているかを検証する。
- ユーザー/顧客のニーズ、行動、モチベーションをさらに深く理解する。
- ユーザーにとってのソリューションの価値を測る。

ツールに関する詳細：

- ソリューションインタビューは、その名の通り完成度の高いハイファイプロトタイプを使ったテストフェーズで使用するツールです。
- 目標は、プロジェクトで開発したソリューションをテストし、対象のユーザーに受け入れられるかどうかを確認することです。
- すでに紹介したテストツールと明確に区別するために、ソリューションインタビューは主にソリューション空間で使用されます。
- そのため、最終プロトタイプやMVPの「受け入れ」に焦点を当てます。
- この後半のフェーズでは、ソリューションインタビューがユーザーによるソリューション（価格設定までを含む）の受け入れについて洞察をもたらします。

代替として使用できるツールは？

- フィードバック・キャプチャー・グリッド（217ページ）
- テストシート（213ページ）
- A/Bテスト（233ページ）

このツールに取り組む際に役立つツールは？

- 「どうすれば…」質問（125ページ）
- ペルソナ/ユーザープロフィール（97ページ）
- 各種プロトタイプ（187ページ以降）

必要な時間と材料は？

グループの人数

2〜3人

- 2人組が理想的です。
- 1人がインタビュアーになり、2人目が記録と観察を行い、質問のフォローアップをします。
- 必要に応じて、3人目が写真または動画を撮影します。

平均所要時間

20〜30分

- ソリューションインタビューは30分が目安です。
- 知識を得たと認識することがインタビューの長さの質的基準です。

必要なもの

- インタビューガイド
- ソリューションのプロトタイプ
- 紙と鉛筆、必要に応じてプロトタイプの材料
- 記録用機器、ビデオカメラ、スマートフォン

テンプレートと手順：ソリューションインタビュー

ソリューションインタビュー

状況 1

タスク
・プロジェクトのデザインの課題
・「どうすれば…」質問

目標
・インタビューの目標
・インタビュー後に回答を得るべき主な質問

ペルソナ
・ペルソナとニーズ（ソリューションの重点）
・意見の提起文

インタビューの計画 2

インタビューの候補
・ペルソナに似たインタビュー候補の特定
・必要なインタビュー数の決定

インタビューチーム
・インタビューチームの人数
・役割の割り当て

資料
・コア機器
・前回インタビューの参照
・補足資料

状況 3

アジェンダ
1. ウォームアップ（時間：）
2. 状況の概要説明（時間：）
3. ソリューションエクスペリエンス（時間：）
4. まとめ（時間：）

内容
・ディスカッションポイント
・具体的な質問
・ソリューションの提示方式

ツールの適用方法

ソリューションインタビューは、完成間近のソリューションに対するユーザー/顧客からのフィードバックを通じて知識を得るために使用されます。

- **ステップ1：**最初のインタビューの目標を決めます。ソリューションが扱うべきタスクとペルソナを振り返ります。
- マクロサイクルの現在のフェーズに応じて、目標はソリューションのインパクトをチェックすることであったり、ソリューションの価値を測ることであったりします。
- **ステップ2：**インタビューチームを決め、役割を割り当てます。
- インタビュー候補を選択する際は、ソリューションの対象としていたペルソナに似ている人物かどうかを確認します。
- インタビューに携帯するものについて考えます（前回のディスカッションからの参照ポイントなど）。
- **ステップ3：**インタビューガイドを4つのフェーズ（ウォームアップ、状況の概要説明、ソリューションエクスペリエンス、まとめ）に分けて計画します。
- **ウォームアップ：**忌憚のない意見を出せる雰囲気を作ります。インタビュー対象者とペルソナの類似点を確認します。
- 状況の概要説明：利用シーンについて、どのような状況の情報をインタビュー対象者に与えるべきかを定義します。
- **ソリューションエクスペリエンス：**インタビュー対象者に自力でソリューションを体験してもらいます。「考えていることを声に出してください」と依頼します。
- **まとめ：**会話した相手の発言を自分の言葉でまとめます。反応を見ます。

これはニールス・フェルドマンのお気に入りのツールです

役職：

カールスルーエ工科大学（KIT）サービス・デザインシンキング講師

「IDEOでは、デザインシンキングは『啓発的試行錯誤』と呼んでいます。試行錯誤を通じた啓発？それとも啓発によりコントロールされた試行錯誤？この引用が好きなのは、デザインシンキングの反復という特性をわずかな言葉で表しながら、同時に深い洞察という側面でもある考えることの重要性についても強調しているからです」

なぜお気に入りのツールなのか？

ソリューションインタビューは、まさに「真実の瞬間」を目の当たりにする正念場です。これまでのステップですでにいくつかのプロトタイプをテストしてきました。データの状況を解釈し、その解釈に対してソリューションを発展させ、そのソリューションに対してプロトタイプを作成しました。ソリューションインタビューでは、現実についての解釈を現実そのもの、つまり「真実の瞬間」と比較します。ソリューションインタビューの後、初期の状況を変更してプロジェクトの次の反復に備えます。

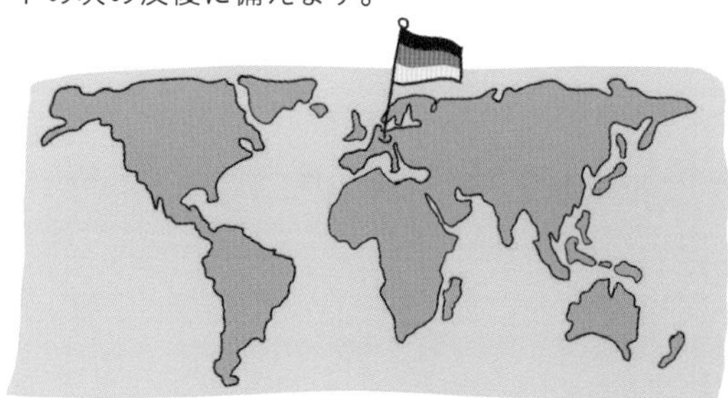

国：

ドイツ

所属組織：

カールスルーエ工科大学（KIT）

チェック担当：ロジャー・シュテンプリ

会社/役職：Aroma AG、クリエイティブディレクター

エキスパートのヒント：

注意

最大の課題の1つとして、インタビュー対象者への礼儀を重視するあまり誤解を招くような発言をしないように心がけなければなりません。

インタビュー候補者の選択

問題に関するインタビューによってすでに知っている人たちと、ソリューションのテストを初めてする先入観のない人たちを混在させます。

インタビューチームを決める

（技術的）用語が知られていない場合は、インタビュアーとして第三者を使います。専門スタッフ、子供、マイノリティの人たちは、専門外のスタッフ、大人、マジョリティの人たちとは異なる回答を与えてくれます。

材料を慎重に選ぶ

プロトタイプは、インタビューの目標を達成するために最適なものを用います。あえて紙で作ったモックアップを使った初期フェーズのテストとは異なり、完成度の高いプロトタイプが必要です（たとえばソリューションの金銭的価値をテストするため）。

他の人の感覚を知る

インタビュー対象者がペルソナに似ていることを確認します。また、性格の特性も考慮します。たとえば、イノベーターはアーリーマジョリティとは異なる回答をします。

インタビュー - ソリューションエクスペリエンス：「観察すること、売り込まないこと」

インタビュー対象者が自分でソリューションを探るようにします。デモンストレーションをしてしまうと、インタビュー対象者が安易に想定通りの方向に進んでしまいます。初期フェーズでは議論のポイントをできるだけ少なくすることがコツです。具体的な質問は後半のフェーズで有効です。インタビュー対象者に、どのようにソリューションを使うか話してもらいましょう。

記録を残す

可能であればインタビューを録画します。口から出る言葉よりも態度のほうがはるかに本音を物語っているものです。

ユースケースの説明

- ソリューションインタビューによって、チームはソリューションのアイデアを検証することができます。リリーはチームのアイデアを試すために使います。
- チームは、自分たちのアイデアを簡単には諦められないものです。リリーはよく「愛情はプロトタイプではなく人に向けて」と言いますが、ここではあまり役に立ちません。
- 顧客の言葉のほうが、はるかに効き目があります。時にはリリーとチームはソリューションインタビューをプロジェクトの初期フェーズで使用して、ソリューションに疑問を投げかけたり、放棄したりすることもあります。ただ、ソリューションインタビューは主に後半のフェーズでソリューションの徹底的なテストのために使用します。

ここまでのポイント

- ソリューションインタビューは知識を得るために使用します。売り込みのためではありません。
- 考え抜かれたソリューションインタビューは、有意義で説得力のある回答につながります。
- 回答は洞察をもたらすだけでなく、観察にもつながります。
- 結果は、データの解釈であり、データそのものではありません。

ダウンロード可能ツール

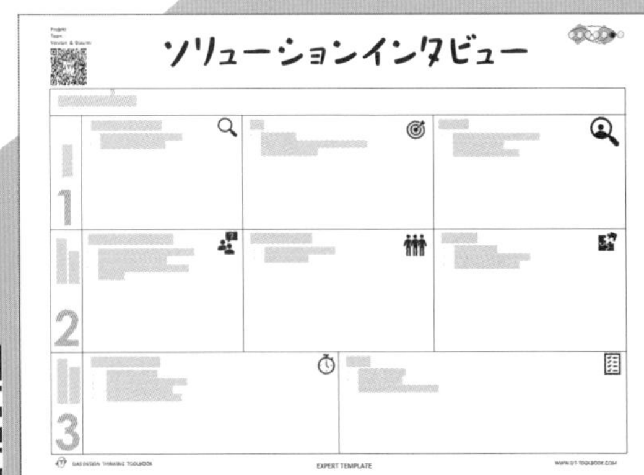

www.dt-toolbook.com/solution-interview-en

構造化ユーザビリティテスト

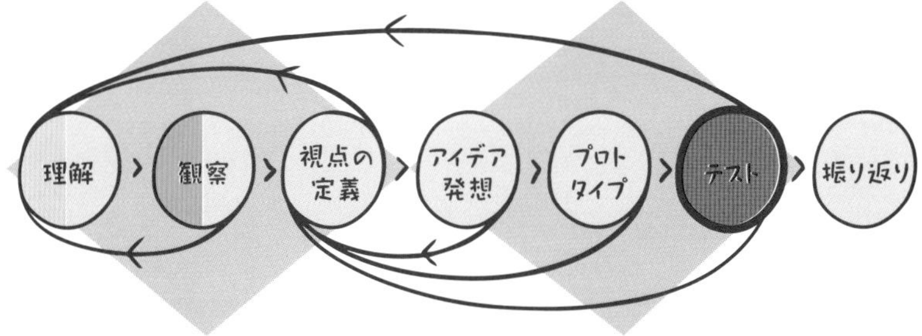

目的

定義された一定の条件のもとで、プロトタイプを潜在的ユーザーにテストする。

ツールを使ってできること：

- 決められたテストシナリオ（タスク）でユーザーとシステム（プロトタイプ）のインタラクションを観察する。
- ユーザーとともに作成した仮説、ソリューション、コンセプトの正しさをチェックして比較する。
- 新しい意見を得て、改善や全く新規のアイデアに役立てる。
- 既存の商品をテストして、問題に関するより深い洞察を得る。
- テストとその後の最適化を通して、ユーザーへの適合性を繰り返し改善する。

ツールに関する詳細：

- 「操作可能」なものは何でもテストできます。これは物理的商品にもデジタル商品にも当てはまります。
- ユーザビリティテストでは、対象物がユーザーにとって有効に、効率よく、満足に機能するかをチェックできます。
- テストはできるだけ具体的に、頻繁に、早期に実施します。
- このためには実際のユーザーが必要です。与えられた特定のタスクを、決められた一定の条件下で、プロトタイプを使って実施してもらいます。すべて観察し、可能であればビデオや追跡ソフトウェアで記録します。
- 統一の構成で行うと、さまざまなアイデアやバリエーションを同じ基準でテストして比較することができます。
- テストを開始する前に、何をテストするか、どのように測定するかを意識することが重要です。
- ユーザビリティテストのツールには多種多様なパターンとバージョンがあります。ツールの例として、ホールウェイ、ゲリラ、ラボテスト、フィールドテストなどがあります。

代替として使用できるツールは？

- ソリューションインタビュー（225ページ）
- A/Bテスト（233ページ）
- 消費者クリニック
- フォーカスグループ

このツールに取り組む際に役立つツールは？

- 各種プロトタイプ（187ページ以降）
- ペルソナ/ユーザープロフィール（97ページ）
- 5W1Hの質問（71ページ）

必要な時間と材料は？

グループの人数

- 2人以上。
- 1人がユーザーのガイドとサポートを担当し、もう1人または他の数人が観察とテストの記録を担当します。

2人以上

平均所要時間

- プロトタイプの複雑度と実施するタスクによって異なります。
- タスクと順序は事前に決めておきます。

40〜90分

必要なもの

- プロトタイプ（ハードウェアまたはソフトウェア）
- 録画と音声録音のためのカメラ
- 決められたテストシナリオ（タスク）を記載したスクリプト（ガイド）、メモを取るための資料、評価表

テンプレート：構造化ユーザビリティテスト

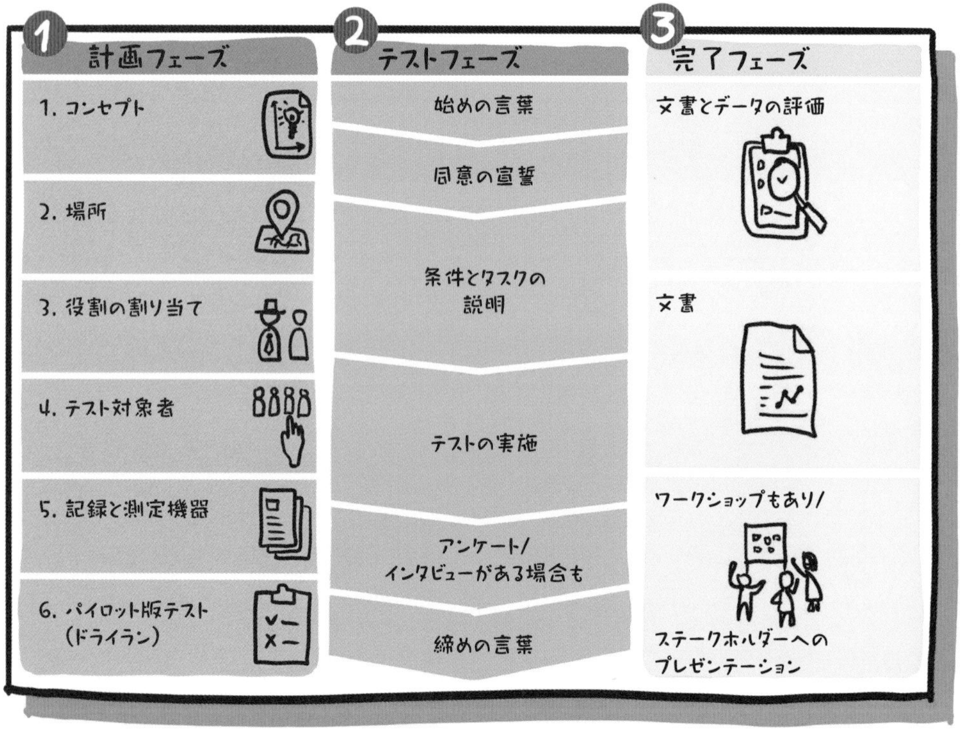

ツールの適用方法

構造化ユーザビリティテストの実施には3つのフェーズがあります。

- **ステップ1：**計画フェーズ：テストの準備をします。最初に、概要とテストの目的、具体的に調べたい内容、すでに存在する仮定や仮説、どのような時系列か、といったことを大まかに示したコンセプトを描きます。次に場所を選び、役割（司会、観察者など）とテスト担当者を決め、テストシナリオ（タスク）を決定します。記録を作成し、最後に「ドライラン」を実施してすべてが想定通りに機能することを検証します。
- **ステップ2：**テストフェーズ：実際のテストをユーザー/対象者に対して実施します。順序とテストシナリオをできるだけ厳密に順守し、すべてのテスト対象者に必ず同じ情報を提供します。
- **ステップ3：**完了フェーズ：収集した知見を評価し、記録し、希望があれば関連するステークホルダーに結果を提示します。結果を使ってユーザビリティの改善を続けます。

これはパスカル・ヘンズマンのお気に入りのツールです

役職：
Helbling Technik AGイノベーションマネジメントチーム、プロジェクトマネージャー
「製品開発の方向性は、内部要因の影響を頻繁に受けてしまいます。しかし、商品を購入するのは経営陣ではなくお客様なので、そのニーズを前提に考えることが重要です。製品開発の初期段階におけるデザインシンキングの強みがまさにここにあります」

なぜお気に入りのツールなのか？

構造化ユーザビリティテストは、思い込みや仮説の議論から脱却できるので私のお気に入りのツールです。構造的アプローチのおかげで、プロジェクトチームは商品やアイデアを改善する経験的基盤が得られます。デザインチームはできるだけ早くアイデアを実践するよう迫られます。さらに、顧客/ユーザーと直接触れ合うことも意欲やモチベーションにつながります。「たとえ自らテストを行わなくても、システムはユーザビリティについてテストされるということを忘れないこと」- ジェイコブ・ニールセン

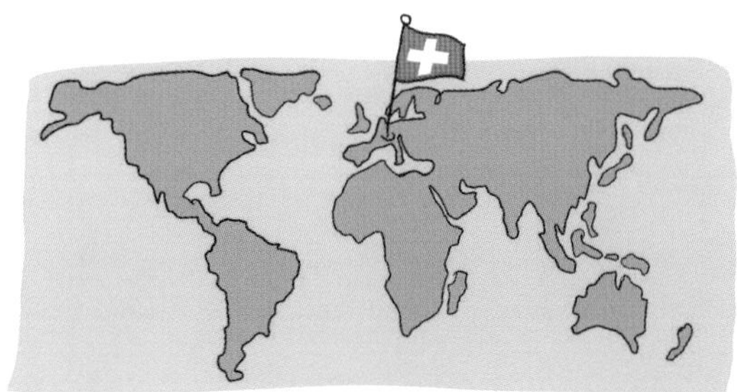

国：
スイス
所属組織：
Helbling

チェック担当：ムラデン・ジャコビッチ

会社/役職：Q Point、ユーザーエクスペリエンス・デザイナー

エキスパートのヒント：

適切なテストシナリオとプロトタイプ

- テストシナリオ（タスク）は明確に定義する必要があります。これが、プロトタイプのどの側面をテストするかを判断する上で役立ちます。
- タスクごとの成功要因は、「成功」、「苦戦」、「失敗」のいずれかでランク付けし、今後の評価を容易にします。
- プロトタイプの詳細のレベルはテストシナリオに合致する必要があります。特に基本的質問の場合（操作順序など）、不必要な詳細は省略しましょう。

プロトタイプに固執しない

- 詳細に時間をかけすぎないこと。そうでないと、後でアイデアを捨てることが辛くなります。
- 既存の商品や競合商品も、プロジェクトのかなり初期段階でテストできます。

適切なテスト対象者と進行管理

- テスト対象者の選出は非常に重要です。できる限り選択したペルソナに合致する人物を選びます。
- 進行管理は、プロジェクトと無関係な人に任せるとよいでしょう（客観性）。
- テスト対象者に対して前向きで感謝に満ちた態度は欠かせません。テストの評価対象はシステムであり、人ではないからです。
- テスト対象者には考えていることを声に出してもらいます。
- 誘導するような質問はしないこと！（例：「他の場所をクリックしてもらえますか？」と言うことは、すでに別の場所をクリックできることを伝えてしまっています）。
- テスト対象者が行き詰まっていたら、手助けをせずに、次に何が起きるべきかを尋ねます。

意義のあるテストの記録

- デジタル画面キャプチャーやビデオは、物理的商品の場合に結果を伝達するのには役立ちます。インタビュー - ソリューションエクスペリエンス：「観察すること、売り込まないこと」

ユースケースの説明

- リリーの個々のチームはプロトタイプのテストをさらに構造化しようとしています。
- チームは各プロトタイプに固有のタスク（テストシナリオ）を描くことから始めます。同時に、チームはすでにターゲット顧客（ペルソナ）に合致するテスト対象者探しを始めています。
- チームの計画は、テスト対象者にプロトタイプとのインタラクションに関するすべてのテストを丸1日かけて実施してもらうというものです。

ここまでのポイント

- ユーザビリティテストの明確なゴールを設定します。
- ターゲットグループからテスト対象者を選択し、「考えを声に出す」よう求めます。テスト対象者には考えていることをすべて説明してもらいます。
- 誘導的な質問は一切しないこと。最初のテストは数人の対象者/ユーザーでもよいので早期に実施したほうが、後で大人数に対して実施するよりも効果的です。

ダウンロード可能ツール

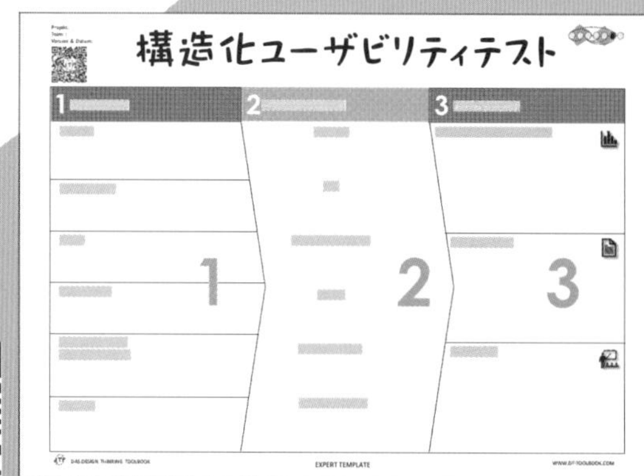

www.dt-toolbook.com/usability-testing-en

A/Bテスト

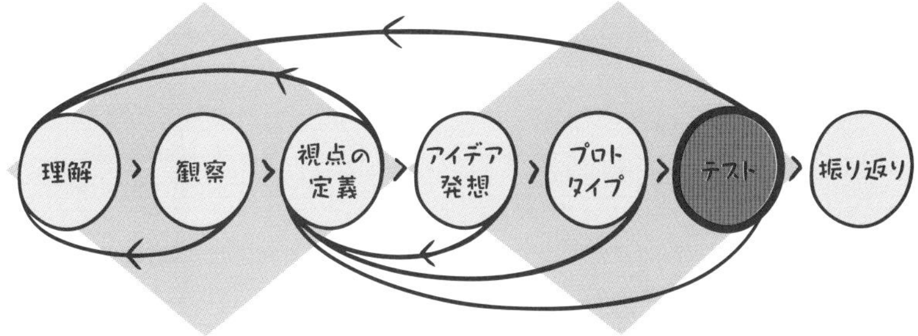

目的

仮説を見直すか、2つのパターン（量または質）を比較して、ユーザー/顧客が何を好むかを見つけ出す。

ツールを使ってできること：

- 真のA/Bテスト、またはプロトタイプの複数のバリエーションをマルチバリエイトテスト（複数パターンテスト）、およびスプリットテスト（分割テスト）として実行する。
- 定量評価を行う。
- 品質に関するアンケートを実施し、フィードバックの件数と内容を評価する。
- 機能またはプロトタイプの個々のパターンを比較する（ボタン、ビジュアル、アレンジメントなど）。

ツールに関する詳細：

- A/Bテストはスタンドアロンテストとして、またはプロトタイプテストの拡張版として使用できます。
- A/Bテストは、プロトタイプの2つのバリエーションを同時にテストするためのシンプルなツールです。プロトタイプのテストは、通常、異なる特性を持つ質問に答えるものです。
- このテストは、既存のプロトタイプ/MVPを発展させるため、または新しいパターンを基本プロトタイプと比較してテストするためには最適です。テストの前に、何をテストし、比較するかを明確にしておくことが重要です（主要指標などを使って）。
- ほとんどのユーザーが、2つのプロトタイプを比較してフィードバックをするほうが、1つのプロトタイプについてコメントを求められるより容易だと答えています。

代替として使用できるツールは？

- 構造化ユーザビリティテスト（229ページ）
- ソリューションインタビュー（225ページ）

このツールに取り組む際に役立つツールは？

- エクスペリエンステスト用のパワフルな質問（221ページ）
- オンラインツールがA/Bまたは複数パターンのテストのプロセス全体（評価を含む）をサポートします。

必要な時間と材料は？

グループの人数

1〜2人

- 手順またはツールのサポートによって、テストあたり少なくとも1〜2人。
- ツールを使えば1人でも対応できます。ツールがない場合は2人以上必要です。

平均所要時間

5〜15分

- ユーザーの人数とツールを使用するか手作業の評価かにより異なります。
- 準備とフォローアップの時間を確保します。

必要なもの

- プロトタイプによって材料は異なります。
- フィードバックを書き留めるペンと紙
- オンラインプロトタイプはソフトウェアと投票ツール

手順：A/Bテスト

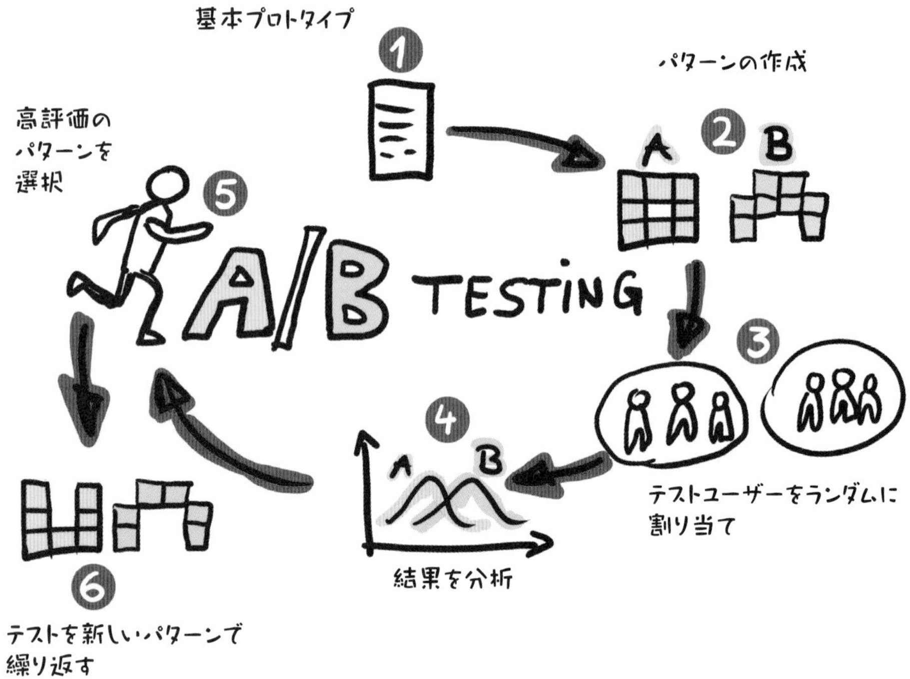

ツールの適用方法

A/Bテストは手早く簡単に実施できます。開始時に、何をテストし、どのように実施するかを決定しておく必要があります。

- **ステップ1：**基本のプロトタイプを定義し、誰がテストグループになるかを決定します（ターゲットグループの選出）。
- **ステップ2：**プロトタイプのパターンを検討し、相互比較する2つのパターンを決めます。実施するテストの種類について主要指標を定義します（量的または質的テスト）。
- **ステップ3：**量的テストについては、テストユーザーをランダムに割り当ててテストを実施します。
- **ステップ4：**結果を分析/評価します。
- **ステップ5：**高評価のパターンを使ってプロトタイプを改善します。
- **ステップ6：**テストを新しいパターンを使って繰り返すか、検証のためもう一度テストを実施します。

注：テスト手順の違い：

量的A/Bテスト：ユーザーグループを分けます（x%パターンA、y% パターンB）。

質的A/Bテスト：パターンを相互比較するテストをします（すべてのユーザーがパターンAとBを扱います）。

これはクリスチャン・ラングロックのお気に入りのツールです

役職：

Hamburger Hochbahn AG、イノベーションマネージャー

「アジリティとデザインシンキングは同じようなマインドセットに基づいています。VUCA*な世界において、再び顧客にフォーカスし、適切な商品とサービスを顧客のために、そして顧客とともに開発することを推進することを支援してくれるのです」

*VUCAは、volatility（変動性）、uncertainty（不確実性）、complexity（複雑性）、ambiguity（曖昧さ）の頭文字を並べた用語です。

なぜお気に入りのツールなのか？

IT業界では、A/Bテストは長年にわたり欠かせないツールとして利用されています。主要指標ベースのカスタマーフィードバック（定量テスト）が迅速に得られます。デザインシンキングでは、プロトタイプを相互比較してテストするという手法はまだ一般的ではありません。通常、チームが優先する1つのプロトタイプをテストします。A/Bテストでは、チームが開発した2つのパターンをユーザーに比較してもらえます（品質テスト）。ユーザーは2つのパターンを比較できるため、フィードバックがしやすくなります。A/Bテストは次のプロトタイプのための重要な情報をもたらします。

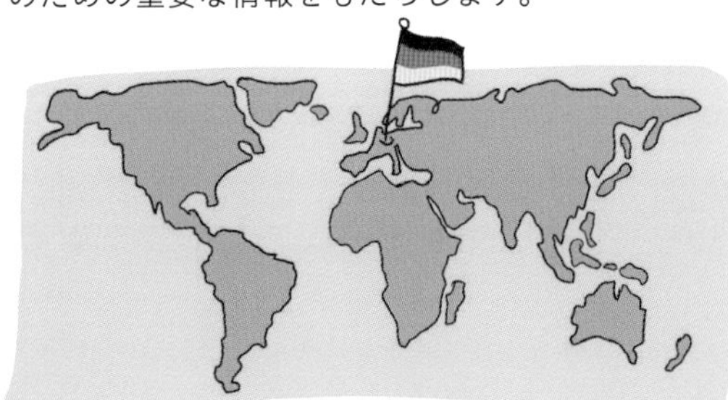

国：

ドイツ

所属組織：

Hochbahn

チェック担当：レジーナ・ヴォーゲル

会社/役職：飛躍的デザインシンキング実践者、リーダーシップコーチ

エキスパートのヒント：

テストでチェックする仮説を決定

- テストの前に必ず、どの仮説をテストするかを検討します。
- どのタイプのテストをするか？必要なフィードバックは質的か量的か？この質問への回答がテスト手順を決定します。
- 一度にチェックする仮説は1つだけです（デザイン、ビジュアル、ボタン、用語、プロセスなど）。新規開発アプリのログインプロセスはワンステップで行うべきか、それとも複数のステップに分けるべきか？
- A/Bテストの各パターンは、特性は異なっていても仮説を裏付けるものでなければなりません。
- 構造化ユーザビリティテスト（229ページ）と同様に、テストの評価をどのように実施するかを開始前に考えます。基準を事前に明確に定義し、柔軟性を保ち、複数のユーザーが気に入らない点として同じフィードバックを挙げた場合はプロトタイプを修正します。
- テストの前に、どのターゲットグループ（ペルソナ）をテストするのか、すべてのユーザーが両方のパターンを見るのか、それともユーザーを2つのグループに分けるのかを検討します。
- A/Bテスト用のツール（ウェブツール/アプリ）を使用します。特にデジタルプロトタイプの分野やウェブのフロントエンドソリューションのテストの場合は、効率的なソリューションが利用できます。

テスト数は無制限

- テストはサイクルであり、実行回数に制限はないことを理解します。
- テストがシンプルで些細に見えるほど、結果は多くの洞察をもたらします。

ユースケースの説明

- リリーはA/Bテストを定量的オンラインテストに使用します。たとえば、どのランディングページが最も購買率が高いかを調査する場合などです。
- ところがリリーのチームはこのツールを物理プロトタイプのテストにも使用します。たとえば、顧客にとって重要であり、ターゲットグループが評価するプロパティは何かを知るためなどです。この目的のため、1つのプロパティのみが異なる2つのパターンを作成します。
- 実際のテストの後、特に個人的な会話の中で、チームはユーザーのニーズについて多くの興味深い側面を知ることになりました。

ここまでのポイント

- A/Bテストは2つの異なるアイデアではなく、1つのプロトタイプの2つのパターンをテストするという意味です。
- テストのターゲットグループはターゲットペルソナに合致する必要があります。
- テストの前に条件について決めておきます。つまり、必要なのは質的または量的フィードバックのどちらかということです。

ダウンロード可能ツール

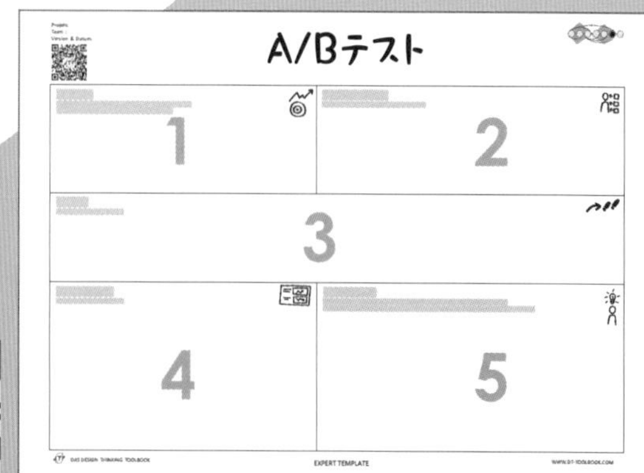

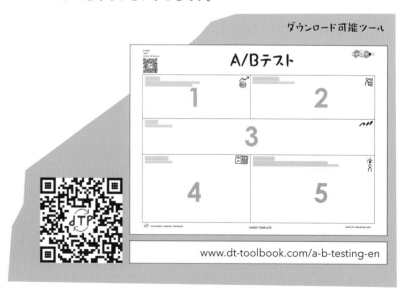

www.dt-toolbook.com/a-b-testing-en

フェーズ：振り返り

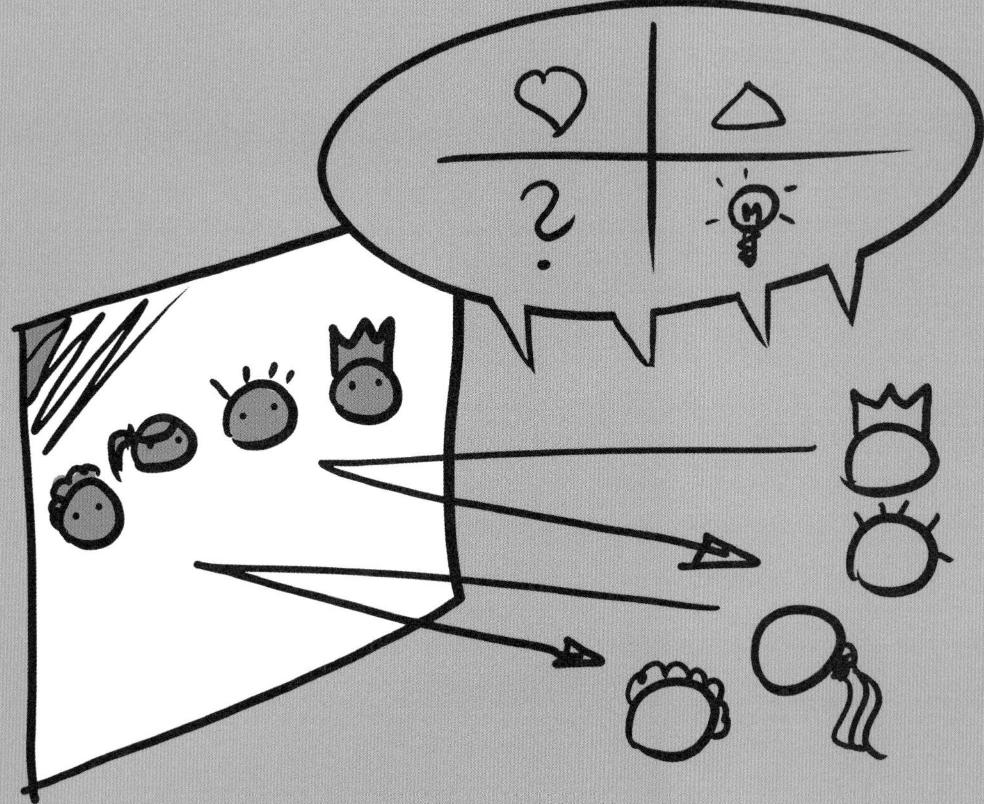

最終フェーズ「振り返り」は、さまざまなレベルで有効です。振り返る対象は、作業手順、チームの作業、関連ステークホルダーの関与、あるいはマインドセットが活かされているか、などです。振り返りと学習のステップは非常に重要であり、デザイナーとしての私たちの仕事の中核部分となっている理由です。「私が気に入ったのは/私が望むのは/私が質問したいのは」やレトロスペクティブ・セイルボートなどさまざまなテクニックが手順の振り返りを支援します。リーンキャンバスやプレゼンテーション向けの「ピッチ」の作成がプロジェクトの内容の振り返りと記録に役立ち、さらなる継続的な発展を助けます。

私が気に入ったのは／私が望むのは／私が質問したいのは（IL、IW、IW）

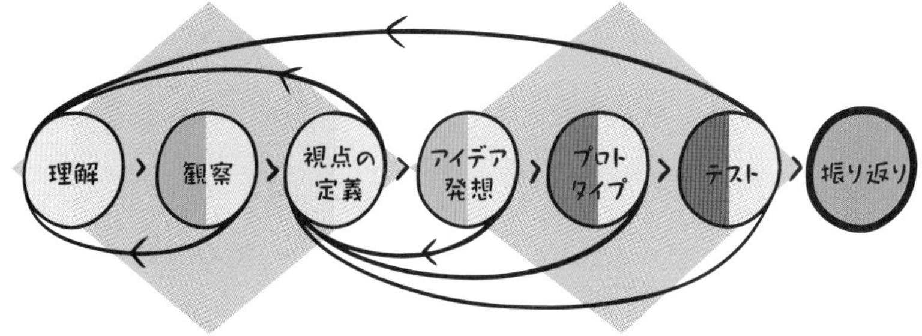

目的

建設的なフィードバックを提供し、ポジティブなムードを保つ。

私が気に入ったのは、ツールボックスとプレイブックの多数の可視化です。

私が望むのは、第2版の「デザインシンキング・ツールボックス」にはツールが増えることです。

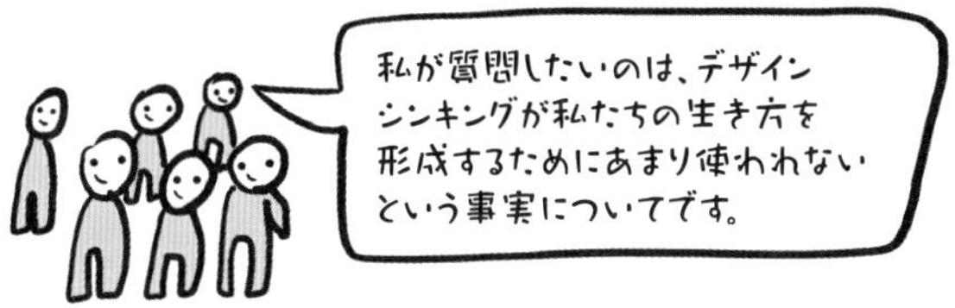

私が質問したいのは、デザインシンキングが私たちの生き方を形成するためにあまり使われないという事実についてです。

ツールを使ってできること：

- フィードバックの手順はチームによって確立され、フィードバックとして許容されるのは、「私が気に入ったのは/私が望むのは」に「私が質問したいのは」（略語はIL/IW/IW）を補足したものに限られる。
- このメソッドでは、反復においてプロトタイプやテストによって達成した小さな成功を称賛する。
- これを振り返りやアイデア発想の一環に取り入れる。「もし～なら？」やアイデアの駐車場を使って拡大もできる。
- フィードバックを提供するのも受け取るのも、文面でも口頭でもできる。

ツールに関する詳細

- デザインシンキングのプロセス全体を通じて、プロトタイプ、ストーリー、ビジネスモデルの改善のためフィードバックが必要です。
- 「私が気に入ったのは/私が望むのは」は特に慎重に扱うべきプロジェクトに適しています。ポジティブなムードを維持することで、フィードバックの提供者と受け手の間でパートナーシップに基づく関係が展開します。
- コラボレーションの振り返りというコンテキストや、特定の結果に対する振り返りにも使用できます。例：「私が気に入ったのは、あなたが私たちにもう一度顧客アンケートを実施しようと呼びかけたやり方です」または「私が望むのは、プロトタイプを別の文化圏でもテストすることです」。

代替として使用できるツールは？

- 赤と緑のフィードバック（シールを使用。赤 = 注意、緑 = OK）
- 教訓（255ページ）
- フィードバック・キャプチャー・グリッド（217ページ）
- レトロスペクティブ・セイルボート（243ページ）

このツールに取り組む際に役立つツールは？

- デザインシンキングのマインドセット（6ページ）
- ブレインストーミング（151ページ）

必要な時間と材料は？

グループの人数

- 理想は複数の人からフィードバックを得ることです。
- 2人でも可能です（フィードバックの提供者と受け手）。

3〜5人

平均所要時間

- 「私が気に入ったのは/私が望むのは」は小さな反復や複数の参加者による大人数のフィードバックセッションで展開できます。

15〜90分

必要なもの

- 付箋紙、ペン
- 大判の紙

テンプレート：私が気に入ったのは／私が望むのは／私が質問したいのは

チーム/プロトタイプ	I LIKE...	I WISH...	I WONDER...	WHAT IF...?
チームX/プロトタイプ1				
チームY/プロトタイプ2				
チームZ/プロトタイプ3				

ツールの適用方法

- 大判の紙に、5列の表を描きます。列の見出しは、「チーム/プロトタイプ、私が気に入ったのは、私が望むのは、私が質問したいのは、もし〜なら？」とします。チーム名とプロトタイプ名を行見出しに書き込みます。
- 提示したプロトタイプへのフィードバックを得るため、各参加者に少なくとも3枚の付箋紙を配ります。各参加者はX軸の文（私が気に入ったのは/私が望むのは/私が質問したいのは）を埋めるよう指示されます。
- インタラクションが生まれるように、参加者は付箋紙に書いた内容を声に出して読み上げてから表に貼り付けます。そのように全員が各自のフィードバックを書いた付箋紙を表に貼ります。
- すべての付箋紙が貼り付けられたら、知見を振り返り、次の反復に重要な洞察はあるかを尋ねます。
- フィードバックの受け手としてディスカッションを始めるのは避けましょう。ムードが変わり、ポジティブな姿勢が失われてしまいます。
- このツールを使う目的は、個人に対する批判を避け、ポジティブなムードを維持することです。
- フィードバックは、受け手がもらってよかったと思えるフィードバックであるべきです。

これはレナ・パパスのお気に入りのツールです

役職：

フリーランスのデザインシンキング・コーチ兼マーケティングコンサルタント

「アルバート・アインシュタインはこう言っています。『問題は、その問題を生み出した考え方と同じ方法では決して解決できない。』デザインシンキングは新しい展望を開き、物事を別の角度から見るようサポートしてくれます」

なぜお気に入りのツールなのか？

「私が気に入ったのは/私が望むのは/私が質問したいのは」は仕事でもプライベートでも幅広い用途があります。これが私のお気に入りのツールなのは、すぐに習得できる上に信頼性が高く、間違いなく効果的だからです。日常生活において実践するのも簡単です。

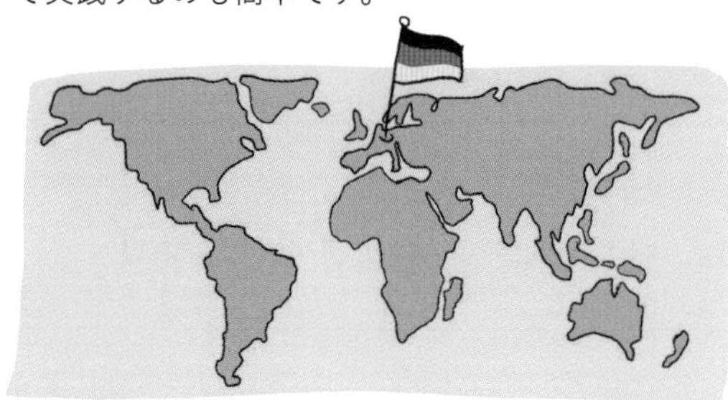

国：

ドイツ

所属組織：

フリーランスのデザインシンキング実践者

チェック担当：ヘルムート・ネス

会社/役職：Fuenfwerken Design AG共同創設者

エキスパートのヒント：

定期的にフィードバックを与える

- 「私が望むのは/私が質問したいのは」を「どうすれば」に置き換えて、アイデアだけでなく初期ソリューション案も生み出します。
- ツールをフィードバックのインタビューに取り入れます（1:1）。
- 週1回のミーティングをIL/IW/IW（私が気に入ったのは/私が望むのは/私が質問したいのは）を使って行い、チームメンバー全員を参加させて、タスクに真剣に取り組むこと、懸念事項は早期に認識することを徹底します。

フィードバックは贈り物

- フィードバックを提供する人は、このフィードバックについてどう感じるだろうか？と常に敬意と配慮を示さなければなりません。個人的なフィードバックを提供する場合は、相手の目を見て話します。
- フィードバックを受ける側は、敬意を表し、注意深く耳を傾けなければなりません。相手の話を最後まで聞き、必要に応じてもう一度言ってもらうよう頼むことで、聞き上手であり心から興味を持っていることを示すことができます。フィードバックには必ず「ありがとう」と御礼を返します。

ポジティブな態度

- 教訓 – IL/IW/IWはプロジェクトフェーズだけでなく、終盤に向かっても活用できます。「私が学んだのは（教訓）」を追加して、個人的な主な教訓を記録し、次のプロジェクトに活かせます（255ページ参照）。
- さらに、毎日の始業時に「私が気に入ったのは/私が望むのは/私が質問したいのは」を使ってその日の目標を設定することもできます。この方法は、自問自答によって自分自身の生活形成に取り入れることもできます（289ページの「デザインシンキング・ライフ」を参照）。

ユースケースの説明

- リリーとチームは、開始時から一貫してポジティブなフィードバックの文化を実践しています。すべてのインタラクションで、フィードバックは「私が気に入ったのは/私が望むのは」の形式で提供されます。チームの始動時には従来のパターンに陥りがちでしたが、しばらくすると全員にこの原則が身につきました。
- このテンプレートには「私が質問したいのは」と「もし～なら？」の列もあり、状況に応じて使用します。特に、フィードバックを文書として記録する際に、これが大きな刺激を生みます。

ここまでのポイント

- ポジティブなフィードバックが定着するよう練習しましょう。「私が気に入ったのは/私が望むのは/私が質問したいのは」の使用はポジティブなムードを維持するのに役立ちます。
- フィードバックを書き留め、後でデザインシンキングチームと振り返ることが重要です。
- フィードバックは贈り物。必ず「ありがとう」と御礼を言いましょう。

ダウンロード可能ツール

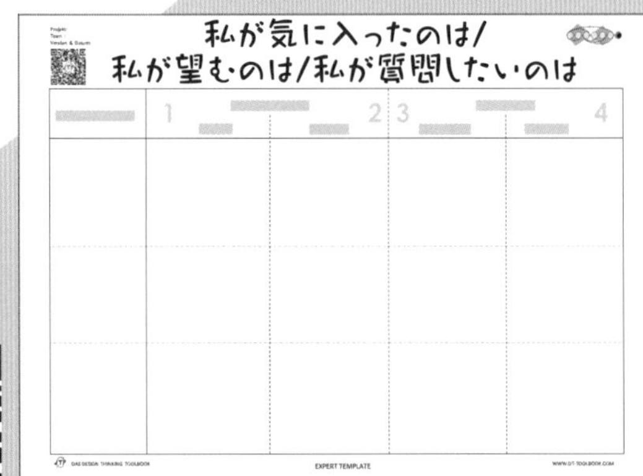

www.dt-toolbook.com/i-like-feedback-en

レトロスペクティブ・セイルボート

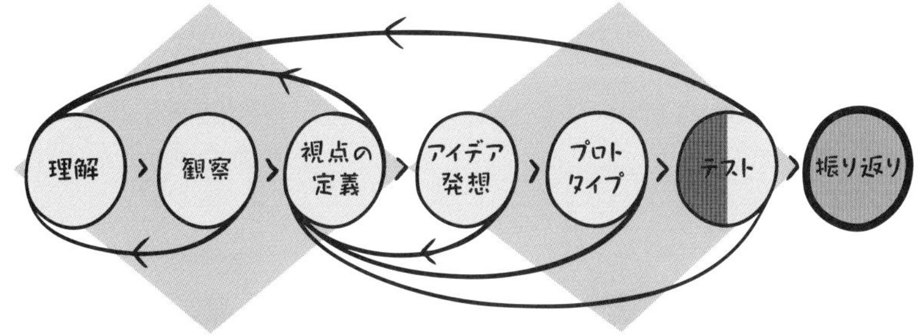

目的

手順を振り返り、自分自身(または手順)を向上させるため、次の反復に向けて、各反復の最後に、およびプロジェクトの終了時に新しいことを学ぶ。

ツールを使ってできること:

- チームのインタラクションとコラボレーションを改善し、迅速で的を絞った、評価のしやすい体系的な手法で実施する。
- 振り返る視点を持つことで、何がうまくいき、何が改善の余地があるかをチェックする。
- どの要因が変更可能で、どの要因は受け入れ必須かという疑問について振り返る。
- ポジティブモードを醸成する。チームメンバー全員が話を聞いてもらい、意見を述べているので、自主運営チームのマインドセットが育まれる。

ツールに関する詳細

- レトロスペクティブ・セイルボートは、スクラムメソッドのスプリントにおいて振り返りで頻繁に使用します。これは4つの枠のあるレトロスペクティブボートとして描きます(245ページを参照)。
- また、デザインシンキングの各フェーズやプロジェクト完了後にも非常に適しています。
- さらに、2人だけでも、たとえばワークショップの合同司会の後の事後分析としても使用できます。
- ツールは、促進要因、阻害要因、環境要因に対応します。
- また、間違いは失敗ではなく変化と学習の機会として捉える「失敗のマインドセット」も促進します。

代替として使用できるツールは?

- フィードバック・キャプチャー・グリッド(217ページ)
- 私が気に入ったのは/私が望むのは/私が質問したいのは(239ページ)
- 同僚との「井戸端会議」

このツールに取り組む際に役立つツールは?

- 5つのWHY(67ページ)
- フィードバック・キャプチャー・グリッド(217ページ)
- 教訓(255ページ)
- スケッチノートでアナロジーを見つける(173ページ)

必要な時間と材料は？

グループの人数

- 4〜6人のチームに最適。
- 人数が多い場合はサブグループに分けることができます。

4〜6人

平均所要時間

- ディスカッションの目的とニーズに応じて、振り返りは短くできます。

60〜120分

必要なもの

- フリップチャートまたはホワイトボード
- 付箋紙
- ペン、マーカー

手順：レトロスペクティブ「セイルボート」

ツールの適用方法

振り返りセッションの一般的な流れ：

- **ステップ1：**はじめの言葉：目的を紹介し、振り返りセッションの流れを説明します。
- **ステップ2：**情報収集：付箋紙に書いた情報を集め、セイルボート・テンプレートの該当のフィールドに貼り付けます。

典型的な質問の例：

- 最近何かありましたか？ 何かいいことは？ 何が追い風になりましたか？(風) チームにとってうまくいかず、進みが鈍ったのは何ですか？(錨) チームが太刀打ちできない障害やリスクは何ですか？(崖)(たとえば、市場、新技術、競合他社) チームの共通ビジョンやモチベーションは何ですか？(島) 全員が自分の付箋紙を声に出して読み上げます。
- **ステップ3：**知見のクラスタ化と優先順位付け：最重要トピックを選択して掘り下げます。物事の深層、つまり原因を特定し、対処療法以上のことに取り組めるようにします。目標は、好ましくない課題に対処し、改善の基盤を形成することでもあります。
- **ステップ4：**対策の定義：ここでは、変更対象や次の反復で試行することをすべて正確に文書化します。最後のステップでは、対策を形成します。
- **ステップ5：**振り返りのまとめ：全員が振り返りについて、フィードバック・キャプチャー・グリッド (217ページ参照) などで簡潔なフィードバックを提示します。最終的には、グループが良い気分で解散できるようにします。

これはアキム・シュミットのお気に入りのツールです

役職：

デザインシンキング・コーチ兼スケッチノートトレーナー

「『デザインシンキングを毎週火曜日の午後2時から4時に実施しています！』ある会社で実際にこう言っている人がいました。私にとってデザインシンキングとは物事を包括的に見るためのマインドセットであり、多くの分野や生活にも関連があります。私のモットーは『常に常識を働かせる』です。」

なぜお気に入りのツールなのか？

たいていのプロジェクトでは、成功はチーム内のモチベーション、楽しさ、ムード、グループの力関係、コミュニケーションに左右されます。レトロスペクティブ・セイルボートはチームメンバー同士の関係を、感謝を込めた系統立てた方法で円滑に進めるために大きく貢献します。私が気に入っているのは、非常に効果的でありながら準備と実施にほとんど時間がかからない点です。テンプレートも記録する際には便利です。

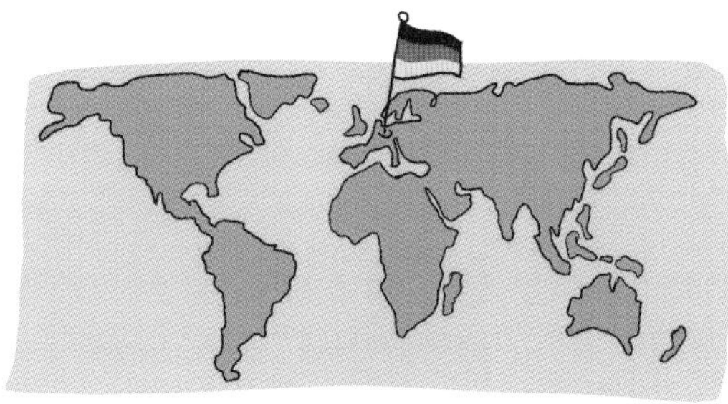

国：

ドイツ

所属組織：

business- playground

チェック担当： エレナ・ボナノーミ

会社/役職：Die Mobiliarイノベーションマネージャー

代替案：レトロスペクティブボートと4つの枠

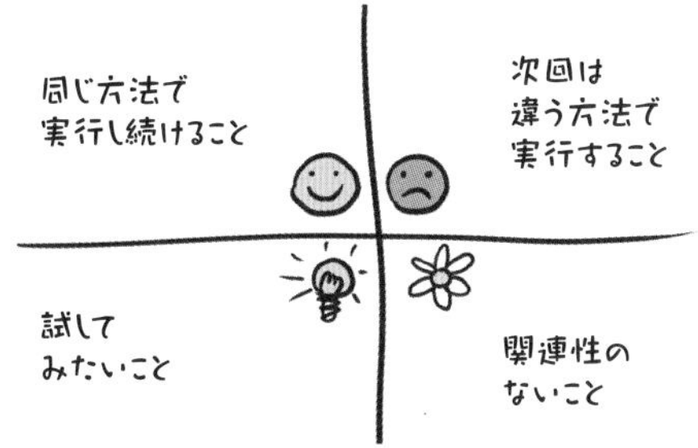

エキスパートのヒント：

ポジティブなムードを作る！

- ポジティブなムードと建設的な批評に留意します。
- 常にポジティブなフィードバックと洞察から始めましょう。
- 責任のなすり合いはしないこと！
- 全員の意見を聞きましょう。全員が意見を出しやすいようにします。
- 重要な振り返りセッション（主要マイルストーンや困難な状況など）は、チームメンバーではない外部モデレーターまたは従業員が進行します。
- 場所を変えると振り返りにも変化が：いつもの職場を離れてコーヒーショップや公園に集まってみましょう。

信頼の構築

- 信頼を築きます。配慮が必要な課題や、階層の差が存在する場合は特に必要です。匿名が効果的な場合もあります。
- 「ラスベガス原則」を適用すると説明します。「この部屋の中で起きたことは、今ここにいるメンバー以外に漏らさないこと！」
- チームを抑制する「口に出せない」事柄やタブーはありますか？

省略しない

- チームメンバーがお互いをよく知る場合、振り返りは省略されがちです。それはもったいないことです。振り返りを行うことでよいムードが醸成されるので、行うだけの価値はあります。
- 小さな変化や対処をすることが大きな物事につながることがよくあります。
- 振り返りは「なぜ振り返りを実施するのか？」という質問から始められます。すべての回答を書き出し、知見が全員に見えるようにします。この振り返りがすでに変化の大きな潜在的可能性をもたらしています！

ユースケースの説明

- 反復するごとに、リリーのチームはしばらく腰を下ろして、うまくいったこと、うまくいかなかったことを振り返ります。
- リリーにとって重要なことは、チームのメンバー同士の相性がうまくはまり、新しいものが繰り返しテストされていることを確認することです。
- 毎回の反復で、リリーは新しいテクニックやメソッドを試し、すべてのものが期待通りにうまくいくとは限らないという可能性を受け入れようとしています。円滑に進まないことがあれば、チームは自分たちを笑い飛ばすことを覚えました。

ここまでのポイント

- 毎回の反復で簡潔な振り返りを実施します。
- 全員がメモを取ります。少なくとも、試してみようと思うものを書き留めます。
- ムードがポジティブで信頼関係があることを確認します。これは継続的改善だということを忘れないでください。

ダウンロード可能ツール

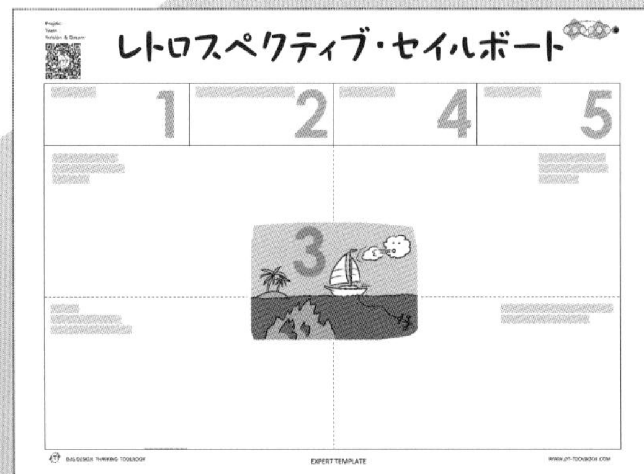

www.dt-toolbook.com/retrospective-en

「ピッチ」の作成

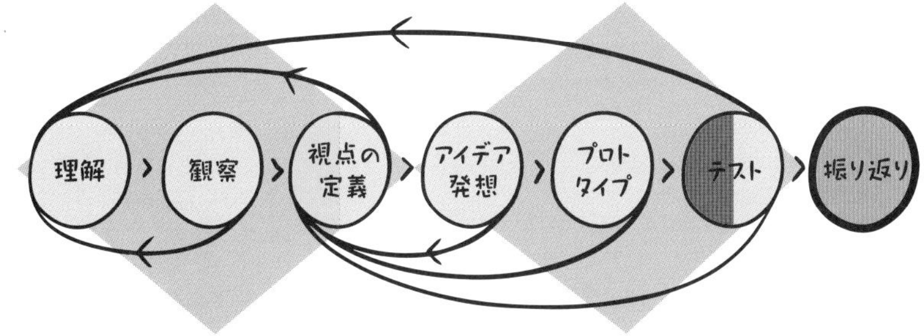

目的

反復の最後に結果と洞察をチームと共有し、ステークホルダーとも定期的に共有すること。

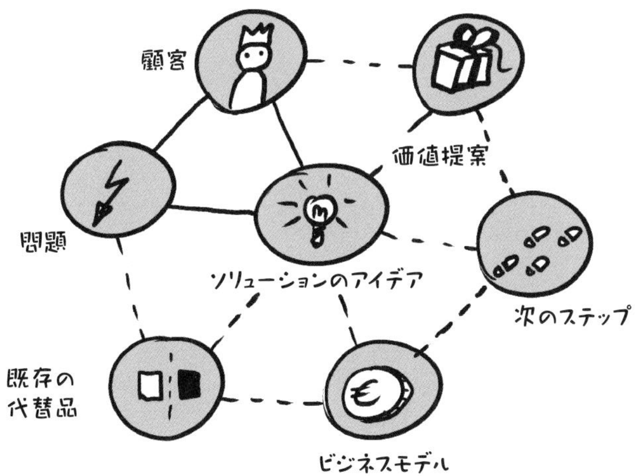

ツールを使ってできること：

- チームとステークホルダーに、プロトタイプとプロジェクトの現状、最終ソリューションを示す。
- アイデアの構成を組み、コア情報に焦点を当てる。
- ソリューション、重要機能、顧客のニーズ、または価値提案のフィードバックを得る。
- プレゼン相手やプロジェクトの意思決定者に対して、今後のステップや実施につなげるため承認とリソースを得られるよう説得する。

ツールに関する詳細：

- 「ピッチ」とは広告業界の用語で、潜在的顧客を前にしてプレゼンテーションを行うことを指します。代理店はクライアントを説得し、契約を獲得するために競争することが一般的です。「ピッチ」はスタートアップ業界でも定着しています。ここでは、投資家や審査員の前で自分のビジネスアイデアを短時間でプレゼンすることを指します。
- デザインシンキングでは、「ピッチ」はチームやステークホルダーに向けて結果を簡潔に発表することです。
- ピッチにはさまざまなタイプがあります。たとえば長さも違います。エレベーターピッチは最も短いプレゼンテーションのタイプです。ポイントは、ごく短時間（多くは約30秒から1分間）にアイデアの概要をまとめて情報を伝達することです。
- 通常、PowerPointのスライドは使っても数枚、もしくは全く使いません。多くのピッチプレゼンテーションでは、実際のプロトタイプを見せて印象付けるようにします。
- プロジェクトのフェーズによって、重点を置く質問も異なります。

代替として使用できるツールは？

- NABC（177ページ）

このツールに取り組む際に役立つツールは？

- リーンキャンバス（251ページ）
- ステークホルダーマップ（83ページ）
- 実行のロードマップ（259ページ）
- ストーリーテリング（129ページ）

必要な時間と材料は？

グループの人数

4〜6人

- チーム全員で行います。
- または1人がメインのプレゼンテーションを行い、他の人たちがサポートし、詳細を付け加えます。

平均所要時間

60〜120分

- ピッチが印象的で短いほど、準備には時間がかかります。
- 中間プレゼンには約1時間の短い準備時間で十分です。最終プレゼンまたは投資家ピッチには大幅に長い準備時間が必要です。

必要なもの

- 付箋紙、ペン
- プロトタイプ
- テスト、顧客フィードバック、証言のビデオと写真

テンプレートと手順：「ピッチ」の作成

要素	ピッチの主な質問案
エントリーポイント（ストーリー）	• ストーリーで注意を集める
問題	• 最大の問題は何か？ • なぜ問題なのか？
顧客	• この問題の影響を受けるのは誰か？ • 誰にとって問題なのか？（ペルソナ） • 問題の範囲は？ （問題のソリューションの潜在的可能性はどの程度か？） • アーリーアダプターは誰か？誰と一緒に共創ができるか？
ソリューション／アイデア	• ソリューションは何か？（プロトタイプ、デモ、テストフィードバックを含む） • 価値提案は何か？何が独自性になっているか？ • 既存の代替物より優れている理由は？ • なぜ私たちだけがソリューションを実施できるのか？
ビジネスモデル	• どのように収益をあげることができるか？ • 課題とリスクは何か？
次のステップ	• 次に何をするか？ • 次のステップに必要なものは何か？
まとめ	• なぜ問題を解決する価値があるのか？なぜ今か？ • できれば社外ピッチでチームを紹介する

ツールの適用方法

ステップ1：ラフ計画　ラフ計画では以下の質問に答えます。

- 聞き手は誰か？聞き手がすでに知っていることは何か？どこで聞き手に会えるか？聞き手は何を知りたいのか？
- フレームワークは何か？時間はどれくらいあるか？プレゼンテーションのオプションは何か？
- 目標は何か？メッセージは何か？
- 次に大まかな順序の計画を立てます（付箋紙などを使って）。内容、形式、誰が何をし、何を言うかを決めます。

ステップ2：詳細を詰める　ピッチを複数の反復の詳細に分割します。

- ストーリーを使って感情をかき立てます。
- KISS（keep it short and simple：短く簡潔に）の原則に従って、多くても10枚のスライドにまとめます。
- 主な指標を使います。数値は言葉よりものを言います！
- 言葉より写真、写真よりビデオは多くを語ります。
- 標準なんてつまらない！できればPowerPointは使わないで。
- ピッチでプロトタイプを紹介し、デモンストレーションを行い、仕組みを説明します。
- ピッチの最後に重要なメッセージを繰り返します。

一般に、聞き手が覚えていられる内容は2つか3つまでです。

ステップ3：テスト、練習、改善

ピッチをテストし、順序を練習し、何度も繰り返して改善します。

- ピッチの後は、チームであらゆる質問に備えます。

これはパトリック・リンクのお気に入りのツールです

役職：

ルツェルン応用科学芸術大学プロダクトイノベーション学部教授、デザインシンキングおよびリーンイノベーションコーチ、Trihow AG共同創設者

「デザインシンキングは、私たちの分析カルチャーや問題解決・意思決定のプロセスを補完します。特に、システムシンキング、データ分析、リーンスタートアップなど他のアプローチと組み合わせると、デザインシンキングは効果的であり、斬新なアイデアの実施に役立ちます」

なぜお気に入りのツールなのか？

斬新なビジネスアイデアを1分でプレゼンテーションして聞き手に熱意を持ってもらうのは至難の業です。だからこそ、ジャーニーにおいて成功してポジティブなフィードバックや有益な情報を得たときの喜びはひとしおです。ピッチには練習が必要です。あらゆる機会をとらえて練習しましょう。仕事の後、バーで友人と飲んでいるときやイベントでやってみましょう。優れたピッチの切り札は、単なるカラフルなPowerPointのスライドよりはるかに強力です。

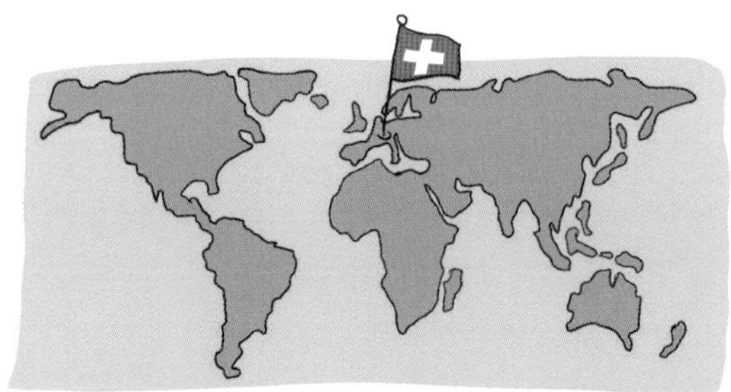

国：

スイス

所属組織：

ルツェルン応用科学芸術大学、Trihow AG

チェック担当：マリア・タークセイ

会社/役職：SATWコミュニケーション＆マーケティング部

エキスパートのヒント：

準備を怠らない

- ピッチは短いほど準備は難しくなります。この場合、後で補ったり付け加えたりができないからです。
- どのプレゼンテーションも聞き手に合わせる必要があります。聞き手がすでに知っていることは何か？次のステップに必要なものは何か？

PowerPointは避ける

- PowerPointのテキスト入りスライドは使わないようにしましょう。どうしてもスライドを表示したい場合は、ガイ・カワサキの優れたピッチのルール「10、20、30」を守りましょう。これは、スライドは10枚、プレゼンは20分、フォントサイズは30という意味です。
- 聞き手は聞くか読むかはできますが、両方同時では集中できません。聞き手の気持ちが逸れるアニメーションは使わないようにしましょう。
- ロールプレイングはプロトタイプやペルソナが中心になり、効果が高いことが実証されています。
- 短いビデオや顧客の声も関心を引きます。音声と画像が正常に機能することを確かめておきましょう。可能であれば、すべてテストしてバックアップのシナリオを用意しておきましょう（プロジェクターが故障した場合や音声が出ない場合など）。

熱意を込めて

- ピッチでは商品、サービス、対象市場に対する熱意を示しましょう。単なるアイデアだけでなく、チームのソリューション実行能力についてのプレゼンでもあるのです。
- リーンキャンバスは関連コンテンツの貴重なヒントをもたらします（251ページ）。
- すべての関連質問に答えを用意し、バックアップとして追加情報も準備しておきましょう。

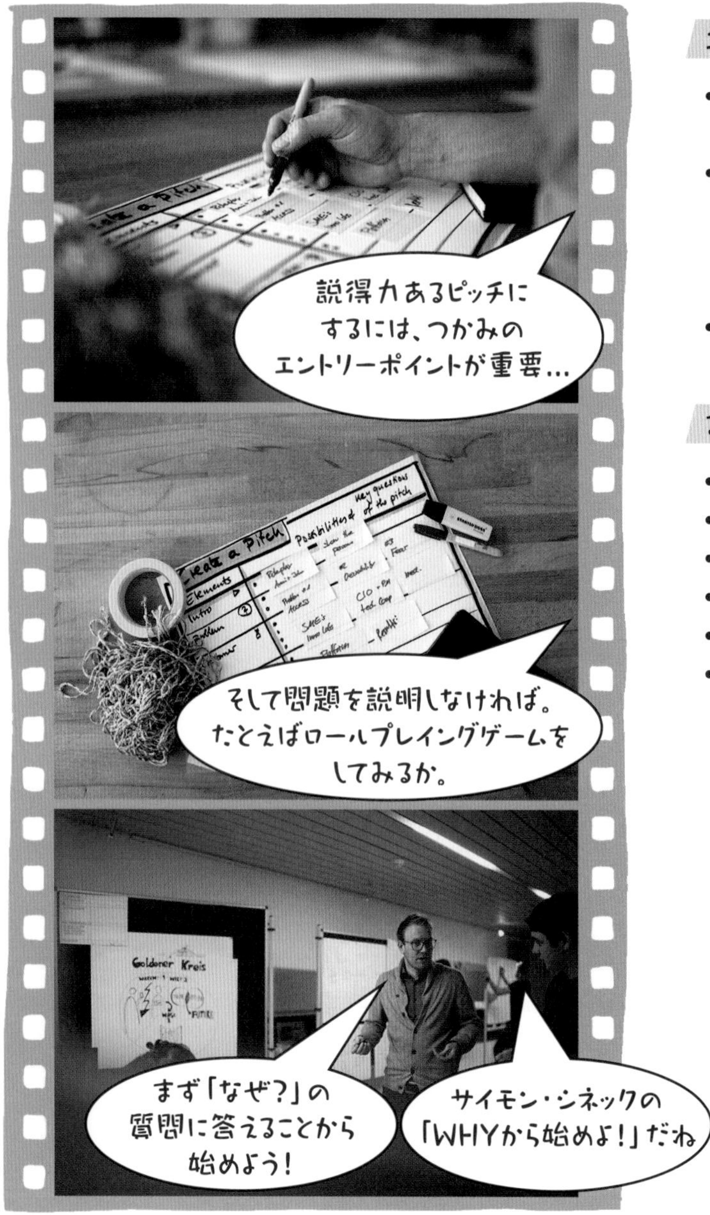

ユースケースの説明

- リリーにとって、アイデアを上手に伝えることは最優先課題です。聞き手はPowerPointのスライドが延々と続くプレゼンテーションなど聞きたくないことは分かっています。
- チームは通常、ちょっとしたロールプレイングゲームから始め、問題を明確にして聞き手が具体的に把握できるようにします。プレゼンテーションのストーリーを大まかな概要から詳細へと進む流れにしようと計画しています。リリーは可能ならピッチにプロトタイプとユーザーからのフィードバックを取り入れたいと思っています。
- まとめの結論は、つかみのエントリーポイントと同じくらい重要です。チームはエントリーポイントと結論をとても慎重に計画します。

ここまでのポイント

- ピッチ資料をテストし、フィードバックを得ます。
- 標準はつまらない！できればPowerPointは使わないで。
- ペルソナをベースにしたストーリーを語るか、プロトタイプを示します。
- 顧客/ユーザーの熱意をソリューションとのインタラクションで示します。
- ここではチームが重要です。熱意とコミットメントに優るものはありません。
- ピッチの最後に重要なメッセージを繰り返します。

ダウンロード可能ツール

www.dt-toolbook.com/pitch-en

リーンキャンバス

目的

顧客のニーズとビジネスの状況の両方を考慮した上で、問題をソリューションへと変換する。

ツールを使ってできること：

- デザインシンキングの反復の結果をまとめ、全員がイノベーションプロジェクトの明確なイメージを持てるようにする。
- 仮説を可視化し、構造化することでレビューしやすくなるため、結果を概要として把握できる。
- 実行やビジネスモデルについて検討、観察し、実行に伴うリスクを特定する。
- 各種パターンとビジネスモデルを比較する。

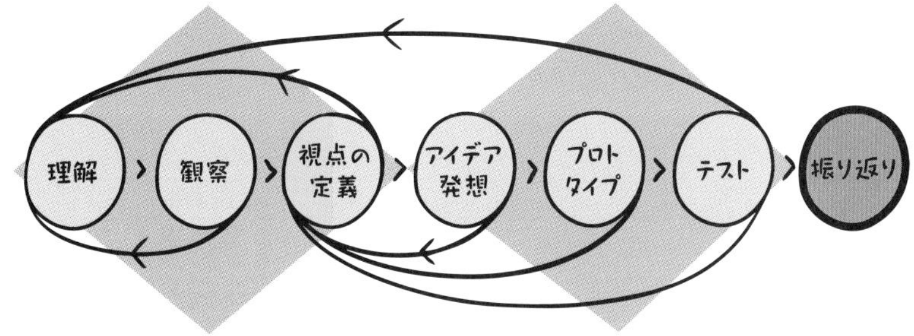

ツールに関する詳細

- リーンキャンバスはイノベーションプロジェクトの構造化と可視化をサポートします。完成したリーンキャンバスは最終的な「問題/ソリューションフィット」を文書化しています。
- リーンキャンバスのブロックは、顧客の問題から不公平な優位性までの論理的流れを示します。
- リーンキャンバスは問題の探求よりもソリューションのデザインに適しています。
- リーンキャンバスは主に「問題/ソリューションフィット」の見直しに使い、必要に応じて修正します。つまり、収集したデータは、顧客の行動や課題にフィットする最善のソリューションとギャップがないか比較されます。

代替として使用できるツールは？

- ビジネスモデル・キャンバス
- 先にリーンキャンバスで作業することをお勧めします。なぜならビジネスモデル・キャンバスと比較して、実用最小限の商品（207ページ）としてソリューションの妥当性検証を考慮する面が強くなり、インサイドアウト（内側から外側へ）のアプローチの要素は薄くなるためです。
- リーンキャンバスの妥当性が確認され、コスト構造の最適化がより重要になったら、ビジネスモデル・キャンバスへ切り替えます。

このツールに取り組む際に役立つツールは？

- NABC（177ページ）
- 問題提起から成長と拡張イノベーションファネル（263ページ）
- MVP（207ページ）
- ペルソナ/ユーザープロフィール（97ページ）

必要な時間と材料は?

グループの人数

1〜4人

- 理想は、キャンバスに取り組むのは3〜4人以内で行います。
- それ以上の人数のグループでは、複数のキャンバスにメンバーを割り振り、後で結果を統合します。

平均所要時間

60〜120分

- リーンキャンバスの初回作成は60分ほどかかります。ほとんどの場合、焦点はステップ1〜5に当てられます。
- 反復においては、リーンキャンバスは新しい知見で段階的に補完され進化していきます。
- 更新の所要時間は約10〜15分です。

必要なもの

- リーンキャンバスはA0の用紙に印刷します。
- ペンとマーカー
- さまざまな色とサイズの付箋紙（例：顧客セグメント/ステークホルダーごとに色を変える）

テンプレートと手順：リーンキャンバス

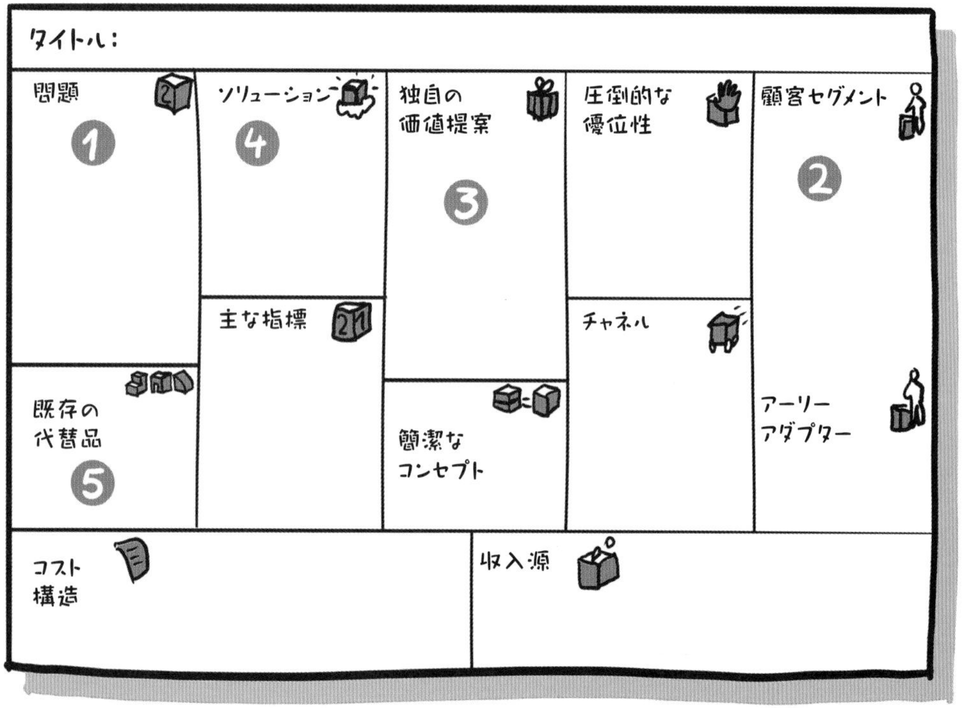

注：A. Maurya, Running Lean (2013) からの引用。

ツールの適用方法

リーンキャンバスをA0の用紙に印刷し、各種サイズの付箋紙を用意します。

- **ステップ1：**
  リーンキャンバスの各マスを順に記入し、新しい知見で補足します。初期フェーズでは、重点は1〜5に置かれ、「問題/ソリューションフィット」の見直しを重視します（問題、顧客セグメント、価値提案、ソリューション、既存の代替品）。ヒント：最初はこの5つのフィールドを反復して安定したイメージを形成します。
- **ステップ2：**
  他のステップを任意の順序で記入します。ヒント：好みに応じて、顧客セグメントごとに異なる色の付箋紙を使ったり、リスクによって色分けしたりします（例：ピンク = 高リスク、迅速なテストが必要、黄色 = 中リスク、緑 = テスト済みまたは低リスク）。
- **ステップ3：**
  最もリスクのある仮説を特定し、実験でテストします。

これはジェンズ・スプリングマンのお気に入りのツールです

役職：

creaffective 社イノベーションコーチ、大学客員講師

「多くの優れたアイデアが失敗するのは、それを実行に移せないからではありません。失敗するのは、多くの時間と費用と労力を費やして優れたソリューションを開発しても、その対象となる質問がそもそも間違っているからです。デザインシンキングは、顧客とユーザーのニーズに本当に応えられる商品を構築していることを確認できます。ツールとしてのリーンキャンバスはこのアプローチで効果的に私たちをサポートしてくれます」

なぜお気に入りのツールなのか？

リーンキャンバスを利用すると、すべての結果をまとめることができます。すべての重要要素が含まれるため、イノベーションプロジェクトについてたった1つのシンプルで分かりやすい説明にたどり着きます。これによってチームはギャップを特定し、実験で次にテストすべきステップを特定できます。焦点はソリューションに当てています。さらに、実現可能な実行モデルまたはビジネスモデルの大まかな概要も確認できます。

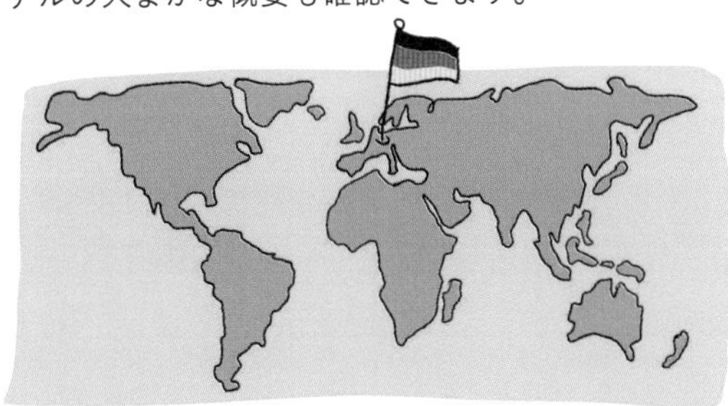

国：

ドイツ

所属組織：

creaffective GmbH

チェック担当：パトリック・リンク

会社／役職：ルツェルン応用科学芸術大学、Trihow AG 共同創設者

エキスパートのヒント：

全体像を見失わないこと

- これまで効果があった方法は、それぞれ1つの提起文を書いた付箋紙を1フィールドあたり3～4枚貼っていく方法です。
- 1つのフィールドに付箋紙を貼りすぎている場合は、焦点が欠如していることを示しています。
- 逆にフィールドにほとんど何も貼られない場合は、もっと考えを詰める必要があります。
- 付箋紙を使うことが多いのは、簡単に変更したり移動したりできるからです。

各反復後に内容を記録する

- 定期的に進捗と変更を記録することをお勧めします（写真付きなど）。
- 後日、大きな変更（ピボット）が少なくなったときに、電子版を使用できます。

関連業界で一般的なKPIを使用する

- 業界や規模に関わらず、すべての会社は業績評価のため何らかの主要指標を使用しています。チームの作業を容易にするため、デイブ・マクルーアのAARRR（海賊指標）を使用することをお勧めします。

外部からフィードバックを得る

- 当然のことではありますが、外部からの情報提供や第三者の意見は非常に貴重です。
- リーンキャンバスの妥当性が確認され、それ以上の変更は必要ないと認められたら、その成果をビジネスモデル・キャンバスへと簡単に移転して拡張することができます（必要あるいは希望に応じて）。

リーンキャンバスのカスタマイズ

- 顧客プロフィールと実験レポートをリーンキャンバスに追加します（www.leancanvas.ch を参照）。

フィールド1から5を最初に見ていきましょう。
いいですね。合理的です。
問題/ソリューションフィットは明確になり、
間違いなく成功するでしょう！
もう一度見直してNABCから
価値提案をテストしましょう。

ユースケースの説明

- リリーのチームはリーンキャンバスを使って問題/ソリューションフィットを文書化し、ピッチを準備します。
- リーンキャンバスによって矛盾点や、まだ埋まっていない項目が明確になります。リリーのチームは、リーンキャンバスを完成させた後、最も不確実性とリスクがあるのはどこかを検討します。それを特定し、その部分を最初にテストします。時間を効果的かつ効率的に使うためです。
- リリーのチームは価値提案に最大の不確実性を見出しており、次にここを再度テストしようとしています。

ここまでのポイント

- 商品のアイデアについて顧客に関連のある問題を解決することが重要です。
- 適切な顧客のために適切な問題に対する適切なソリューションを発見することが課題です。最初からそれが見つかることはまずありません。だからこそ、「反復、反復、反復！」
- 最初のリーンキャンバスが完成したら、仮説をテストできます。最もリスクの高いものから始めましょう。

ダウンロード可能ツール

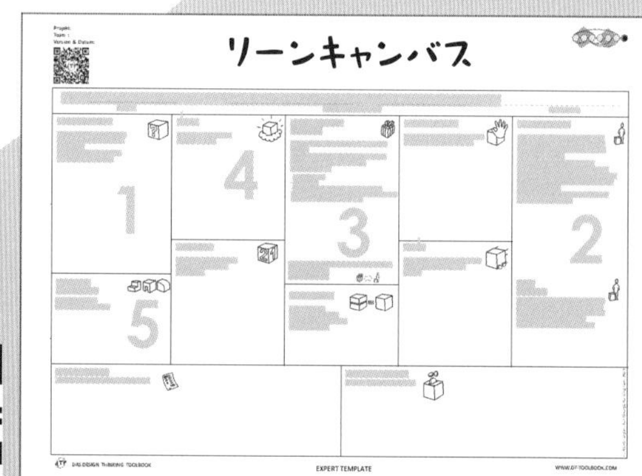

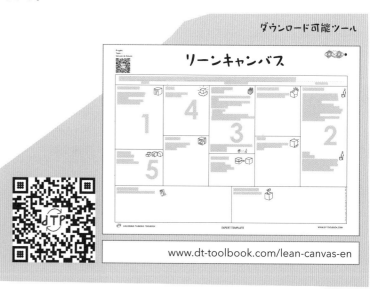

www.dt-toolbook.com/lean-canvas-en

教訓

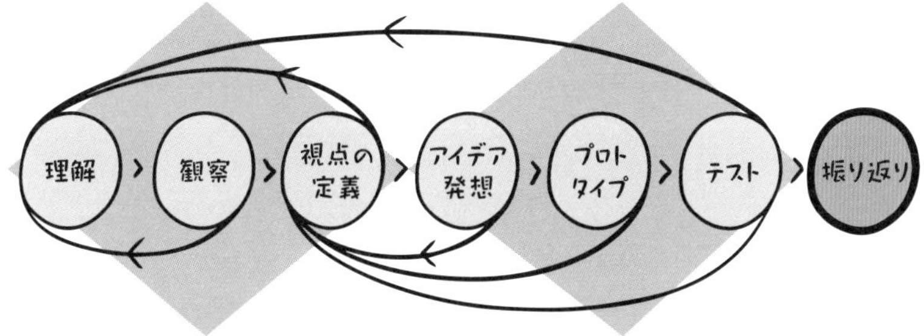

目的

デザインシンキング・プロジェクトの期間中および終了時に得られた洞察を振り返り、記録する。

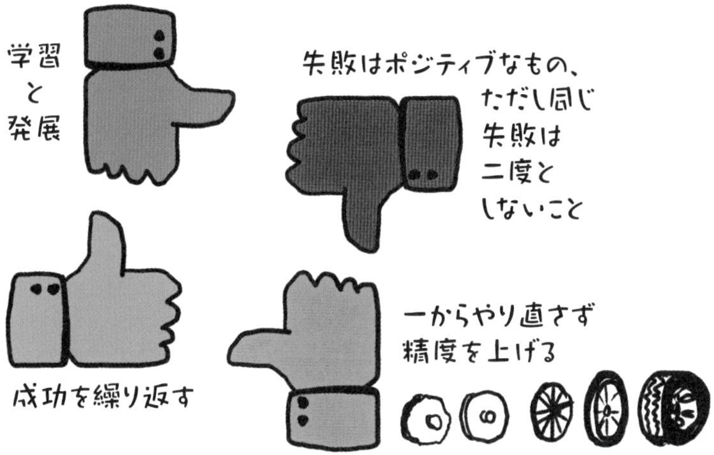

学習と発展
失敗はポジティブなもの、ただし同じ失敗は二度としないこと
成功を繰り返す
一からやり直さず精度を上げる

ツールを使ってできること：

- プロジェクトで生まれたエクスペリエンスを体系的に収集して評価する。
- エクスペリエンスから学び、次のプロジェクトで活用する。
- ミスに対する前向きな姿勢を促し、進歩を評価する。
- 知見を特定して記録し、応用や利用ができるようにする。

ツールに関する詳細：

- 教訓（lessons learned）はプロジェクトマネジメントで使われる用語です。
- プロジェクト期間中のポジティブ/ネガティブなエクスペリエンス、発展、知見、ミス、リスクの書面での記録と体系的な収集と評価を総じて「教訓」と呼びます。
- 技術、内容、感情、社会、プロセスに関するさまざまなレベルで検討されます。
- 目標は、行動と決定から学び、将来のプロジェクトでより良いデザインができるように活かすことです。
- そのため、教訓はプロジェクト実施において参加者が発展させたエクスペリエンス、知識、洞察、理解をマッピングします。
- デザインシンキングのプロジェクトは通常、幅広い知見を生み出します。メソッドは常に問題提起文に沿って適用されるため、デザインの課題ごとに異なる過程をたどるからです。
- ツールは各自の行動と学習を振り返る際に役立ちます。より広範囲なプロジェクトの場合は、プロジェクトの終了時だけでなく実施中もこれを使用することをお勧めします。

代替として使用できるツールは？

- フィードバック・キャプチャー・グリッド（217ページ）
- レトロスペクティブ・セイルボート（243ページ）

このツールに取り組む際に役立つツールは？

- リーンキャンバス（251ページ）
- 「ピッチ」の作成（247ページ）
- 私が気に入ったのは/私が望むのは/私が質問したいのは（239ページ）

必要な時間と材料は？

グループの人数

デザイン
チーム

- コアチームと、必要に応じて他のステークホルダーとプロジェクトレベルで振り返りをします。
- メタレベルの振り返りは、参加者が個人で取り組みます。

平均所要時間

40～60分

- グループのエクササイズは通常、40～60分かかります（プロジェクトの長さによる）。
- プロジェクトの期間が長いほど、振り返りに予定される時間も長くなります。
- グループワークに充てる時間が長いほど、個人作業は容易になります。

必要なもの

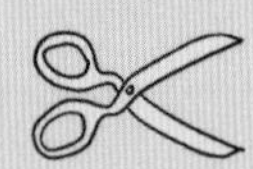

- 記録用ノート（各参加者がプロジェクト期間中に書き込み、ワークショップに備えます）
- テンプレートまたはフリップチャート
- 付箋紙、ペン

テンプレートと手順：教訓

❶

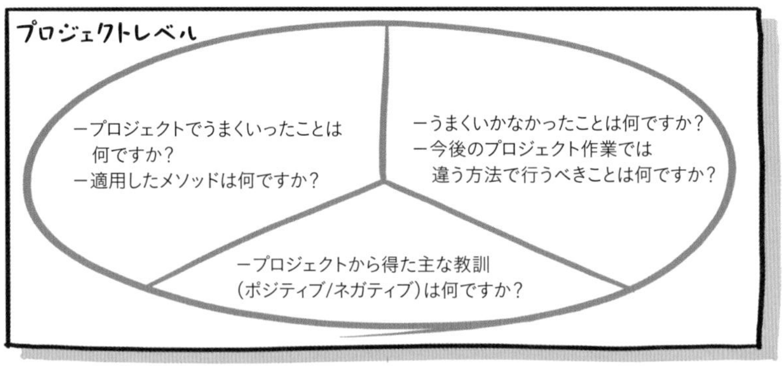
プロジェクトレベル
ープロジェクトでうまくいったことは何ですか？
ー適用したメソッドは何ですか？
ーうまくいかなかったことは何ですか？
ー今後のプロジェクト作業では違う方法で行うべきことは何ですか？
ープロジェクトから得た主な教訓（ポジティブ/ネガティブ）は何ですか？

❷

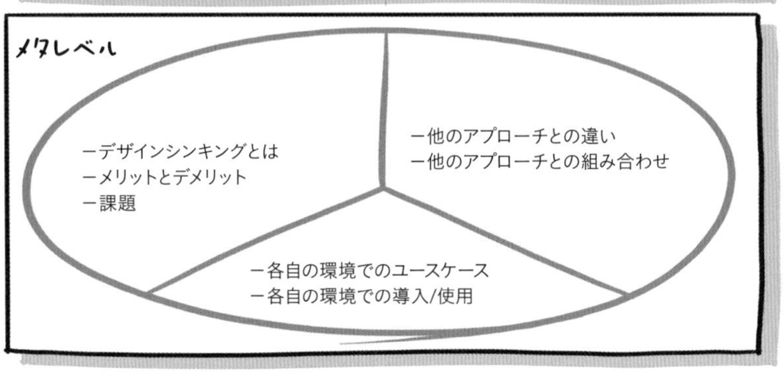
メタレベル
ーデザインシンキングとは
ーメリットとデメリット
ー課題
ー他のアプローチとの違い
ー他のアプローチとの組み合わせ
ー各自の環境でのユースケース
ー各自の環境での導入/使用

ツールの適用方法

- 最も一般的な方法は、ワークショップ形式の演習で、プロジェクトに関連するすべてのステークホルダーが共同でレビューを行うことです。
- 振り返りはプロジェクトレベルとメタレベルの２つのレベルで実施します。
- **ステップ1：**プロジェクトレベルでは、以下の質問に回答することを中心に行います。
  ープロジェクトでうまくいったこと、うまくいかなかったことは何か？
  ー適用したメソッドは何か？その方法は？その理由は？
  ー今後のプロジェクト作業では違う方法で行うべきことは何か？変更すべき（しなければならない）点は何か？
  ープロジェクトから得た主な教訓（ポジティブ/ネガティブ）は何か？
- **ステップ2：**メタレベルでは、以下の質問が中心となります。
  ーデザインシンキングは私にとって何を意味するか？メリットとデメリットは何か？課題は？
  ーデザインシンキングは他のアプローチとどのように違うのか？
  ーデザインシンキングは他のアプローチとどのように組み合わせることができるか？
  ーデザインシンキングを私の環境/会社にどのように適用できるか？どのユースケースに関心があるか？

これはステファニー・ガーケンのお気に入りのツールです

役職：

HPIデザインシンキング学部デザインシンキング・プログラムリーダー、ワークショップスペシャリスト＆コーチ

「私にとってデザインシンキングは、全体的なアプローチであり、自分の置かれた環境とどう向き合うかという姿勢の問題であり、単一のプロジェクトに用いられる方法論にとどまりません」

なぜお気に入りのツールなのか？

私にとって、教訓に代表される振り返りメソッドは、プロジェクトの成功に不可欠です。定期的に振り返り、その結果から行動に対する適切な措置を推測することによって、プロセスの早期に問題が特定され、ポジティブな側面を強化できることが重要なのです。

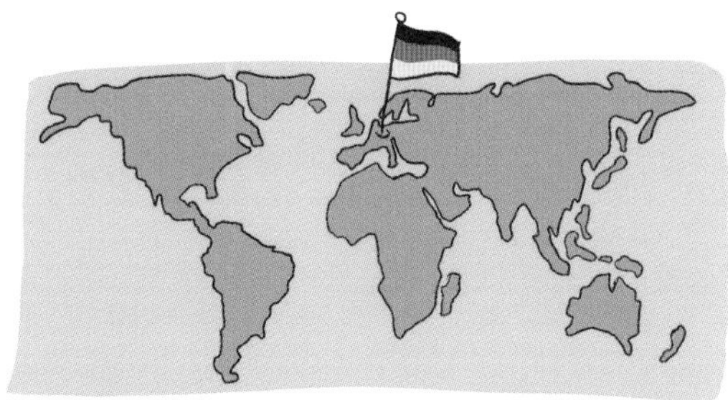

国：

ドイツ

所属組織：

HPIデザインシンキング学部

チェック担当：マーク・フェッチェリン

会社/役職：Rollins College | マーケティング学教授

The only mistake
in life is the lesson
not learned!
Albert

エキスパートのヒント：

教訓セッションで主な質問に対応する

- 以下の質問はワークショップの準備で役立ちます。
  - 具体的に何に、いつ注目するのか？
  - 重点はどこか？クライアントの目標は何か？クライアントとの調整はどのように行われるのか？
  - ワークショップの進行管理は誰がするのか？
  - どのプロジェクト参加者を招待すべきか？
- プロジェクト後のムードが悪い場合は、教訓セッションの実施を待ちます。このような場合は6週間待つと良い結果につながることが多いようです。時間を置くことで、多くの争点はあまり感情的にならずに見ることができるようになります。

教訓はプロジェクト計画の一環にする

- 通常、教訓セッションはプロジェクト完了後にプロジェクト完了の記録作成の一部として開催され、プロジェクト計画の重要部分を占めます。
- さらに、プロジェクト実施中（たとえばプロジェクトの折り返し点や重要なマイルストーン）にも教訓を集め、次のフェーズに取り入れられるようにします。

決められた行動は少ないほうが良い

- 少ないほうが効果は大きい：成功すること、失敗することが実証された事柄を重視し、これを基に行動と対策を決めます（重要：ネガティブな側面ばかり注目しないこと、また個人的に責められていると思わないこと！）。
- 教訓は、デザイン原則の定義（53ページ）にふさわしい基盤となり、成功の定義（137ページ）の一部にもなります。

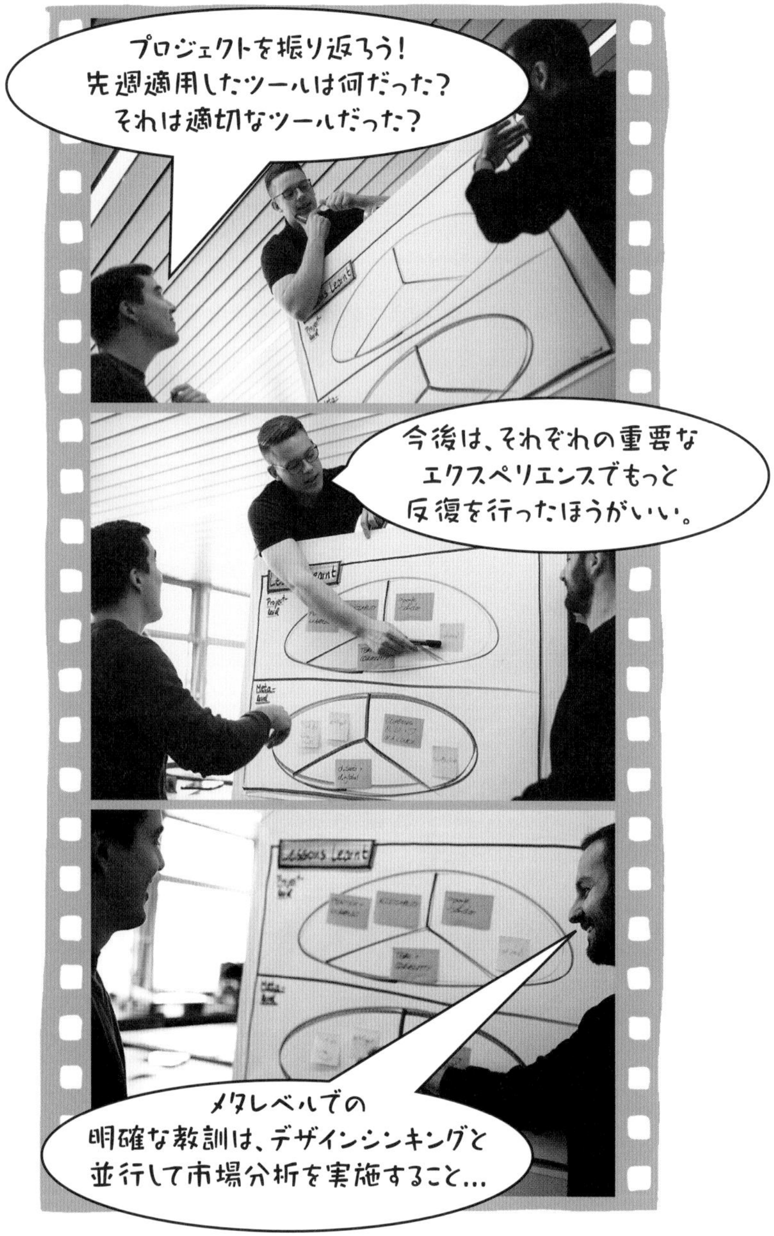

ユースケースの説明

- リリーのチームは振り返りを定期的に行い、転換期のマイルストーンでも行います。
- メタレベルの教訓は、他のチームの教訓と統合され、デザイン原則を調整したり、連携を改善したりするために使用されます。
- 技術レベルの質問や内容に関する質問、感情/社会およびプロセス関連のレベルの質問は、チームやプロジェクトの目標によって大きく異なります。

ここまでのポイント

- 教訓はさまざまなレベルで使用します（技術レベル、内容に関して、感情/社会およびプロセス関連のレベル）。
- プロジェクト期間中の振り返りセッションは、プロジェクトレベルで記録用ノートを活用して行います。プロジェクトの終了時にはメタレベルも含みます。
- チームとの振り返りセッションではいくつか主な質問も用意します。

ダウンロード可能ツール

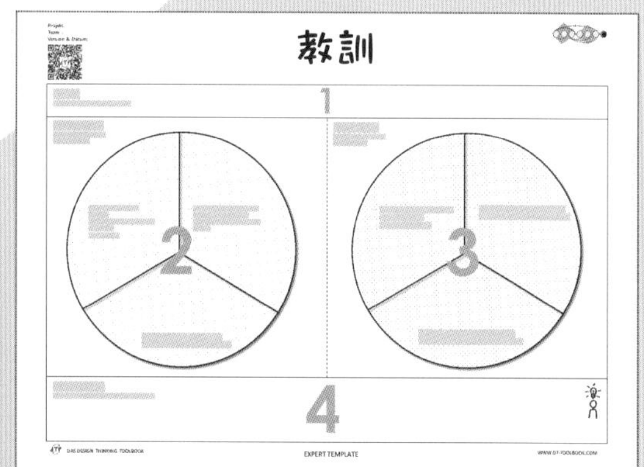

www.dt-toolbook.com/lessons-learned-en

実行のロードマップ

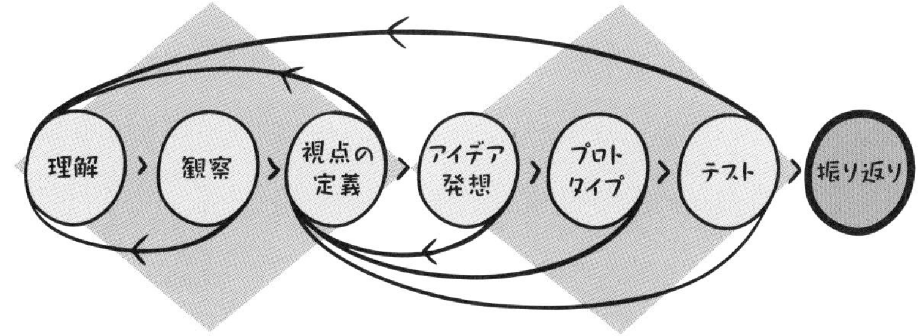

目的

開始から潜在的市場機会を逃さず成功させることに重点を置く。

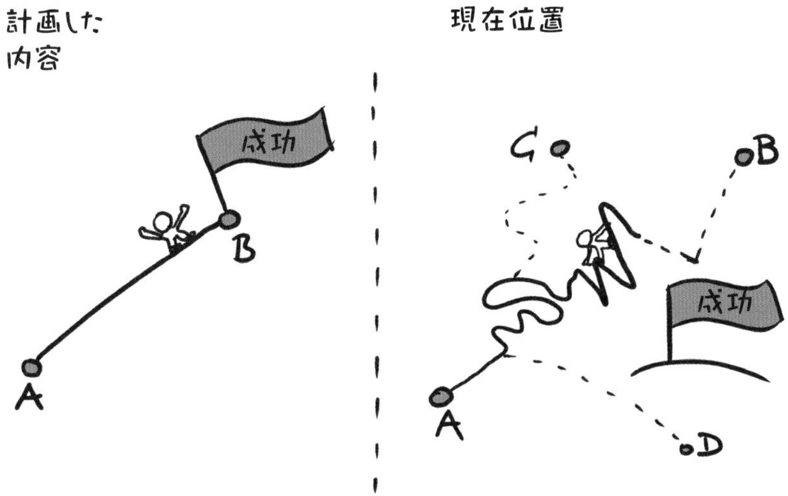

ツールを使ってできること：

- 実行のロードマップをガイドとして使用し、現在地(A)と目的地(B)を決定する。「このジャーニーはどこへ向かうのか？」
- 途中で見失わないように、正しいターゲットエリアとターゲットグループを見ているかどうかを判断する。
- 目的地までの道のりを他の人たちと共有する。
- 成功への最重要要因を織り込んだチェックリストの基礎に取り組む。
- AからBへの不確かな道筋が、ジャーニーの途中で明らかになるように確認する。

ツールに関する詳細

- 「実行のロードマップ」とは成功への道筋です。複雑な問題提起文のオープンアプローチでは、状況をできるだけ早く明確にすることが非常に重要です。
- ツールは実施プロジェクトの計画に関連する重要要因を決定する上で役立ちます。
- 目的はプロセスのできるだけ序盤に今後の実施について全体像を把握し、必要な次のステップを決定するために、クリティカルパスと起こり得るリスクを特定することです。
- ロードマップはできるだけ早期に作成し、各ステップ後に見直し、必要に応じて調整します。
- これは、漠然と動いている目標に対して、何度でも軌道修正するための羅針盤の役割を果たします。
- 実施計画の実行は、通常は後半に行われます。プロジェクトマネジメントのメソッドは、組織内で使用されるように、ここでも役に立ちます。

代替として使用できるツールは？

- シナリオ技法
- ゲームプラン
- 現実性チェック

このツールに取り組む際に役立つツールは？

- 成功の定義（137ページ）
- ステークホルダーマップ（83ページ）
- NABC（177ページ）

必要な時間と材料は?

グループの人数

5〜7人

- 理想としては、プロジェクトマネージャー、デザイナー、ビジネス/プロダクトマネージャー、ユーザー/顧客代表、投資家/スポンサー、開発者とチャレンジャー(該当する場合)。

平均所要時間

60〜120分

- ロードマップは順を追って作成するため、部分ごとに数日間かけて進めることができます。
- 60分から120分のミーティングを数回行い、ロードマップのインクリメンタル型/イテレーティブ型作成を行います。

必要なもの

- 大判の紙またはA0用紙のテンプレート
- ペンと付箋紙
- ロードマップを撮影するカメラ

テンプレートと手順:実行のロードマップ

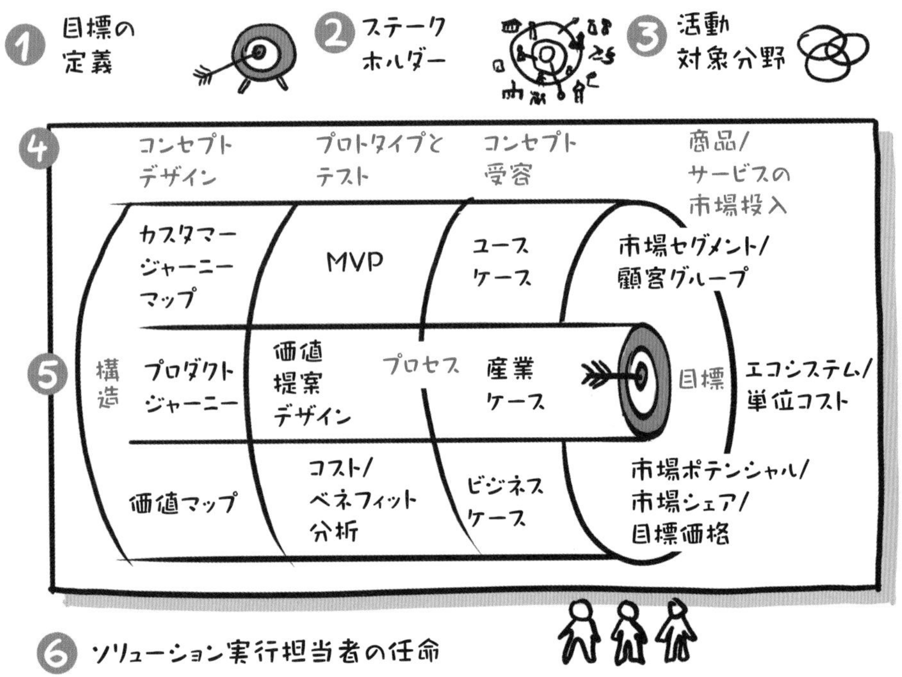

ツールの適用方法

- **ステップ1**:最初にゴールを決め、コントロールシステムを構築します。可能であれば、関連する意思決定条件(KPI)を定量化し、予算、スケジュール、マイルストーンなどを決定します。
- **ステップ2**:参加者全員で概要を描きます。この目的のため、ステークホルダーマップ(83ページ参照)などのツールを利用して、実行の適性についてゴールをチェックし、何より適切なチームを結成するために適しているかをチェックできます。
- **ステップ3**:構造、デザインの主なフィールド、視点を決定します。「標準的視点」は、有用性、技術的実現性、経済的実現性です(20ページ参照)。問題提起文に応じて、さらに持続可能性や環境適合性などのディメンションで具体的にすることもできます。
- **ステップ4**:プロセスステップまたはフェーズを説明します。適用される手法によって、コンセプトデザイン、プロトタイプ、テスト(反復)、コンセプト受容などがあります。
- **ステップ5**:すべてのフィールドに、最初は品質に関するタスクを書き込みます。次に個々のタスクの結果を書き込みます。たとえばコンセプトデザインの有用性に関するカスタマージャーニーマップ(103ページ参照)を描きます。
- **ステップ6**:ここで、ソリューションを実行する人、あるいは実行に必要な人をすべてマップ上に位置付けることが重要です。これが後にその人たちを説得するために必要になる場合もあるためです。

これはマルクス・ダーブスタウィッツのお気に入りのツールです

役職：

エアバス社戦略部新規ビジネスモデルおよびサービス課メソッド開発、イノベーション、デザインシンキング課長

「結局のところ、大事なのは結果（成功か失敗か）です。デザインシンキングはワークショップのフォーマットではなく、問題解決の包括的アプローチです。デザインシンキングは適切なことを行うため、つまり、ユーザーおよび潜在的顧客の期待、欲求、ニーズを認識するために役立つものです」

なぜお気に入りのツールなのか？

実行のロードマップは、デザイン原則を用いた成功するイノベーションへの道筋をスケッチしたものです。これは最初のビジネスアイデアから市場投入を成功させるまでの道のりの羅針盤のようなものです。ステークホルダーマップのようなツールは、イニシアチブ（戦略）を成功させるためのキーパーソンを定義するのに役立ちます。

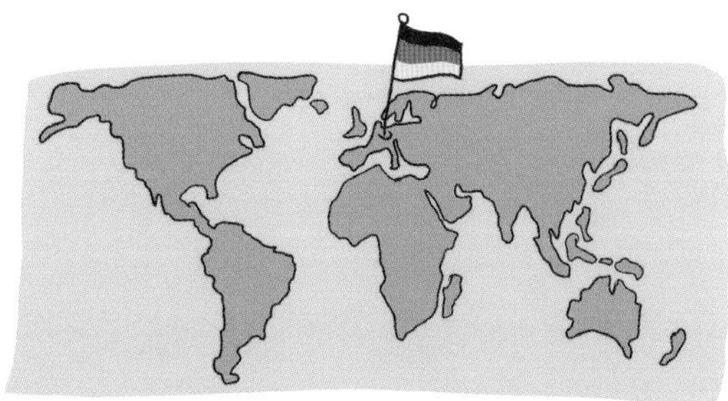

国：

ドイツ

所属組織：

Airbus

チェック担当：ユート・バウクホム

会社/役職：Schindler Aufzüge AG安全衛生事業部長

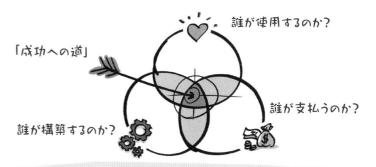

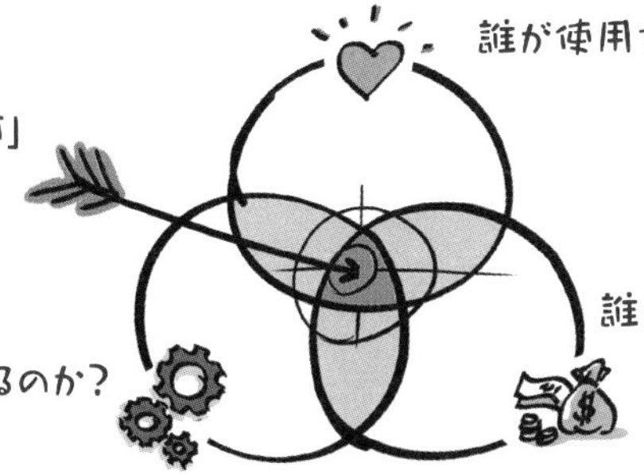
誰が使用するのか？
「成功への道」
誰が支払うのか？
誰が構築するのか？

エキスパートのヒント：

ソリューションを誰が実施するかは重要な質問

- 新しい市場機会への導入は複雑で、多くの落とし穴があります。私たちの経験から、メソッドとツールは的を絞った方法で適用することが「ジャーニー」を成功裡に完了することにつながります。
- 次のような質問から始めると非常に有効です。「誰がソリューションを必要としているか？誰がユーザー/顧客か？誰が構築するのか？誰のために実施する必要があるのか？誰が支払うのか？誰がプロジェクトの資金を調達するか？誰がソリューションの費用を支払うのか？」
- まだ関係者全員を特定できていない場合は、目標がまだ完全に明確になっていないことを示しています。
- さらに、すべてのステップで適切なメソッドを選ぶことが常に重要です。ツールは状況にフィットしていなければなりません。

スポンサーとそのニーズを理解し、スポンサーに向けてピッチを調整する

- 最終的には実施にゴーサインが出るような決定に達したいというのが目標です。ロードマップは、ユースケースから始めて産業ケースを経て最上位のビジネスケースまですべてのエリアを網羅します。各ケースは相互に連携していなければなりません。
- 意思決定理事会に向けてピッチを用意する場合（247ページ参照）、意思決定者のニーズと、現時点でどのような「ストーリー」が「受ける」のかを知っておくことが重要です。ピッチはすべての参加者のニーズを満たす内容である必要があります。ビジュアル化、ポスター、ビデオなどの役立つ要素を追加して構成してもよいでしょう。準備はNABC（177ページ）に従った構成にすると進めやすくなります。

ユースケースの説明

- 実行のロードマップは、リリーのコアチームが共同で作成しました。通常、開始時にはまだすべての関係者が特定されていないため、後日、調整段階で参加できます。
- タスクに加え、ソリューションを実行する人の名前を挙げる必要があります。ロードマップが完成すると、プロジェクトの成熟度の良い指標になります。
- リリーは早い段階から実行についても考慮しています。関連するステークホルダーを関与させることができるのはこの方法だけです。

ここまでのポイント

- ゴールと基準を決める。
- タスクとメソッドを選択する。
- 人を割り当てる。
- 各ステップと各反復後に、必要に応じてロードマップを調整する。

ダウンロード可能ツール

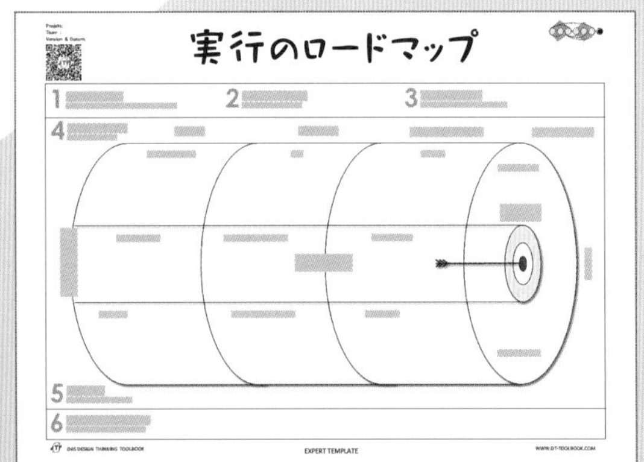

www.dt-toolbook.com/roadmap-implementation-en

問題提起から成長と拡張イノベーションファネル

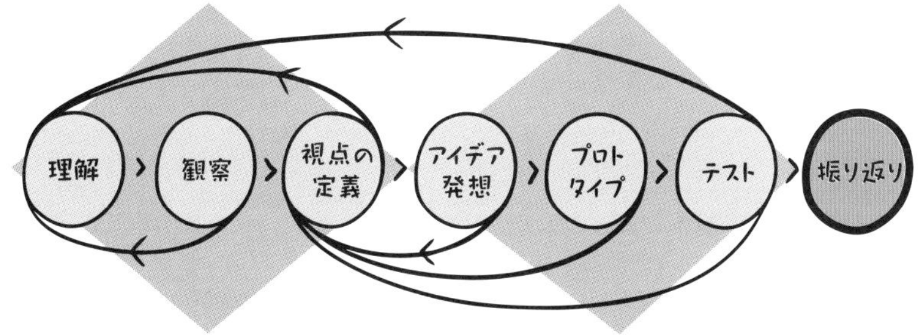

目的

成長へのイニシアチブ(戦略)を"ファネル"で透明化する。

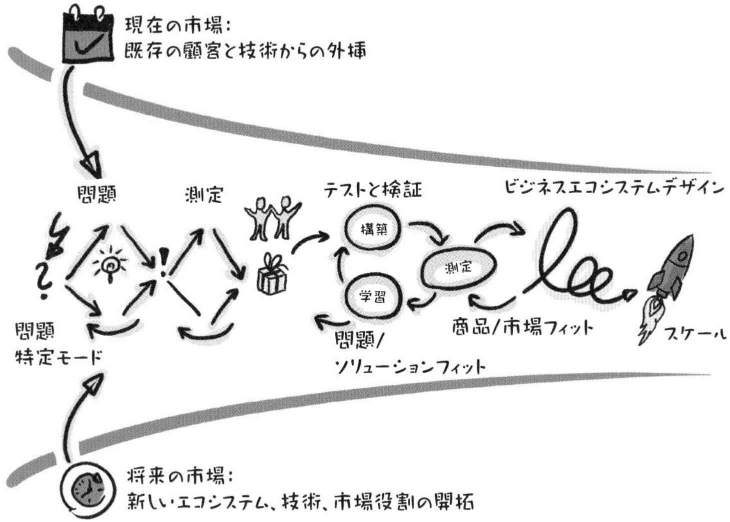

ツールを使ってできること:

- 既存の顧客要件(現在の市場)と将来の顧客要件(将来の市場)のポートフォリオを文書化する。
- 既存の顧客と技術に関して、外挿(未知の事柄を既知の事柄から推定する)により貢献差益と収益に重点を置く。
- 新しいエコシステム、技術、市場役割における機会をレトロポレーション(過去にさかのぼって推測する)によって追跡する。
- プロトタイプ、概念実証、完成ソリューションの市場妥当性を時系列で可視化する。
- 既存のイノベーションファネル(過程)を今日的な用語とアプローチで置き換える。

ツールに関する詳細

- 「問題提起から成長と拡張イノベーションファネル」は、まさに今日的なイノベーションファネルの基礎を構成します。
- これはゲートを通過した多数の多様なアイデアに基づくもの(古典的イノベーションアプローチ)ではなく、「問題特定モード」から始まります。問題特定モードは2つの要因で制御されます。1つ目は既存の顧客と技術の外挿(エクスポレーション)、そして2つ目はレトロポレーションという将来のエコシステム、技術、市場の役割を推測する方法です。
- 現在および将来の問題を解決するためのさまざまな取り組みが時系列で可視化され、ポートフォリオに提示されます。
- 中断した取り組みもファネル内に残ります。定期的に、原因がレトロスペクティブ・セイルボート(243ページ参照)などで検証されます。

代替として使用できるツールは?

- 実行のロードマップ(259ページ)

このツールに取り組む際に役立つツールは?

- トレンド分析(119ページ)
- リーンキャンバス(251ページ)
- ビジョンコーン(141ページ)
- ステークホルダーマップ(83ページ)
- レトロスペクティブ・セイルボート(243ページ)
- Pictures of the future(シーメンスの活動)
- 実用最小限のエコシステム(『デザインシンキング・プレイブック』240ページ以降を参照)

必要な時間と材料は?

グループの人数

- トピックと現状に対する情報は、組織内の戦略/デザイン/実行チームからもたらされます。

1～2人

平均所要時間

- 当初は情報収集に時間がかかります。
- 最新情報による更新は30～60分程度で済みます。

30～120分

必要なもの

- ファネルはA0ポスターを作業室に掲示するか、電子版をPowerPointのプレゼンテーションで提示します。
- できればTrello、Teams、OneNoteなど最新のコラボレーションツールを利用します。

テンプレート：問題提起から成長と拡張イノベーションファネル

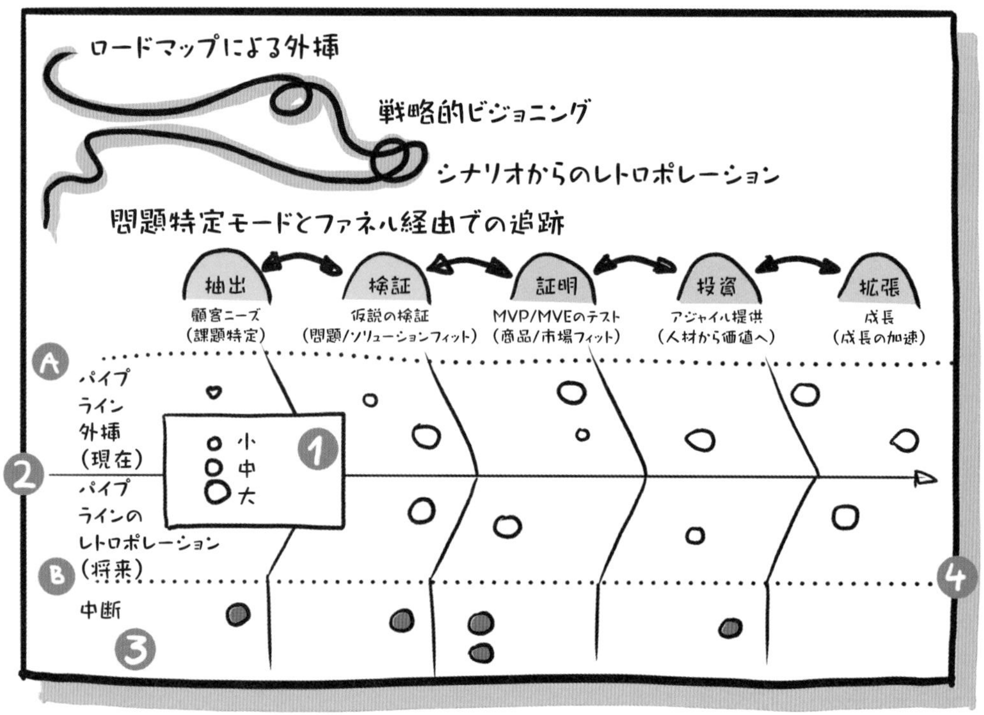

ツールの適用方法

- ファネルは個々の活動を記録し、時系列で並べて成熟度を確認するには最適のツールです。
- 中断した活動について透明性が高まります。
- **ステップ1：** すべてのプロジェクトの名前を記入し、プロジェクトの規模または会社の成功への貢献度の尺度を設定します(例：500万未満、500～5000万、5000万超)。測定対象の項目は該当組織のバリューシステムに合わせて調整します(例：トップライン/ボトムライン)。
- **ステップ2：** 現在のプロジェクトを時間軸上に配置し、既存のビジネス(A)と将来のトピック(B)を区別します。この区別が、企業の持続可能な将来の開発にどの程度のアクティビティが投資されたかを示します。
- **ステップ3：** 中断したプロジェクトも追跡されるため、その理由を定期的に検証できます。
- **ステップ4：** ファネルは定期的な管理(毎月など)に基づいて更新され、この基本リソース配分と売上と収益目標について話し合います。

これはマイケル・リューリックのお気に入りのツールです

役職：

ベストセラー作家、講演家、イノベーションとデジタイゼーションのエキスパート

「イニシアチブのマッピングは、該当する開発レベルも含めてイノベーションと成長ポートフォリオの概要を簡潔に確認できます」

なぜお気に入りのツールなのか？

「問題提起から成長と拡張へ」のイノベーションファネルは、リーンキャンバスの基本アイデアを取り入れて、特定された顧客のニーズから拡張までの潜在的な成長イニシアチブを追跡します。ポートフォリオの成熟度を明確に示し、組織が期待できる収益と貢献差益を明示します。

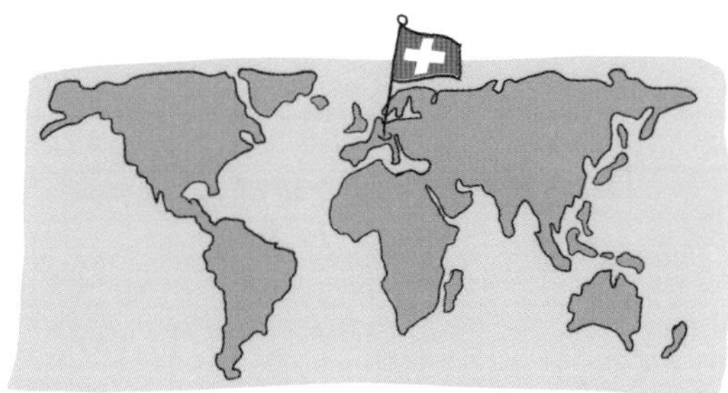

国：

スイス

所属組織：

イノベーションとデジタイゼーションのエキスパート

チェック担当：マルクス・ブラット

会社/役職：neueBeratung GmbH、マネージングディレクター

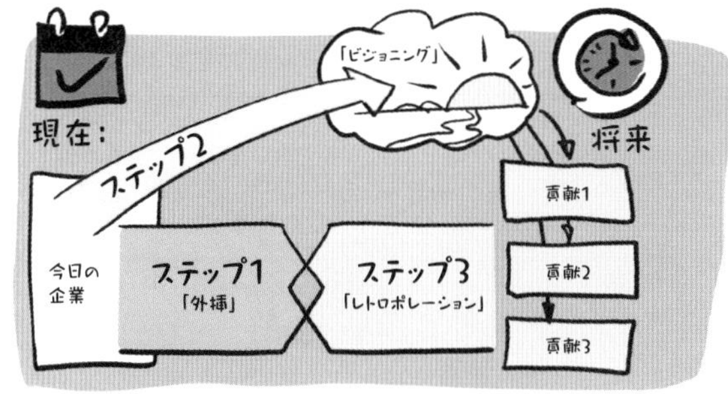

エキスパートのヒント：

外挿と、特にレトロポレーション（逆推定）については、「pictures of the future」のようなツールが利用できます。

どのように外挿を行うか

- 現在の世界から外挿します。その出発点は自社の日常業務です。トレンドを見て、自社の近い将来がどのような状態になるかを外挿します。これは、たとえば業界レポートやエキスパートとのインタビューなどさまざまなソースからのデータと情報の分析によって行われます。
- 目標達成を最速で実現するなら、業界の既存のトレンドに頼るという方法があります。たとえば、インターネット上の無料で公開されている内部トレンドレポートや市場分析を使用します。

どのように戦略的ビジョニングは機能するか

- 戦略的ビジョニングには、ポジティブで建設的で収益のあがるシナリオを選び、次のように自問自答します。「我が社がこのシナリオに対して最大の貢献をするにはどうすればよいか？私たちが実行および提供する必要があるのは何か？」
- 思考の中では将来に留まり、自社の現在のプロセスや構造によって影響を受けないようにします。

どのように明日の世界からのレトロポレーションは行うか？

- レトロポレーションでは、将来のシナリオの「周知の」事実から現在についての結論を導き出します。2つの他のアクティビティからの結果を並置し、組み合わせ、そこから意味を推測し、非常に具体的な用語を使って今日の自社の連携と方向性を探ります。どの方向でイノベーションとリサーチを行うべきか？どのスキルを構築する必要があるか？

ユースケースの説明

- リリーは、ファネルで時間をかけて行われたイニシアチブを描くため、シンプルなツールを使用したいと考えています。
- 「問題提起から成長と拡張へ」のイノベーションファネルは、リーンスタートアップとデザインシンキングの手法に留まれるというメリットを提供します。
- さらに、どのイニシアチブがどのタイミングで中断し、発展中の成長トピックはいくつあり、その市場の潜在能力はどの程度かをすぐに認識できます。

ここまでのポイント

- ファネルを作成する際は、常に問題で考え、アイデアでは考えないようにします。
- 問題/ソリューションフィットと問題/市場フィットの両方を考慮に入れます。
- ファネルを既存のビジネス分野と将来のアクティビティ分野にさらに分割します。
- たとえば、「pictures of the future」を使用して将来のトピックを探求します。

ダウンロード可能ツール

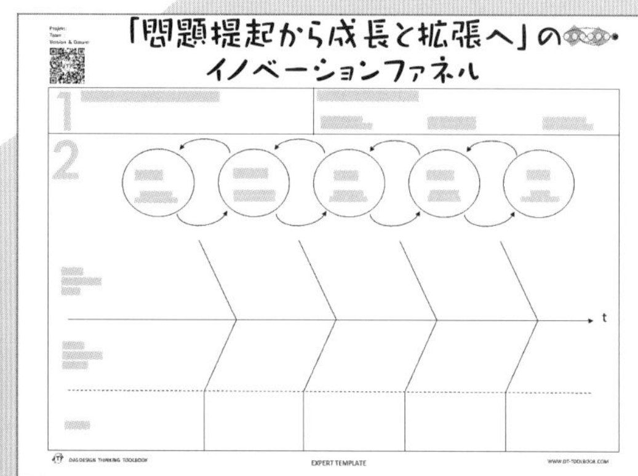

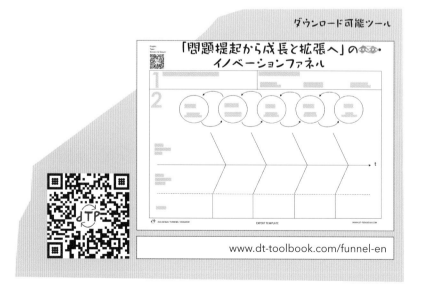

www.dt-toolbook.com/funnel-en

適用例

デザインシンキングのマインドセットの適用は多面的です。本書も終わりに近づいているので、ここからはデザインシンキングの全体を網羅するような適用例を選んでご紹介します。老舗のME310など大学のプログラムから、従業員に自らのアイデアを実現する機会を提供する社内起業プログラムまで、幅広い取り組みがあります。さらに、デザインシンキングは「自分の将来をデザインする」という個人のライフプランニングのデザインにも使用できます。

大学

スタンフォード大学ME310

目的

世界各国からの留学生のグループに自社の複雑な問題を解決してもらう。

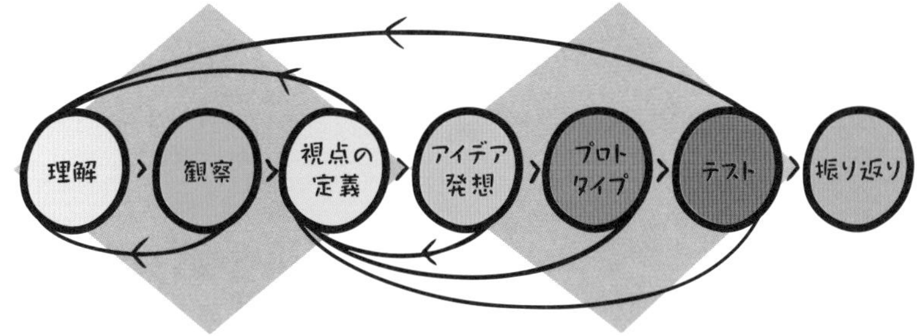

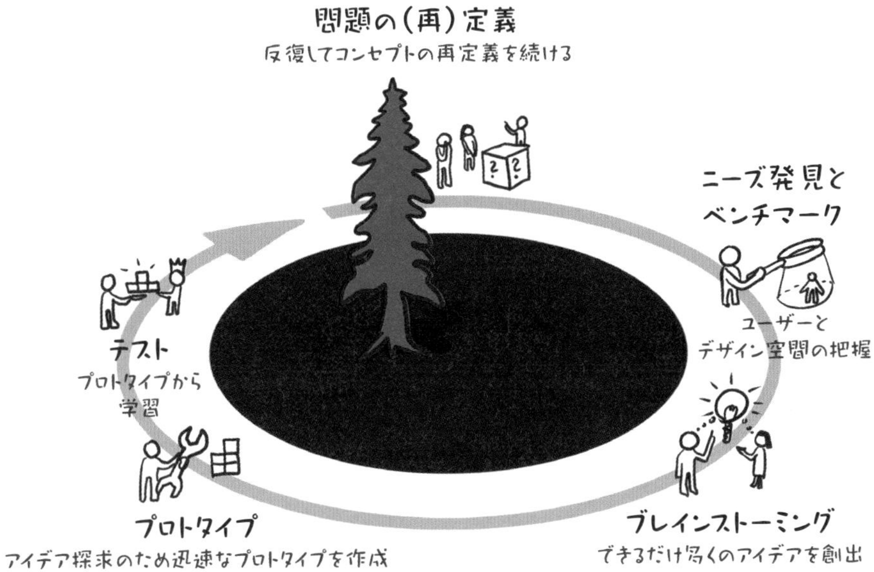

このようなプログラムが達成できること

- 国際的な学生チームが企業の複雑な問題に対するソリューションを発見する。
- デザインスキルを構築して企業パートナーへ移転する。
- 国際的なデザインシンキング・コミュニティへアクセスする。
- 学生チームの異文化間コラボレーションができる。
- デザインシンキングのマインドセットの適用ができる。
- デザインメソッドとスキルの伝達ができる。

ME310に関する詳細：

- 国際的な学生のチームが、企業パートナーからのデザイン課題に9か月間で取り組みます。
- 学生には、有用性、技術的実現性、経済的実現性を考慮して完全なシステムをデザインするタスクが課されます。
- プロジェクトの実施期間中は、学生は問題提起文を実証し、幅広いアイデアを生み出し、プロトタイプを作成してテストし、プログラムの終盤でアイデアの概念実証として最終プロトタイプを提示します。
- 各ME310プロジェクトで、スタンフォード大学の学生チームは海外の大学のチームと共同で取り組みます。目的は、コラボレーションと多様性による画期的なイノベーションの創発です。
- 近年、IBM、3M、シーメンス、スイスコム、BMW、VW、GM、ホンダ、ボルボ、NASA、HP、インテル、ファイザー、タレス、バクスター、ボッシュ、SAP、Appleなど多数の企業が学生チームにデザイン課題に取り組みを任せ、大きな成功を収めています。
- パートナー大学は、ザンクトガレン大学、アールト大学、HPIポツダム、KITカールスルーエ、Kyoto Design Lab、NTNU、ポルト・デザインファクトリー、TUM、チューリッヒ大学、リンショーピン大学、トリニティカレッジ・ダブリン、中国科学技術大学など多数あります。

必要な時間と材料は？

グループの人数

- 2〜3チーム。各チームはさまざまな大学の学生4〜6人で構成。

平均所要時間

- ME310は9か月のプログラムです。数か月前に問題提起文を企業パートナーと定義するところからプロセスが始まることもよくあります。

必要なもの

- プロトタイプの材料
- ペンと付箋紙
- チームのインフラストラクチャ
- チームのコミュニケーションツール

手順とスケジュール

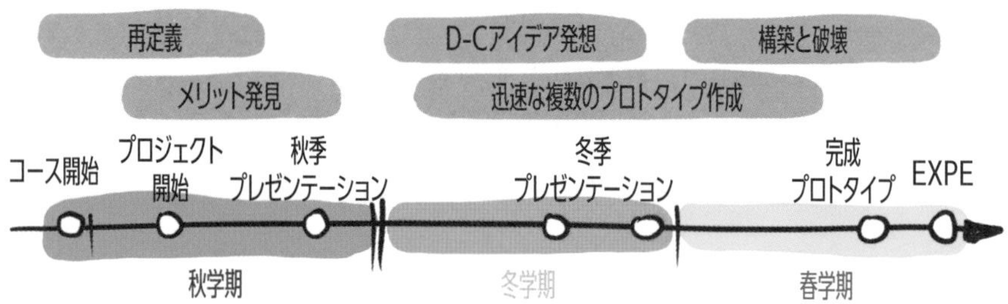

ME310の哲学とは？

ME310の学習コンセプトはデザインシンキングのプロセスに沿っています。プログラムは2つの大きな分野「ハンティング」と「トランスポート」を区別し、その中で学生チームが活動します。ME310のデザイン哲学に従って、革新的なソリューションの発見には両方の姿勢が必要です。

ME310マインドセットには以下が含まれます。

- ハンティングは「さ迷い歩き」ではありません（目的を持っていなくてはなりません）。
- 1人でハンティングに行かないこと（多能力チーム）。
- 諦めるのが早すぎないこと（失敗しても粘ること）。
- トランスポートとハンティングを混同しないこと（姿勢を表明して説明する）。
- 納得する（成果をもたらす）。

『デザインシンキング・ツールボックス』に提示した多くのツールとメソッドがME310では応用されています。チームはツールを問題の分析、さまざまなオプションの草案作成、そして問題の核心に到達してさまざまなアイデアを組み合わせるためのシンセシスに活用します。独自のソリューションとは、さまざまなオプションの狭間で生まれることが多いものです。

ME310の最重要要素は、潜在的ユーザーとの実際のインタラクションを達成するための物理的プロトタイプの作成です。

これはラリー・ライファーのプログラムです

役職：

スタンフォード大学機械工学部教授、HPI&スタンフォード・デザインリサーチセンター創設ディレクター、ME310（プロジェクトベースのエンジニアリングデザイン、イノベーション、開発）

「デザインシンキングを氷山に例えるなら、習得が容易なツールとメソッドがその頂点を形成します。デザインシンキングのプロセスも学習し体験することができます。ただし、最も重要なことは、デザインシンキングのマインドセットとはデザイナーのように考え、取り組むことにあるという点です」

ME310コンセプトを信頼する理由

ME310はデザインシンキングのマインドセットを実践しています。さまざまなツールがアイデアの発見と選択を助け、デザインシンキングのプロセスがチームの現在の立ち位置を示します。しかし最も重要なことは、次の市場機会のハンティングは明確なパターンに従うわけではないという点です。ジャーニーの始まりには、ソリューションは五里霧中の状態です。これはつまり、私たちは不確実性に取り組み、チームを信頼することを学び、最終的に「Wow!」効果をもたらす瞬間を迎えるということです。

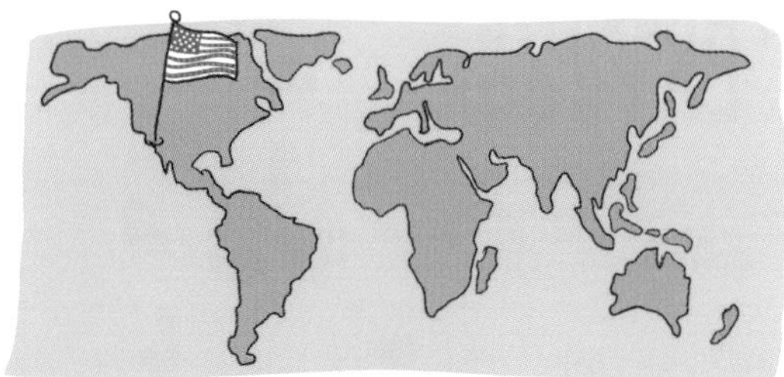

国：

米国

所属組織：

スタンフォード大学

ME310

チェック担当：ソフィー・バーギン

会社/役職：INNOArchitects ユーザーリサーチャー兼ユーザー洞察リード

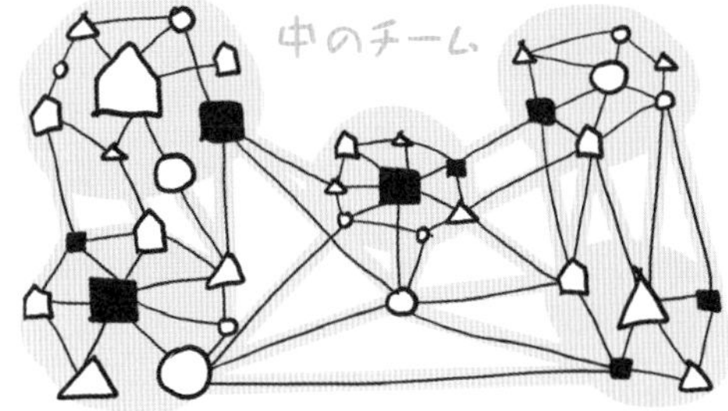

エキスパートのヒント：

高パフォーマンスチームに必須の協力的適応力

- デザインシンキングはチームで最も力を発揮します。チームにおいてきわめて重要なことは、さまざまな経験や背景知識を持つ人々で構成されることで問題とソリューションに対する幅広い多様な視点を確保できることです。
- 「チームの中のチーム」も優れたアプローチです。各チームが正しいことをしているということが伝わります。ME310のような国際的プロジェクトでは、個々のチームに独立して活動し、決断するよう促し続けます。各チームが、他のチームの同意を必要とせずに自由に活動できるようにすると、決定内容のバランスが良くなります。

パワフルなチームはシームレスなユニットとして考え、行動する力がある

- このアプローチでは、チームはネットワーク内の他のチームに対する直接的統制力は持ちません。その代わりに、他のチームとコラボレーションします。
- 「チームの中のチーム」のアイデアはネットワークシンキングの上に構築されるため、情報と結果を迅速に広めることができます。従来の階層型構造は、情報が意図的にふるいにかけられるため、このような迅速な反応ができません。
- コラボレーションは最終的に「Wow!」と思えるような結果をもたらさなければなりません。単なる「ありがとうございました。情報を拝受しました」で終わっては意味がありません。「Wow!」効果とは、チームが期待に応えた、あるいは期待を上回ったことを意味します。チームの共同作業がいかに優れているかを理解すると、イノベーションでさらに大きな成功を達成できます。

画像出典：ME310ウェブサイト

ユースケースの説明

- 多くの学生にとって、スタンフォード大学のME310デザインロフトは、1年間をかけて問題提起文を理解し、アイデア発想とプロトタイプ作成を行う場所です。
- コースは1967年から実施されています。過去数十年にわたり、多くの企業が学生チームにデザイン課題を任せてきました。
- 各プログラム年度のハイライトの1つが「紙製バイク」の課題です。このエクササイズは学生の創造性を刺激してソリューションの発見につながります。基本的アイデアは、かつてないような状況でも限られた材料を使って車両を作り、機能させることです。

ここまでのポイント

- 総合大学や技術系大学のデザインシンキングチームを複雑な問題提起文のソリューションに起用します。
- すると、商品やサービスの開発サイクルを加速させるようなシンプルで解像度の高いプロトタイプが生まれます。
- 学生とのコラボレーションは、人材採用ツールと見なすこともできます。

学生への推奨図書：

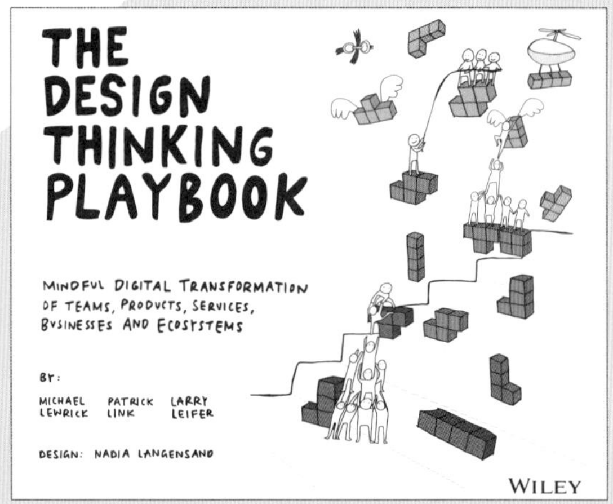

ISBN: 978-1-119-46747-2
日本語版ISBN: 978-4-7981-5950-8

企業

シーメンスの「共創ツールボックス」

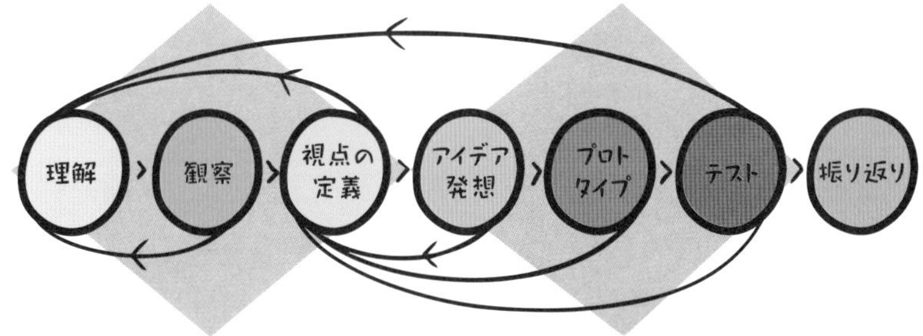

目的

シーメンスの社員に、該当するデザインシンキングのメソッドとユーザー中心の考え方を伝え、顧客やその他のステークホルダー（サプライヤー、学術パートナー、シーメンス社員など）とのコラボレーション形成でさらに成果をあげられるように支援する。

できること：

- プロジェクトをキックオフから実施まで計画し、選択したツールとテンプレートを使って追跡する。
- メソッドを意義ある形で使用する方法と、どのプロジェクトフェーズで使用するかについて理解する。
- プロジェクトの要件に従って、個々のメソッドカードを選択して組み合わせる。

詳細：

- 共創は、ステークホルダーとともにソリューションを開発する素晴らしいアプローチです。同時にイノベーションのレベルが上がり、開発プロセスが加速し、リスクも最小限に抑えることができます。
- デザインシンキングは、プロセスという観点でも個別のツールの適用においても体系的なアプローチです。
- 共創プロジェクトを実施する際に、系統立てて進める方法や、どのポイントでどのメソッドを採用すべきかが分からないという声をよく聞きます。
- シーメンス・コーポレートテクノロジーのユーザーエクスペリエンスデザイン部門は、共創プロジェクトの実施に関連する65のメソッドを選択、説明、可視化しています。
- 個々のメソッドは、産業デザインシンキング・プロセスまたは顧客価値共創プロセスのいずれかに割り当てられ、それぞれ色分けされています。
- カードはデジタル形式で利用でき、ボックス単位で、あるいはパンフレットとして印刷することができます。
- 各メソッドには合致するテンプレートが作成されています。

必要な時間と材料は？

グループの人数

少なくとも5人

- 4〜16人。
- グループの人数に応じて、メソッドコーチが1〜2人。
- 重要なステークホルダーグループから1〜2人（顧客、市場、またはテクノロジーのエキスパート）。

平均所要時間

3〜150
日間

- プロジェクトの複雑度と範囲によります。
- 各カードには、メソッド、目的、手順、例が短い文章で書かれています。

必要なもの

- メソッドのカードと印刷したテンプレートに加え、通常のデザインシンキングの材料（付箋紙、タイマーなど）が必要です。もう1つの重要な側面は、インスピレーションを与え、連携作業を促すような環境です。

共創ツールボックスの手順

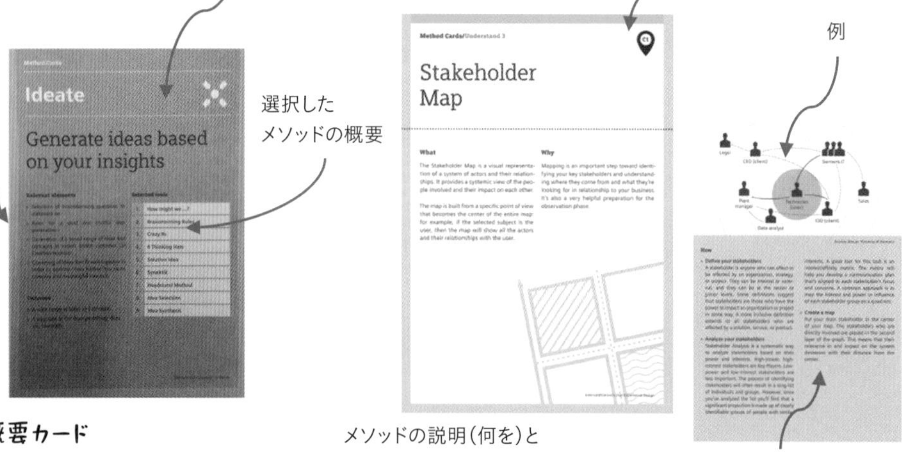

概要カード

メソッドカード

適用方法

- デザインシンキングと共創のエキスパートには、ツールのフルセット（フォルダ、ボックス、テンプレート）をプリント版とデジタル版の両方で提供します。エキスパートは、適用状況に該当する材料と形式を決定します。内容を対象プロジェクトとイベントに合わせて調整するオプションが与えられます。
- ツールのフルセットを含む共創のためのツールボックスは、初めてトピックを扱う多人数のターゲットグループには、デジタル版で提供されます。エキスパートが収集した知識を組織全体に広めたり、社員にメソッドのいくつかを試してもらうことで、共創プロジェクトを自分たちで管理するモチベーションを醸成します。
- メソッドカードは主にワークショップとプロジェクトで使用されます。多くの社員は、落ち着いて個々のメソッドについて読み、追加情報を収集するためにも使用します。
- ツールセットは共創プロセスのすべてのフェーズでサポートを提供します。フェーズとは、共創のトピックの紹介、フレームワークの条件とリソースの定義、共創アクティビティの準備（対象分野の定義、最適なパートナーの特定、関連情報の収集）、共創プロジェクトの実施、持続可能な実行までを含みます。

これはベッティナ・マイシュのお気に入りのツールです

役職：

シーメンス・コーポレートテクノロジー、シニア・キーエキスパート・コンサルタント

ザンクトガレン大学講師

「基本的に、デザインシンキングとは常識です。顧客にとって魅力的な付加価値を生み出すことができなければ、持続可能なビジネスはできません。私たちは、『共創』によって顧客と密接に連携し、ニーズを汲み取り、技術的イノベーションを通じて持続的な付加価値を生み出します」

「共創」コンセプトを信頼する理由は？

共創とデザインシンキングは多くの部分で重複します。

共創プロセスでは、デザインシンキングは開始時点から役に立ち、相手のニーズと限界を知ることができるようになり、さらにそれを出発点として有益なアイデアを生み出し、反復的に実施します。ツールボックスによって、各チームは試行とテストを重ねたデザインシンキングメソッドを使ってプロジェクトの実施を成功させることができます。さらに、ツールは共創プロジェクトを実施しようという意欲をかき立てます。

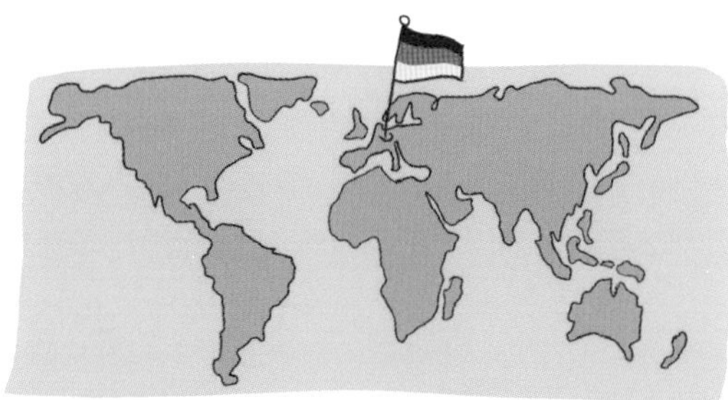

国：

ドイツ

所属組織：

シーメンス

チェック担当：ルーカス・ブック

会社/役職：シーメンス・コーポレートテクノロジー、デザインシンキング・コンサルタント

エキスパートのヒント：

共創は団体競技

- 共創ツールボックスを編成するには社内ステークホルダー全員を関与させ、その構造と内容を一緒に特定します。
- 共創とデザインシンキングのアクティビティでは独自のビジュアル言語を見つけます。

プロジェクトの状況に最も適したメソッドを選択

- 自社の共創プロジェクトで、これまでどのツールが最も頻繁に使用され、最も成果をあげたかを調査します。
- メソッドの説明とビジュアル化は魅力的で包括的な方法で行います。同僚でテストし、その説明をうまく利用できているかを確認します。
- メソッドは実物とデジタル版の両方で提供し、社内の意思決定者に配布します。

テンプレートは適用を簡略化・加速化する

- メソッドとツールの適用を簡略化・加速化するには、テンプレートを提供する必要があります。

メソッドは安全な環境で経験豊富なコーチとともに練習する

- プロジェクトの開始前に、メソッドのプレゼンテーションと練習の同時トレーニングセッションを開きます。

ユースケースの説明

- プロジェクトの準備段階で、シーメンスのチームはツールボックスを使ってプロジェクトに該当するメソッドを選択します。
- 各メソッドカードの表紙の見出しと色は、デザインシンキング・プロセスに統合するときの目印になります。
- 簡潔な概要は、メソッド（何を）と使用の対象（なぜ）を説明します。カードの裏面には、アプローチの順を追った説明と適用例が示されています。

ここまでのポイント

- ビジュアルデザインを軽視しないこと。メソッドを魅力的に見せるには重要な要素です。
- 紙製のカードも依然としてとても人気があります。
- テキストは短く簡潔で、誰にでも分かる表現にすること。
- 適用例は非常に重要です。
- 優れたメソッドツールセットには意欲をかき立てる例が多数あります。

社内ベンチャー

スイスコムの「キックボックス」

目的

組織や企業に社内ベンチャー文化を確立すること。

できること：

- 企業文化とイノベーションの変革を達成する。
- スリム化した顧客主体のアイデアの検証と開発。
- 全従業員がアイデアを発展させることができるようにする。
- 顧客の問題を探求し、新しいビジネスの機会を開く。
- 起業家のように思考する従業員用の人財プールを作る。
- 物理的なイノベーションボックスを使って、イノベーションを手で触れられる形にする。
- ゲーミフィケーション・アプローチを導入し、イノベーションと失敗への恐怖心を払拭する。

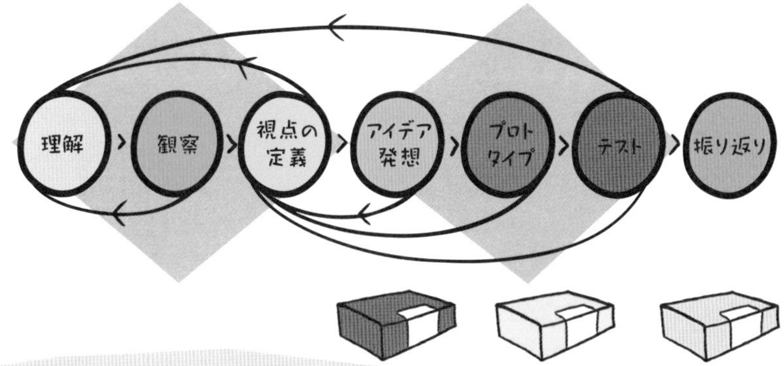

詳細：

- キックボックスは、元はAdobe社が開発したものです。Adobe社はこのアプローチを使って、社内イニシアチブのイノベーションのスピードを高めました。現在までに、多くの企業がこの手順を採用しています。
- 「箱の中のイノベーション」の裏にあるアイデアは、従業員に自立・起業するための機会を提供するということです。従業員にはイノベーターに必要なものがすべて提供されます。資金、時間、メソッド、ツール（本書で示したもの）、たっぷりのコーヒー、その他の飲み物、果物、ナッツ、お菓子などです。
- スイスのICT企業であるスイスコムは、3つの箱（赤、青、金）を従業員に提供します。箱はデザインシンキング・プロセスに従って理解フェーズから最終プロトタイプの実施まで進みます。

キックボックスに含まれるツール

- ペルソナ/ユーザープロフィール（97ページ）
- 問題提起文（49ページ）
- ブレインストーミング（151ページ）
- リーンキャンバス（251ページ）
- 各種プロトタイプ（187～194ページ）
- テスト用プロトタイプ（199ページ）
- 共感のためのインタビュー（57ページ）
- ソリューションインタビュー（225ページ）
- ストーリーテリング（129ページ）
- ピッチの作成（247ページ）

必要な時間と材料は？

グループの人数

第1フェーズ：通常は1人。
第2フェーズ：チームメンバー追加。
第3フェーズ：常設チーム。
アイデア発案者はプロセスの最後まで残り、「CEO」を務めます。

1〜n人

平均所要時間

第1フェーズ：2か月
第2フェーズ：4〜6か月
第3フェーズ：12〜24か月

24か月

必要なもの

- スイスコムから、必要なものを入れたキックボックスがチームへ提供されます。
- ペンと付箋紙、デザインシンキングの材料

共創ツールボックスの手順

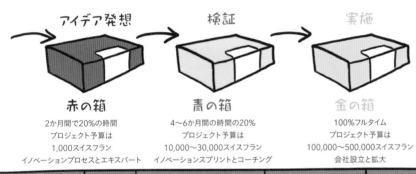

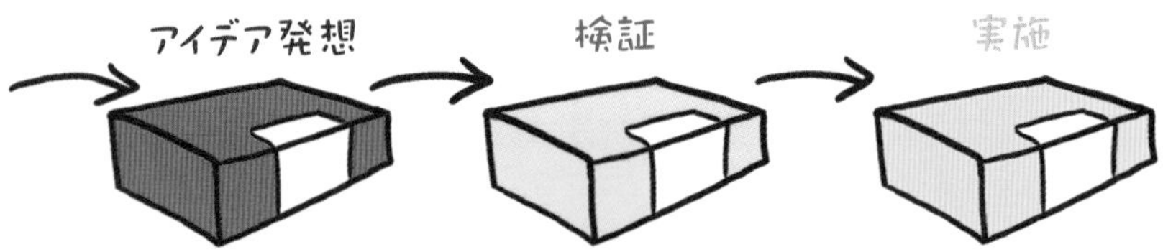

赤の箱
2か月間で20%の時間
プロジェクト予算は
1,000スイスフラン
イノベーションプロセスとエキスパート

青の箱
4〜6か月間の時間の20%
プロジェクト予算は
10,000〜30,000スイスフラン
イノベーションスプリントとコーチング

金の箱
100%フルタイム
プロジェクト予算は
100,000〜500,000スイスフラン
会社設立と拡大

スコアカード	顧客価値		企業価値					企業フィット				リスク 1=高リスク、5=低リスク		
コンセプト	説得力のある顧客ニーズ	説得力のあるソリューション	競争上の優位点	対応可能な市場規模	将来の市場成長	潜在的収益	「Wow!」の価値	「市場投入」のフィット	技術的フィット	ブランドのフィット	実施のフィットとプロセスのフィット	需要/売上	技術的実現可能性	漸進的テストが可能

ツールの適用方法

赤の箱：赤の箱でアイデアを検証（フェーズ：理解、視点の定義、アイデア発想）
会社の従業員一人ひとりに赤い箱が配られます。さらに、時間枠の情報と、少額の予算が問題またはアイデアの探求のため支給されます。「キックボクサー」はエキスパートへのアクセスも許可されます。フェーズの終了時に、従業員は各自のアイデアを発表してスポンサーを説得し、キックボックスプロセスの次のレベル（青の箱）に到達します。

青の箱：実験（フェーズ：プロトタイプとテスト）
このフェーズの目的はプロトタイプの作成と、実際の顧客に対する実験の実施です。キックボクサーは社内の追加リソース、コーチ、サポートへのアクセスが与えられ、実験の分析ができます。また、仮想マーケットプレイス上の幅広いイノベーションサービスへのアクセスも提供されます。

金の箱：実施と拡大
従業員は最終プロトタイプ/MVPが成功し、プロジェクト拡大が決定されると、金の箱に到達します。従業員は新しい成長分野（社内または社外）を創出しました。金の箱フェーズは、会社/スピンオフ/合同ベンチャーの設立支援、またはプロジェクトがコアビジネスに近い場合は社内部署の創設が含まれます。
テンプレート：個々のプロトタイプとアイデアがキックボックススコアカードで評価されます。ロジックはリーンスタートアップのメソッドに従います。

これはデビッド・ヘンガートナーのお気に入りのツールです

役職：
スイスコム、イノベーションラボマネージャー兼社内ベンチャー部長/ETH Zurich（リーンスタートアップアカデミー）講師
「実際の顧客とできるだけ早期に何度も話すことで仮説を確かめます。建物の外へ飛び出しましょう！」

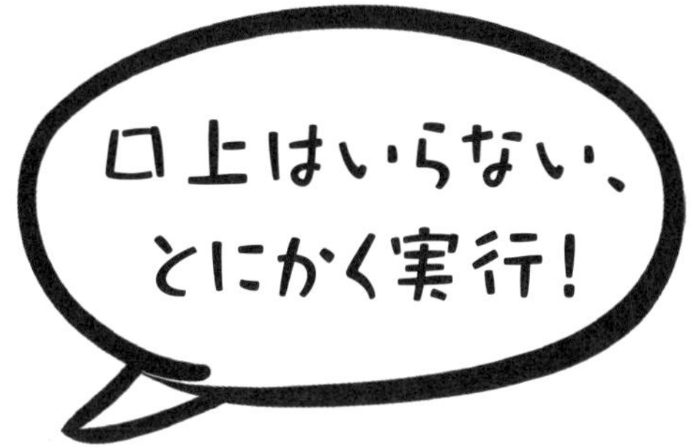

「キックボックス」コンセプトを信頼する理由

全従業員がビジネスアイデアに取り組む機会を与えられるところが気に入っています。これが起業家的思考を促し、新しい視点を開きます。また、全体的なイノベーション文化を刺激し、失敗を恐れない起業家的経営陣が生まれることにもつながります。プログラムはスリムで、データ指向で、顧客主体であり、起業家のための起業家によってデザインされています。
わずか3か月で、オープンソースコミュニティのkickbox.orgにはグローバル企業の従業員1,200名がすでに登録しています。

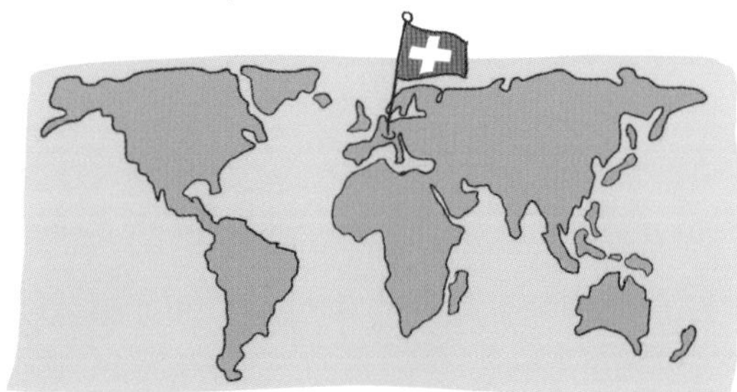

国：
スイス
所属組織：
スイスコム

チェック担当：マイケル・リューリック

会社/役職：イノベーションとデジタイゼーションのエキスパート

エキスパートのヒント：

- **経営陣のサポート：**トップダウン（理想はCEOから）のサポートは成功要因として必須です。経営上層部とのコミュニケーションを図れる手段やイベントは貴重な活動です。
- **口上はいらない、実行あるのみ：**大企業では、石橋を叩き続けていつまでも渡れないというリスクがよく発生します。そのため、プロセスは短いステップを迅速に反復する型にしなければなりません。
- **ゲリラマーケティング：**ゲリラマーケティングはラテラルシンカー（水平思考の人）にアピールします。図々しいと思われるくらい大胆な広告を打って新境地を切り開きましょう。手段が型破りであるほど、注目も大きくなります！
- **作業時間の確保：**キックボクサーは、自分の本業のかたわらプロジェクトを推進します。社内ベンチャーは時間の配分を自分で上司に掛け合うべきです。それがさらにモチベーションを高めます。
- **社内エキスパートの起用：**どの企業にも、社内ベンチャーをサポートできるエキスパートがいます。必ずしも高額な社外コンサルタントを雇う必要はありません。社内のスキルで十分であることも珍しくありません。
- **キックボックスコミュニティ：**社内ベンチャーによって構成されるコミュニティは情報とアイデアを交換するための貴重な場です。イベントを開催してコミュニティの活気を維持し、コミュニケーションを促進しましょう。

プロのマーケティングによるサポートを受け、
キックボックスには企業の壁を越えた意義があります。

ユースケースの説明

- 規模に関わらず、キックボックスは企業で活用できます。大学やNGOでも同様です。
- 赤の箱で行う分散型ボトムアップのアイデア発想は会社や組織の全従業員が参加可能なため、このプログラムをとてもパワフルなものにしています。
- 会社における集団としてイノベーションの精神をかき立て、企業文化を部署や階層を越えた明確なものへと変革させます。

ここまでのポイント

- キックボックスによって、文化の変革とビジネスイノベーションの混合したものが生まれます。
- 従業員一人ひとりが各自のキックボックスプロジェクトを開始できます。
- リーンスタートアップアプローチは体系的に行います(スモールスタート、早期にテスト、迅速に反復)。
- キックボックスのリソースの多くは『デザインシンキング・ツールボックス』から生まれたものです。

トランスフォーメーション

「デジタルトランスフォーメーションのロードマップ」

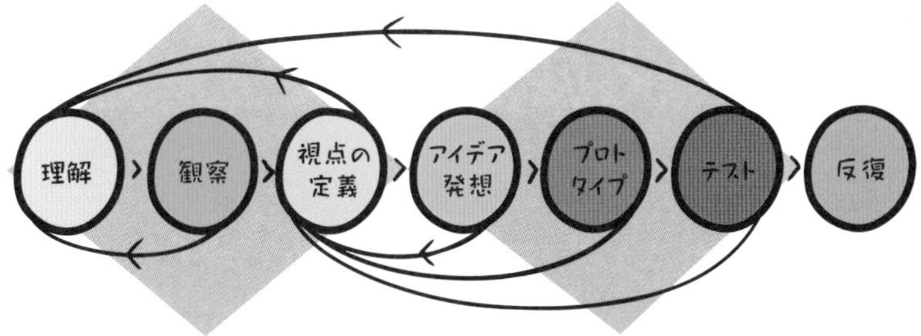

目的

ビジネスモデルを変革し、デジタルトランスフォーメーションをプロフェッショナルに実践する。

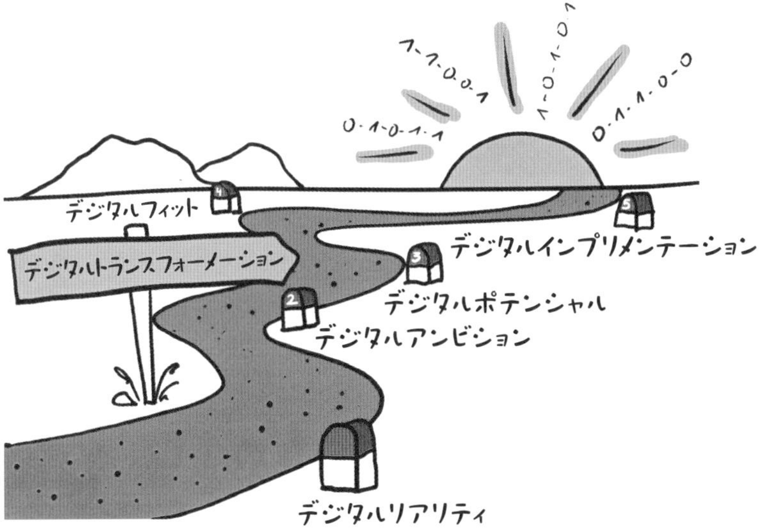

ツールを使ってできること：

- ビジネスモデルを新しい技術要件に基づいて変革する。
- 競争上の優位点を実現する。
- 顧客のニーズを満たし、効率性を高め、コストを削減する。
- 物理チャネルとデジタルチャネルを再定義し、顧客に唯一無二のエクスペリエンスを提供する。
- 企業の再編成を初期化して将来も生き残り続けるようにする。

ツールに関する詳細：

- 初期の製品とサービスが開発され、プロトタイプを使ってテストした後、将来のビジネスモデルを発展させるため、デジタルトランスフォーメーションのロードマップによって既存のビジネスモデルに統合できます。
- デジタルトランスフォーメーションとは、個々のビジネスモデルの要素、総合的なビジネスモデル、バリューチェーン、さらに価値創出ネットワークのさまざまなアクターのつながりも指します。
- デジタルトランスフォーメーション内では、イネーブラー（大量のデータなど）が使用されて新しい用途やサービス（オンデマンド予報など）が実現されます。
- さらに、経済的観点と市場投入までの時間の観点の両方から、パートナーからのサブサービスの購入（作るか買うかの決断）を検討すべきです。

代替として使用できるツールは？

- トレイルマップ（過去）
- ストーリーテリング（将来とビジョンの説明）（129ページ）。
- 目的と主な成果（OKR）

このツールに取り組む際に役立つツールは？

- 共感マップ（93ページ）
- カスタマージャーニーマップ（103ページ）
- リーンキャンバス（251ページ）
- 「問題提起から成長と拡張へ」のイノベーションファネル（263ページ）
- 実行のロードマップ（259ページ）

必要な時間と材料は？

グループの人数

4〜6人

- チームは4〜6人編成です。
- 理想としては複数のチームが同時に参加し、ファシリテーターがプロセスをガイドします。

平均所要時間

1〜数週間

- 所要時間はプロジェクトの複雑さ、チームのダイナミクス、ソリューションの細部をどの程度まで詰めるかによります。

必要なもの

- デザインシンキングの材料
- 広いスペース
- いくつかの作業用の机の島
- 個々のフェーズとタスク用にポスターのA0用紙テンプレート

手順とテンプレート：デジタルトランスフォーメーションのロードマップ

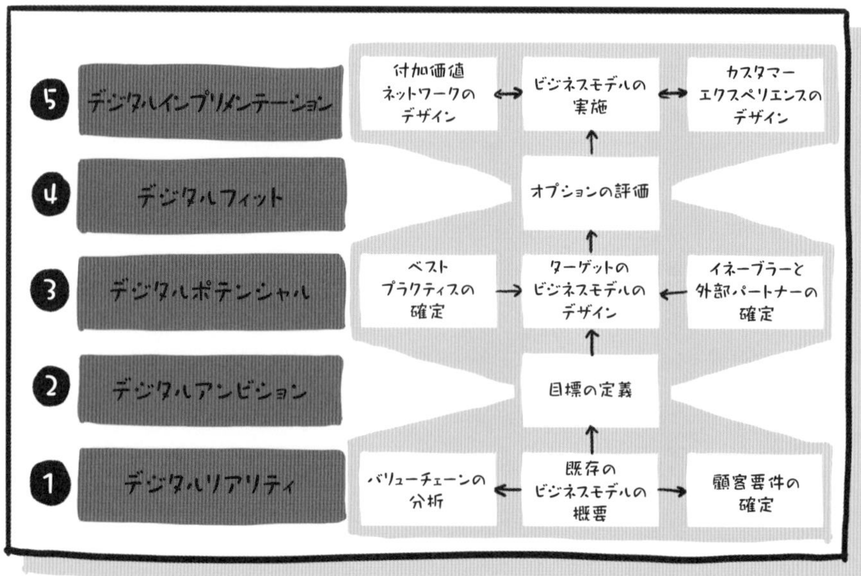

ツールの適用方法

ロードマップの裏付けとなる理論はシステムシンキングを基にしています。

- **ステップ1：**デジタルリアリティ：既存のビジネスモデルの概要を示し、バリューチェーンと関連アクターならびに顧客要件を分析します。目的は現実をさまざまなディメンションで理解することです。
- **ステップ2：**デジタルアンビション：デジタルトランスフォーメーションの目標を、時間、財務、スペースというディメンションで定義してから優先順位を付けます。デジタルアンビションはビジネスモデルの目標を示します。
- **ステップ3：**デジタルポテンシャル：デジタルトランスフォーメーションのベストプラクティスとイネーブラーを決定し、そこから独自のオプションを引き出します。
- **ステップ4：**デジタルフィット：オプションを評価します。たとえば、「ビジネスモデルとの適合性」や「顧客要件を満たす」といった条件を基にします。次に、評価されたオプションや組み合わせをさらに詳細に決めます。時間、予算、実現性、競合他社、AI、企業文化などの基準も考慮されます。
- **ステップ5：**デジタルインプリメンテーション：実行のため、デジタルカスタマーインタラクションのデザインに関してどのアクションが必要になるかを検討します。どのパートナーが採用され、どのように統合を実施するか、実施がプロセスに与える影響、必要なリソース、従業員のスキル、IT、契約上の合意、グループ構造への統合などです。

これはダニエル・シャルモのお気に入りのツールです

役職：

作家、Dr. Schallmo & Team GmbH創設者兼株主、ノイウルム応用科学大学教授

「私はデザインシンキングとそれにまつわるツールや手順が気に入っています。デジタルトランスフォーメーションの過程で顧客志向のソリューションの開発を可能にしてくれます」

なぜお気に入りのツールなのか？

デジタルトランスフォーメーションのロードマップは、既存のビジネスモデルの変革を構造的に促進するものです。貴重な側面の1つに、すべての参加者が1つの手順に向かい合うため、透明性が向上する点が挙げられます。本書の多くのメソッドとツールがデジタルトランスフォーメーションの作業をサポートします。

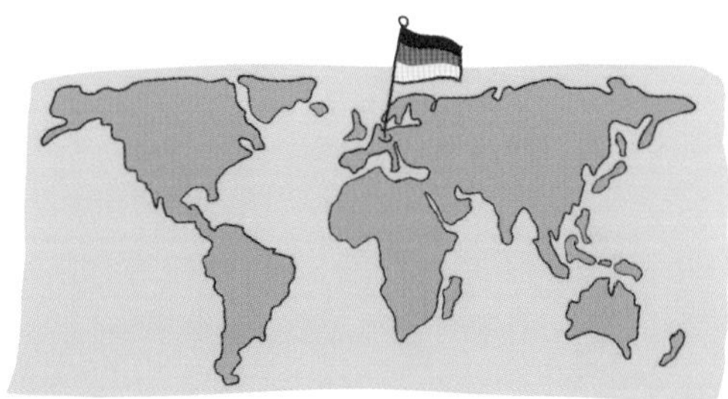

国：

ドイツ

所属組織：

ノイウルム応用科学大学

チェック担当：ジーナ・ヘラー・ヘロルド

会社/役職：beku-Consult、シニアコンサルタント兼オーナー

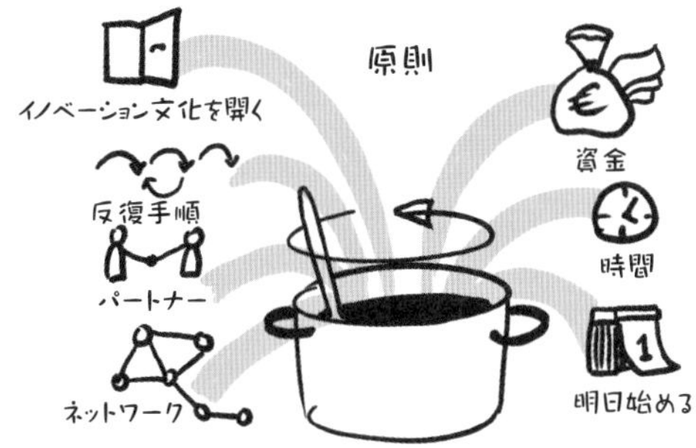

エキスパートのヒント：

デジタルトランスフォーメーションは変化と大きく関わっています。リーダーシップチームのマインドにおいて、プロジェクトを理解し、従業員側の目標を把握することから始まります。

オープンなイノベーションの文化が中心

イノベーションにおけるオープンカルチャーによって素晴らしい体験が生まれています。次の10原則は、デジタルトランスフォーメーションのデザインを支えます。

1. デジタル化を最優先し、直接コミュニケーションを取り、企業文化と主要なパフォーマーに注目する。
2. 時間、資金、スペースについて十分なリソースを提供し、従業員があまり他の業務にわずらわされないようにする。
3. デジタルポテンシャルを推し量るには、まず現在のビジネスモデルを知ることが必要。思い切って遠い未来まで考え、AIやデータ分析などに関して今のうちに企業文化に正しい基礎を築く。
4. ビジネスモデルのデジタル化を推進する要因の追跡を怠らない。
5. 関連業界のバリューチェーンの追跡をする。
6. 関連業界およびその他の業界のベストプラクティスから学ぶ。
7. 必要なスキルを身につけ、適切な考え方をリーダーシップチームと従業員で実践する。
8. ビジネスエコシステムの他のアクターと協力し、統合された付加価値ネットワークを構築する。
9. 小規模でアイデアをテストし（MVPやMVEの形式で）、リスクを低減して受容を強化する。顧客との直接の連絡手段を保ち、顧客フィードバックを次のテストフェーズに取り入れる。
10. 遅くても明日には始めよう！

ユースケースの説明

- デジタルトランスフォーメーションの基礎が伝達されました。
- 戦略的オプションの評価は、MVPとMVEを構築する反復で行われます。
- さらに、経営陣と従業員のマインドにも変化が起こります。失敗も許容され、自己効力感を基に行動します。部屋が用意されているため、さまざまな方法で臨時のコラボレーションや合同実験を開始できます。
- リリーのチームはラボの設立にも手を貸し、そのラボで共創が起こり、概念実証が実施されます。

ここまでのポイント

- デジタルトランスフォーメーションで達成する明確な目標が設定されます。
- 情報の調達と分析に十分な時間を確保します。
- アクティブに、まずは取り掛かって、作業を反復します。
- 『デザインシンキング・ツールボックス』のツールを使い、たとえば顧客の要件とニーズの確認を行います。

ダウンロード可能ツール

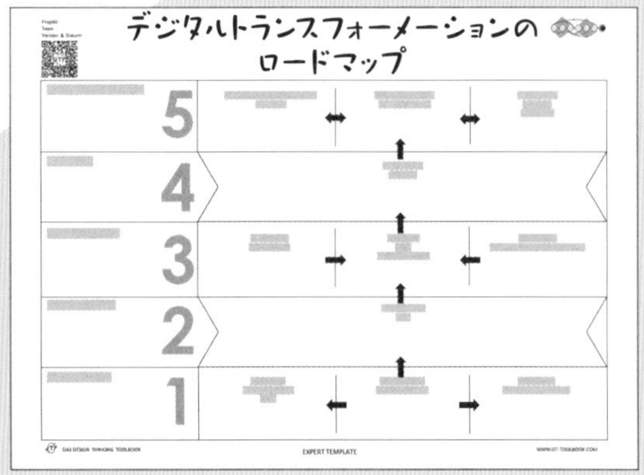

www.dt-toolbook.com/digital-transformation-en

若い才能の育成

「ヤングイノベーター」

目的

組織や企業の垣根を越えた「コミュニティ」を形成し、若い顧客向けの商品やサービスを開発する、あるいは明日の職場環境をデザインする。

このプログラムでできること：

- 次世代のニーズ、アイデア、スキルを把握、推進、活用すること。
- 「ヤングイノベーター」をラテラルシンカー（水平思考の人）として配置し、斬新なアイデアを生み出したりテストしたりを任せること。
- 年長の管理職や従業員のアイデアに疑問を投げかけること。
- 将来の職場環境を思い描き、若いプロフェッショナルを育成すること。

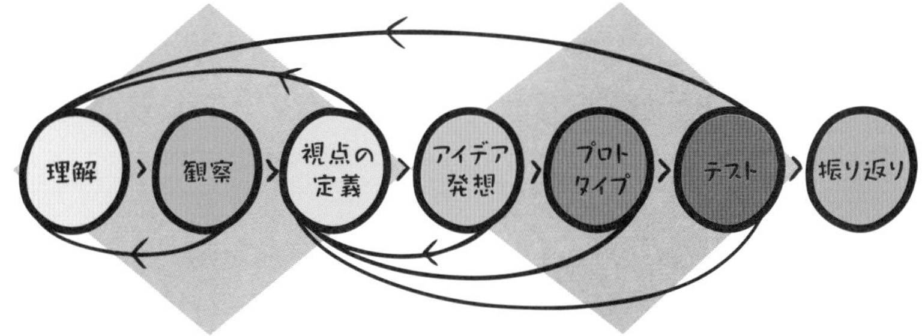

プログラムに関する詳細：

「ヤングイノベーター」とは、デザインシンキング能力の他に多種多様なスキルを持ち、デザインの課題やイノベーションプロジェクトに任命できる18歳から25歳くらいの若者のコミュニティを指します。

- ヤングイノベーターは、原則として企業横断型のコミュニティです。大企業では、ヤングイノベーターを社内コミュニティとして育成する価値があることが実証されています。
- さまざまなデザインシンキングのフェーズで的を絞って「ヤングイノベーター」を活用することにはいくつかメリットがあり、特に以下の点を実現したい場合に有効です。
  1. 若いターゲットグループ向けの商品やサービスの開発。
  2. 商品やサービスの（再）デザイン。前例にとらわれない斬新な刺激を意図的に求めており、若いラテラルシンカーがインスピレーションをもたらします。
  3. 企業が将来も魅力的な雇用主として見なされ続けるため。ヤングイノベーターは新しい職場環境の開発を手伝い、企業文化の変革に刺激を与えます。
- 「ヤングイノベーター」との共同作業は、デザインシンキング・プロセスの問題特定からプロトタイプのテストまであらゆるフェーズで役立ちます。さらに、デザイン課題全体をコミュニティに任せ、複数のチームが同じ問題提起文に取り組むこともできます。

必要な時間と材料は？

グループの人数

少なくとも5人

- ヤングイノベーターのコミュニティは大きいほど望ましい。
- 問題提起文ごとに割り振るためなどにサブチームを形成することもできます。

平均所要時間

90〜120分

- 軽微なデザインの課題なら1〜2時間。
- 所要時間はデザインの課題の範囲によって異なります。
- 複雑な問題提起文なら1週間以上続きます。

必要なもの

- 付箋紙、紙、ペン
- デザインシンキングの材料（プロトタイプ用など）
- インスピレーションが湧く部屋

手順：「ヤングイノベーター」

ツールの適用方法

中期/長期

- ヤングイノベーターの確立とコミュニティ構築。
- ヤングイノベーターがコミュニティ構築に関わることもできます。
- 社内でスポンサーを探します。スポンサーはデザインシンキングのマインドセットを習得し、このような活動の付加価値を理解している人です。

各デザインスプリントにおいて：

- **ステップ1：**デザインの課題をできるだけ明確な文章にまとめ、その意義を指摘します。ヤングイノベーターの希望や期待を伝達します。ウォームアップで、ヤングイノベーターにふさわしいムードを形成します。
- **ステップ2〜5：**グループ内でデザイン課題に取り組みます。参加者にアイデア収集を促し、その後でユーザー/顧客に対してテストします。
- **ステップ6：**最初のプロトタイプとソリューションへのアプローチを、クライアントを前にピッチ（売り込み）します。
- **ステップ7：**結果とプロセスに対するフィードバックを得ます。これはすべて非常に重要な学びとモチベーションの効果をヤングイノベーターにもたらします。十分な時間を確保しましょう。

これはディノ・ビアリのお気に入りのツールです

役職：

Superloop Innovation創設者兼CEO、「ヤングイノベーター」の名付け親

「デザインシンキングは私にとって時代を変えるような大きなインパクトがありました。ただ、最も重要なことは、デザインシンキングを使って得たマインドセットとメソッドは、1,000点の新しい消費財を生み出せるだけでなく、持続可能な社会と経済を目指すという現代の大きな課題をも解決できるという点です。私にとってそれが意義あるイノベーションです」

「ヤングイノベーター」コンセプトを信頼する理由

楽しくて意義がある、これぞまさに私が求めているものです。こういう若いラテラルシンカーと仕事をするのは楽しみです。フレッシュなアイデア、かなり型破りなアプローチ、クールなエネルギーは私たち全員の刺激になります。たくさんの驚くようなことが生み出されます。「ヤングイノベーター」と一緒にいると、新しい考え方を身につけてもらいたいとも思っています。デザインの課題だけでなく、明日の職場環境で必要とされる必須スキルも習得できます。デザインシンキング実践者として、誰もが有意義で持続可能なソリューションを開発する機会が与えられているのです。

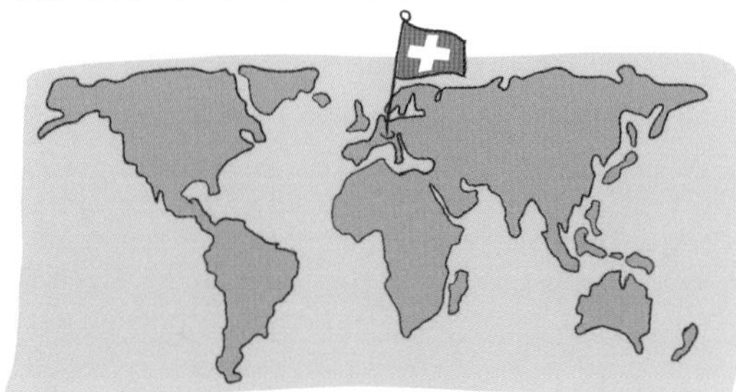

国：

スイス

所属組織：

Superloop Innovation

チェック担当： セミール・ジャヒック

会社/役職：Salesforce

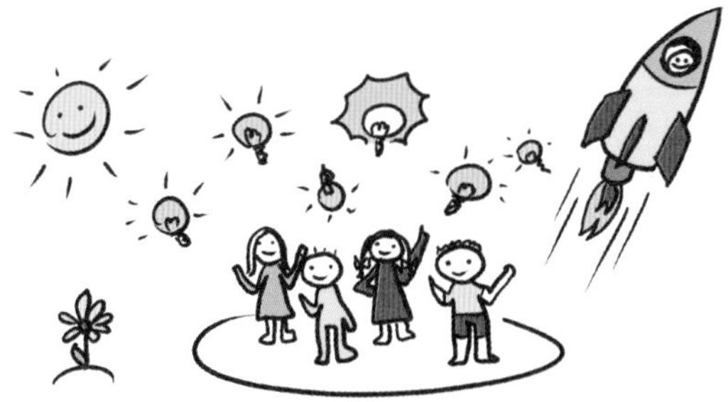

エキスパートのヒント：

ヤングイノベーターのコミュニティ構築

- デザインシンキングのツールとメソッドを、的を絞った方法で使用する、強く多種多様なヤングイノベーターのコミュニティを構築すること。
- 理想的には、これを他社と合同で行います。それが多様性をもたらします。企業の人事部と人財管理が関与することは、非常に価値があることが実証されています。
- ただし、課題には常に年長のファシリテーターとメンターが同伴する必要があります。
- 一人ひとりの「ヤングイノベーター」にコミットメントを求め、グループ全体で課題への責任を負うことを明確にすることが重要です。

若い世代の心を動かすものは私たちの世代の心を動かすものとは異なる

- 意味：若い人は常に「なぜ？」という質問への答えを欲しがります。だからこそ、デザイン課題の意図を明確にし、曖昧さを排除することが重要なのです。
- 自由：ヤングイノベーターには「彼らのやり方」で物事を進める自由を与えます。ただし、全員がデザイン原則を理解していることを確認してください（53ページ参照）。
- ピッチ：ヤングイノベーターに結果を自らピッチしてもらいます。
- コラボレーション：上級管理職との共同作業でも、遠慮なくアイデアや意見を出すことをルールにします。
- フィードバック：各デザイン課題は締めくくりに1回のフィードバックを行います（たとえば、239ページの「私が気に入ったのは/私が望むのは/私が質問したいのは」）。これはヤングイノベーターの学びとモチベーションにとって重要な要素です。

ユースケースの説明

- 大人が若いターゲットグループ向けのアイデアやサービスを開発すると、ほぼ間違いなく的外れなものになります。ある人道的支援組織がSuperloopのヤングイノベーターに、Snapchatを使うべきかどうか尋ねてきました。それが流行しているからという理由のようです。
- ヤングイノベーターはすぐに500人の若者の意見やソーシャルメディアの使い方を調査し、そのNGOの提言を却下しました。そして、完全に自立した組織として、予想とは全く異なる結果を提示しました。
- ここだけの話：Snapchatを使えばいいという問題ではないのです。

ここまでのポイント

- ヤングイノベーターのネットワークを使って、若い人達の創造力を活用し、そのスキルをデザインシンキング・サイクル全体に取り入れます。
- 独自のヤングイノベーターコミュニティを構築するには時間がかかりますが、それだけの投資をする価値はあります。斬新なソリューションが頻繁に飛び出してきます！
- コミュニティは人材採用ツールとしても利用でき、イノベーション精神旺盛な人材を見つけ、自社を魅力的な雇用主として位置付けることもできます。

個人の変革

「デザインシンキング・ライフ」

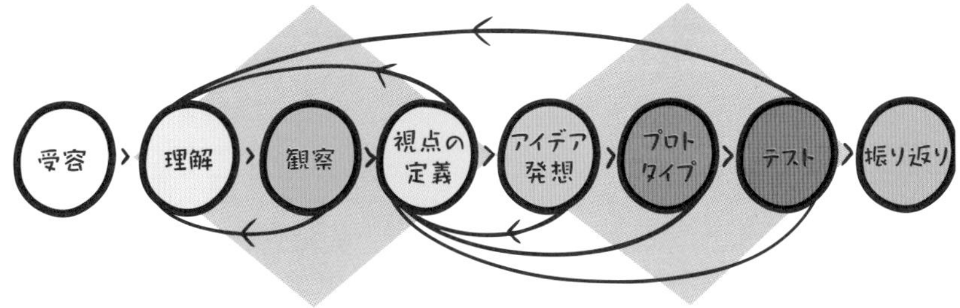

目的

デザインシンキングのマインドセットを使って自己効力感を強化し、人生を再設計する。

できること：

- 自分のニーズを基に、変革の方法を見つける。
- 積極的に取り組みたいさまざまな行動分野を定義する。例：人間関係、趣味の時間、仕事、健康など。
- 変革の取り組みを開始し、自己効力感を強化する。
- 解決可能な問題や課題への意識を高める。
- さまざまなライフプランをデザインしてテストする。
- さらに充実した生活と満足感を達成する。

詳細：

- 「デザインシンキング・ライフ」(DTL)はデザインシンキング・プロセス全体に通じます。追加の構成要素は、事実を受容するフェーズと総合的な内省であり、それが自己効力感の基盤になります。
- 「デザインシンキング・ライフ」はデザインシンキングの原則に基づいています。このマインドセットを取り入れ、コーチングや全身心理療法の戦略と組み合わせて、生活を形成します。
- 解決可能な問題を認識し、アイデアを使って実験できると、自分が何で充足感を得られるのかがすぐに分かるようになります。もっと活力を得るために必要なのはささやかな変化だということもよくあります。
- 個人として利用するだけでなく、このメソッドは企業、大学、コーチングプログラムで成長の視点を指摘するための付属手段としても利用できます。

取り組む際に役立つツールは？

- AEIOU(107ページ)
- ブレインストーミング(151ページ)
- 特別ブレインストーミング(167ページ)
- レトロスペクティブ・セイルボート(243ページ)
- 理解および観察、振り返りの各フェーズの多くのツール。

必要な時間と材料は？

グループの人数

1〜5人

- 大人数のグループは、参加者がお互いを支え合うというメリットがあります。
- 人生のコンセプトによってお互いに刺激を与え合うことも多いのです。

平均所要時間

3日間
〜2か月

- 所要時間はプログラムの組み方によって異なります。通常は1サイクルに6〜8週間が必要です。

必要なもの

- 付箋紙、ペン、マーカー
- 大判の紙
- インスピレーションが湧く部屋

手順：デザインシンキング・ライフ

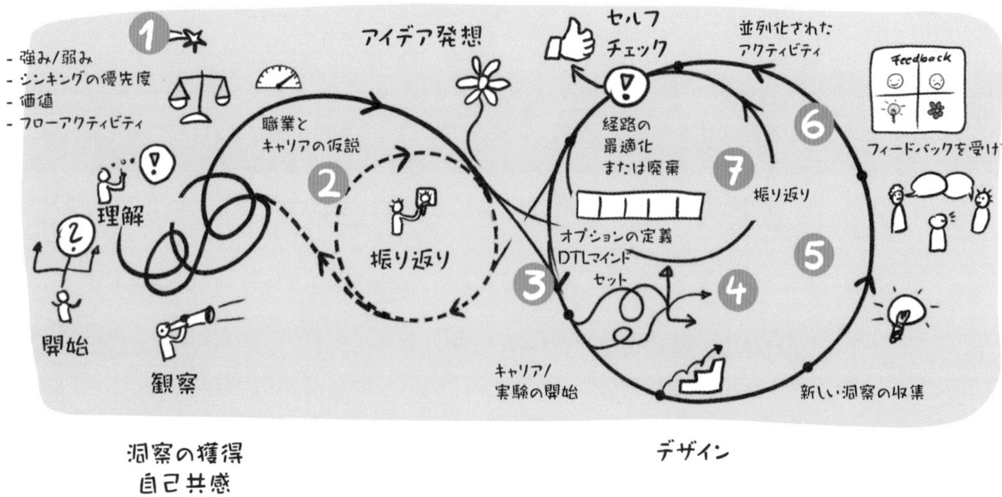

適用方法

「デザインシンキング・ライフ」のプロセスはデザインシンキングのプロセスに沿っています。ただし、受容と内省という2つの重要なプロセスステップによって拡充されています。

「デザインシンキング・ライフ」をキャリアプランニングに応用すると、以下のステップでポジティブなエクスペリエンスが生まれました。

- **ステップ1**：個人の価値観、思考の傾向、環境要因、特定されたフローアクティビティを探ることから始めます。
- **ステップ2**：個人のキャリアプランの仮説を立てます。
- **ステップ3**：さまざまなキャリアパスや可能性をデザインします。
- **ステップ4**：可能性をテストして探索します。
- **ステップ5**：オプションを評価し、アイデアや起こり得る結果と合致しているかを振り返ります。
- **ステップ6**：実行は小さなステップに分けて計画します。
- **ステップ7**：現在のタスクでまだ満足しているかを定期的に振り返ります。そうではない場合は、ライフプランを最適化するか、新しいオプションを定義します。

これはマイケル・リューリックのお気に入りのツールです

役職：

ベストセラー作家、講演家、イノベーションとデジタイゼーションのエキスパート

「アジャイルな（俊敏性ある）企業への変革は、トップダウン型の変革管理プログラムでは実現できないことに、企業は驚きを隠せません。成功する変革とは、一人ひとりの従業員がどのように暮らし、考え、行動するか、というところから始まります。各自のスキルと人間性の自己啓発を基礎とするマインドセットです。『デザインシンキング・ライフ』はその出発点として最適です」

「デザインシンキング・ライフ」コンセプトを信頼する理由

企業の経営者はよく私に、新しいマインドセットを確立するための良いアプローチは何かと尋ねてきます。それについて、私の答えは2つあります。1つ目は、日々手本を示すこと。そうして初めて変化への欲求が本物になるのです。2つ目は、組織内の従業員に自由を与え、各自が自らの能力を有効活用し、スキルを最適に活用できるようにすることです。従業員全員に、自己効力感を強化するためのテクニックと戦略を提供しなければなりません。そうして初めて、従業員は会社の変革プロセスを熱意と貢献をもって支えてくれるようになるのです。

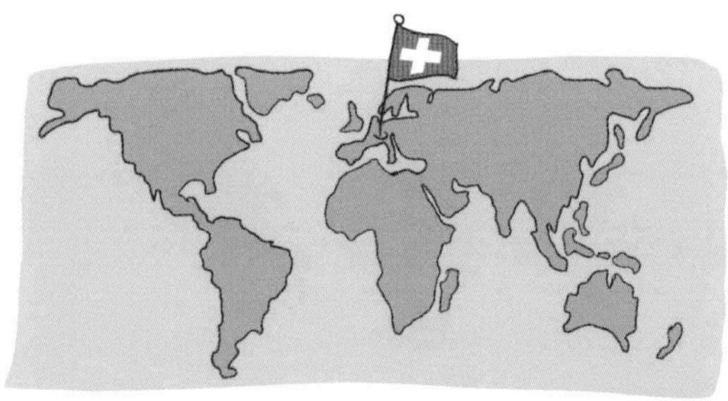

国：

スイス

チェック担当：ジャン・ポール・トーメン

会社/役職：独立系コーチ、組織開発と経営管理学教授

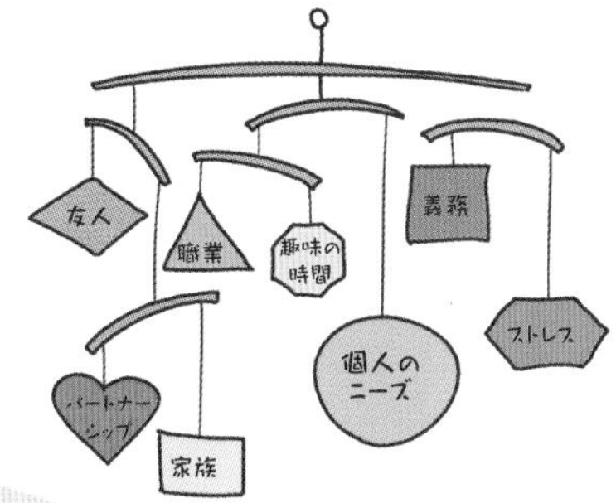

エキスパートのヒント：

自己効力感は未来の主要な強み

- 「デザインシンキング・ライフ」のマインドセットは、従業員の行動する力を強化するために的を絞った出発点です。
- 「デザインシンキング・ライフ」を企業の重要な移行に使用することは非常に価値があるということが実証されています。
- 従業員はデザインシンキングのマインドセットに簡単にアクセスできるようになり、このマインドセットをチームやプロジェクトで実践しようというモチベーションにつながります。
- 人材管理のマネージャーにとって、「デザインシンキング・ライフ」は人材を既存のパターンや職務内容に合わせるのではなく、従業員のスキルと才能を強化する理想的な戦略かつテクニックです。

人生とは絶えず変化し続けるプロセス

- これは、「デザインシンキング・ライフ」が、学業のコースを選ばなければならない児童生徒から、大学在学中や卒業後にキャリアの次のステージを選ぶ学生にまで対応する能力開発ツールであるということです。
- 特に参加者が仕事やプライベートで困難な状況にある場合、モデレーターは感情のほとばしりにうまく対処したり、そのための心の準備をしたりしておくことが重要です。

小さな変化が大きな違いを生む

- だからこそ私が伝えたいヒントは、誰でも大きなことを成し遂げるには小さな変化を自分の力で始めるべきだということです。目線は常に未来に向けることが重要です。誰でも自己効力感を通じて自分の人生の脚本を書くことも、新しい環境に合わせてそれを調整することもできるのです。

私のエネルギーを奪うものは何か？
FLOWで私が関与してきた
アクティビティは何か？
Start:
DESIGN YOUR FUTURE
私のライフプラン！
小さな変化が大きな違いを生む！
ライフプランをテストするには
どのような可能性がある？

ユースケースの説明

- 「デザインシンキング・ライフ」のマインドセットを使って、人生を望み通りの方法で送れるようになりましょう。
- 内省を通じて物事の深層部に到達します。
- 解決可能な問題と事実を区別することを覚えましょう。
- 小さな変化を始めることから挑戦して大きな違いを生み出します。
- 目線は未来に向けるため、自己効力感を通じて自分の人生の脚本を書くことも、新しい環境に合わせてそれを調整することもできます。

ここまでのポイント

- デザインシンキングは複雑な問題を、創造力を使って簡単に解決することを目指します。人生よりも複雑な問題があるところなどありますか？
- ただし、「デザインシンキング・ライフ」は個人の変化だけではありません。すべてのステージと変化は私たちの身の回りにいる多くの人々に影響を及ぼします。
- デザインシンキングと同様に、その道のりは歩いてみないと分かりません。

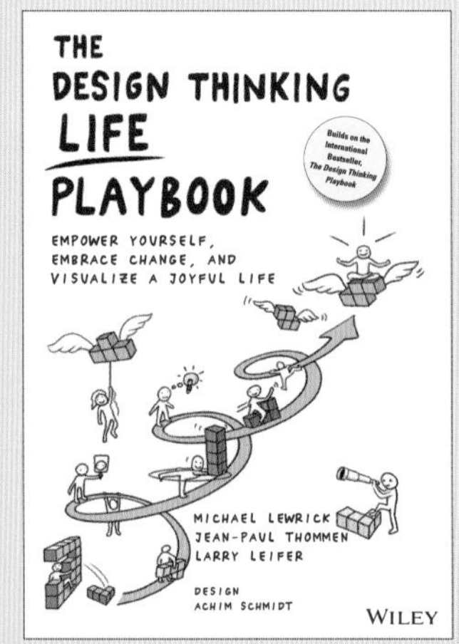
THE
DESIGN THINKING
LIFE
PLAYBOOK
EMPOWER YOURSELF,
EMBRACE CHANGE, AND
VISUALIZE A JOYFUL LIFE
MICHAEL LEWRICK
JEAN-PAUL THOMMEN
LARRY LEIFER
DESIGN
ACHIM SCHMIDT
WILEY

www.dt-playbook.com

ISBN Print:978-1-1196-8224-0
ISBN E-Book:978-1-1196-8225-7

結びの言葉

結びの言葉

最後にひとこと：

**「口先だけでなく、とにかく実行あるのみ。
デザインシンキングは実践して初めて活きるものです」**

デザインシンキングのメソッドとツールに関する本書は、最も広く使用されているデザインシンキングのツールの全容を理解したいという多くのユーザーや学生のニーズを満たしました。このツールボックスで紹介したエキスパートのヒントのおかげで、デザインシンキングのグローバルコミュニティ内で独自の知識の交換が実現しました。私たちにとって重要だったのは、ウォームアップをするのか先にユーザーの観察をするのかではなく、ツールを有効活用できるように説明することでした。

とはいえ、誰もがデザインシンキング実践者として、問題、ワークショップのダイナミクス、参加者の知識に応じて、ツールを最大活用する方法について自分なりの方法を見つけなければなりません。デザインシンキングのワークショップは毎回同じではなく、それぞれの新しい状況には個別に適応するしか成功する方法はありません。基本であるデザインシンキングのマインドセット、ポジティブなフィードバックの文化、定期的な振り返り、その他多くの要素が日常業務で使うすべてのツールの基盤となります。

この場を借りて、デザインシンキングのグローバルコミュニティの皆さんには改めて御礼申し上げます。私たちの初期の「デザインシンキングのメソッドとツールの国際調査」にご参加いただき、さらに多数のエキスパートのヒントを提供いただいたおかげでこのようなツールボックスが実現しました。読者の皆さんの、ツールやデザインシンキングのマインドセットをプロジェクトで使用した体験に関するフィードバックと、デザインシンキングの使用に関する活発な情報交換を楽しみにしています。

マイケル、パトリック、ラリー

忘れないで....

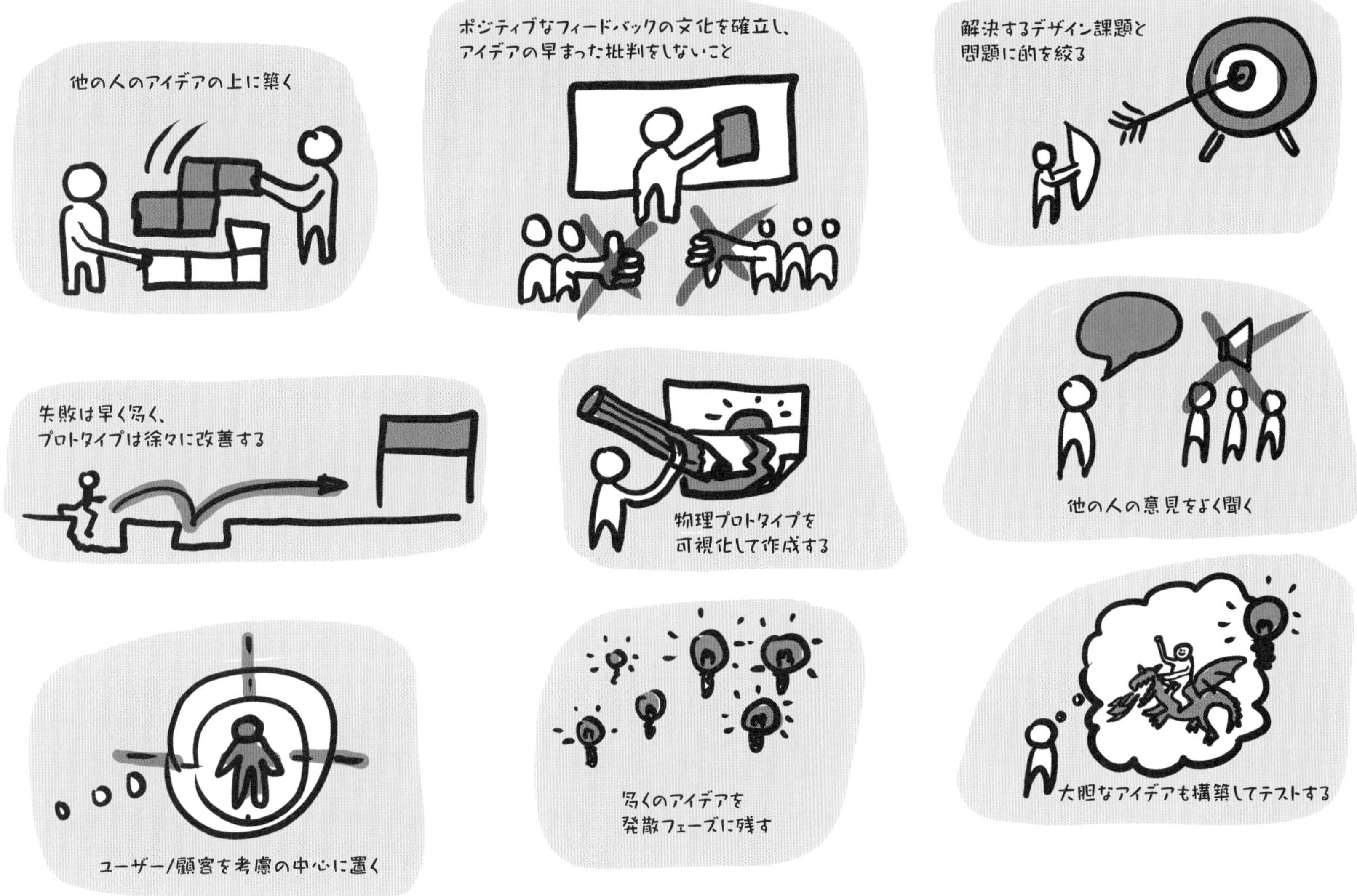

他の人のアイデアの上に築く
ポジティブなフィードバックの文化を確立し、アイデアの早まった批判をしないこと
解決するデザイン課題と問題に的を絞る
失敗は早く多く、プロトタイプは徐々に改善する
物理プロトタイプを可視化して作成する
他の人の意見をよく聞く
ユーザー/顧客を考慮の中心に置く
多くのアイデアを発散フェーズに残す
大胆なアイデアも構築してテストする

『デザインシンキング・ツールボックス』を最大限に活用する方法

著者・寄稿者

	マイケル・リューリック  ベストセラー作家、講演家、イノベーションとデジタイゼーションのエキスパート	パトリック・リンク  イノベーション学教授、起業家、リーンスタートアップのエキスパート、Trihow AG共同創設者
略歴	マイケルは過去数年間にさまざまな任務を果たしてきました。戦略的成長担当者、CIO(最高イノベーション責任者)、さらに転換期にある多数の成長イニシアチブの基礎を築きました。多くの大学で客員教授としてデザインシンキングの講義をしています。彼の支援により、多数の国際企業がラジカルなイノベーションを開発して商業化しています。彼はデジタル化におけるデザインシンキングの収束アプローチの新しいマインドセットを想定しました。	パトリックは2009年からルツェルン応用科学芸術大学工学・建築学科の技術経営研究所でプロダクトイノベーション学教授を務めています。チューリッヒ工科大学で機械工学を学び、プロジェクトエンジニアとして働いた後、チューリッヒ工科大学でイノベーションマネジメントの分野で博士号を取得。Siemens社で8年間勤務した後、プロダクトマネジメントの教授としてプロダクトマネジメント、デザインシンキング、リーンスタートアップにおけるアジャイルメソッドの発展に精力的に取り組んでいます。Trihow AG共同創設者です。
なぜデザインシンキングのエキスパートになったのですか?	私が初めてデザインシンキングに出会ったのは2005年のことです。当時は、スタートアップが新しい商品を開発し定義するのをどう支援するかということに取り組んでいました。最近は、スタンフォード大学を通じて出会ったさまざまな企業のプロジェクトに参加しました。異なる業界でさまざまな役割を経験したことで、私は主要顧客、スタートアップ、その他のエコシステムのアクターと多くの共創ワークショップを立ち上げることができたので、さまざまなメソッドとツールを発展させることができました。	初めてデザインシンキングに触れたときに、異分野連携にとってこのアプローチが持つポテンシャルにすぐに気づきました。それ以来、このアプローチを多くの研修や上級研修モジュール、さらにスタートアップで利用してきました。特に、直感的な循環アプローチと分析メソッドの組み合わせは得るものが多いと思います。業界の仲間とともに、デザインシンキングやその他のアジャイルメソッドを推進し、ワークショップやコースを開催しています。
デザインシンキング初心者へのアドバイス	まずは自分自身から!デザインシンキングはポジティブな姿勢に基づいています。創造力が花開くのは、人間が常に自己効力感に取り組んでいるとき、問題を多角的に見つめて自分の行動を批判的に振り返ることを覚えたときのみです。自分自身の人生をデザインできるなら、このマインドセットをチーム、組織、企業へと向けることができるようになります。	デザインシンキングのワークショップはできるだけ参加して、さまざまなモデレーターに触れ、それぞれから学びましょう。経験豊富なモデレーターと同じようにしてみましょう。ワークショップは慎重に、細部まで綿密に計画します。同時に、柔軟さも失わず、たとえば追加のウォームアップや別のツールなど代替案も用意しておきましょう。各ワークショップで何かしら新しいことを試しましょう。

	ラリー・ライファー 	アキム・シュミット 
	機械工学教授、HPI&スタンフォード・デザインリサーチセンター創設ディレクター	デザインシンキング・コーチ、グラフィックレコーディングと可視化のエキスパート
略歴	ラリーはスタンフォード大学機械工学デザイン科教授であり、同大デザイン研究センター（CDR）とハッソ・プラットナー・デザインシンキング研究プログラムで創設時からディレクターを務めています。デザインシンキングの分野では最も影響力のあるパイオニアの1人です。デザインシンキングを世界に紹介し、異分野連携チームでの働き方に注目しています。	アキムはインダストリアルデザインを一から学び、自動車デザイナーとして10年間勤めました。HPI（d.school）で学んだあと、デザインシンキング・コーチ兼教育助手としてザンクトガレン大学に勤めました。現在はデザインシンキング・コーチとして企業の飛躍的イノベーションをサポートしています。さらに、スタートアップ企業のエレベーターピッチのトレーナーとして、スケッチノート、ビジュアルファシリテーション、グラフィックレコーディングのトレーナーもしています。
なぜデザインシンキングのエキスパートになったのですか？	私は数十年にわたってデザインシンキングに取り組み、この分野の研究をしています。対象はグローバルなチームの力学、インタラクションデザイン、適応可能なメカトロニクスシステムです。ME310プログラムでは、多彩なプロジェクトやユースケースで文化的な違いを観察することができ、スタンフォードで教育や研究をする上で重要な結論を導き出すことができました。	基本的に私は20年以上にわたってデザインシンキングのプロセスとマインドセットを実践してきましたが、初めはその名前すら知らなかったのです。インダストリアルデザインでは、ユーザーを観察してニーズを発見するのは当たり前のことです。私が重点を置いているのはワークショップで、メソッドを教えることと、業界におけるプロジェクトやデザインの課題を解決することの両方を目指しています。
デザインシンキング初心者へのアドバイス	新しい市場機会のデザインのための、ラリー・ライファーの4つのシンプルなヒント： ・すべてのイノベーションは再イノベーションです。 ・すべてのイノベーションで求められるのは、チームの協力よりもラジカルな連携です。 ・すべてのイノベーションの失敗こそ最高の学習機会です。 ・曖昧さを決してごまかさないこと。	失敗を恐れずにとにかく始めること！ワークショップを頻繁に開いてすぐに再調整するほうが、数か月おきに大きな期待を背負って主要イベントを開くより効果があります。常に新しいフォーマットやツールを試しましょう。アクティブなフィードバック（特に「私が望むのは」）を受け、自らを振り返り、成長していきましょう。

『デザインシンキング・ツールボックス』の寄稿者、執筆依頼者、レビュアー

マイケル・リューリック | ベストセラー作家、講演家、イノベーションとデジタイゼーションのエキスパート
パトリック・リンク | ルツェルン応用科学芸術大学、Trihow AG
ラリー・ライファー | スタンフォード大学
アキム・シュミット | Business-Playground
Adharsh Dhandapani | IBM
Adrian Sulzer | SATW
Alan Cabello | ETH Zürich
Alice Froissac | Openers
Amanda Mota | Docway
Amber Dubinsky | THES - TauschHaus - EduSpace
Andreas Uthmann | CKW
Andres Bedoya | d.school Paris
Armin Egli | Zühlke AG
Beat Knüsel | Trihow AG
Bettina Maisch | Siemens AG
Bryan Richards | Aspen Impact + Indiana University' s Herron School of Art and Design
Carina Teichmann | Mimacom AG
Christian Hohmann | Lucerne University of Applied Sciences and Arts
Christian Langrock | Hamburger Hochbahn AG
Christine Kohlert | Media Design University for Design and Computer Science
Dahlia Dietrich | Swisscom AG
Daniel Schallmo | Hochschule Ulm
Daniel Steingruber | SIX Hengartner | Swisscom AG
Denise Pereira | DuPont
Dino Beerli | Young Innovators
Elena Bonanomi | Die Mobiliar
Esther Cahn | Signifikant Solutions AG
Esther Moosauer | EY - Ernst & Young
Florence Mathieu | Aïna
Florian Baumgartner | Innoveto by Crowdinnovation
Gaurav Bhargva | Iress
Gina Heller-Herold | beku-Consult
Hannes Felber | Invacare Europe
Helene Cahen | Strategic insights
Helmut Ness | Fünfwerken Design AG
Ina Goller | Bern University of Applied Sciences
Ingunn Aursnes | Sopra Steria
Isabelle Hauser | Lucerne University of Applied Sciences and Arts
Jean-Michel Chardon | Logitech AG
Jean-Paul Thommen | Professor of Organizational Development and Business Administration
Jennifer Sutherland | Independent Consultant
Jens Springmann | creaffective GmbH
Jeremias Schmidt | 5Wx new ventures GmbH
Jessica Dominguez | Pick-a-Box
Jessika Weber | Breda University of Applied Sciences
Juan Pablo García Cifuentes| Pontificia Universidad Javeriana, Cali
Jui Kulkarni | IBM iX
Julia Gumula | B. Braun
Justus Schrage | Karlsruhe Institute of Technology
Katja Holtta-Otto | Design Factory, Aalto University
Katrin Fischer | Innovation Consultant
Konstantin Gänge | Airbus
Kristine Biegman | launchlabs GmbH
Laurene Racine | Ava
Lena Papasz | Design Thinker | Marketing Consultant
Line Gram Frokjaer | SODAQ
Lucas Bock | Siemens AG
Marc Fetscherin | Rollins College
Madalena Tavares | Porto Design Factory
Malena Donato | ATOS
Maria Tarcsay | KoinaSoft GmbH
Marius Kienzler | Adidas
Markus Blatt | neue Beratung GmbH
Markus Durstewitz | Airbus
Martin Steinert | Norwegian University of Science and Technology
Mathias Strazza | PostFinance PFLab
Maurice Codourey | Unit-X
Mike Pinder | Innovation Consultant
Miriam Hartmann | F. Hoffmann-La Roche
Mladen Djakovic | Q Point
Moritz Avenarius | oose Innovative Informatik eG
Natalie Breitschmid | Sinodus AG
Niels Feldmann | Karlsruhe Institute of Technology
Pansy Lee | MLSE
Pascal Henzmann | Helbling Technik AG
Patrick Bauen | LMtec Swiss GmbH
Patrick Deininger | Karlsruhe Institute of Technology
Patrick Labud | bbv Software Services
Patrick Schüffel | HEG Fribourg in Singapore
Pete Kooijmans | Trihow AG
Philip Hassler | Venturelab
Philipp Bachmann | The University of Applied Sciences of the Grisons
Philipp Guggisberg-Elbel | mm1 Schweiz
Rasmus Thomsen | IS IT A BIRD
Regina Vogel | Innovations and Leadership Coach
Remo Gander | Bossard Group
Roberto Gago | Generali
Roger Stämpfli | Aroma AG
Roman Schoeneboom | Credit Suisse
Samuel Huber | Goodpatch
Sebastian Fixson | Babson College
Sebastian Garn | B&B Markenagentur GmbH
Sebastian Kernbach | University of St. Gallen
Semir Jahic | Salesforce
Shwet Sharvary | Everything by design
Slavo Tuleja | SKODA AUTO DigiLab
Sophie Bürgin | INNOArchitects
Stefano Vannotti | Zurich University of Arts
Stefanie Gerken | HPI School of Design Thinking
Steffi Kieffer | Revelate GbR
Thomas Duschlbauer | KompeTrend
Thomas Schocher | CSS Versicherung
Tobias Lüpke | EY - Ernst & Young
Ute Bauckhorn | Schindler Aufzüge AG
Vesa Lindroos | Independent Consultant
Waszkiewicz Małgorzata | Warsaw University of Technology
Yves Karcher | InnoExec Sàrl

3コマ漫画写真の出演者および協力者

キンバリー・ワイズ（リリー役）
Alessandro Tarantino
Amela Besic
Beat Knüsel
Benjamin Kindle
Carisa Ruoss
Ceyda Gücer
Cyrril Portmann
Daniele Palermo
Danylo Kharytonskyi
David Würsch
Delia Graf
Fabio Beck
Florian Gerber
Francesco Planta
Gianluca von Ehrenberg
Hannes Gasser
Isabelle Kalt
Janick Blumenstein
Jetmir Arifi
Jonas Bach
Judith Meier
Karen Magdalene Benjamin
Kenny Mezenen
Lars Küng
Lee-Roy Ryhner
Lukas Fischer
Marco Binggeli
Michael Rohner
Milena Nussbaumer
Nicolas Keller
Niklaus Hess
Pascal Schaller
Pascal Scherrer
Patricia Sury
Peter Dober
Philipp Businger
Raffael Frommenwiler
Régis Andreoli
Robin Martin
Roman Bürki
Ronalds Purins
Samuel Graf
Silvan Büchli
Silvan Jason Roth
Sven von Niederhäusern
Thomas Stocker
Ulrich Kössl
Uwe Kortmöller-Scholl

写真：Nils Riedweg

テンプレート作成にはPatrick Bauen氏とNicolasa Caduff氏の協力を得ました。また、ルツェルン応用科学芸術大学の関係者各位、特にInstitute for Innovation and Technology ManagementのMichele Kellerhals氏とChristian Hohmann氏のご協力にも厚く御礼申し上げます。

COMIC STRIP IT!
コミック風にしよう！
『デザインシンキング・ツールボックス』の制作風景
WOW!
WTF?!
なんてこった?!

出典と索引

出典

- Arnheim, R. (1969, new edition 1997):Visual Thinking. Berkeley, Los Angeles: University of California Press.
- Baars, J. E. (2018): Leading Design. Munich: Franz Vahlen GmbH.
- Berger, W. (2014): Die Kunst des Klugen Fragens. Berlin: Berlin Verlag.
- Beylerian, G. M., Dent, A. & Quinn, B. (2007): Ultra Materials: How Materials Innovation Is Changing the World. Thames & Hudson.
- Blank, S. G., & Dorf, B. (2012): The Start-up Owner's Manual: The Step-by- Step Guide for Building a Great Company. Pescadero: K&S Ranch.
- Blank, S. G. (2013): Why the Lean Start-up Changes Everything. Harvard Business Review. 91 (5): pp. 63-72.
- Brown T. (2016): Change by Design. Vahlen Verlag.
- Brown, T. & Katz, B. (2009): Change by Design: How Design Thinking Transforms Organizations and Inspires Innovation. New York: HarperCollins.
- Buchanan, R. (1992): Wicked Problems in Design Thinking. Design Issues, 8(2), pp. 5-21.
- Carleton, T., & Cockayne, W. (2013): Playbook for Strategic Foresight & Innovation. Download at: http://www.innovation.io
- Christensen, C., et al. (2011): The Innovator's Dilemma. Vahlen Verlag.
- Curedale, R. (2016): Design Thinking – Process & Methods Guide, 3rd edition. Los Angeles: Design Community College Inc.
- Cowan, A. (2015): Making Your Product a Habit: The Hook Framework, website visited on Nov. 2, 2016, http://www.alexandercowan.com/ the-hook-framework/
- Cross, N. (2011): Design Thinking. Oxford, Berg Publishers.
- Davenport, T. (2014): Big Data at Work: Dispelling the Myths, Uncovering the Opportunities. Vahlen Verlag.
- Davenport, T. H., & D. J. Patil (2012): Data Scientist: The Sexiest Job of the 21st Century. Harvard Business Review: October 2012 issue, https://hbr.org/2012/10/ data-scientist-the-sexiest-job-of-the- 21stcentury/
- Doorley, S., Witthoft, S., & Hasso Plattner Institute of Design at Stanford (2012): Make Space: How to Set the Stage for Creative Collaboration. Hoboken: Wiley.
- Dorst, K. (2015): Frame Innovation. Cambridge (MA): MIT Press.
- Duschlbauer, T. (2018): Der Querdenker. Zurich: Midas Management Verlag AG.
- Erbelinger, J., & Ramge, T. (2013): Durch die Decke Denken. Munich: Redline Verlag GmbH.
- Gerstbach, I. (2016): Design Thinking in Unternehmen. Gabal Verlag.
- Gladwell, M. (2005): Blink: The Power of Thinking without Thinking. New York: Back Bay Books.
- Gray, D. , Brown, S., & Macanufo, J. (2010): Gamestorming. Sebastopol (CA): O'Reilly Media Inc.
- Griffith E. (2014): Why Startups Fail, According to Their Founders. In: Fortune Magazine (September 25, 2014). http://fortune. com/2014/09/25/why-startups-fail-according-to-theirfounders/
- Herrmann, N. (1996): The Whole Brain Business Book: Harnessing the Power of the Whole Brain Organization and the Whole Brain Individual, McGraw-Hill Professional.
- Heath, C. & Heath, D. (2007): Made to Stick: Why Some Ideas Survive and Others Die. New York: Random House.
- Hsinchun, C., Chiang, R. H. L. & Storey, V. C. (2012): Business Intelligence and Analytics: From Big Data to Big Impact. MIS Quarterly, 36 (4), pp. 1165-1188.
- Heufler, G. (2009): Design Basics: From Ideas to Products. 3rd exp. edition. Niggli.
- Hohmann, L. (2007): Innovation Games. Boston: Pearson Education Inc.
- Hippel, E. V. (1986): Lead Users. A Source of Novel Product Concepts. In: Management Science, Vol. 32, pp. 791-805.
- IDEO (2009): Human Centered Design: Toolkit & Human Centered Design: Field Guide. 2nd ed. Both available on the IDEO home page or at: https://www. designkit.org/resources/1
- Kelly, T. & Littman, J. (2001): The Art of Innovation: Lessons in Creativity from IDEO, America's Leading Design Firm. London: Profile Books.
- Kim, W., & Mauborgne, R. (2005): Blue Ocean Strategy, Expanded Edition: How to Create Uncontested Market Space and Make the Competition Irrelevant. Hanser Verlag.
- Kumar, V. (2013): 101 Design Methods. Hoboken, New Jersey: John Wiley & Sons.
- Leifer, L. (2012a): Rede nicht, zeig's mir, in: Organisations Entwicklung, 2, pp. 8-13.
- Leifer, L. (2012b): Interview with Larry Leifer (Stanford) at Swisscom, Design Thinking Final Summer Presentation, Zurich.
- Lewrick, M., & Link, P. (2015): Hybride Management Modelle: Konvergenz von Design Thinking und Big Data. IM+io Fachzeitschrift für Innovation, Organisation

und Management (4), pp. 68–71.
- Lewrick, M., Skribanowitz, P., & Huber, F. (2012): Nutzen von Design Thinking Programmen, 16. Interdisziplinäre Jahreskonferenz zur Gründungsforschung (G-Forum), University of Potsdam.
- Lewrick, M. (2014): Design Thinking – Ausbildung an Universitäten, pp. 87–101. In: Sauvonnet and Blatt (eds). Wo ist das Problem? Neue Beratung.
- Lewrick, M., Link. P, & Leifer, L. (2018): The Design Thinking Playbook, Wiley, 2nd edition Munich: Franz Vahlen GmbH.
- Lewrick, M. (2018): Design Thinking: Radikale Innovationen in einer Digitalisierten Welt, Beck Verlag; Munich.
- Lewrick, M. (2019): The Design Thinking Life Playbook, Wiley, Versus Verlag Zurich.
- Lietka, J., & Ogilvie, T. (2011): Designing for Growth. New York: Columbia University Press Inc.
- Maeda, J. (2006): The Laws of Simplicity – Simplicity: Design, Technology, Business, Life. Cambridge, London: MIT Press.
- Maurya, A. (2013): Running Lean: Iterate from Plan A to a Plan That Works.
- Moore, G. (2014): Crossing the Chasm, 3rd edition. New York: Harper Collins Inc.
- Norman, D. A. (2004): Emotional Design: Why We Love (or Hate) Everyday Things. New York: Basic Books.
- Norman, D. A. (2011): Living with Complexity. Cambridge, London: MIT Press.
- Osterwalder, A., Pigneur, Y., et al. (2015): Value Proposition Design. Frankfurt: Campus Verlag.
- Patel N. (2015): 90% Of Startups Fail: Here's What You Need to Know about the 10%. In: Forbes (Jan. 16, 2015). https://www.forbes.com/sites/neilpatel/2015/01/16/90-of-startups-willfail- heres-what-you-need-to-know-about-the-10/#5e710a5b6679
- Plattner, H., Meinel, C., & Leifer, L. (2010): Design Thinking. Understand – Improve – Apply (Understanding Innovation). Heidelberg: Springer.
- Puccio, J. C., Mance M., & Murdock, M. C. (2011): Creative Leadership, Skills that Drive Change. Sage: Thousand Oaks, CA.
- Riverdale & IDEO (2011): Design Thinking for Educators. Version One. [available at: http://designthinkingforeducators.com/]
- Roam, D. (2008): The Back of the Napkin: Solving Problems and Selling Ideas with Pictures. London: Portfolio.
- Sauvonnet, E., & Blatt, M. (2017): Wo ist das Problem? Munich: Franz Vahlen GmbH.
- Stickdorn, M., & Schneider, J. (2016): This Is Service Design Thinking, 6th edition. Amsterdam: BIS Publishers.
- Töpfer, A. (2008): Lean Six Sigma. Heidelberg: Springer-Verlag GmbH.
- Uebernickel, F., Brenner, W., et al. (2015): Design Thinking – The Manual. Frankfurt am Main: Frankfurter Allgemeine Buch.
- Ulrich K. (2011): Design Creation of Artifacts in Society, published by the University of Pennsylvania. http://www.ulrichbook.org/
- Ulwick, A. (2016): Jobs to Be Done. Idea Bite Press.
- Van Aerssen, B., & Buchholz, C. (2018): Das grosse Handbuch Innovation. Munich: Franz Vahlen GmbH.
- Vahs, D., & Brem, A. (2013): Innovationsmanagement, 4th edition. Stuttgart: Schäffer-Poeschel Verlag.
- Van der Pijl, P., Lokitz, J., & Solomon, L. K. (2016): Design a Better Business. Munich: Franz Vahlen GmbH.
- Victionary (2007): Simply Materials: Exploring the Potential of Materials and Creative Competency. Ginko Press.
- Weinberg, U. (2015): Network Thinking. Hamburg: Murmann Publishers GmbH.

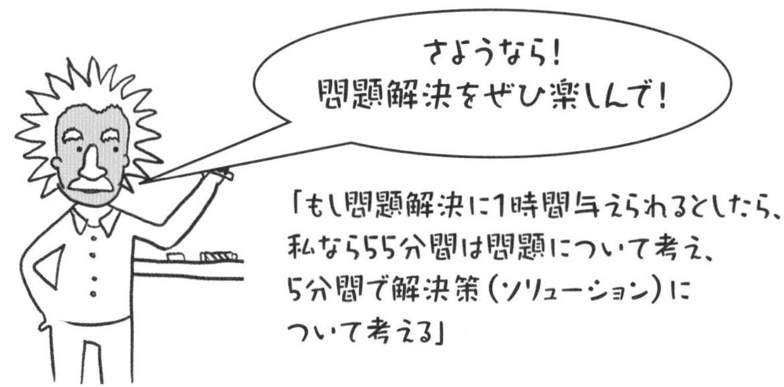

さようなら！
問題解決をぜひ楽しんで！
「もし問題解決に1時間与えられるとしたら、私なら55分間は問題について考え、5分間で解決策（ソリューション）について考える」

アルバート・アインシュタイン

索引

ワークショッププランニングキャンバス：

計画	実行	フォローアップ

デザインの課題

参加者

管理の課題

部屋、材料、ファシリテーター、ケータリング、
ユーザーの招待、参加者の招待、
当日の詳細アジェンダ

アジェンダ

1日目	2日目	3日目	4日目	5日目

結果

フォローアップ

結果の記録（写真）、部屋の掃除、
議事録、次のステップの定義

次のステップ

フィードバック

改善の余地があるものは何？

訳者紹介

今津　美樹 (Miki Imazu)

ITアナリスト、明治大学リバティアカデミー講師
WinDo's代表、組織のためのビジネスモデル協議会代表理事
通信およびAI関連ソフトの設計・開発をはじめ、ヒューレット・パッカード（元DEC）など米国系IT企業にてマーケティングスペシャリストとしての長年の実績と20カ国以上におよぶグローバルでの経験を活かし、マーケティングアウトソーサー　ウィンドゥースを設立、代表を務める。
ビジネスモデルデザインやITを活用したマーケティングに関する講演・企業研修など幅広く活動し、ITアナリストとしてラジオ解説、執筆活動・解説・書評等多数。技術者の経験を活かし、デザインアプローチによるビジネスモデル構築の分野で多くの実績を持つ。
『走りながら考える新規事業の教科書』（かんき出版）、『図解ビジネスモデル・ジェネレーション ワークショップ』（翔泳社）、『図解ビジネスモデル・ジェネレーション ワークブック』（翔泳社）の著者であり、ビジネスモデル・ジェネレーションおよびビジネスモデルYOUのグローバルコミュニティメンバーとして、国内外の数多くの企業および大学でのビジネスモデルの研修を手掛け、受講者は延べ28,000人を超える。

日本語版ブックデザイン　武田厚志 (SOUVENIR DESIGN INC.)
組版・制作　永田理恵 (SOUVENIR DESIGN INC.)
イラスト　アキム・シュミット

デザインシンキング・ツールボックス

最強のイノベーションメソッド48

2023年2月13日　初版第1刷発行

著者	マイケル・リューリック パトリック・リンク ラリー・ライファー
訳者	今津 美樹
発行人	佐々木 幹夫
発行所	株式会社 翔泳社 (https://www.shoeisha.co.jp)

印刷・製本　日経印刷株式会社

ISBN 978-4-7981-7547-8　Printed in Japan

本書内容に関するお問い合わせについて

このたびは翔泳社の書籍をお買い上げいただき、誠にありがとうございます。弊社では、読者の皆様からのお問い合わせに適切に対応させていただくため、以下のガイドラインへのご協力をお願いいたしております。下記項目をお読みいただき、手順に従ってお問い合わせください。

●ご質問される前に

弊社Webサイトの「正誤表」をご参照ください。これまでに判明した正誤や追加情報を掲載しています。
正誤表　https://www.shoeisha.co.jp/book/errata/

●ご質問方法

弊社Webサイトの「刊行物Q&A」をご利用ください。
刊行物Q&A　https://www.shoeisha.co.jp/book/qa/
インターネットをご利用でない場合は、FAXまたは郵便にて、下記"翔泳社 愛読者サービスセンター"までお問い合わせください。
電話でのご質問は、お受けしておりません。

●回答について

回答は、ご質問いただいた手段によってご返事申し上げます。ご質問の内容によっては、回答に数日ないしはそれ以上の期間を要する場合があります。

●ご質問に際してのご注意

本書の対象を超えるもの、記述個所を特定されないもの、また読者固有の環境に起因するご質問等にはお答えできませんので、あらかじめご了承ください。

●郵便物送付先およびFAX番号

送付先住所 〒160-0006　東京都新宿区舟町5
FAX番号 03-5362-3818
宛先（株）翔泳社 愛読者サービスセンター

※本書に記載されたURL等は予告なく変更される場合があります。
※本書の出版にあたっては正確な記述につとめましたが、著者や出版社などのいずれも、本書の内容に対してなんらかの保証をするものではなく、内容に基づくいかなる結果に関してもいっさいの責任を負いません。
※本書に記載されている会社名、製品名はそれぞれ各社の商標および登録商標です。